SECCIÓN DE OBRAS DE ECONOMÍA

EL GRAN ESCAPE

Traducción
Ignacio Perrotini

Revisión de la traducción
Fausto José Trejo

ANGUS DEATON

El Gran Escape

SALUD, RIQUEZA Y LOS ORÍGENES DE LA DESIGUALDAD

FONDO DE CULTURA ECONÓMICA

Primera edición en inglés, 2013
Primera edición en español FCE México, 2015
Primera edición FCE Argentina, 2015

Deaton, Angus
El Gran Escape : Salud, riqueza y los orígenes de la desigualdad / Angus Deaton. - 1a ed. - Ciudad Autónoma de Buenos Aires : Fondo de Cultura Económica, 2015.
404 p. ; 21 x 14 cm. - (Economía)

Traducción de: Ignacio Perrotini.
ISBN 978-987-719-094-6

1. Desigualdad. 2. Economía. 3. Historia Económica. I. Perrotini, Ignacio, trad. II. Título.
CDD 330.09

Distribución mundial

Diseño de portada: Laura Esponda Aguilar

Título original: *The Great Escape: Health, Wealth, and the Origins of Inequality*

Carretera Picacho-Ajusco, 227; 14738, México, D.F.
Empresa certificada ISO 9001:2008
www.fondodeculturaeconomica.com

Fondo de Cultura Económica Argentina, S.A.
El Salvador 5665; C1414BQE Buenos Aires, Argentina
fondo@fce.com.ar / www.fce.com.ar

Comentarios: editorial@fondodeculturaeconomica.com

ISBN México: 978-607-16-2964-7
ISBN Argentina: 978-987-719-094-6

Impreso en Argentina • *Printed in Argentina*
Hecho el depósito que marca la ley 11723

En memoria de Leslie Harold Deaton

ÍNDICE GENERAL

PREFACIO

El gran escape es una película sobre un grupo de hombres que escapan de un campo de prisioneros de guerra en la segunda Guerra Mundial. El "Gran Escape" de este libro es la historia de cómo la humanidad escapa de la privación y la muerte prematura, de cómo las personas han conseguido mejorar sus vidas y han mostrado el camino a seguir a las generaciones posteriores.

Una de esas vidas es la de mi padre. Leslie Harold Deaton nació en 1918 en una aldea de minas de carbón llamada Thurcroft, ubicada en los campos de carbón de Yorkshire del Sur. Sus abuelos, Alice y Thomas, habían abandonado el trabajo agrícola con la esperanza de prosperar en la nueva mina. Su hijo mayor, mi abuelo Harold, combatió en la primera Guerra Mundial, retornó al "hoyo" y finalmente se convirtió en supervisor. Para mi padre resultó difícil educarse en Thurcroft en el periodo de entreguerras porque sólo a algunos niños se les permitía ir a la secundaria. Leslie realizó trabajos ocasionales en la mina; al igual que otros muchachos, su ambición era que un día tuviera la oportunidad de trabajar en la superficie. Nunca lo consiguió; fue enrolado en el ejército en 1939 y enviado a Francia como parte de la infortunada Fuerza Expedicionaria Británica. Después de esa debacle lo enviaron a Escocia para entrenarse como parte de un comando; ahí conoció a mi madre y tuvo la "fortuna" de ser rechazado del ejército por tuberculosis y enviado a un sanatorio; digo "fortuna" porque la incursión del comando en Noruega fue un fracaso, y muy probablemente habría muerto. Leslie fue desmovilizado en 1942 y se casó con mi madre, Lily Wood, la hija de un carpintero de la ciudad de Galashiels en el sur de Escocia.

Aunque fue privado de una educación secundaria en Yorkshire, Leslie había ido a la escuela nocturna para aprender habilidades de exploración que eran útiles en la minería, y, en 1942, con la escasez de mano de obra, esas habilidades lo hicieron atractivo para ser contratado como el chico a cargo de los recados en una empresa de ingenieros civiles en Edimburgo. Decidido a convertirse en un ingeniero civil y comenzando casi de la nada, él trabajó duro durante una década y finalmente calificó como uno. Los cursos eran muy difíciles, especialmente los de matemáticas y física; la escuela nocturna a la que asistió, hoy en día la Heriot-Watt University de Edimburgo, me envió recientemente los resultados de sus exámenes y, sin duda alguna, trabajó duro. Consiguió un empleo como ingeniero proveedor de agua en las *Borders* de Escocia y compró la cabaña donde había vivido la madre de mi abuela, y donde se dice que en épocas pasadas sir Walter Scott había sido un visitante ocasional. Para mí, mudarme de Edimburgo —con su clima sucio, cenizo y miserable— a un pueblo del campo —con sus bosques, montañas y corrientes de truchas y, en el verano de 1955, su resplandor interminable— fue en sí mismo un Gran Escape.

De una manera clásica, mi padre se aseguró de que yo tuviera una mejor suerte que la que él había tenido. De alguna forma logró persuadir a mis maestros de la localidad para que me asesoraran fuera de clases a fin de preparar el examen de ingreso a una prestigiosa escuela pública (*i.e.*, privada) de Edimburgo, donde fui uno de los dos muchachos que en ese año consiguieron beca; las colegiaturas anuales superaban el salario de mi padre. Finalmente fui a Cambridge como estudiante de matemáticas y con el tiempo me convertí en profesor de economía, primero en el Reino Unido y luego en Princeton. Mi hermana fue a la universidad en Escocia y se convirtió en maestra de escuela. De la docena de primos míos, nosotros fuimos los únicos que asistimos a la universidad, y, por supuesto, ninguno de la generación previa tuvo esa oportunidad. Los dos nietos de Leslie viven en los Estados Unidos. Mi hija es socia de una exitosa empresa de planificadores financieros en Chicago y mi hijo es socio en un exitoso fondo de inversión de alto riesgo en Nueva York. Ambos recibieron una rica y variada educación en Princeton —vastamente superior en profundidad, amplitud de oportunidades y calidad de enseñanza a mi propia experiencia árida y estrecha como estudiante de licenciatura en Cambridge—. Ambos tienen un estándar de vida más allá de cualquier cosa que Leslie pudo haber imaginado —aunque él vivió lo suficiente para ver gran parte de esto y complacerse en ello—. Sus bisnietos viven en un mundo de riqueza y oportunidad que habría sido una fantasía remota en los campos de carbón de Yorkshire.

El escape de Thurcroft realizado por mi padre es un ejemplo de lo que trata este libro. Él no nació en la pobreza abyecta, aunque con base en los estándares actuales parecería que sí, pero terminó su vida con cierta riqueza comparativamente hablando. No tengo datos sobre las aldeas mineras de Yorkshire, pero por cada millar de niños nacidos en Inglaterra en 1918 más de 100 murieron antes de cumplir los cinco años de edad, y los riesgos de muerte probablemente serían mayores en Thurcroft. Hoy en día los niños del África subsahariana tienen una mayor probabilidad de vivir hasta los cinco años de edad que la que tenían los niños ingleses en 1918. Leslie y sus padres sobrevivieron a la gran pandemia de influenza de 1918-1919, aunque su padre murió joven a consecuencia de un vagón descarrilado en la mina. El padre de mi madre murió joven también, de una infección que siguió a una apendicectomía. Sin embargo, Leslie, a pesar de su encuentro juvenil con la tuberculosis —el Capitán de la Muerte—, vivió hasta los 90 años. Sus bisnietos tienen bastantes probabilidades de vivir hasta los 100 años.

Los estándares de vida de hoy son mucho más altos que hace un siglo, y más gente escapa de la muerte en la infancia y vive lo suficiente para experimentar esa prosperidad. Casi un siglo después de que naciera mi padre, sólo cinco de cada 1 000 niños británicos no viven hasta sus primeros cinco años y, aun si la cifra es un poco más elevada en lo que queda de los campos de carbón de Yorkshire —la mina de Thurcroft cerró en 1991—, es sólo una fracción pequeña de lo que era en 1918. Las oportunidades de educarse, muy difíciles en los tiempos de mi padre, hoy se dan por sentado. Aún en mi generación, menos de uno de cada 10 niños británicos fue a la escuela de bachillerato, mientras que en la actualidad la mayoría tienen alguna forma de educación terciaria.

El escape de mi padre, y el futuro que él construyó para sus hijos y sus nietos, no es una historia inusual. Sin embargo, está lejos de ser universal. Muy pocos de la generación de Leslie en Thurcroft obtuvieron una educación profesional. Las hermanas de mi madre no lo consiguieron, ni tampoco sus esposos. Su hermano y la familia de éste emigraron a Australia en los años sesenta, cuando su capacidad de subsistir a duras penas con base en la improvisación de múltiples trabajos se colapsó con el cierre de la línea de ferrocarril de las *Borders* escocesas. Mis hijos tienen éxito desde un punto de vista financiero y disfrutan de seguridad, pero ellos (y nosotros) somos extraordinariamente afortunados; los hijos de mucha gente bien educada y exitosa financieramente están batallando para conseguir un estándar de vida como el de sus padres. Para muchos de nuestros amigos, el futuro de sus hijos y la educación de sus nietos es una fuente constante de preocupación.

Éste es el otro lado de la historia. Aunque mi padre y su familia vivían más años y prosperaban en medio de una población que en promedio vivía más y prosperaba, no todos estaban tan motivados o eran tan dedicados como él, ni tenían tanta suerte. Nadie trabajó más duro que mi padre, pero su suerte también fue importante: la suerte de no estar entre los que murieron en la infancia, la suerte de haber sido rescatado del hoyo por la guerra, la suerte de no estar en el comando de ataque equivocado, la suerte de no morir de tuberculosis y la suerte de conseguir empleo en un mercado de trabajo fácil. Los escapes dejan a algunas personas atrás, y la suerte favorece a algunos mas no a otros; crea oportunidades, pero no todos están igualmente preparados o determinados para aprovecharlas. Así, la historia del progreso es también la narración de la desigualdad. Esto es especialmente verdadero en nuestros días, cuando la ola de prosperidad en los Estados Unidos es lo contrario de una distribución equitativa. Unos cuantos prosperan increíblemente bien. Muchos otros están batallando. En el mundo en su conjunto vemos los mismos patrones de progreso: vías de escape para algunos mientras otros se quedan atrás, horriblemente, en la pobreza, la privación, la enfermedad y la muerte.

Este libro trata de la danza sin fin entre el progreso y la desigualdad, acerca de cómo el progreso crea desigualdad y cómo la desigualdad en ocasiones puede ser útil —al mostrar a otros el camino o proveer incentivos para remontar la brecha— y a veces inútil —cuando quienes lograron escapar protegen sus posiciones destruyendo las rutas de escape que quedan detrás de ellos—. Ésta es una historia que ya se ha contado muchas veces, pero yo quiero narrarla de una nueva manera.

Es fácil pensar en el escape de la pobreza como algo relacionado con el dinero: con la posibilidad de tener más y no tener que vivir con la tormentosa ansiedad de no saber si mañana habrá suficiente, temiendo que alguna emergencia surgirá para la cual no haya suficientes fondos y que haga sucumbir a uno y a la familia. Es cierto que el dinero es una parte central de la historia. Pero igualmente importante, o acaso aún más, son una mejor salud y la mayor probabilidad de vivir lo suficiente como para tener la oportunidad de prosperar. En el fenómeno de los padres que viven con el miedo constante y la realidad frecuente de que sus hijos morirán, o el de las madres que paren 10 hijos de modo que cinco puedan sobrevivir hasta la mayoría de edad, se reflejan las ominosas privaciones de donde surgen graves preocupaciones sobre el dinero, fuente de inquietud para muchas de estas personas. A través de la historia y a lo largo del mundo de hoy, la enfermedad y la muerte de los niños, la recurrente y sempiterna morbilidad de los adultos y la pobreza opresiva son acompañantes que visitan con frecuencia a las mismas familias, una y otra vez.

Muchos libros narran la historia de la riqueza, y muchos otros tratan de la desigualdad. También hay muchos libros que hablan de salud y de cómo la salud y la riqueza van de la mano, en tanto que las desigualdades en la salud reflejan las desigualdades en la riqueza. Aquí yo hablo de ambas historias a la vez, con la esperanza de que los demógrafos y los historiadores profesionales permitan que un economista incursione en sus territorios. Pero la historia del bienestar humano, de lo que le da significado a la vida, no se puede contar observando sólo una parte de lo que es importante. *El Gran Escape* no respeta las fronteras de las disciplinas académicas.

A través de mi vida como economista he acumulado muchas deudas intelectuales. Richard Stone fue quizá la influencia más profunda; de él aprendí acerca de la medición: cuán poco podemos decir sin ella y cuán importante es medir bien. De Amartya Sen aprendí a pensar en lo que le da sentido a la vida y sobre cómo debemos estudiar el bienestar en su conjunto, no sólo partes de ello. La medición del bienestar es el meollo de este libro.

Mis amigos, colegas y alumnos han sido extraordinariamente generosos al leer mis borradores de todo o parte de este libro. Gracias a sus reacciones inteligentes y agudas el libro es inconmensurablemente mejor. Agradezco especialmente a los que están en desacuerdo conmigo pero que aun así se tomaron el tiempo no sólo de criticar y persuadir sino también de alabar y concordar cuando les fue posible. Agradezco a Tony Atkinson, Adam Deaton, Jean Drèze, Bill Easterly, Jeff Hammer, John Hammock, David Johnston, Scott Kostyshak, Ilyana Kuziemko, David Lam, Branko Milanovic, Franco Peracchi, Thomas Pogge, Leandro Prados de la Escosura, Sam Preston, Max Roser, Sam Schulhofer-Wohl, Alessandro Tarozzi, Nicolas van de Walle y Leif Wenar. Mi editor de Princeton University Press, Seth Ditchik, me ayudó a hacer arrancar el proyecto y me dio buenos consejos durante todo el camino.

La Universidad de Princeton me ha proveído de un ambiente académico inigualable por más de tres décadas. El National Institute of Aging y el National Bureau of Economic Research han contribuido a financiar mi trabajo sobre salud y bienestar, y los resultados de esa investigación han influido en este libro. He trabajado frecuentemente con el Banco Mundial; el banco enfrenta constantemente problemas urgentes y prácticos y me ha enseñado cuáles asuntos importan y cuáles no. En años recientes he sido consultor de la Organización Gallup; ellos han sido pioneros en la investigación global del bienestar, y parte de la información que han recabado aparece en la primera parte de este libro. Les agradezco a todos ellos.

Finalmente, y de la mayor importancia, Anne Case leyó cada palabra poco después de haberse escrito, y en ocasiones lo llevó a cabo muchas veces. Ella es responsable de innumerables mejoras a lo largo del libro, que sin su incesante estímulo y apoyo no existiría.

Introducción
DE QUÉ TRATA ESTE LIBRO

La vida es mejor ahora que en cualquier tiempo pasado en la historia. El número de personas ricas ha aumentado y un número cada vez menor vive en la indigencia. La vida es más prolongada y los padres de familia no tienen que contemplar de manera rutinaria cómo muere una cuarta parte de sus hijos. No obstante, todavía millones de personas experimentan los horrores de la miseria extrema y de la muerte prematura. El mundo es extraordinariamente desigual.

La desigualdad es, frecuentemente, una *consecuencia* del progreso. No todo mundo se enriquece al mismo tiempo, y no todos tienen acceso inmediato a los últimos medios que salvaguardan la vida, sea el acceso a agua potable, a vacunas o a nuevas medicinas que previenen las enfermedades cardiacas. Las desigualdades, a su vez, afectan el progreso. Esto puede ser bueno; los niños de la India ven lo que puede hacer la educación y van a la escuela también. Puede ser malo si los ganadores intentan impedir que otros los sigan, quitando las escaleras que les permitieron ascender. Los nuevos ricos pueden usar su riqueza para influir en los políticos con el fin de que restrinjan la educación pública o la seguridad social que ellos no necesitan.

Este libro narra las historias de cómo fue que las cosas mejoraron, cómo y por qué ocurrió el progreso y de qué modo se dio la interacción subsecuente entre el progreso y la desigualdad.

EL GRAN ESCAPE: LA PELÍCULA

El gran escape, una película famosa sobre los prisioneros de guerra de la segunda Guerra Mundial, se basa en las proezas de Roger Bushell (en la película Roger Bartlett, representado por Richard Attenborough), un sudafricano de la Real Fuerza Aérea que fue derribado detrás de las líneas alemanas, y que escapó y fue recapturado repetidas veces.[1] En su tercer intento, tal como se describe en la película, 250 prisioneros escapan con él a través de los túneles excavados desde Stalag Luft III. La película narra la historia de cómo se planeó el escape; muestra el ingenio aplicado en la construcción de tres túneles, *Tom, Dick* y *Harry,* y da cuenta de la improvisación y las habilidades técnicas desplegadas en la elaboración de ropas civiles y papeles apócrifos, todo bajo la mirada vigilante de los guardias. Todos menos tres de los prisioneros de guerra fueron recapturados finalmente, y Bushell mismo fue ejecutado por órdenes directas de Hitler. No obstante, el énfasis de la película no estriba en el éxito limitado de este escape en particular, sino en el deseo inextinguible de libertad del hombre, aun en circunstancias difíciles o imposibles.

En este libro, cuando hablo de libertad me refiero a la libertad para vivir una nueva vida y para realizar las cosas que hacen que valga la pena vivir. La ausencia de libertad es la pobreza, la privación y la salud precaria, lo que ha constituido por mucho tiempo el destino de gran parte de la humanidad y todavía es el de una proporción injuriosamente alta de los habitantes del mundo de hoy. Narraré historias de escapes repetidos de esta clase de prisión; de cómo y por qué sucedieron y qué ocurrió después. Es una historia del progreso material y fisiológico, de gente cada vez más rica y saludable, de escapes de la pobreza.

La frase de mi subtítulo, "orígenes de la desigualdad", proviene de pensar en los prisioneros de guerra que no escaparon. Todos los prisioneros de guerra pudieron haber permanecido donde estaban, pero en cambio algunos escaparon, algunos murieron, otros fueron devueltos al campo de concentración y otros más nunca se fueron. Esto está en la naturaleza de la mayoría de los "grandes escapes": no todos pueden lograrlo, hecho que de ninguna manera hace que el *escape* sea menos deseable o menos admirable. No obstante, cuando pensamos en la consecuencia del escape es *necesario* pensar no sólo en los héroes de la película, sino también en los que se quedaron

[1] *El gran escape,* dirigida por John Sturges, con la actuación de Steve McQueen, James Garner y Richard Attenborough; Mirisch Company, distribuida por United Artists, 1963 (basada en un libro de Paul Brickhill con el mismo título).

atrás en Stalag Luft III y en otros campos. ¿Por qué debemos preocuparnos de ellos? Seguramente la película no lo hizo: ellos no son los héroes y en la historia narrada son un accidente. No hay una película llamada *El gran no escape.*

Sin embargo, *debemos* pensar en los que no escaparon. Después de todo, el número de prisioneros de guerra en los campos de concentración alemanes que no escaparon fue mucho más grande que el de los pocos que sí lo lograron. Quizás hasta se vieron afectados por el escape, es decir, a los que se quedaron los castigaron o les retiraron sus privilegios. Uno puede imaginar que los guardias entonces hicieron la huida más difícil que antes. ¿Acaso el escape de sus compañeros prisioneros de guerra inspiró a los que se quedaron en los campos a escapar también? Seguramente pudieron haber aprendido las técnicas de evasión desarrolladas por los que lograron huir, y pudieron también evitar sus errores. ¿O es que se desalentaron por las dificultades o por el éxito muy limitado del gran escape mismo? O quizá, celosos de los que escaparon y pesimistas acerca de sus propias oportunidades, fueron más infelices y se deprimieron, empeorando así las condiciones del campo de concentración.

Como ocurre con todas las buenas películas, hay otras interpretaciones. El éxito y la alegría del escape virtualmente se extinguen con el final de la película; para la mayoría de los fugados, su libertad es sólo temporal. El escape de la muerte y de la privación por la humanidad comenzó hace alrededor de 250 años, y continúa hasta ahora. Sin embargo, no hay nada que diga que deba continuar eternamente, y muchas amenazas —cambio climático, errores políticos, epidemias y guerras— podrían terminar con ello. De hecho, hubo muchos escapes premodernos en los que el incremento en los estándares de vida se frenó precisamente por estas fuerzas. Podemos y debemos celebrar los éxitos, pero no hay bases para un triunfalismo precipitado.

Crecimiento económico y orígenes de la desigualdad

Muchos de los grandes episodios del progreso humano, incluyendo aquellos que usualmente se describen como completamente fructíferos, han dejado detrás un legado de desigualdad. La Revolución industrial, que comenzó en el Reino Unido en los siglos XVIII y XIX, dio inicio al crecimiento económico responsable de que cientos de millones de personas escaparan de la indigencia material. La otra cara de la misma Revolución industrial es lo que los historiadores llaman la "Gran Divergencia", cuando el Reino Unido, seguido un poco después por Europa noroccidental y los Estados Unidos, se separó del resto del mundo, creando un enorme golfo entre Occidente y el resto del mundo que no se ha cerrado hasta el día de hoy.[2] La desigualdad global actual fue creada, en gran medida, por el éxito del crecimiento económico moderno.

No debemos pensar que, antes de la Revolución industrial, el resto del mundo había estado siempre atrasado y era desesperadamente pobre. Décadas antes de Colón, China era suficientemente avanzada y rica como para enviar una flota de enormes barcos —portaaviones en relación con las carabelas de Colón— bajo las órdenes del almirante Zheng He para explorar el Océano Índico.[3] Trescientos años antes de eso, la ciudad de Kaifeng era una metrópoli de un millón de almas llena de humo cuyos molinos eructantes no habrían estado fuera de lugar en Lancashire 800 años más tarde. Las imprentas producían millones de libros lo bastante baratos para que aun las personas de recursos modestos los leyeran.[4] No obstante, estas épocas, tanto en China como en otras partes, no se sostuvieron, y menos aún fueron el punto de partida de una creciente y continua prosperidad. En 1127, Kaifeng sucumbió ante la invasión de tribus de Manchuria que de manera incauta habían sido empleadas como mercenarias; si contratas aliados peligrosos, es mejor que te asegures de pagarles bien.[5] Gobernantes rapaces, guerras o ambos iniciaban y frenaban al-

[2] Lant Pritchett, "Divergence, Big Time", *Journal of Economic Perspectives* 11, núm. 3, 1997, pp. 3-11; véase también Kenneth Pomeranz, *The Great Divergence: China, Europe, and the Making of the World Economy,* Princeton University Press, Princeton, 2000.

[3] *Cf.* Jack Goldstone, *Why Europe? The Rise of the West in World History, 1500-1850,* McGraw-Hill, Nueva York, 2009.

[4] Véase Ian Morris, *Why the West Rules–for Now: The Patterns of History, and What They Reveal about the Future,* Farrar, Straus and Giroux, Nueva York, 2010.

[5] *Idem.*

ternativamente el crecimiento económico en Asia.[6] Es sólo en los últimos 250 años que el crecimiento económico continuo y de largo plazo, en algunas partes del mundo —pero no en otras—, ha conducido a brechas persistentes entre los países. El crecimiento económico ha sido el motor de la desigualdad de ingresos a nivel internacional.

La Revolución industrial y la Gran Divergencia están entre los escapes más benignos de la historia. Existen muchas ocasiones en que el progreso de un país se hizo a *expensas* de otro. La Era del Imperio en los siglos XVI y XVII, que precedió a la Revolución industrial y ayudó a su desarrollo, benefició a muchos en Inglaterra y Holanda, los dos países que sacaron el mejor provecho de la batalla. Para 1750, los trabajadores de Londres y Ámsterdam veían que sus ingresos crecían en comparación con el de los trabajadores de Nueva Delhi, Beijing, Valencia y Florencia; los trabajadores ingleses podían incluso pagarse algunos pocos lujos, como el azúcar y el té.[7] Pero quienes fueron conquistados y despojados en Asia, América Latina y el Caribe no sólo fueron lastimados en ese momento, sino que en muchos casos se les impusieron instituciones económicas y políticas que los condenaron por siglos a la desigualdad y la pobreza continua.[8]

La globalización de nuestros días, al igual que las globalizaciones anteriores, ha sido testigo de prosperidad creciente al mismo tiempo que de desigualdad creciente. Países que eran pobres no hace mucho tiempo, como China, la India, Corea del Sur y Taiwán, han sacado ventaja de la globalización y han crecido rápidamente, mucho más rápido que los países ricos del presente. Al mismo tiempo, se han separado de países aún más pobres, muchos de ellos ubicados en África, creando nuevas desigualdades. A medida que unos escapan, otros se quedan atrás. La globalización y las nuevas formas de hacer las cosas han conducido a incrementos continuos de prosperidad en los países ricos, aunque las tasas de crecimiento han

[6] Véase Eric L. Jones, *Growth Recurring: Economic Change in World History*, University of Michigan Press, Ann Arbor, 2000.

[7] *Cf.* Robert Allen, *Global Economic History: A Very Short Introduction*, Oxford University Press, Londres y Nueva York, 2011.

[8] *Cf.* Daron Acemoglu y James Robinson, *Why Nations Fail: The Origins of Power, Prosperity, and Poverty*, Crown, Nueva York, 2012.

sido más lentas —no sólo en relación con los países pobres de crecimiento rápido, sino también respecto a las que solían darse en los mismos países ricos—. A medida que el crecimiento se ha ralentizado, se han ampliado las brechas entre las personas *dentro* de la mayoría de los países. Un puñado de afortunados ha hecho riquezas fabulosas y lleva estilos de vida que habrían impresionado a los más grandes reyes y emperadores de siglos pasados. Sin embargo, la mayoría de la gente ha visto menos mejora en su prosperidad material, y en algunos países —los Estados Unidos entre ellos— las personas de nivel de ingreso medio no son más prósperas que sus padres. Por supuesto que se encuentran muchas veces mejor que generaciones anteriores a las de sus padres; no es que el escape no haya ocurrido nunca. No obstante, hoy en día muchos tienen buenas razones para preocuparse de si sus hijos y sus nietos no mirarán hacia atrás considerando nuestro presente no como una época de escasez relativa, sino como una época dorada perdida hace tiempo.

Cuando la desigualdad es la sierva del progreso, cometemos un serio error si sólo observamos el progreso promedio o, peor aún, sólo el progreso entre los éxitos. La Revolución industrial solía contarse como una historia de lo que sucedió en los países líderes, ignorando al resto del mundo, como si nada hubiera estado sucediendo ahí, o como si nada hubiera ocurrido *nunca* ahí. Esto es no sólo despreciar a la mayoría de la humanidad sino también ignorar las contribuciones no deseadas de aquellos que fueron lastimados o, en el mejor de los casos, dejados atrás. No podemos describir el "descubrimiento" del Nuevo Mundo mirando solamente sus efectos en el Viejo Mundo. Dentro de los países, la tasa de progreso promedio, como la tasa de crecimiento del ingreso nacional, no puede decirnos si el crecimiento se comparte ampliamente —como ocurrió en los Estados Unidos durante un cuarto de siglo después de la segunda Guerra Mundial— o si se concentra en un pequeño grupo de personas muy ricas, tal como ha sido el caso más recientemente.

Yo relato la historia del progreso material, pero ésa es una historia *simultánea* de crecimiento y desigualdad.

NO SÓLO INGRESO, SINO TAMBIÉN SALUD

El progreso en salud ha sido tan impresionante como el progreso en riqueza. En el siglo pasado, la esperanza de vida en los países ricos aumentó 30 años, y continúa aumentando hoy en día en dos o tres años cada década. Los niños que habrían muerto antes de cumplir cinco años de edad ahora viven hasta la vejez, y adultos de edad mediana que alguna vez habrían muerto de enfermedades cardiacas ahora viven hasta ver que sus nietos crecen y asisten al colegio. De todas las cosas que le dan valor a la vida, vivir más años es seguramente una de las más preciadas.

Aquí el progreso también ha dado lugar a desigualdades. El conocimiento de que el tabaquismo es mortal ha salvado millones de vidas en los últimos 50 años, pero fueron los profesionales educados y más ricos quienes dejaron de fumar primero, abriendo una brecha de salud entre ricos y pobres. Que los gérmenes causaban enfermedades fue un conocimiento novedoso alrededor de 1900, y fueron las personas que contaban con una formación profesional y una educación esmerada las primeras en poner en práctica ese conocimiento. Durante casi un siglo hemos sabido cómo usar las vacunas y los antibióticos para impedir que los niños mueran; sin embargo, cerca de dos millones de niños todavía mueren cada año de enfermedades que se pueden prevenir con vacunas. En São Paulo o Nueva Delhi la gente rica se cura en hospitales modernos de prestigio mundial, mientras a uno o dos kilómetros de distancia niños pobres están muriendo de desnutrición y enfermedades que se pueden prevenir fácilmente. La explicación de que el progreso sea tan desigual difiere de un caso a otro; la razón por la cual es más probable que la gente pobre fume no es la misma razón por la cual muchos niños pobres no están vacunados. Más adelante se explica esto, pero por ahora el punto es simplemente que el progreso en salud crea brechas en salud exactamente igual que el progreso material crea brechas en los estándares de vida.

Estas "desigualdades en salud" son una de las grandes injusticias del mundo de hoy. Cuando surgen nuevas invenciones o nuevo conocimiento, *alguien* tiene que ser el primero en beneficiarse, y las desigualdades asociadas a la espera por un tiempo son un precio razonable que hay que pagar. Sería absurdo desear que el conocimiento de los efectos del tabaquismo en la salud hubiera sido suprimido con el propósito de impedir nuevas desigualdades en salud. Sin embargo, la probabilidad de que la gente pobre fume es mayor, y los niños que están muriendo hoy en día en África no habrían muerto en Francia o en los Estados Unidos incluso hace 60 años. ¿Por qué persisten estas desigualdades, y qué se puede hacer al respecto?

Este libro trata principalmente de dos asuntos: los estándares de vida material y la salud. Éstas no son las únicas cosas que importan para una buena vida, pero son importantes en y por sí mismas. Analizar la salud y el ingreso de manera conjunta nos permite evitar un error que es muy común hoy en día, cuando el conocimiento es especializado y cada especialidad tiene su propio punto de vista provinciano del bienestar humano. Los economistas se enfocan en el ingreso; los académicos de la salud pública, en la mortalidad y la morbilidad, y los demógrafos, en los nacimientos, las muertes y el tamaño de las poblaciones. Todos estos factores contribuyen al bienestar, pero ninguno de ellos *es* el bienestar. La aseveración es suficientemente obvia, pero los problemas que surgen de ella no lo son tanto.

Los economistas —mi propia tribu— piensan que las personas están mejor si tienen más dinero... lo cual está muy bien dentro de lo que cabe. Así que si algunos logran tener mucho más dinero y la mayoría de las personas no consigue tener sino poco o nada, pero no pierde, los economistas normalmente argumentarán que el mundo está mejor. Y en efecto, tiene un enorme atractivo la idea de que, siempre que nadie salga perdiendo, resulta mejor estar mejor; se le denomina criterio de Pareto. No obstante, esta idea es socavada completamente si el bienestar se define de manera muy estrecha; la gente tiene que estar mejor, no peor, en lo tocante al *bienestar*, no sólo en lo referente a los estándares de vida material. Si quienes se enriquecen logran un trato político favorable, o minan los sistemas de salud o de educación públicos, de suerte que los que tienen menos pierden en política, salud o educación, entonces estos últimos bien pueden haber ganado dinero pero *no* están mejor. Uno no puede evaluar a la sociedad o a la justicia sólo con base en los estándares de vida. No obstante, los economistas de modo rutinario e incorrecto aplican el argumento de Pareto al ingreso, ignorando otros aspectos del bienestar.

Por supuesto, también es un error analizar de manera aislada la salud o cualquier otro *componente* del bienestar. Es una buena cosa mejorar los servicios de salud y asegurarse de que quienes necesitan tratamiento médico sean atendidos, pero no podemos establecer las prioridades de salud sin atender a su costo. Tampoco debemos usar la longevidad como una medida de progreso social; en un país con una esperanza de vida mayor la vida es mejor, pero no si el país tiene una dictadura totalitaria.

El bienestar no puede ser juzgado con base en su promedio sin considerar la desigualdad, y tampoco puede ser juzgado por una o más de sus partes sin atender al todo en su conjunto. Si este libro fuera mucho más largo, y si su autor supiera mucho más, yo escribiría sobre otros aspectos del bienestar, incluyendo la libertad, la educación, la autonomía, la dignidad y la capacidad para participar en la sociedad. Pero aun pensar en la salud y el ingreso en el mismo libro nos liberará de los errores que emergen al mirar sólo uno u otro de estos dos temas de manera aislada.

¿Cómo ocurre el progreso?

Hay pocas dudas de que a nuestros antepasados les habría gustado tener lo que nosotros tenemos ahora, si hubieran podido imaginar nuestro mundo. Y no hay razón para pensar que los padres hayan podido jamás habituarse a ver morir a sus hijos; si alguien duda de esto, que lea la descripción de Janet Browne del terrible sufrimiento de Charles Darwin cuando sus dos primeros hijos murieron (y es sólo una historia entre muchas).[9] El deseo de escapar está siempre ahí. Sin embargo, no siempre se cumple. Las claves del progreso son el nuevo cono-

[9] Véase E. Janet Browne, *Charles Darwin*, vol. 2, *The Power of Place*, Jonathan Cape, Londres, 2002.

cimiento, las nuevas invenciones y las maneras nuevas de hacer las cosas. En ocasiones la inspiración viene de inventores solitarios que sueñan con algo muy diferente de lo habitual. Más frecuentemente, las nuevas formas de hacer las cosas son subproductos de algo más; por ejemplo, la lectura se propagó cuando los protestantes tuvieron que leer la Biblia por su propia cuenta. De modo más frecuente aún, el ambiente social y económico crea innovaciones en respuesta a la necesidad. Los salarios aumentaron después del éxito del Reino Unido en la Era del Imperio, y estos altos salarios, junto con la abundancia de carbón, crearon incentivos para que los inventores y los fabricantes emergieran con invenciones que potenciaron la Revolución industrial.[10] La Ilustración británica, con su incesante búsqueda de autosuperación, suministró el fértil suelo intelectual en el cual era más factible que esas invenciones tuvieran lugar.[11] La epidemia de cólera en el siglo XIX fue un ímpetu para los descubrimientos cruciales de la teoría microbiana de las enfermedades infecciosas. Y la bien subvencionada investigación médica que surgió a partir de la pandemia del VIH/sida de nuestros días descubrió el virus y desarrolló medicinas que, aunque no curan la enfermedad, extienden de manera importante las vidas de quienes han sido infectados. No obstante, también hay casos en que la inspiración nunca llegó, en que las necesidades y los incentivos no lograron aportar una solución mágica, o incluso mundana. La malaria ha afligido a los seres humanos por decenas de miles de años, quizá durante toda la historia humana, y aún no tenemos una manera de prevenirla o de tratarla completamente. La necesidad puede ser la madre de la invención, pero no hay nada que garantice un embarazo exitoso.

La desigualdad también influye en el proceso de invención, unas ocasiones para bien y otras para mal. Los sufrimientos de quienes tienen carencias son un motivo para encontrar nuevas formas de cerrar las brechas, aunque sólo sea porque el hecho de que algunos no padezcan privaciones de-

[10] *Cf.* Allen, *op. cit.*

[11] Véase Roy Porter, *The Creation of the Modern World: The Untold Story of the British Enlightenment*, Norton, Nueva York, 2000, y Joel Mokyr, *The Enlightened Economy: An Economic History of Britain, 1700-1850*, Yale University Press, New Haven, 2009.

muestra que no es necesario que existan carencias. Un buen ejemplo es el descubrimiento de la terapia de rehidratación oral en los campos de refugiados de Bangladesh en los años setenta del siglo XX; millones de niños que sufrían diarrea se salvaron de la deshidratación y posiblemente de la muerte mediante un remedio barato y de fácil elaboración. Pero esto también funciona al revés. Los intereses de los poderosos tienen mucho que perder como resultado de las invenciones y de las nuevas maneras de hacer las cosas. Los economistas conciben que las eras de innovación propalan ondas de "destrucción creativa". Los nuevos métodos barren con los viejos, destruyendo las vidas y el sustento de quienes dependen del viejo orden. La globalización de hoy ha lastimado a muchos de estos grupos: importar bienes más baratos del extranjero es como una nueva forma de producirlos, en perjuicio de quienes se ganaban la vida produciendo esos bienes localmente. Algunos de los que perderían con esta importación, o temen que podrían ser afectados, son poderosos políticamente y pueden declarar ilegales las nuevas ideas o ralentizarlas. Los emperadores de China, preocupados porque los mercaderes amenazaban su poder, prohibieron los viajes oceánicos en 1430, de suerte que las exploraciones del almirante Zheng He fueron un fin, no un comienzo.[12] De igual manera, Francisco I, emperador de Austria, prohibió los ferrocarriles debido a su potencial de provocar revoluciones y amenazar su poder.[13]

¿Por qué importa la desigualdad?

La desigualdad puede estimular o inhibir el progreso. ¿Pero importa en y por sí misma? No hay consenso sobre esto: el filósofo y economista Amartya Sen argumenta que aun entre los muchos que creen en alguna forma de equidad hay puntos de vista muy diferentes acerca de *qué* es lo que debe igualarse.[14] Algunos economistas y filósofos argumentan que las des-

[12] Véase Morris, *op. cit.*

[13] *Cf.* Acemoglu y Robinson, *Why Nations Fail…*, *op. cit.*

[14] Véase Amartya Sen, *Inequality Re-examined,* Harvard University Press, Cambridge, 1992, y *The Idea of Justice,* Harvard University Press/Belknap Press, Cambridge, 2009.

igualdades de ingreso son injustas, a menos que sean necesarias para algún fin superior. Por ejemplo, si un gobierno fuera a garantizar el mismo ingreso para todos sus ciudadanos la gente podría decidir trabajar mucho menos, de suerte que aun los más pobres podrían empeorar en comparación con un mundo en el que se permite cierta desigualdad. Otros destacan la igualdad de oportunidades más que la igualdad de resultados, aunque hay muchas versiones de lo que significa igualdad de oportunidades. Y aun otros ven la justicia en términos de proporcionalidad: lo que cada persona recibe debe ser proporcional a lo que él o ella contribuye.[15] Según este punto de vista de la justicia, es fácil concluir que la *equidad* de ingreso es injusta si implica redistribuir el ingreso de los ricos entre los pobres.

En este libro los argumentos que resalto se refieren a lo que hace la desigualdad, si la desigualdad ayuda o perjudica, y si importa de qué tipo de desigualdad estamos hablando. ¿Se beneficia la sociedad al tener gente muy rica cuando la mayoría no lo es? Y si no, ¿se beneficia la sociedad de las reglas e instituciones que les permiten a algunos enriquecerse más que el resto? ¿O los ricos perjudican a los demás, por ejemplo, al hacer más difícil que los no ricos afecten la manera en que se gobierna a la sociedad? ¿Son las desigualdades en salud iguales que las desigualdades en ingreso, o son diferentes de algún modo? ¿Son siempre injustas o a veces pueden servir a un bien mayor?

Un mapa de ruta

El objetivo del libro es suministrar una relación de la riqueza y la salud en el mundo, enfocada en el presente, pero también con una mirada retrospectiva para ver cómo es que llegamos adonde estamos ahora. El capítulo I es un panorama introductorio. Nos ofrece una instantánea del mundo visto desde el espacio exterior: un mapa dirigido a señalar dónde se vive bien y dónde no. El capítulo documenta un mundo en el que ha habido un gran progreso en la disminución de la pobreza y

[15] *Cf.* Sen, *The Idea of Justice, op. cit.*, y Jonathan Haidt, *The Righteous Mind: Why Good People Are Divided by Politics and Religion*, Pantheon, Nueva York, 2012.

de las probabilidades de muerte, pero también un mundo de diferencia: de grandes desigualdades en estándares de vida, en oportunidades en la vida y en bienestar.

Los tres capítulos de la primera parte tratan de la salud. Analizan la manera en que el pasado ha dado forma a nuestra salud de hoy, por qué los cientos de miles de años en que las personas vivieron como cazadores y recolectores son relevantes para entender la salud de hoy en día, y por qué la revolución en la mortalidad que empezara en el siglo XVIII estableció los patrones que hacen eco en los avances contemporáneos en la salud. El paso hacia la agricultura, entre 7 000 y 10 000 años atrás, hizo posible producir más alimentos, pero también trajo nuevas enfermedades y nuevas desigualdades en la medida en que los Estados jerárquicos remplazaron a las bandas igualitarias de cazadores y recolectores. En la Inglaterra del siglo XVIII la globalización trajo consigo nuevas medicinas y nuevos tratamientos que salvaron muchas vidas... pero principalmente las vidas de quienes podían pagarlos. Aun cuando gracias a los nuevos métodos finalmente disminuyeron las tasas de mortalidad para todos, fue la aristocracia la primera que obtuvo un gran margen de distancia respecto de la gente común en cuanto a la esperanza de vida. Hacia el final del siglo XIX, el desarrollo y la aceptación de la teoría microbiana de las enfermedades habían colocado el escenario para otra explosión de progreso, así como para la apertura de otro gran abismo, esta vez entre la esperanza de vida de quienes nacieron en países ricos y la de quienes nacieron en países pobres.

En estos capítulos cuento la historia de la lucha para salvar las vidas de los infantes en el mundo que se rezagó. Ésta es una historia de progreso, principalmente después de la segunda Guerra Mundial —un lapso destinado a ponerse al corriente, con el cual comenzaría a reducirse el abismo abierto por vez primera en el siglo XVIII—. Ésta es una historia con muchos éxitos grandiosos, en que los antibióticos, el control de pestes, las vacunas y el agua potable salvaron a millones de niños y en que a veces la esperanza de vida aumentó a la tasa (aparentemente imposible) de varios años cada año. El hiato en la esperanza de vida entre los mundos pobre y rico se redujo, pero no se cerró. Hubo terribles retrocesos también, incluyendo una hambruna catastrófica, provocada por el hombre, en China entre 1958 y 1961, y la reciente epidemia del VIH/sida que, en varios países africanos, eliminó tres décadas de progreso contra la mortalidad. Aun sin esos desastres, hay mucho que no se ha hecho aún; varios países no tienen sistemas adecuados para la atención médica de rutina, muchos niños mueren todavía sólo porque nacieron en el país "equivocado", y hay lugares —de manera notable, pero no sólo, en la India— donde la mitad de los niños están seriamente mal nutridos.

Una de las (buenas) razones de que la brecha de mortalidad entre ricos y pobres no se haya cerrado más rápidamente es que la mortalidad también se ha estado reduciendo en los países ricos, pero de una manera muy diferente, beneficiando menos a los niños y más a los adultos. La sección final de la historia de la salud trata de la reducción de la mortalidad en países ricos, de cómo y por qué la brecha en la esperanza de vida entre hombres y mujeres se ha estado cerrando, del (gran) papel que ha desempeñado el tabaquismo y de por qué la lucha contra las enfermedades cardiacas ha sido mucho más exitosa que la lucha contra el cáncer. Una vez más, vemos el progreso acompañado de crecientes desigualdades de salud, tal como sucedió en el Reino Unido de fines del siglo XVIII.

Los dos capítulos de la segunda parte tratan de los estándares de vida material. Comienzo con los Estados Unidos; aunque en verdad los Estados Unidos son excepcionales y con frecuencia integran un caso extremo, por ejemplo en su grado de desigualdad de ingresos, las fuerzas actuantes ahí también operan en otros países ricos. El crecimiento económico trajo nueva prosperidad a los estadunidenses después de la segunda Guerra Mundial, pero dicho crecimiento había estado disminuyendo, década tras década, aun antes de la Gran Recesión. El crecimiento de posguerra trajo marcadas reducciones en la pobreza, especialmente entre los afroamericanos y los ancianos, y hubo poco aumento de la desigualdad. Hasta principios de los años setenta del siglo pasado, los Estados Unidos eran el verdadero modelo de una gran economía moderna. Desde entonces, la historia ha sido de menor crecimiento y mayor desigualdad, siendo esta última resultado especialmente de un vertiginoso aumento en los ingresos de los deciles más altos de la distribución. Como siempre, hay un lado bueno de esta desigualdad: las compensaciones a la educación, la innovación y la creatividad son más elevadas que nunca. Pero los Estados Unidos son también un buen ejemplo del lado oscuro, de las amenazas políticas y económicas al bienestar que se derivan de la plutocracia.

Tampoco dejo de observar los estándares de vida en el mundo en su conjunto. Aquí se encuentra el relato, quizá, del más grande escape en toda la historia humana, y seguramente el más rápido: la reducción de la pobreza global desde 1980. Mucho de ello fue resultado del desempeño de los dos países más grandes del mundo, China y la India, donde el crecimiento económico reciente ha transformado las vidas de más de 1 000 millones de personas. El hecho de que la pobreza global haya disminuido va en contra de las casi universalmente aceptadas predicciones apocalípticas de los años sesenta, en el sentido de que la explosión demográfica destinaría trágicamente al mundo a la privación y el desastre. Al mundo le ha ido mucho mejor de lo que pronosticaron los pesimistas. Sin embargo, 1 000 millones de personas, o una cantidad similar, *aún* viven en la terrible indigencia; mientras que muchos han escapado, muchos otros se han quedado atrás.

La tercera parte consiste en un solo capítulo, un epílogo en el que dejo de contar historias y argumento en favor de lo que se debe hacer... y, más importante aún, de lo que no se debe hacer. Creo que nosotros —es decir, los que hemos sido suficientemente afortunados de haber nacido en los países "correctos"— tenemos una obligación moral de ayudar a reducir la pobreza y la mala salud en el mundo. Aquellos que han escapado —o al menos los que han escapado merced a las luchas de sus predecesores— deben ayudar a quienes aún están presos. Para mucha gente, ese deber moral lo satisface la ayuda extranjera, a través de los esfuerzos de los gobiernos nacionales (la mayoría de los cuales tienen agencias de ayuda oficiales), a través de organizaciones internacionales como el Banco Mundial o la Organización Mundial de la Salud, o por medio de miles de organizaciones no gubernamentales de ayuda que operan a nivel nacional e internacional. Si bien parte de esta ayuda sin duda ha hecho bien —y pienso que la ayuda para la lucha contra enfermedades como el VIH/sida o la viruela es fuerte—, he terminado por creer que la mayor parte de la ayuda externa está haciendo más daño que beneficio. Si está socavando las probabilidades de crecimiento de los países —como creo que está sucediendo—, no hay razón para continuar esa ayuda con el argumento de que "debemos hacer algo". Ese algo que debemos hacer es frenarla.

La coletilla es una coda que retorna a los temas principales. Formula la pregunta de si podemos esperar que el verdadero Gran Escape —a diferencia de la película *El gran escape*— tenga un final feliz.

Medir el progreso, medir la desigualdad

Cuando es posible, respaldo mis argumentos con datos, y casi siempre con gráficas. No se puede discutir coherentemente el progreso sin definiciones y evidencia que lo respalde. En realidad, un gobierno ilustrado es imposible sin la recolección de datos. Los Estados han estado censando a su población por miles de años —el censo romano que envió a María y a José a Belén, la ciudad donde nació José, es un ejemplo famoso—. La Constitución de los Estados Unidos ordena que se realice un censo de población cada 10 años; sin ello no es posible una democracia justa. Incluso antes, en 1639, los colonos del actual Massachusetts ordenaron un conteo completo de nacimientos y muertes; sin esas estadísticas vitales, la política de salud pública está ciega.

La falta de buena información sobre el número de personas que mueren, no digamos sobre las causas de su muerte, no es el menor de los problemas de salud que enfrentan los países pobres del mundo de hoy. No faltan los datos inventados o interpolados por agencias internacionales, pero no siempre se comprende ampliamente que éstos no conforman una base adecuada para la política de salud o para pensar acerca de o evaluar la ayuda externa. La necesidad de hacer algo tiende a hacer creer que no es necesario comprender qué es lo que se requiere hacer. Y sin datos, cualquiera que haga algo es libre de reclamar el éxito. Conforme vaya avanzando, trataré de explicar la base de mis números, de dónde proceden y qué tan creíbles (o increíbles) son. También procuraré desarrollar el argumento de que la ausencia de datos es un escándalo que no se está abordando adecuadamente.

A menos de que entendamos cómo es que se acopian los datos y qué significan, corremos el riesgo de ver problemas donde no los hay, de soslayar necesidades urgentes que se pueden solucionar, de experimentar ira ante meras fantasías al tiempo que soslayamos horrores reales y de recomendar políticas fundamentalmente equivocadas.

Felicidad nacional e ingreso nacional

Gran parte de este libro trata del bienestar material, que típicamente se mide por el ingreso, la cantidad de dinero que la gente tiene para gastar o ahorrar. El dinero debe ajustarse siempre a los costos de lo que la gente compra, pero, una vez hecho esto, es un indicador razonable de la capacidad que tiene la gente para comprar las cosas de las que depende el bienestar material. No obstante, muchos argumentan que se le da demasiada atención al ingreso. Sin duda, una buena vida significa más que dinero, pero con frecuencia el argumento va más allá, al punto de afirmar que el dinero no hace nada para mejorar la vida de las personas, al menos una vez satisfechas las necesidades básicas.

Cierta evidencia en favor de este argumento procede de encuestas de felicidad que muestran, se dice, que el dinero no hace sino poco o nada para hacer feliz a la gente, excepto a quienes viven en la pobreza. Si esto fuera correcto y si la felicidad es la manera adecuada de medir el bienestar, entonces gran parte de mi argumento se vería derribado. Así que es bueno empezar por considerar cómo se relaciona la felicidad con el dinero. La discusión me dará también la oportunidad de introducir y explicar una manera de trazar gráficas que usaré a lo largo del libro.

Las encuestas con frecuencia le preguntan a la gente cómo está su vida, por ejemplo qué tan satisfecha está con su vida en general. Estos datos son considerados frecuentemente como medidas de la "felicidad", aunque es fácil pensar en ejemplos en los que la gente infeliz cree que su vida está bien, o viceversa. En efecto, como veremos, es un error confundir satisfacción ante la vida con felicidad; la primera es un juicio general acerca de la vida que proviene de la valoración, mientras que la segunda es una emoción, un estado de ánimo o un sentimiento que forma parte de la vida tal como se experimenta.[16]

La Organización Gallup les pide a las personas de diferentes regiones del mundo que califiquen sus vidas imaginando una "escalera de vida" con 11 peldaños; el peldaño inferior, 0, es "la peor vida posible para uno" mientras que 10 es "la mejor vida posible para uno". Cada uno de los interrogados debe contestar la pregunta "¿En cuál peldaño de la escalera dirías que sientes que estás en este momento?" Podemos utilizar estos datos para comparar a los países entre sí y, en particular, para ver si los países de más alto ingreso están mejor de acuerdo con esta medida.

La gráfica 1 muestra la evaluación de vida promedio para cada país con respecto a su ingreso nacional por persona, o más precisamente su producto interno bruto (PIB) por persona; muestra los promedios para los años 2007 a 2009. El ingreso se mide en dólares estadunidenses ajustados por las diferencias en niveles de precios entre países; en el capítulo VI explicaré de dónde provienen estos números, así como las reservas considerables que deben tenerse sobre ellos. Los círculos en la figura se refieren a áreas proporcionales a la población de cada país; los dos países grandes en el lado izquierdo son China y la India, y el país grande arriba a la derecha es Estados Unidos. He marcado algunos otros países que son particularmente interesantes.

Podemos ver de inmediato que las personas que viven en los países verdaderamente pobres, ubicados en el lado izquierdo de la gráfica, generalmente están muy insatisfechas con sus vidas; no solamente son pobres en ingreso, sino que también califican sus vidas de manera baja. En el otro extremo del mundo, en los Estados Unidos y en otros países ricos, la gente tiene altos ingresos y evalúa su vida de manera muy elevada. El peor país es Togo —uno de los países más pobres en el mundo, donde la gente tiene muy poca libertad de cualquier

[16] Véase Daniel Kahneman y Jason Riis, "Living, and Thinking about It: Two Perspectives on Life", en Felicia Huppert, Nick Baylis y Barry Keverne (eds.), *The Science of Well-Being,* Oxford University Press, Londres y Nueva York, 2005, pp. 285-304.

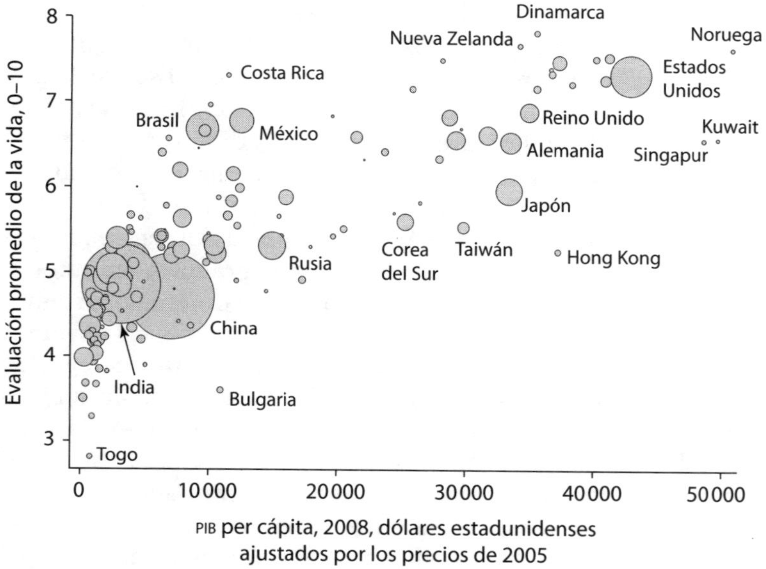

GRÁFICA 1. *Evaluación de la vida y* PIB *per cápita.*

clase— y el mejor es Dinamarca —un país rico y libre—. Los países escandinavos normalmente superan a los Estados Unidos en estas comparaciones, pero la evaluación promedio de la vida en los Estados Unidos aún está entre las mejores del mundo. Hay muchas excepciones a la regla del ingreso. Los países de Asia del Este y los anteriormente comunistas tienden a tener bajas evaluaciones de la vida —Bulgaria es el ejemplo más extremo—, mientras que los países de América Latina tienden a evaluaciones relativamente buenas. Seguramente el ingreso no es la única cosa que importa en las evaluaciones que la gente hace de su vida.

Si observamos la parte inferior a la izquierda, donde se encuentran los países pobres, vemos que la evaluación de la vida aumenta con el ingreso nacional de manera muy rápida. Después de que pasamos China y la India, desplazándonos del punto inferior izquierdo a la parte superior derecha, el aumento de la evaluación de la vida vinculado al ingreso es un poco menos pronunciado, y una vez que arribamos a Brasil y México la evaluación de la vida se aproxima a siete de un máximo de 10, sólo un punto, o algo así, menos que en los países muy ricos ubicados en la parte superior derecha. El ingreso importa mucho más entre los países muy pobres que entre los países muy ricos. En realidad, es muy tentador observar la gráfica y concluir que, una vez que el PIB per cápita ha alcanzado alrededor de 10 000 dólares anuales, más dinero no contribuye nada a mejorar la vida de la gente, y muchos han formulado este argumento.[17] No obstante, este argumento es falso.

Para explicar por qué el dinero importa aun entre los países ricos, necesitamos trazar de nuevo la gráfica 1 en una forma un poco diferente. Cuando pensamos en dinero, lo hacemos en términos de dólares, pero también pensamos en términos de porcentajes. En las raras ocasiones en que mis colegas de Princeton discuten sus salarios entre sí, es probable que reporten que uno consiguió un aumento de 3%, mientras que otro obtuvo 1%. Es más, hay mayor probabilidad de que el decano manifieste su placer o disgusto apuntando al incremento porcentual que al incremento en dólares. Aun cuando un incremento de 1% significa más dólares para alguien que gana 200 000 dólares al año que un incremento de 2% para alguien que gana 50 000 dólares al año, este último sentirá (correctamente) que le ha ido mejor en el último año. En esta suerte de cálculos los cambios porcentuales son la unidad básica; 10% es lo mismo no importa cuál sea el ingreso base.

Podemos hacer exactamente esto con los datos de la gráfica 1, aunque las diferencias entre países son tan grandes que tiene sentido pensar no en términos de porcentajes, sino en términos del número de veces en que el ingreso se cuadruplica. Supongamos que 250 dólares al año es la base; sólo Zimbabue y la República Democrática del Congo (RDC) están en o por debajo de los 250 dólares. Uganda, Tanzania y Kenia están cerca de 1 000 dólares, cuatro veces el ingreso base; China y la India representan otro incremento cuádruple sobre Tanzania y Kenia, cerca del punto que señala 16 veces el ingreso

[17] *Cf.* Ronald Inglehart y Hans-Dieter Klingemann, "Genes, Culture, Democracy and Happiness", en Ed Diener y Eunkook M. Suh (eds.), *Culture and Subjective Well-Being*, MIT Press, Cambridge, 2000, pp. 165-183; véase también Richard Layard, *Happiness: Lessons from a New Science*, Penguin, Londres y Nueva York, 2005; y Richard Wilkinson y Kate Pickett, *The Spirit Level: Why Greater Equality Makes Societies Stronger*, Bloomsbury, Londres y Nueva York, 2009.

base. México y Brasil tienen cuatro veces el ingreso de China y la India, y los países más ricos del mundo tienen ingresos que son todavía cuatro veces más grandes; los países más ricos son 256 veces más ricos que los países más pobres del mundo (en el capítulo VI explicaré por qué debemos tomar estos números sólo como una guía aproximada). En lugar de utilizar el valor en dólares de los ingresos para compararlos con las evaluaciones de la vida, podemos usar este esquema de comparación cuádruple marcando unidades de cuatro, 16, 64 y 256 veces el ingreso base; esto es lo que hacemos en la gráfica 2.

La gráfica 2 contiene *exactamente los mismos datos* que la gráfica 1, pero ahora el ingreso está graficado en esta escala de 1, 4, 16, 64 y 256. Sin embargo, he marcado estos cinco puntos con las cantidades originales en dólares, de 250 a 64 000, a fin de que el vínculo con el ingreso sea claro. El movimiento de un punto al siguiente a lo largo del eje horizontal siempre representa un incremento cuádruple en el ingreso. De manera más general, las distancias iguales de izquierda a derecha re-

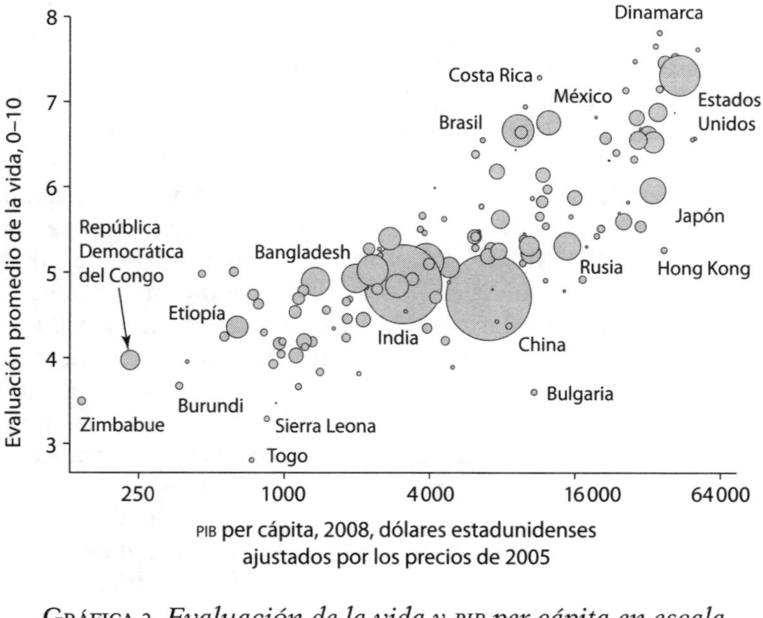

GRÁFICA 2. *Evaluación de la vida y PIB per cápita en escala logarítmica.*

presentan incrementos porcentuales iguales en el ingreso, no cantidades iguales de dólares, como en la gráfica 1. A una escala con esta propiedad se la conoce como una escala *logarítmica* (o log), y la veremos nuevamente.

Aunque el único cambio consiste en los caracteres del eje horizontal, la gráfica 2 luce completamente diferente a la 1. La disposición horizontal entre países ricos ha desaparecido, y ahora los países se ordenan más o menos a lo largo de una línea vertical. Lo que esto expresa es que diferencias *porcentuales* iguales en el nivel de ingreso producen cambios absolutos iguales en la evaluación de la vida. En promedio, si nos movemos de un país a otro cuyo ingreso per cápita es cuatro veces más alto, la contabilidad de la evaluación de la vida se moverá en aproximadamente un punto en una escala de 0 a 10, y esto es cierto sea que nos movamos entre países pobres o entre países ricos. Y sólo para eliminar cualquier malentendido: sí, hay muchas excepciones y muchos países se encuentran en una posición más alta o más baja de lo que podríamos esperar dados sus ingresos nacionales. No siempre es cierto que todos los países ricos tengan evaluaciones de la vida más altas que todos los países más pobres; China y la India son dos excepciones notables. Pero en promedio, para todos los países, ricos o pobres, una diferencia cuádruple en ingresos viene asociada con un incremento de un punto en la evaluación de la vida.

¿Qué gráfica es correcta, la 1 o la 2? Ambas lo son, tanto como es cierto que el profesor que consiguió un aumento de 2% en su salario de 50 000 dólares obtuvo un incremento de 1 000 dólares, mientras que el profesor que consiguió un incremento de 1% sobre su salario de 200 000 dólares obtuvo 2 000 dólares. El mismo incremento porcentual implica más dinero si nos movemos de la India a los Estados Unidos que si nos movemos de la República Democrática del Congo a la India, aunque ambos casos implican un cambio cuádruple. La gráfica 1 nos dice que el mismo incremento *absoluto* en dólares significa menos para la satisfacción con la vida de una persona rica que para una persona pobre, mientras que la 2 nos dice que el mismo incremento *porcentual* significa el mismo incremento en la satisfacción con la vida.

La contabilidad de la evaluación de la vida capta aspectos

importantes de la vida más allá del ingreso, y esto ha conducido a argumentar que debemos restarle importancia al ingreso. Esto está bien si implica que hay que considerar otros aspectos del bienestar, como la salud, la educación o la capacidad de participar en sociedad. No está bien si implica que el ingreso no es importante, o que no añade nada a la vida de quienes viven en países más ricos que México. Está menos bien aún si el argumento es que debemos enfocarnos en la evaluación de la vida y olvidarnos de todo lo demás. La medición de la evaluación de la vida está lejos de ser perfecta. Las personas no siempre están seguras de lo que significan las preguntas, o de cómo se espera que respondan, y las comparaciones internacionales pueden quedar comprometidas por las diferencias nacionales en los estilos de reportar. En muchos lugares, "No hay que quejarse" o "No tan mal" es casi tan bueno como lo que cualquiera podría afirmar, pero la gente en otras culturas es más exuberante a propósito de sus sentimientos y menos reticente respecto de sus éxitos. Así, la gráfica 2 es importante porque muestra que el enfocarnos en el ingreso no es en verdad algo equivocado. Los países con mayores ingresos tienen evaluaciones de la vida más altas, aun entre el grupo de países más ricos del mundo.

En el siguiente capítulo regresaré al tema de las medidas de la felicidad y satisfacción con la vida, pero mi principal propósito será analizar más ampliamente el bienestar en el mundo actual: tener bajo mi lente a quienes han realizado el Gran Escape, o sea, sólo algunos, así como la situación de quienes aún no lo han logrado.

I. EL BIENESTAR EN EL MUNDO

El escape más grande en la historia humana es el escape de la pobreza y la muerte. Por miles de años aquellos que tuvieron la suerte de escapar de la muerte en la niñez enfrentaron años de pobreza opresiva. A partir de la Ilustración, la Revolución industrial y la teoría microbiana de las enfermedades, los estándares de vida han aumentado varias veces, la duración de la vida por lo menos se ha duplicado y ahora la gente vive una vida más plena y mejor que nunca antes. El proceso aún continúa. Mi padre vivió el doble de años que mis abuelos; su ingreso real como ingeniero civil fue varias veces mayor que el de su padre, quien era un minero del carbón; y mi educación y mi ingreso como profesor exceden en mucho los suyos. Las tasas de mortalidad de niños y adultos continúan descendiendo en el mundo. Pero el escape está lejos de haberse completado. Mil millones de personas sufren por tener unos estándares de vida, una escolaridad y un ciclo vital que son apenas un poco mejores que los de sus (o nuestros) ancestros. El Gran Escape ha traído consigo un mundo diferente para quienes somos más ricos, más saludables, más altos, más grandes y mejor educados que nuestros abuelos y tatarabuelos. También ha significado un mundo diferente en otro sentido, menos positivo: dado que gran parte de la población mundial se ha quedado rezagada, el mundo es inconmensurablemente más desigual que hace 300 años.

El libro cuenta la historia del Gran Escape, de los beneficios que trajo para la humanidad y de cómo es responsable de la desigualdad patente en el mundo contemporáneo. También explica lo que es necesario hacer —o no hacer— para ayudar a quienes aún están atrapados en la privación.

Con el término *bienestar* me refiero a todas las cosas buenas para una persona, que hacen que la vida sea buena. El bienestar incluye el bienestar material, tal como el ingreso y la riqueza; el bienestar físico y psicológico, representado por la salud y la felicidad; y la educación y la capacidad de participar en la sociedad civil a través de la democracia y el imperio de la ley. Gran parte de este libro se enfoca en dos de estos componentes: la salud y la riqueza; en este panorama general también digo algo sobre la felicidad.

Comienzo con una revisión general del bienestar en el mundo actual y de cómo ha cambiado en los últimos 30 a 50 años. Presento los hechos básicos sólo con una explicación mínima; en capítulos posteriores exploraré asuntos individuales en más detalle, e indagaré cómo fue que llegamos hasta aquí y hacia dónde y cómo deberíamos avanzar.

Salud y riqueza

La salud es el punto de partida obvio para una investigación sobre el bienestar. Para tener una *buena* vida necesitas una vida, y la salud menguada y la discapacidad pueden limitar severamente la posibilidad de disfrutar una vida que por lo demás es buena. Así que comienzo con la vida misma.

Una niña que nace en los Estados Unidos hoy en día puede esperar vivir más de 80 años. Esta estimación oficial en los hechos es muy conservadora porque ignora cualquier reducción futura en la mortalidad que podría tener lugar durante su vida; dado el progreso pasado, no es imaginable que el progreso se detenga abruptamente. Por supuesto, es difícil proyectar las mejoras futuras en la salud, pero una conjetura razonable sería que una niña blanca de clase media nacida en el país rico que son hoy los Estados Unidos tiene 50% de probabilidad de vivir hasta 100 años.[1] Éste es un cambio notable en relación con la situación de la bisabuela de esa niña, nacida en 1910, digamos, quien tuvo una esperanza de vida al nacer de 54 años. De todas las niñas nacidas en los Estados Unidos en 1910, 20% murió antes de cumplir cinco años, y sólo dos de cada 5 000 vivieron para celebrar su centenario. Aun para la abuela de esa niña, nacida en 1940, la esperanza de vida al nacer fue de 66 años, y 38 de cada 1 000 niñas nacidas en 1940 no vivieron lo suficiente para cumplir un año de edad.

[1] Para un cálculo relacionado, *cf.* James Vaupel y John M. Owen, "Anna's Life Expectancy", *Journal of Policy Analysis and Management* 5, núm. 2, 1986, pp. 383-389.

Estas diferencias históricas palidecen en comparación con las que hay entre países actualmente. Existen muchos lugares en el mundo donde la salud hoy es peor de lo que era en los Estados Unidos en 1910. De todos los niños nacidos en Sierra Leona (o Angola, Suazilandia, la República Democrática del Congo o Afganistán) sólo 25% vivirá hasta los cinco años de edad, y su esperanza de vida al nacer es de sólo un poco más de 40 años. Las mujeres en estos países normalmente tienen entre cinco y siete hijos, y la mayoría de las madres sufrirá la muerte de al menos uno de ellos. En estos países, uno de cada 1 000 nacimientos provocará la muerte de la madre, riesgo que aumenta a uno de cada 100 para las mujeres que tienen 10 hijos. Pese a que estos números son malos, son mucho *mejores* que los de hace algunas décadas: aun en los peores lugares, donde nada parece que vaya bien, las probabilidades de morir han disminuido. En algunos de los países con los peores resultados, como Suazilandia, si los niños pasan de los cinco años de edad, corren el riesgo de contraer VIH/sida, lo cual aumenta en gran medida el riesgo de morir en los años de juventud adulta —una época de la vida en que usualmente muy pocos mueren—. Pero estos horrores no son universales en los países tropicales, o ni siquiera en todos los países pobres. Hay muchos países, incluyendo al menos un país tropical (Singapur), donde un neonato tiene probabilidades de sobrevivir tan buenas o mejores que las de un neonato en los Estados Unidos. Aun en China y la India (que en 2005 tenían entre ambas más de un tercio de la población del mundo y casi la mitad de los más pobres del mundo), los recién nacidos de la actualidad tienen una esperanza de vida de 64 (la India) y de 73 años (China).

Más adelante en este capítulo diré de dónde provienen estos números, pero por ahora vale la pena subrayar que cuanto más pobre es un país, tanto peores tienden a ser sus estadísticas de salud. Aun así, tenemos buena información sobre la mortalidad infantil —las fracciones integradas por los que mueren antes de cumplir uno o cinco años de edad—, pero la información sobre la muerte de adultos es mucho peor, incluyendo la información sobre la tasa de mortalidad materna o la esperanza de vida de las personas de 15 años de edad.

La salud no es sólo un asunto de estar vivo y de vivir mucho tiempo, sino de vivir con buena salud. La buena salud tiene varias dimensiones y es más difícil de medir que el mero hecho de si alguien está vivo o no, pero aquí también hay evidencia de mejora con el paso del tiempo así como de diferencias entre países ricos y pobres. La gente de los países ricos reporta menos dolor y menos discapacidad que en los países pobres. La discapacidad ha venido disminuyendo a lo largo del tiempo en los países ricos. Las puntuaciones de CI (coeficiente intelectual) también están aumentando a lo largo del tiempo. En la mayor parte del mundo, la gente está aumentando de estatura. Quienes no consiguen alimentarse suficientemente en la infancia, o quienes experimentan enfermedades infantiles, con frecuencia no crecen tanto como sus genes se lo permitirían en condiciones ideales. Ser más bajo de estatura de lo que se debiera puede indicar infortunios en la vida temprana que comprometen el desarrollo cerebral y restringen las oportunidades en la vida adulta. Los europeos y los estadunidenses son más altos que los africanos, en promedio, y mucho más altos que los chinos o los indios. Los jóvenes son más altos que sus padres, y aún más altos que sus abuelos. La mejora global en la salud y el ingreso, así como las desigualdades globales, se pueden ver incluso en el cuerpo de las personas.

Las diferencias en salud con frecuencia se reflejan en diferencias en estándares de vida material o en la pobreza. Los estadunidenses son mucho más ricos ahora que en 1910 o 1945, y los países con las esperanzas de vida más bajas hoy en día tienen ingresos que son una (casi increíblemente) pequeña fracción de los ingresos de los estadunidenses de la actualidad. La (grotescamente mal llamada) República Democrática del Congo (RDC, conocida como Zaire bajo el gobierno de Joseph Mobutu de 1965 a 1997) tiene un ingreso per cápita nacional de casi 0.75% del ingreso nacional per cápita de los Estados Unidos. Más de la mitad de la población de la RDC vive con menos de un dólar por persona por día; las fracciones para Sierra Leona y Suazilandia son similares. Algunos de los peores lugares ni siquiera están documentados porque en el presente están envueltos en conflictos; Afganistán es un ejemplo.

De acuerdo con la Oficina de Censos de los Estados Unidos, 14% de la población estadunidense vivía en la pobreza en 2009, pero la línea de pobreza en los Estados Unidos es mucho más alta, alrededor de 15 dólares diarios. Es difícil imaginar que se pueda vivir en los Estados Unidos con un dólar por persona al día (aunque un cálculo sugiere que 1.25 dólares es suficiente si excluimos el costo de la vivienda, la salud y la educación),[2] pero esto, o algo cercano a ello, es con lo que típicamente sobreviven las personas más pobres del mundo.

El vínculo entre la esperanza de vida y la pobreza, aunque suficientemente real, está lejos de ser exacto. En China y la India, con esperanzas de vida de 73 y 64 años respectivamente, mucha gente vive con menos de un dólar al día —cerca de una cuarta parte de la población de la India y una séptima de la población rural de China—. Y aunque la economía china pronto sobrepasará a la estadunidense en proporción total, los ingresos per cápita de China son sólo cerca de 20% de los ingresos de los estadunidenses; en promedio cinco chinos comparten el ingreso de un estadunidense. Hay otros países aún más pobres donde las cosas funcionan bien respecto a la esperanza de vida. Bangladesh y Nepal, con esperanzas de vida de alrededor de 65 años, son ejemplos de este caso; Vietnam está sólo un poco mejor en su economía, pero en 2005 tenía una esperanza de vida de 74 años.

Hay también algunos países ricos que se desempeñan mucho peor de lo que sus niveles de ingreso garantizan. Un ejemplo notable son los Estados Unidos, cuya esperanza de vida es una de las más bajas entre los países más ricos. Otro caso excepcional es el de Guinea Ecuatorial, que en 2005 tenía un ingreso per cápita inflado por los ingresos del petróleo, pero una esperanza de vida de menos de 50 años. Este último país, otrora colonia española en África occidental, es gobernado por el presidente Teodoro Obiang Nguema Mbasogo, quien se ha ganado bien el altamente disputado título del peor dictador de África y cuya familia es la beneficiaria de la mayor parte de los ingresos de exportación de petróleo del país.

Si diseñáramos un país ideal, incluiríamos entre las características deseables una esperanza de vida prolongada, buena salud, ausencia de pobreza, democracia e imperio de la ley. Estas características permiten que los individuos tengan una

[2] *Cf.* Robert C. Allen, Tommy E. Murphy y Eric B. Schneider, "The Colonial Origins of the Divergence in the Americas: A Labor Market Approach", *Journal of Economic History* 72, núm. 4, diciembre de 2012, pp. 863-894.

buena vida y procuren lo que es más importante para ellos. Sin embargo, si no les preguntamos a las personas, no sabemos *exactamente* qué es lo que les importa, cómo podrían sacrificar la salud en aras del ingreso, o incluso en qué medida les importan estas cosas. La gente a veces es capaz de adaptarse a lo que parecerían condiciones intolerables, y quizá puede extraer alguna pequeña cantidad de felicidad o incluso vivir una buena vida en lugares donde la mortalidad y la pobreza son comunes; por así decirlo, prosperar en el valle de la sombra de la muerte. Las personas pobres pueden reportar que están viviendo una buena vida en las condiciones más difíciles, y la gente rica, que parece tenerlo todo, puede sentir que su vida es profundamente insatisfactoria.

En tales casos, nosotros podríamos todavía optar por medir su bienestar en términos de las oportunidades que tienen las personas de llevar una buena vida, en lugar de lo que ellas mismas consideran de sus propias vidas. Que un hombre pobre sea feliz y adaptable no lo separa de su pobreza, de igual suerte que la miseria o el egoísmo de un multimillonario no lo separan de su riqueza. El énfasis en lo que Amartya Sen llama "capacidades" conduce a un examen de la condición de estar libre de privaciones en términos de las posibilidades disponibles merced a las circunstancias objetivas, y no en términos de lo que la gente piensa o siente respecto de esas circunstancias.[3] No obstante, sentir que la vida de uno va bien es bueno en sí mismo, y es mejor estar feliz que estar triste. Esos sentimientos contribuyen a una buena vida, y es importante preguntarle a la gente al respecto, aun si no se le da ninguna prioridad especial en la evaluación del bienestar. Ésta es una posición diferente de la que proponen algunos utilitaristas, como el economista Richard Layard,[4] quien argumenta que la felicidad autoevaluada es la única cosa importante, que las buenas circunstancias son buenas sólo en la medida en que promueven la felicidad, y que las malas circunstancias no son malas si las personas son felices a pesar de ellas. Con todo, tal como vimos en las gráficas 1 y 2 de la introducción, resulta que las personas no están para nada contentas con sus vidas en países

[3] Véase Amartya Sen, *Development as Freedom*, Knopf, Nueva York, 1999.

[4] Véase Layard, *Happiness: Lessons from a New Science*, Penguin, Londres y Nueva York, 2005.

en donde la vida es desagradable, salvaje y breve, y que los habitantes de los países con vidas prolongadas generalmente están conscientes de su buena fortuna.

Esperanza de vida e ingreso en el mundo

A fin de observar los patrones generales —así como cribar las excepciones, con frecuencia de gran interés—, es necesario mirar al mundo en su conjunto, con lo que se nos facilita trazar patrones de salud, riqueza y felicidad. Una de las formas más útiles de hacer esto fue el trabajo pionero del demógrafo Samuel Preston en 1975.[5] Reformulamos la descripción de Preston, actualizada a 2010, en la gráfica I.1; muestra la esperanza de vida y el ingreso alrededor del mundo.

El eje horizontal muestra el PIB per cápita de cada país, mientras que el eje vertical muestra la esperanza de vida al nacer para hombres y mujeres tomados en su conjunto. Mostramos a cada país en la forma de un círculo, y las áreas de estos círculos son proporcionales al tamaño de la población. Los círculos grandes en la mitad de la gráfica corresponden a China y la India, y el círculo considerablemente más pequeño pero aún grande en el extremo superior derecho corresponde a los Estados Unidos. La curva que asciende del extremo inferior izquierdo al superior derecho ilustra la relación general entre la esperanza de vida y el ingreso nacional, ya que se eleva rápidamente entre los países de ingreso bajo y posteriormente se estabiliza o aplana entre los ricos, que tienen esperanzas de vida más prolongadas.

El PIB per cápita es una medida del ingreso promedio de cada país y se mide aquí en una unidad común para todos los países. La unidad, el dólar internacional de 2005, se construye de manera que, al menos en principio, un dólar vale lo mismo en todos los países, con lo cual estamos comparando cosas iguales; un dólar internacional en Brasil o Tanzania compra lo mismo que un dólar en los Estados Unidos. El PIB incluye ingresos que no reciben de manera directa las personas o las fa-

[5] Samuel Preston, "The Changing Relation between Mortality and Level of Economic Development", *Population Studies* 29, núm. 2, 1975, pp. 231-248.

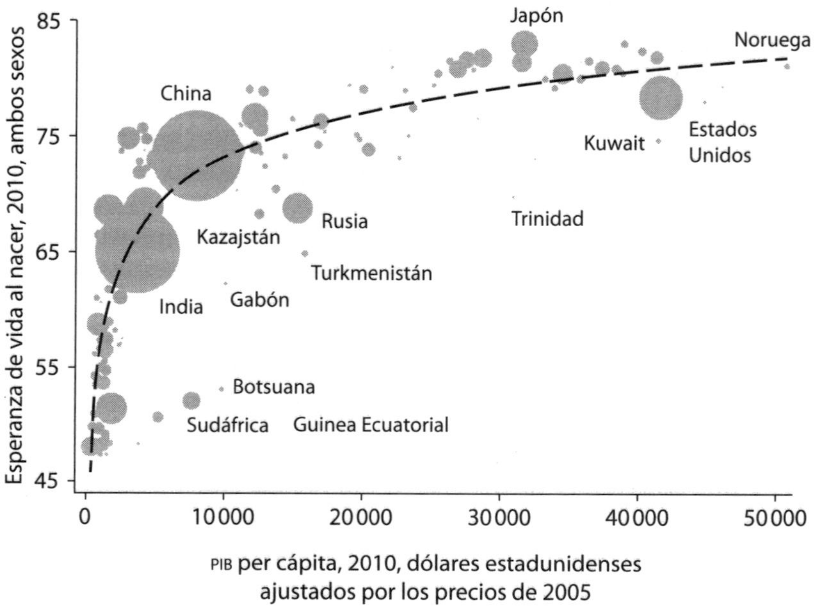

GRÁFICA I.1. *Esperanza de vida y* PIB *per cápita en 2010.*

milias, como la recaudación tributaria de los gobiernos y las ganancias de las empresas y los bancos, además de los ingresos que pertenecen a los extranjeros. Generalmente sólo una fracción, así sea sustancial, del PIB está disponible para que los hogares realicen sus compras. Otros componentes del PIB benefician a los hogares directamente (gastos del gobierno en educación por ejemplo) o indirectamente (inversión para el futuro). El PIB, que es el producto *interno* bruto, es diferente del PNB, producto *nacional* bruto. El PNB incluye, y el PIB excluye, el ingreso propiedad de los residentes pero que se genera en el exterior, y el PNB excluye, en tanto el PIB incluye, los ingresos generados internamente pero de los que se apropian los extranjeros. La diferencia usualmente es pequeña, pero para algunos países es muy importante. Luxemburgo, muchos de cuyos perceptores de ingresos viven en Bélgica, Francia o Alemania, es un ejemplo de un país en donde el PNB es mucho menor que el PIB. Otro ejemplo es la pequeña península china de Macao, actualmente el casino más grande del mundo. Estos dos países, que aparecerían más allá del límite derecho de la gráfica, son excluidos junto con Qatar y los Emiratos Árabes Unidos, Estados ricos en petróleo que, junto con Luxemburgo y Macao, tenían los niveles PIB per cápita más altos del mundo en 2010. El PNB es una mejor medida del ingreso nacional, pero los datos para el PIB están disponibles de una manera más consistente, razón por la cual los utilizo aquí y en varias partes del libro.

Una característica importante de la gráfica es el "punto de inflexión" cerca de China, donde la curva comienza a aplanarse. El punto de inflexión marca la *transición epidemiológica*. Para los países a la izquierda de la transición, las enfermedades infecciosas son causas importantes de muerte, y muchas de esas muertes son de niños, de manera que en los países más pobres cerca de la mitad de todas las muertes son de niños menores de cinco años. Después del punto de transición, conforme nos movemos hacia los países más ricos, las muertes infantiles son muy poco comunes, y la mayoría de las muertes corresponden a personas viejas que mueren no por enfermedades infecciosas sino por enfermedades *crónicas,* las más importantes de las cuales son las cardiacas (o más ampliamente, padecimientos cardiovasculares, incluyendo infartos) y el cáncer. Las enfermedades crónicas se están volviendo de manera creciente causas comunes de muerte en los países pobres también, pero poca gente muere de enfermedades infecciosas en los países ricos, exceptuando a un pequeño número de ancianos que mueren de neumonía. Una manera en que a veces se resume la transición es diciendo que las enfermedades salen de los intestinos y del pecho de los infantes y se meten en las arterias de los viejos.

El hecho de que la esperanza de vida y los niveles de ingreso se relacionen positivamente es importante para pensar en la distribución mundial del bienestar. La salud y la riqueza son dos de los componentes más importantes del bienestar, y la gráfica muestra que generalmente (aunque no de forma inevitable) se mueven juntos. La gente que sufre privaciones en términos de estándares de vida material —como gran parte de la población del África subsahariana— es también la gente que generalmente sufre de privaciones en términos de salud; estas personas viven menos años y con la desdicha de ver que muchos de sus hijos mueren. En el extremo opuesto de la curva, entre los ricos del mundo, pocos padres experimentan alguna vez la muerte de un hijo, y logran disfrutar sus altos estándares de vida durante casi el doble de tiempo que los padres de los países más pobres. Si observamos el mundo en términos de salud e ingreso conjuntamente nos obligamos a ver que las divisiones se multiplican, y que la dispersión de bienestar es más amplia de lo que parece si miramos sólo la salud o el ingreso separadamente. Un subterfugio crudo y a veces útil (aunque no atractivo éticamente) es combinar la esperanza de vida y el ingreso, multiplicando ambos, para obtener una medida del ingreso de toda la vida. Ésta es una medida deficiente del bienestar (un año extra de vida se valora con base en el ingreso del recipiendario, de suerte que un año de vida de una persona rica vale más que un año de vida de una persona pobre), pero ilustra los efectos en las brechas entre países. En la RDC, por ejemplo, se estima que el ingreso per cápita es alrededor de 0.75% del de los Estados Unidos, y la esperanza de vida es menor que dos tercios de la de los Estados Unidos, de suerte que el ingreso promedio de una vida entera en los Estados Unidos equivale a más de 200 veces el ingreso promedio de toda una vida en la RDC.

Lo que el dato *no* establece es que el ingreso más alto es el que *causa* una mejor salud, o que la pobreza es lo que causa las frecuentemente llamadas "enfermedades de la pobreza". La gráfica tampoco lo excluye, y en realidad el ingreso *debe* ser importante en ciertas maneras y en algunos momentos —idea que se explorará ampliamente en el resto de este libro—. El ingreso es importante ahí donde la mejora de la salud requiere una mejor nutrición —para lo cual la gente necesita dinero— o agua más limpia y mejor sanidad —para lo cual los gobiernos necesitan dinero—. Entre los países ricos es menos obvio el modo en que el dinero puede frenar el cáncer o las enfermedades cardiacas —aunque ciertamente la investigación y el desarrollo son caros—, de manera que tenemos los inicios de una simple explicación del aplanamiento de la curva a medida que los países pasan a través de la transición epidemiológica. Es asimismo posible que exista un límite superior a la esperanza de vida humana —esta idea es debatida con ardor, quizá sorpresivamente—, de modo que, cuando la esperanza de vida es tan alta como en Japón o incluso en los Estados Unidos, se torna cada vez más difícil incrementarla.

En ocasiones se dice que *no* existe ninguna relación entre el ingreso y la esperanza de vida entre los países ricos del mundo.[6] Al igual que en el caso de las gráficas de la introducción sobre la evaluación de la vida respecto del PIB, es útil trazar de nuevo la gráfica I.1 utilizando una escala logarítmica para el ingreso. La gráfica I.2, que utiliza exactamente los mismos datos de la gráfica I.1, ofrece una impresión muy diferente. En una primera aproximación, la pendiente de la línea es la misma a la derecha que a la izquierda de la gráfica, aunque la relación es un poco más plana en la parte superior —principalmente por el deficiente desempeño de los Estados Unidos—, y entre los países más ricos aún es evidente la ausencia de una relación. Pero para la mayor parte del mundo los incrementos proporcionales en el ingreso se asocian con los mismos incrementos en años de vida, exactamente de la misma manera en que se asocian con el mismo incremento en satisfacción con la vida, tal como vimos en la introducción. Por supuesto, debido a que los países ricos tienen ingresos más altos, el mismo incremento proporcional en un país rico implica un incremento absoluto mucho más grande que en un país pobre, de modo que, como en la figura I.1, la misma cantidad de dinero viene asociada con una menor cantidad adicional de años de vida entre los ricos en comparación con los pobres. Pero incluso entre los países ricos, niveles de ingreso más altos aún vienen asociados con más años de vida. Sin embargo, como muestra la gráfica I.2, la clasificación de países por esperanza de vida está lejos de ser idéntica a la clasificación por niveles de ingreso.

Las historias de los países ubicados fuera de la curva son tan importantes como las de los que se encuentran sobre ella. Entre los países que se desempeñan bastante peor de lo que se podría esperar dados sus niveles de ingreso, algunos han sido afectados por las guerras. Otros —como Botsuana y Suazilandia (así como otros países africanos no destacados en la gráfica)— están padeciendo la epidemia del VIH/sida, la cual ha eli-

[6] Wilkinson y Pickett, *The Spirit Level…*, *op. cit.*, p. 12, y Richard Wilkinson, "The Epidemiological Transition: From Material Scarcity to Social Disadvantage", *Daedalus* 123, núm. 4, otoño de 1994, pp. 61-77.

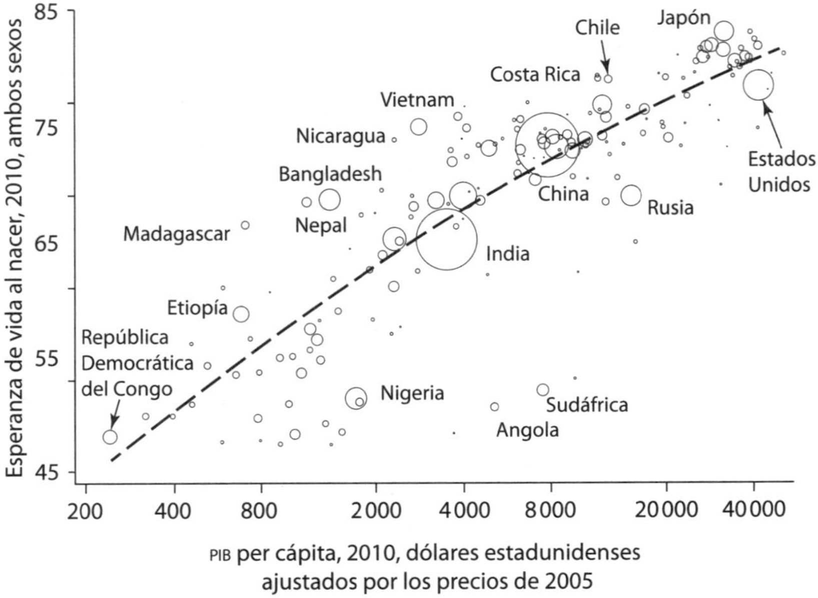

GRÁFICA I.2. *Esperanza de vida y* PIB *per cápita en 2010 sobre una escala logarítmica.*

minado toda o la mayor parte de las ganancias en esperanza de vida que se habían conseguido desde la segunda Guerra Mundial en varios países. La enfermedad ha desplazado a estos países hacia abajo, alejándolos de la curva. Ya he discutido el caso de Guinea Ecuatorial, que es el más egregio de todos. Pero el mismo factor —desigualdad extrema de ingresos— también es parcialmente responsable de la posición de Sudáfrica, que ha permanecido debajo de la curva durante muchos años, mucho antes del advenimiento del VIH/sida. Puede considerarse a Sudáfrica —aun después del fin del *apartheid*— como un país pequeño y rico empotrado en un país pobre mucho más grande. En realidad, si trazamos una línea que una a los Estados Unidos con Nigeria en la gráfica I.1, y luego nos desplazamos 10% de la trayectoria de los Estados Unidos hacia Nigeria —10% es el porcentaje de población blanca en Sudáfrica—, nos aproximamos a la posición de Sudáfrica en la gráfica.

Rusia es otro de los países grandes con un desempeño deficiente. Es un país donde la esperanza de vida disminuyó rápidamente después de la caída del comunismo, es posible que como respuesta al caos y la disrupción de la transición; el consumo excesivo de alcohol, especialmente entre los hombres, fue uno de los factores que precipitaron este desempeño, lo cual es consistente con esta historia. Lo que sucedió en Rusia es motivo de polémica, aunque sólo sea porque la mortalidad entre los hombres iba en aumento mucho antes del cambio en el sistema político.[7] Cualquiera que sea la verdad, en Rusia y en los países que formaban la Unión Soviética la salud y la evaluación de la vida son peores de lo que se podría esperar dados sus niveles de ingreso. Éstos también son países donde la transición de un sistema económico a otro trajo consigo dificultades en la medición del ingreso, lo que bien podría estar expresado exageradamente en los datos. La transición en Rusia, aunque de alguna forma inevitable y probablemente benéfica en el largo plazo, implicó enormes costos en términos de ingreso y años de vida perdidos. No se compara con algunas de las otras catástrofes del mundo de la posguerra —como la epidemia del sida o la Gran Hambruna china—, pero de cualquier manera hubo gran sufrimiento y pérdida de bienestar.

Los Estados Unidos son un país de desempeño bajo en relación con su ingreso. Sin embargo, gastan en salud una porción mayor de su ingreso nacional que cualquier otro país, lo que representa una buena ilustración del hecho de que no existe una relación estrecha entre ingreso y salud, y menos aún entre salud y gastos en salud. Chile y Costa Rica tienen una esperanza de vida tan buena como la de los Estados Unidos, con sólo un cuarto del ingreso per cápita y cerca de 12% del gasto per cápita en salud de los Estados Unidos. En los capítulos II y V regresaré al tema de la salud y su financiamiento en los Estados Unidos.

Otros países se desempeñan mejor de lo que cabría espe-

[7] Véase Elizabeth Brainerd y David M. Cutler, "Autopsy on an Empire: Understanding Mortality in Russia and the Former Soviet Union", *Journal of Economic Perspectives* 19, núm. 1, 2005, pp. 107-130, y Jay Bhattacharya, Christina Gathmann y Grant Miller, "The Gorbachev Anti-Alcohol Campaign and Russia's Mortality Crisis", *American Economic Journal: Applied Economics* 5, núm. 2, abril de 2013, pp. 232-260.

rar con base en sus ingresos. La gráfica I.2, con una escala logarítmica, muestra esto de manera más clara que la I.1. Nepal, Bangladesh, Vietnam, China, Costa Rica, Chile y Japón son países importantes cuya esperanza de vida es alta respecto de lo que podríamos esperar dada la curva internacional. Los más pobres de estos países lo hacen muy bien al tener tasas de mortalidad de niños menores de uno y cinco años inusualmente bajas, mientras que los que se encuentran en la parte alta de la escala, especialmente Japón, tienen tasas de mortalidad inusualmente bajas entre personas de edad mediana y ancianos. Exploraré estas excepciones con mayor detalle más adelante en el libro, pero el punto importante es que no hay nada predestinado en la curva; los países pobres pueden desempeñarse mejor de lo que se esperaría dados sus recursos, y los países ricos lo pueden hacer peor. Existen formas de asegurar una buena salud con niveles bajos de ingreso y formas de gastar grandes sumas de dinero sin objeto alguno. La guerra, las epidemias y la desigualdad extrema también empeoran la salud para cualquier nivel de ingreso, aunque al menos las guerras y las epidemias son mucho más probables en los países pobres que en los países ricos.

Hacia adelante y hacia arriba, con interrupciones catastróficas

Las gráficas I.1 y I.2 nos ofrecen una fotografía instantánea del mundo en el año 2010. Pero la curva que vincula la esperanza de vida y el ingreso no ha permanecido inmóvil. La gráfica I.3 muestra los datos y dos curvas, una de las cuales repite la curva del año 2010 y la otra corresponde al año 1960. En la curva de 1960 se muestra a los países con tonos menos oscuros para distinguirlos de los países de la curva de 2010. Una vez más, el área de los círculos es proporcional a la población, pero separadamente dentro de cada año, de manera que la variación en la población no puede determinarse al comparar el tamaño del círculo para un país dado en 1960 con el tamaño del círculo para ese país en 2010.

Casi todos los círculos más oscuros se encuentran arriba y a la derecha de los círculos más claros; desde 1960, casi todos

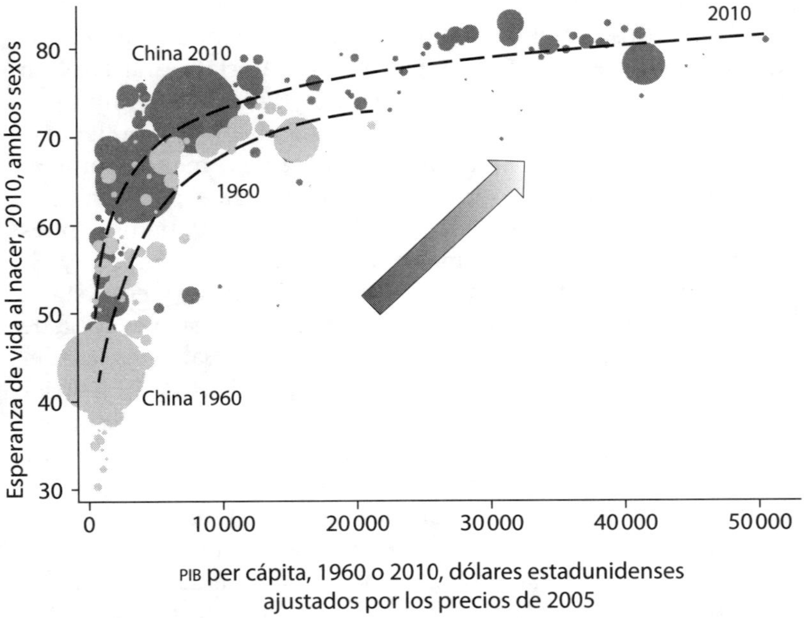

GRÁFICA I.3. *Vidas más largas, vidas más ricas.*

los países se han vuelto más ricos y sus residentes más longevos. Éste es quizás el hecho más importante del bienestar en el mundo desde la segunda Guerra Mundial: que las cosas están mejorando, que la salud y el ingreso, partes componentes del bienestar, han mejorado con el tiempo. El economista e historiador Robert Fogel, abarcando un intervalo más largo de la historia, ha escrito sobre lo que él llama el escape del hambre y la muerte prematura.[8] El Gran Escape ha continuado rápidamente en el mundo desde la segunda Guerra Mundial. Aunque algunos países no han escapado aún, y muchos más se

[8] *Cf.* Robert W. Fogel, "New Findings on Secular Trends in Nutrition and Mortality: Some Implications for Population Theory", en Mark R. Rosenzweig y Oded Stark (eds.), *Handbook of Population and Family Economics,* Elsevier, Ámsterdam y Nueva York, 1997, pp. 433-481, y *The Escape from Hunger and Premature Death, 1700 to 2100: Europe, America, and the Third World,* Cambridge University Press, Cambridge, 2004.

encuentran sólo a mitad del camino, debemos destacar y celebrar los éxitos. Muchos millones de personas han escapado de un mundo de enfermedad y privación material. Amartya Sen escribe del desarrollo como libertad,[9] y la gráfica I.3 muestra que el mundo en 2010 era más libre que en 1960. Y si llenáramos el diagrama con la información (mucho menos completa) para los años 1930 o 1900, veríamos que la expansión de la libertad ha estado sucediendo desde hace mucho tiempo, pues empezó hace aproximadamente 250 años, cobró ímpetu y ha involucrado a cada vez más países en el último medio siglo.

A pesar del progreso general, ha habido catástrofes. Una de las peores de la historia humana fue el "Gran Salto hacia Adelante" de China en 1958-1961, cuando políticas de industrialización y producción de alimentos profundamente desorientadas condujeron a la muerte por hambre de 35 millones de personas e impidieron el nacimiento de quizá 40 millones más. Las condiciones climáticas en esos años no fueron inusuales; la hambruna fue completamente obra del ser humano.

Mao Tse-Tung y sus colegas líderes estaban decididos a demostrar la superioridad del comunismo, superar rápidamente los niveles de producción de Rusia y el Reino Unido, y establecer el liderazgo de Mao en el mundo comunista. Se establecieron metas de producción fantásticas para satisfacer la necesidad de alimentos de ciudades en un raudo proceso de industrialización y obtener divisas a través de la exportación de víveres. Bajo el sistema totalitario que mantenía el Partido Comunista de China, las comunas rurales competían para exagerar su producción final, inflando así las ya inalcanzables cuotas de logro alcanzado y no dejando nada para la alimentación de la gente. Al mismo tiempo, el Partido provocó el caos en el campo al ordenar que toda la tierra privada se convirtiera en comunas, al confiscar la propiedad privada y aun los utensilios de cocina, y al hacer que la gente se alimentara en cocinas comunitarias. Dados los enormes incrementos en producción que confiadamente se esperaban, la fuerza de trabajo campesina se desvió hacia proyectos de obras públicas y plantas metalúrgicas rurales, la mayoría de las cuales no produjo nada. Las restricciones draconianas de transporte y comunicación

[9] Véase Sen, *Development as Freedom, op. cit.*

impidieron que se difundiera esta información, y los castigos por disentir eran claros: en 1950-1951, 750 000 personas habían sido ejecutadas. (En todo caso, en estos primeros años de la revolución el Partido tenía una amplia reputación y gozaba de gran confianza.)

Cuando Mao se enteró de los desastres (aunque probablemente no en toda su dimensión) duplicó las políticas, al tiempo que purgó a los indiscretos, llamándolos "disidentes de derecha", y culpó a los campesinos por ocultar alimentos. Admitir el error del Gran Salto hacia Adelante habría puesto en peligro la posición de liderazgo del propio Mao, y él estaba preparado para sacrificar a decenas de millones de sus coterráneos para impedir que esto sucediera. Si Mao hubiera dado marcha atrás cuando la dimensión del hambre masiva se hizo evidente para los líderes, la hambruna habría durado un año, no tres, y en todo caso había grano más que suficiente en los almacenes del gobierno para impedir el hambre de todos.[10]

De acuerdo con varias narrativas, la esperanza de vida en China era de 50 años en 1958 y disminuyó a menos de 30 en 1960; cinco años más tarde, cuando Mao dejó de matar gente, aumentó a casi 55 años.[11] Casi un tercio de quienes nacieron durante el Gran Salto hacia Adelante no sobrevivieron a este evento. A veces es difícil identificar los beneficios de las políticas, o aun convencernos de que hacen alguna diferencia. No obstante, los efectos catastróficos de las malas políticas pueden ser demasiado obvios, como lo demuestra el Gran Salto hacia Adelante. Aun en ausencia de guerras o epidemias, una mala política dentro de un sistema totalitario causó la muerte de decenas de millones de personas. Por supuesto, malas políticas suceden todo el tiempo sin que les causen la muerte a millones. El problema en China es que tomó mucho tiempo para revertir esa política debido al sistema totalitario y a la falta de cualquier mecanismo para hacer que Mao cambiara el curso de acción. El sistema político en la China actual no es muy diferente del sistema que creó Mao; lo que es diferente

[10] *Cf.* Yang Jisheng, *Tombstone: The Great Chinese Famine, 1958-62,* Farrar, Straus and Giroux, Nueva York, 2012.

[11] Véase Ansley J. Coale, *Rapid Population Change in China, 1952-1982,* National Academy Press, Washington, D.C., 1984, y Cormac Ó Gráda, *Famine: A Short History,* Princeton University Press, Princeton, 2009.

es el flujo de información. A pesar del continuo control del Estado, es difícil creer que semejante hambruna pudiera ocurrir hoy sin que el liderazgo chino y el resto del mundo se enteraran muy rápidamente. Que el resto del mundo pudiera ayudar hoy más que antes, no es ni remotamente claro.

La epidemia de VIH/sida es otro gran desastre. Como hemos visto, ha aumentado la mortalidad y reducido dramáticamente la esperanza de vida en muchos países del África subsahariana. La posición de Sudáfrica provee una ilustración nítida. En las gráficas I.1 y I.2 vemos a Sudáfrica muy por debajo de la curva. Si retrocedemos hasta 1960, mucho antes de que el VIH/sida tuviera cualquier efecto en la tasa de mortalidad, Sudáfrica estaba en una posición muy similar... no debido a la enfermedad, sino a la extrema desigualdad entre las poblaciones blanca y negra. Si manipuláramos estas curvas, como lo hacemos con una película, y observáramos sus cambios, década por década, veríamos que Sudáfrica se mueve hacia arriba cada vez más cerca de la curva a medida que el *apartheid* se colapsa y las diferencias raciales en salud disminuyen. O al menos eso es lo que sucedió hasta 1990. Después de eso, debido al incremento de muertes por sida, el país descendió a su posición original, cayendo de regreso a donde lo vemos en la gráfica I.1.

En años recientes, las drogas antirretrovirales han empezado a frenar la pérdida de vidas en África. Las epidemias en sí mismas son otro recordatorio de que los escapes pueden ser temporales, y de que las grandes epidemias de enfermedades infecciosas —el VIH/sida ahora, el cólera en el siglo XIX y la peste negra en tiempos medievales— no están confinadas en el pasado de manera segura. En la prensa científica y popular se ha dedicado mucha atención a las amenazas presentes de enfermedades infecciosas "emergentes", en particular a las que, como el VIH/sida, han pasado de reservas de animales a los seres humanos. Hay muchas enfermedades de "origen animal" como ésta, algunas espectacular y velozmente letales. No obstante, ésta es una letalidad que hace casi imposible que esas enfermedades se transformen en una epidemia de gran escala; matar víctimas no es bueno ni para las víctimas ni para los insectos. El VIH/sida, que no se transmite fácilmente y que mata de manera muy lenta, representa un peligro mucho mayor, y la pandemia que causó debería disuadirnos de creer que en el futuro esas enfermedades se pueden ignorar de modo seguro.

Poniendo a un lado las catástrofes, podemos ver en la gráfica I.3 no sólo que los países son cada vez más ricos y más saludables, sino que la curva que relaciona la esperanza de vida con el ingreso se está desplazando hacia arriba a lo largo del tiempo. La curva de 2010 está por encima de la de 1960, y si nos moviéramos hacia atrás en el tiempo veríamos que la de 1960 está arriba de la de 1930, y ésta de la de 1900, y así sucesivamente. Cuando hizo notar este movimiento hacia arriba, Preston concluyó que algún factor sistemático *diferente al ingreso* debe ser el responsable. Si el ingreso fuera la cosa más importante —con otros factores, como las epidemias o las políticas de salud de los países, más o menos desprovistos de un patrón—, entonces los países se moverían hacia arriba y hacia abajo (principalmente hacia arriba) de la curva. Pero aunque en efecto los países se han movido hacia arriba de la curva, eso no es todo lo que ha pasado. Aun sin cambios en el ingreso, la esperanza de vida mejoró con el tiempo, y a nivel mundial, tanto a niveles de ingreso alto como de ingreso bajo. Preston atribuyó este movimiento hacia arriba de la curva a avances en el conocimiento científico y médico, o al menos a la mayor implementación práctica del conocimiento científico y médico existente. Preston consideró los movimientos *a lo largo de la curva* como la contribución de la mejora en estándares de vida a la salud, y concibió los movimientos *de la curva misma* como la contribución del nuevo conocimiento práctico.[12] Esta división de los créditos entre ingreso y conocimiento por los aumentos en el bienestar nos ocupará a lo largo del libro. Argumentaré que el conocimiento es la clave, y que el ingreso —aunque importante en y por sí mismo y como un componente del bienestar, y con frecuencia como un facilitador de otros aspectos del bienestar— no es la causa más importante del bienestar.

[12] Véase Preston, "The Changing Relation between Mortality...", art. cit.

Pobreza global y desigualdad global

Los estándares de vida material están mejorando en la mayoría de los países del mundo. Sin embargo, no hay nada en la lógica que garantice un vínculo automático entre crecimiento y reducciones de la pobreza global; podría suceder que los países más pobres del mundo no estuviesen creciendo para nada —como sucedió en la mayor parte de África en los años ochenta y a principios de los noventa— o podría ocurrir que, donde ha habido crecimiento, ha beneficiado sólo a los que ya eran ricos dentro de cada país. Aquellos que creen que la globalización y el crecimiento económico están beneficiando sólo a los ricos esgrimen con frecuencia uno de estos argumentos o ambos. Ciertamente, como ya hemos visto, en lo concerniente al promedio en los estándares de vida material hay diferencias casi inimaginables entre países, y las brechas entre ricos y pobres dentro de cada país difícilmente son menores. ¿Están aumentando las desigualdades con el progreso económico general? ¿Se están beneficiando todos o sólo los que ya eran ricos lograron el Gran Escape, dejando atrás a los menos afortunados?

Una manera de responder a esta interrogante es ver si los países inicialmente pobres han crecido más rápidamente que los inicialmente ricos, algo que debe suceder si realmente las brechas entre ellos se han reducido. Si es cierto que el progreso en la ciencia y el conocimiento práctico hacen posible el crecimiento económico, entonces podríamos esperar que los estándares de vida de cada país tiendan a converger entre sí, al menos si el conocimiento y las técnicas pueden transferirse con facilidad de un país a otro.

Comencemos con la gráfica I.4, la cual muestra una dispersión de puntos más o menos aleatoria. Cada punto en la gráfica representa un país y muestra la tasa de crecimiento de su ingreso per cápita en el eje vertical y de su PIB por persona inicial en el eje horizontal. Los círculos oscuros toman como punto de partida el año 1960 y muestran el crecimiento de 1960 a 2010, mientras que los círculos más claros comienzan desde 1970 y muestran el crecimiento de 1970 a 2010. La ausencia de cualesquiera patrones en los puntos de la gráfica re-

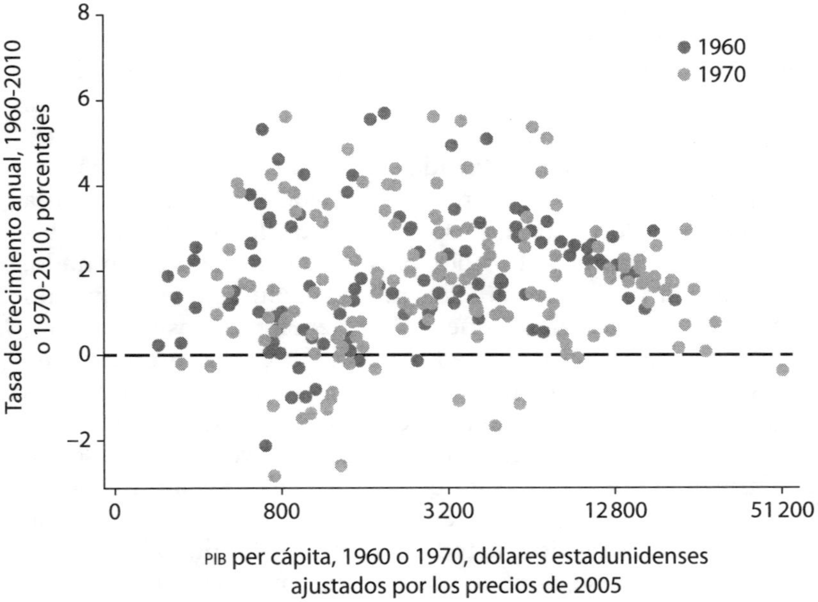

GRÁFICA I.4. *Crecimiento, país por país.*

vela que los países pobres no crecieron más rápido que los ricos, de modo que no hubo convergencia ni reducción en la desigualdad entre países, y tampoco los países ricos crecieron más rápido que los pobres. En general, la desigualdad entre países no cambió mucho. Casi todas las tasas de crecimiento son positivas y se ubican por encima de la línea horizontal punteada que indica crecimiento cero.

Ha habido mucho crecimiento en el mundo durante el pasado medio siglo; sólo cuatro países tuvieron un ingreso per cápita menor en 2010 que en 1960, y sólo 14 tuvieron ingresos menores que en 1970. Como siempre, debemos recordar que excluimos a algunos de los países de peor desempeño (por ejemplo, los que tuvieron guerras) debido a que para ellos no existen datos, o porque no existían en años anteriores. (Los dos países de peor desempeño en la gráfica I.4 son la RDC y Liberia: ambos sufrieron guerras.)

Hay una manera diferente y más positiva de ver exactamente los mismos datos. La gráfica I.5, que elaboró de esta forma por primera vez el economista Stanley Fischer, es idéntica a la gráfica I.4, pero ahora cada país se representa con un círculo cuya área es proporcional a su población en el año de inicio.[13] Desde esta perspectiva, tenemos una impresión visual inmediata de una fuerte relación *negativa*, en la que los países más pobres crecen más rápido. ¡Pero ya sabemos que los países más pobres *no* crecieron más rápido! La diferencia en la percepción deriva de que se han inflado los puntos para los países más grandes. Los dos países más grandes del mundo, China y la India, han crecido más rápidamente en el pasado medio siglo. Y debido a que ambos tienen muchos habitantes, el crecimiento ha provocado que los ingresos promedio de más de 2 000 millones de personas aumenten desde el nivel más bajo de la distribución del ingreso mundial —su punto de partida— a un punto mucho más cercano al nivel medio —donde se ubican ahora—. Si cada persona en cada nación tuviera el ingreso promedio de todo el país, la gráfica I.5 mostraría que los estándares de vida de toda la gente en el mundo han tendido a aproximarse, aunque no ha habido ninguna disminución en los estándares de vida promedio de los países. Por supuesto, no es cierto que todos tienen el mismo ingreso en cada país; no sólo hay desigualdad de ingreso dentro de los países sino que, como veremos en el capítulo VI, la desigualdad de ingreso está aumentando en muchos países (aunque no en todos). Una vez que se toma en cuenta la desigualdad de ingreso dentro de cada país, lo que está sucediendo con la de todos los ciudadanos del mundo resulta mucho menos claro, aunque bien se puede argumentar que está decreciendo.

El rápido crecimiento de China y la India no sólo ha posibilitado a cientos de millones de ciudadanos del mundo realizar el Gran Escape, sino que también ha hecho posible que el mundo sea más equitativo. Si nos preocupamos más de la *gente* que de los *países*, entonces el panorama optimista de la gráfica I.5 es el correcto, no el pesimista de la I.4.

Lo que ha estado sucediendo en China y la India también afecta mucho la historia de la pobreza global. El Banco Mundial regularmente calcula el número total de personas en el

[13] *Cf.* Stanley Fischer, "Globalization and Its Challenges", *American Economic Review* 93, núm. 2, mayo de 2003, pp. 1-30.

mundo que viven en hogares cuyo ingreso diario es menos de un dólar por persona. La última versión de estos números hasta 2008, tal como los calcula el Banco Mundial, se muestra en la gráfica I.6.[14] El número total de personas pobres en el mundo que viven con un dólar diario disminuyó en 750 millones entre 1981 y 2008 a pesar de que la población total de los países pobres se incrementó en aproximadamente 2 000 millones. Como resultado, la fracción de la población mundial que vive con menos de un dólar por día ha disminuido de más de 40% a 14%. Aunque la tasa de pobreza en otras regiones del mundo ha disminuido, la disminución en el número absoluto de pobres ha sido impulsada en gran parte por el rápido crecimiento de China, de modo que, al menos hasta los últimos 10 años, el número absoluto de pobres no chinos ha continuado aumentando. (Como veremos en el capítulo VI, se puede plantear el caso de que las estadísticas de la India estén omitiendo una parte creciente de lo que la gente tiene en realidad, de suerte que estos números estarían subestimando el progreso conseguido por la India en la reducción de la pobreza.) Para el caso de los países de África subsahariana, el Banco Mundial calcula que 37% de la población vivía con menos de un dólar al día en 2008, una disminución en relación con el pico de 49% en 1993; las economías africanas han estado creciendo en años recientes, aunque a partir de niveles bajos. Como siempre, los datos africanos deben tratarse con gran precaución. En resumen, en la pobreza global también ha habido un progreso general; no en todas partes ni todo el tiempo, pero es cierto que un cuarto de siglo de crecimiento global ha hecho mucho para reducirla.

[14] Véase Shaohua Chen y Martin Ravallion, "The Developing World Is Poorer than We Thought, but No Less Successful in the Fight against Poverty", *Quarterly Journal of Economics* 125, núm. 4, noviembre de 2010, pp. 1577-1625. Actualizado a 2008: "An Update of the World Bank's Estimates of Consumption Poverty in the Developing World", http://siteresources.worldbank.org/INTPOVCALNET/Resources/Global_Poverty_Update_2012_02-29-12.pdf.

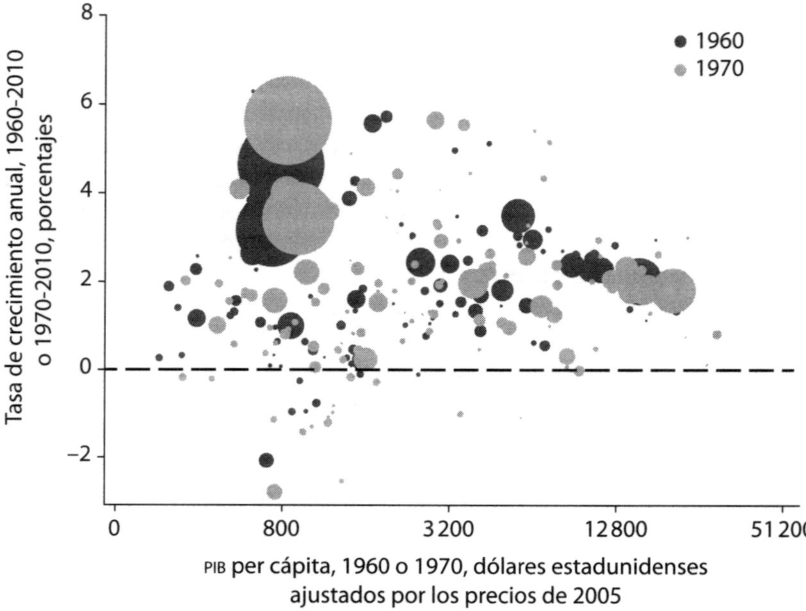

GRÁFICA I.5. *Crecimiento ponderado por la población de los países.*

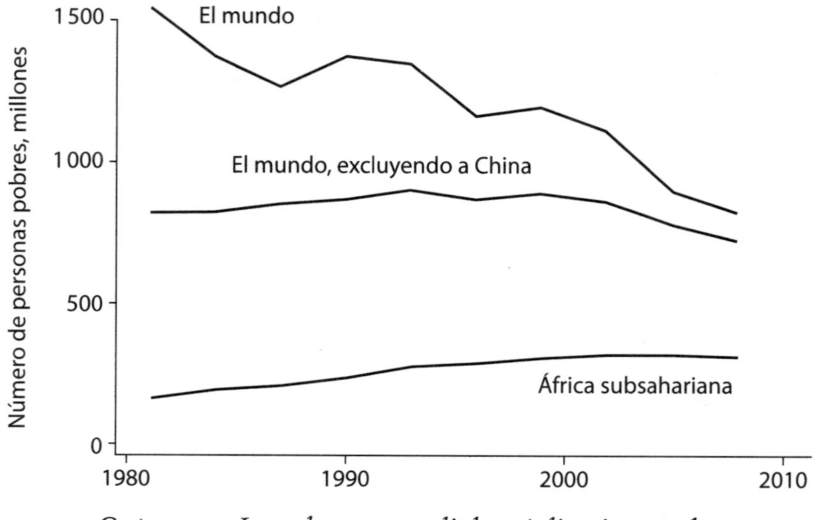

GRÁFICA I.6. *La pobreza mundial está disminuyendo.*

¿Cómo ve la gente su propia vida?

Para vivir una buena vida se necesita más que salud y dinero, y el escape de las privaciones que trae consigo el desarrollo debiera implicar también mejor educación y una mejor capacidad de participar en los asuntos cívicos. Mi atención principal se centra aquí en la salud y el ingreso, pero el panorama general es en gran parte el mismo: en décadas recientes ha habido un gran progreso, aunque queda mucho por hacer. Más niños están asistiendo a la escuela con regularidad y el número de personas alfabetizadas es mayor. Y si bien hay muchos dictadores y varios cientos de millones de personas viven con restricciones (a veces muy severas) a su participación cívica, en el mundo hay más libertad política ahora que hace medio siglo. La vida está mejorando para la mayor parte del mundo, al menos en términos de las oportunidades que estas circunstancias permiten.[15] No obstante, siempre es posible que la gente no perciba sus vidas en términos de estos indicadores, y que estos indicadores sean más apreciados por expertos en el desarrollo o comentaristas académicos que por las personas que están experimentando estas mejoras. O puede ser que la gente valore cosas diferentes que no están incluidas en nuestros datos. De modo que hay mucho que decir respecto de interrogar a las personas sobre cómo piensan *ellas* que las trata la vida.

Una forma de hacer esto es con reportes de autoevaluación de bienestar, como los descritos en las gráficas 1 y 2 de la introducción. Los economistas, psicólogos y filósofos se han interesado en estos indicadores recientemente, y varias oficinas de estadísticas nacionales están avanzando hacia la recolección rutinaria de estos datos.[16] Estas mediciones, con frecuencia referidas vagamente como medidas de felicidad, tienen varios atractivos: proceden directamente de las personas cuyo bien-

[15] Véase Charles Kenny, *Getting Better: Why Global Development Is Succeeding, and How We Can Improve the World Even More,* Basic Books, Nueva York, 2011.

[16] *Cf.* Joseph E. Stiglitz, Amartya K. Sen y Jean-Paul Fitoussi, *Report by the Commission on the Measurement of Economic Performance and Social Progress,* http://www.stiglitz-sen-fitoussi.fr/en/index.htm, 2009.

estar intentamos evaluar, miden logros realmente alcanzados y es posible que incluyan los efectos de factores importantes para el bienestar, pero de los que no sabemos nada o que, aun conociéndolos, no podemos medir.

No obstante, muchos escritores, tanto economistas como filósofos, tienen reservas acerca de la validez y utilidad de las mediciones derivadas de las autoevaluaciones de bienestar. No sabemos siempre en qué están pensando las personas cuando responden a estas preguntas, y existen dudas acerca de si las preguntas son interpretadas de la misma manera por diferentes personas o naciones. A veces es difícil traducir las preguntas aunque exista una traducción directa: los estadunidenses utilizan *happy* de un modo más libre y frecuente que los franceses *heureux,* y los habitantes de Asia sudoriental parecen particularmente renuentes a afirmar que son felices.[17] En los Estados Unidos la búsqueda de la felicidad es un derecho inalienable enunciado en la Declaración de Independencia, pero en la aldea escocesa calvinista en donde yo crecí esa aspiración habría sido vista como una señal de una grave debilidad de carácter.

De mayor consideración aun es la adaptación; puede ser que las personas que viven en circunstancias de desesperación piensen que esto es lo mejor que la vida puede ofrecer y por ello reporten que son felices. Otros, que viven en el regazo del lujo, se habrán acostumbrado tanto a la riqueza que pueden sentirse insatisfechos por la ausencia de lujos triviales.[18] A veces una vida plena y feliz puede implicar dolor y pérdida; la filósofa Martha Nussbaum escribe acerca del "guerrero feliz" que va a la batalla, esperando encontrar nada más que dolor y posiblemente la muerte, pero que sin embargo siente que está viviendo una vida buena y digna.[19] Estas reservas no significan que debamos ignorar lo que las personas dicen acerca de sus

[17] *Cf.* Anna Wierzbicka, "'Happiness' in Cross-Linguistic and Cross-Cultural Perspective", *Daedalus* 133, núm. 2, primavera de 2004, pp. 34-43, y Ed Diener y Eunkook M. Suh, *Culture and Subjective Well-Being, op. cit.*

[18] Véase Amartya K. Sen, *Commodities and Capabilities,* Elsevier, Ámsterdam y Nueva York, 1985; *On Ethics and Economics,* Blackwell, Londres y Boston, 1987; y *The Idea of Justice, op. cit.*

[19] Véase Martha C. Nussbaum, "Who Is the Happy Warrior? Philosophy Poses Questions to Psychology", *Journal of Legal Studies* 37, núm. S2, junio de 2008, pp. S81-S113.

vidas, sino simplemente que debemos estar alerta respecto de los problemas potenciales y no cejar en nuestro escepticismo.

La calificación de la evaluación de la vida para Dinamarca (de manera perenne el país de mejor desempeño en estas comparaciones) es 7.97 (en una escala de 0 a 10), seguido de otros países nórdicos —Finlandia 7.67, Noruega 7.63 y Suecia 7.51—, mientras que los Estados Unidos se hallan sólo un poco detrás con 7.28. La calificación de Togo (una dictadura de largo tiempo) es 2.81, la de Sierra Leona (después de años de guerra civil) es 3.00 y la de Zimbabue (otra dictadura duradera) es 3.17. Burundi con 3.56, Benín con 3.67 y Afganistán con 3.72 les siguen en el catálogo de la miseria. Las dudas filosóficas acerca de estas mediciones son suficientemente reales, pero cuando se trata de evaluar las privaciones y de identificar los países donde la gente florece o no, las mediciones de la evaluación de la vida están en concordancia cercana con las del ingreso, la salud y la libertad política. Los países democráticos, desarrollados y ricos de Europa, América del Norte (Estados Unidos, Canadá) y las ramificaciones europeas son lugares para vivir mejores que los países más pobres del África subsahariana, Asia y América Latina, y obtenemos el mismo resultado a partir de preguntas directas acerca del curso de la vida que con base en el ingreso o la longevidad.

Sería bueno observar las respuestas a la interrogante sobre la evaluación de la vida del pasado medio siglo, retroceder y comparar lo que ha sucedido desde 1960, tal como lo hice con la relación entre el ingreso y la salud, pero la Encuesta Mundial de Gallup apenas empezó en 2006 y, aunque hay datos dispersos de algunos países para años anteriores, sabemos poco acerca de la confiabilidad de estos números o incluso de cómo se seleccionó a los encuestados. De suerte que ahora no podemos decir si durante el medio siglo pasado el crecimiento en el mundo trajo consigo un incremento en la evaluación de la vida.

Aun así, el hecho de que los residentes de los países más ricos sistemáticamente evalúen sus vidas de manera más alta que los de los países más pobres da lugar a una fuerte presunción de que el crecimiento es bueno en tanto que induce a las personas a sentirse a gusto con sus vidas. La diferencia más obvia entre Dinamarca y los Estados Unidos, por un lado, y

Sierra Leona, Togo y Zimbabue, por otro, es que un grupo es rico y el otro es pobre; esa diferencia es el resultado de 250 años de crecimiento en los países ricos contra cero crecimiento en los países pobres. Hay también diferencias enormes en la esperanza de vida, como ya hemos visto, pero ésta también ha aumentado con el crecimiento económico en el último medio siglo. Así que sería en verdad extraño si la evaluación promedio de la vida en China, Alemania, Japón o los Estados Unidos en 2008 no fuera más alta que las evaluaciones promedio de la vida de esos países en 1960. Pero esta conclusión aparentemente incontrovertida se ha empantanado en un debate.

En 1974, el economista e historiador Richard Easterlin, un pionero de la medición de la autoevaluación del bienestar, argumentó que el crecimiento económico en Japón no había mejorado la vida de las personas, de acuerdo con sus propios reportes, y en un trabajo subsecuente extendió su hallazgo a varios países, incluidos los Estados Unidos.[20] Su argumento, entonces y ahora, es que el crecimiento económico no mejora la suerte de la humanidad. Entre los economistas, Easterlin se distingue por argumentar que el crecimiento es inocuo por sí mismo. (No cuestiona la salud ni otros beneficios que acompañan al crecimiento económico, aunque no necesariamente *debido* a él.) Su punto de vista se asemeja al de muchos psicólogos, líderes religiosos y otros que niegan la base material del bienestar, excepto quizás entre los más necesitados. Los economistas Betsey Stevenson y Justin Wolfers han cuestionado estas creencias y, según argumentan, resulta claro que, con base en la comparación apropiada de datos, el crecimiento económico dentro de los países mejora la evaluación de la vida exactamente en la misma forma en que esperaríamos que lo hicieran las diferencias en la evaluación de la vida entre países ricos y pobres.[21]

[20] *Cf.* Richard A. Easterlin, "Does Economic Growth Improve the Human Lot? Some Empirical Evidence", en Paul A. David y Melvin W. Reder (eds.), *Nations and Households in Economic Growth: Essays in Honor of Moses Abramowitz*, Academic Press, Nueva York y Londres, 1974, pp. 89-125, y "Will Raising the Incomes of All Increase the Happiness of All?", *Journal of Economic Behavior and Organization* 27, núm. 1, junio de 1995, pp. 35-47.

[21] *Cf.* Betsey Stevenson y Justin Wolfers, "Economic Growth and Subjective

Los efectos del crecimiento económico sobre la evaluación de la vida en un país son más difíciles de apreciar que los efectos de las diferencias entre países ricos y pobres. Ni siquiera 50 años de crecimiento económico desplazan a un país muy lejos en comparación con las diferencias internacionales que son el resultado de *siglos* de diferencias en tasas de crecimiento. Si un país mantuviera una tasa de crecimiento anual constante de 2% durante medio siglo (más o menos el promedio en la gráfica I.4), su ingreso nacional per cápita al final del periodo sería 2.7 veces mayor. Éste es un aumento sustancial, pero es más o menos el mismo que la diferencia entre la India y Tailandia hoy en día. Puesto que los países no se encuentran exactamente en la línea que une la evaluación de la vida y el ingreso, no sería sorprendente que esos periodos de crecimiento económico se acompañaran de incrementos en la evaluación de la vida característicamente pequeños, difíciles de detectar o aun perversos. En realidad, tal como lo muestra la gráfica 1 en la introducción, China, cuyo ingreso per cápita en 2008 fue el doble del de la India, tiene una calificación de evaluación de la vida sustancialmente más baja.

Así como hay países cuya salud es mejor o peor de lo que se puede esperar al considerar sus ingresos, también hay países cuyos residentes evalúan sus vidas de una manera más o menos elevada de lo que se puede esperar a partir de sus ingresos. Ya hemos visto que los países escandinavos son súper estrellas del bienestar, pero también son países muy ricos, y la calificación de la evaluación de sus vidas no es mucho más alta de lo que pronosticarían sus ingresos nacionales. Otro hallazgo frecuente es que a los países latinoamericanos a menudo les va muy bien. Varios de los países de Asia del Este se desempeñan relativamente mal, como China, Hong Kong, Japón y Corea del Sur. No sabemos si estas diferencias continentales proceden de diferencias genuinas en algún aspecto objetivo del bienestar, de diferencias nacionales en disposición o

Well-Being: Reassessing the Easterlin Paradox", *Brookings Papers on Economic Activity,* primavera de 2008, pp. 1-86, y Daniel W. Sacks, Betsey Stevenson y Justin Wolfers, "Subjective Well-Being, Income, Economic Development and Growth", en Philip Booth (ed.), *...And the Pursuit of Happiness: Well-Being and the Role of Government,* Institute for Economic Affairs, Londres, 2012, pp. 59-97.

de diferencias nacionales en la manera en que la gente responde a las preguntas de la encuesta. Un hallazgo frecuente es el nivel de bienestar excepcionalmente bajo de Rusia, de los países de la antigua Unión Soviética y de los países de Europa del Este que alguna vez formaron parte del bloque comunista. En estos países, son las personas de edad avanzada las que se conciben como particularmente infelices.[22] Los jóvenes de esas naciones tienen oportunidades que no estaban disponibles para generaciones previas, como la oportunidad de viajar, estudiar en el extranjero y encontrar un lugar para sus talentos en la economía global. Al mismo tiempo, sus abuelos han visto el colapso del mundo que conocieron y que dio significado a sus vidas, y en algunos casos también han experimentado disrupciones en sus sistemas de pensiones y de seguridad social.

Bienestar emocional

La medición de la evaluación de la vida con frecuencia se describe como medición de la felicidad, aun cuando, al igual que en las preguntas de la encuesta de la escala de 0 al 10, puede ser que no se mencione por ningún lado la felicidad. Ahora existe una buena evidencia de que la medición de la evaluación de la vida, que solicita a las personas pensar acerca del curso en sus vidas, recoge diferentes aspectos de la experiencia y arroja diferentes resultados de las preguntas sobre sus sentimientos y las emociones experimentadas. Es posible sentirse infeliz o preocupado, o padecer estrés, incluso en momentos en que uno piensa que su vida está bien en general. En efecto, la tristeza, el dolor y el estrés pueden ser inevitables durante algunas de las experiencias que uno debe pasar para una buena vida. Un campamento militar, estudios de posgrado en economía, una escuela de medicina o la muerte de un pariente son ejemplos de experiencias no placenteras que sin embargo son parte esencial de la vida; los jóvenes tienen encuentros amorosos que a veces desembocan en experiencias terribles, y que, no obstante, son una parte necesaria del apren-

[22] Véase Angus Deaton, "Income, Health, and Well-Being around the World: Evidence from the Gallup World Poll", *Journal of Economic Perspectives* 22, núm. 2, primavera de 2008, pp. 53-72.

dizaje emocional. Estas y otras experiencias contribuyen decisivamente, por derecho propio, al bienestar presente. Sin embargo, sentirse feliz es mejor que sentirse triste, y el estrés, la preocupación y la rabia reducen el bienestar en el momento en que se están experimentando, aunque a veces se compensen en el futuro.

De igual manera que se pide a la gente que evalúe su propia vida, también cabe preguntar sobre experiencias emocionales. La Encuesta Mundial de Gallup, además de la pregunta sobre la evaluación de la vida, inquiere sobre las emociones y los sentimientos del día previo a la entrevista, sobre sus preocupaciones, estrés, tristeza, depresión, felicidad, ira y dolor. Según se revela, el promedio nacional de estas respuestas es muy diferente de los promedios nacionales de la evaluación de la vida.

El mapa global de la felicidad se muestra en la gráfica I.7, la cual ilustra el ingreso nacional respecto a la fracción de la población que reportó experimentar felicidad durante gran parte del día anterior. Este mapa es muy diferente del mapa

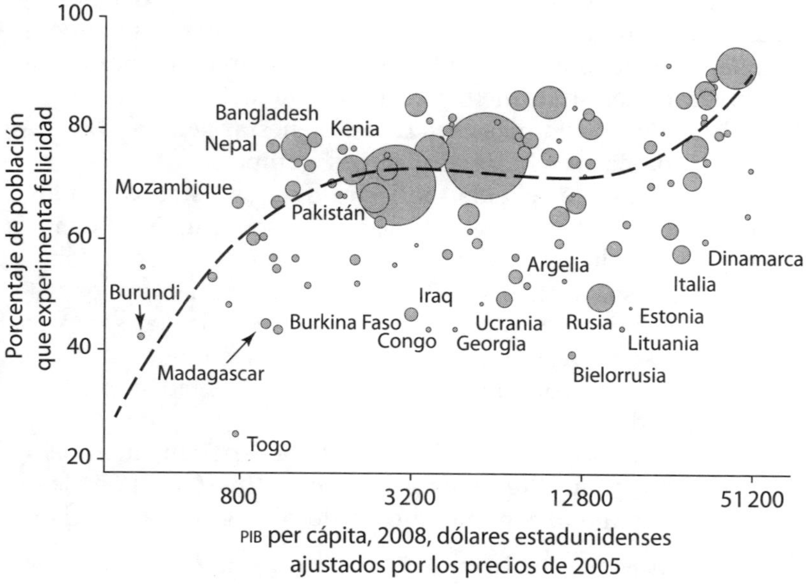

GRÁFICA I.7. *La felicidad en el mundo.*

de la evaluación de la vida; de manera aún más notable, hay una relación mucho más débil con el ingreso nacional. Aunque es cierto que algunos de los países más pobres —como Burkina Faso, Burundi, Madagascar y Togo— reportan muy poca felicidad, existe muy poca diferencia sistemática en felicidad entre ricos y pobres dentro de los países, excepto en los verdaderamente más pobres. Dinamarca, país donde la gente piensa que sus vidas van extremadamente bien, no es un lugar muy bueno para experimentar felicidad. Tampoco Italia, y en realidad una gran parte de los habitantes de Bangladesh, Kenia, Nepal y Pakistán experimentan una mayor felicidad que los daneses o los italianos.

La relación limitada entre ingreso y felicidad alcanzada también vale para los Estados Unidos. La pobreza genera miseria, pero más allá de cierto punto (alrededor de 70 000 dólares al año) una mayor cantidad de dinero no logra mejorar la felicidad, aunque los más ricos reportan que tienen mejores vidas.[23] El dinero importa para la felicidad sólo hasta cierto punto. Es útil saber esto, aunque sólo sea porque la experiencia de la felicidad es positiva para hacer que la vida sea mejor. Pero esto hace de la felicidad una medida deficiente del bienestar general, porque en el mundo hay muchos lugares donde la gente logra encontrar felicidad aun en medio de mala salud y pobreza material; la medición de la evaluación de la vida es una medida mucho más certera del bienestar general. Los casos de Dinamarca e Italia son buenos ejemplos.

El mapa de la felicidad muestra que los Estados Unidos, donde ser feliz es algo así como una responsabilidad cívica, está en tercer lugar, superado sólo por Irlanda y Nueva Zelanda. Rusia y sus antiguos satélites se encuentran entre los países menos felices. No obstante, la mayoría de las personas en el mundo son felices; casi tres cuartas partes de la población mundial reportaron que experimentaron felicidad durante gran parte del día anterior.

Una vez más, otras mediciones de la experiencia emocional proporcionan diferentes panoramas. En 2008, 19% de la población mundial experimentó ira durante gran parte del día

[23] Véase Daniel Kahneman y Angus Deaton, "High Income Improves Evaluation of Life But Not Emotional Well-Being", *Proceedings of the National Academy of Sciences* 107, núm. 38, septiembre de 2010, pp. 16489-16493.

anterior a la encuesta; 30%, estrés; 30%, preocupación, y 23%, dolor. Hay más dolor en los países más pobres, aunque también hay una enorme variación en cualquier nivel de ingreso. Pero los promedios nacionales de preocupación, estrés y enojo no se relacionan en absoluto con el ingreso nacional, aunque también varían mucho de un país a otro. Por ejemplo, tres cuartas partes de los filipinos reportan una gran cantidad de estrés, seguidos de los ciudadanos de Hong Kong, Líbano, Siria y los Estados Unidos, donde 44% reportó estrés durante gran parte del día previo. Parece que el ingreso nacional poco hace para mitigar estas emociones negativas.

La evaluación de la vida y la felicidad (u otras emociones) pinta diferentes panoramas del mundo. ¿Cuál es el correcto? Ésta es una pregunta relevante sólo si esperamos que estas mediciones arrojen una única medida del bienestar general, algo que representa la meta de gran parte de la literatura sobre la felicidad. Sin embargo, ésta no es una forma correcta de pensar el bienestar. Es bueno ser feliz, no es bueno estar preocupado o enojado, y es bueno pensar que la vida de uno va bien, pero estos sentimientos no son la misma cosa, y todos son consistentes con resultados buenos o malos en otros aspectos del bienestar, como el ingreso y la salud física y mental. No existe una pregunta mágica que suministre la piedra de toque para juzgar el bienestar. Aun si las personas llevaran consigo un "hedonímetro" personal que, al igual que un reloj de pulso, registrara la felicidad en cada momento, no hay razón para suponer que la lectura del hedonímetro sería útil para evaluar la bondad de sus vidas. El bienestar humano tiene un sinfín de aspectos diferentes, con frecuencia relacionados pero no iguales, y si hemos de medir el bienestar en el mundo debemos reconocer y hacer justicia a esta riqueza.

El historiador Keith Thomas escribe sobre los cambios en las formas en que la gente procuró la realización personal en Inglaterra, y cómo, en el siglo XVIII, la búsqueda de riqueza vino a ser vista como una ruta legítima y ética hacia la felicidad.[24] *La riqueza de las naciones,* de Adam Smith, cristalizó la idea largamente desarrollada de que buscar riqueza no era sólo

[24] *Cf.* Keith Thomas, *The Ends of Life: Roads to Fulfillment in Early Modern England,* Oxford University Press, Londres y Nueva York, 2009.

una actividad respetable para los individuos, sino que también traía beneficios a la sociedad en su conjunto. La metáfora de Smith de la "mano invisible" ha devenido parte de nuestro entendimiento de cómo funciona el capitalismo. No obstante, tal como Thomas hace notar, Smith era escéptico ante los beneficios personales de la riqueza. Es más, en su *Teoría de los sentimientos morales*, Smith describe la idea de que la riqueza podría producirnos felicidad como una estafa, aunque es una idea útil "que activa y mantiene en movimiento perpetuo la industria de la humanidad". Smith también era escéptico acerca de la magnitud de la desigualdad, y argumentaba que los ricos, al emplear a otros "en la gratificación de las vanas e insaciables demandas que les son propias", han provocado una distribución aproximadamente igual de "las cosas necesarias para la vida". En lo que concierne al hombre rico, sus grandes propiedades "lo protegen de las lluvias del verano, no de la tormenta del invierno, pero lo dejan siempre muy expuesto, y en ocasiones más que antes, a la ansiedad, el miedo y la tristeza; a las enfermedades, el peligro y la muerte".[25]

Smith escribió cuando la Gran Divergencia estaba a punto de iniciar, y en una época en que las enfermedades infecciosas amenazaban a pobres y ricos por igual. Como veremos en el siguiente capítulo, la esperanza de vida no era más alta para los aristócratas ingleses que para la gente común. Aún hoy en día, como acabamos de ver, las vidas emocionales de los pobres no son muy diferentes de las de los ricos, aunque están mucho menos satisfechos con sus vidas; las riquezas no son una protección contra la ansiedad, el miedo y la tristeza, y no se requieren para experimentar la felicidad y el disfrute de la vida cotidiana. Pero el mundo ha cambiado en los últimos 250 años. No existe una interpretación razonable de la evidencia de que aun las "cosas necesarias para la vida" estén distribuidas equitativamente en el mundo, ni es probable que lo estuvieran en el Reino Unido de los días de Adam Smith. Las riquezas hoy proveen de una protección poderosa contra los peligros de enfermedad y de muerte. Toda vez que el mundo en su conjunto es más rico y ha aprendido más, especialmente

[25] Adam Smith, *The Theory of Moral Sentiments*, 3ª ed., impreso para A. Millar, A. Kincaid y J. Bell en Edimburgo y vendido por T. Cadell en la *Strand*, 1767, IV, pp. 272, 273 y 271.

en los últimos 60 años, estas protecciones se han extendido a una parte cada vez mayor de la población.

El ingreso y la salud han mejorado casi en todas partes desde la segunda Guerra Mundial. No hay un solo país en el mundo donde la mortalidad infantil sea hoy en día mayor que en 1950.[26] El crecimiento económico ha propulsado a millones de personas fuera de la indigencia atroz, particularmente en China y la India. Ha habido, con todo, terribles retrocesos. La hambruna china, la pandemia del VIH/sida, el colapso de la longevidad en la antigua Unión Soviética, las múltiples guerras, masacres y hambrunas, nos recuerdan que los anatemas de la enfermedad, la guerra y la mala política no son monstruos confinados a la historia de manera definitiva. Sería aventurado, en verdad, suponer lo contrario: al igual que en la película, el Gran Escape podría no traer libertad permanente sino sólo un alivio temporal de la calamidad, la oscuridad y el desorden que nos rodea.

[26] Véase David E. Bloom, "7 Billion and Counting", *Science* 333, núm. 6042, julio de 2011, pp. 562-569.

Primera Parte

VIDA Y MUERTE

II. DE LA PREHISTORIA A 1945

El mundo es más saludable ahora que en casi cualquier otra época del pasado. Las personas viven más años, son más altas y fuertes, y es menos probable que sus hijos se enfermen o mueran. Una mejor salud hace que nuestra vida sea mejor en y por sí misma y nos permite hacer más cosas con ella, trabajar de manera más efectiva, ganar más, pasar más tiempo aprendiendo y disfrutar más y mejor el tiempo con nuestras familias y amigos. La salud no es una cantidad aislada como la temperatura; alguien podría tener una vista extraordinaria pero una fuerza física muy menguada, o podría vivir muchos años pero tener de modo recurrente depresión o migrañas graves. La seriedad de cualquier limitación dada depende de lo que una persona hace o le gustaría hacer. Mi deplorable brazo de lanzar fue un motivo de penas ocasionales en la secundaria, pero no es un problema para un profesor. La salud tiene muchas dimensiones, y es difícil reducirla a un solo número conveniente. Sin embargo, hay un aspecto de ésta que es fácil de medir y es de primordial importancia: el simple hecho de estar vivo o muerto. El saber esto es de utilidad limitada para un individuo —sin duda uno esperaría más de un médico que el diagnóstico: "Bueno, estás vivo"—, pero las mediciones de la vida y la muerte son invaluables para pensar acerca de la salud de grupos de personas, ya sea poblaciones enteras o subgrupos, como hombres y mujeres, negros y blancos o niños y ancianos.

La esperanza de vida de un recién nacido es una medida común de vida o muerte. Esto se conoce como esperanza de vida al nacer, o, con frecuencia, simplemente como esperanza de vida. Siempre que la vida sea valiosa, vivir más años es bueno, y usualmente es cierto (aunque no inevitable) que las poblaciones donde la gente vive más años también son poblaciones donde la gente es más saludable. En el capítulo I vimos que la esperanza de vida varía a través del mundo, que es más larga en los países ricos y que ha estado aumentando en general a lo largo del tiempo. En este capítulo, analizamos con mayor detalle el cómo y el porqué de la esperanza de vida y de qué manera el mundo llegó hasta donde se encuentra ahora. Este libro no es una historia de la salud ni una historia de la esperanza de vida,[1] pero hay mucho que aprender del pasado y no tendremos mucha oportunidad de un mejor futuro si no lo entendemos.

Con el propósito de establecer dónde estamos ahora y de presentar algunas ideas que necesitaremos, comienzo con la mortalidad y la esperanza de vida en los Estados Unidos durante el siglo pasado. Después retrocedo —mucho— para analizar la vida en sus comienzos y luego rápidamente voy hacia adelante hasta aproximadamente 1945. El final de la segunda Guerra Mundial es un parteaguas conveniente porque, después de 1945, hay muchos mejores datos y porque la historia cambia.

Nociones básicas de vida y muerte, ilustradas por los Estados Unidos

La esperanza de vida en los Estados Unidos aumentó de 47.3 años en 1900 a 77.9 años en 2006. La gráfica II.1 muestra por separado los datos para hombres y mujeres; las mujeres típicamente viven más que los hombres, y esto fue así a lo largo del siglo XX. Hombres y mujeres tuvieron importantes incrementos en la duración de sus vidas: 28.8 años para los hombres y 31.9 para las mujeres.

La tasa de incremento fue más rápida en la primera mitad del siglo, pero continúa aumentando hasta nuestros días; en el último cuarto de siglo, la duración de la vida de los hombres se ha incrementado en un año cada lustro y la de las mujeres en un año cada década. Lo primero que resulta de esta figura y de la mayor parte de este libro es que las cosas están mejorando, y mucho. El hecho de que se haya incrementado la duración de la vida en 30 años en poco más de un siglo es un

[1] Véase Massimo Livi-Bacci, *A Concise History of World Population,* 3ª ed., Blackwell, Londres y Boston, 2001; James C. Riley, *Rising Life Expectancy: A Global History,* Cambridge University Press, Cambridge, 2001; y Mark Harrison, *Disease and the Modern World: 1500 to the Present Day,* Polity Press, Cambridge, 2004.

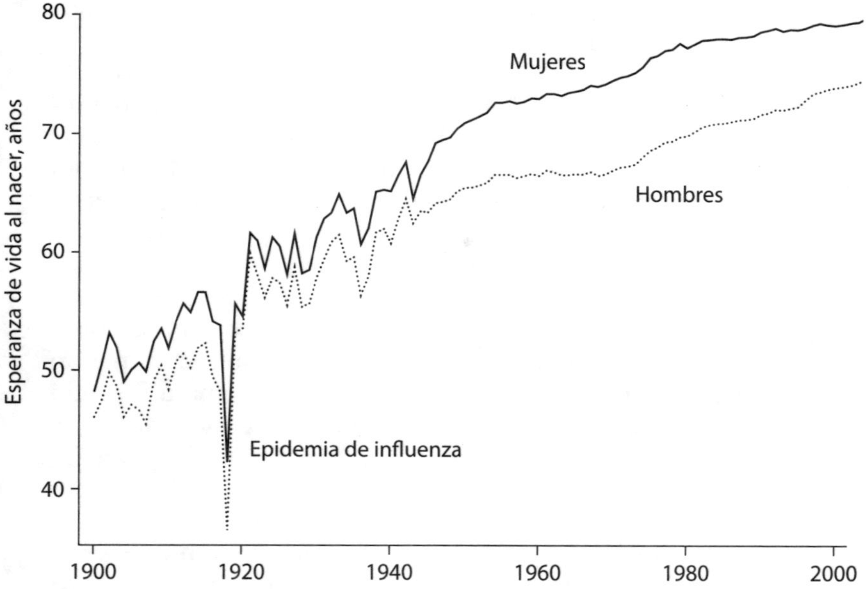

GRÁFICA II.1. *Esperanza de vida de hombres y mujeres en los Estados Unidos.*

logro extraordinario, un Gran Escape en verdad. Habiendo registrado este gran hecho, podemos hacer notar algunas de las características secundarias de la gráfica. ¿Por qué los hombres y las mujeres son diferentes, no sólo en los años de vida que esperan vivir, sino también en las tasas a las cuales sus esperanzas de vida están mejorando? ¿Por qué la primera mitad del siglo luce tan diferente del periodo posterior a la segunda Guerra Mundial?

Una característica evidente de la gráfica es la gran caída en la esperanza de vida durante la epidemia de influenza al final de la primera Guerra Mundial. En 1918 la esperanza de vida era 11.8 años menor que en 1917 y luego aumentó otra vez en 15.6 años en 1919, y regresó a su tendencia anterior inmediatamente después de la epidemia. En el mundo en su conjunto, más de 50 millones de personas pudieron haber muerto por la epidemia, y más de 500 000 de éstas, en los Estados Unidos. No obstante, la manera en que se define la esperanza de vida tiende a exagerar el efecto de la epidemia en las oportunidades de vida de los recién nacidos. En retrospectiva, sabemos que la epidemia de influenza duraría sólo un año, de suerte que si un niño consigue vivir hasta su primer año de vida no habría más amenaza derivada de la epidemia. Pero cuando los demógrafos calculan la esperanza de vida en 1918, suponen que la epidemia será permanente, y en los cálculos de 1919 olvidan que alguna vez existió. Esto puede parecer una manera extraña de evaluar las oportunidades de vida, pero de hecho es difícil hacerlo de mejor manera.

Cuando nos presentan a un niño recién nacido y se nos pide que calculemos el tiempo que vivirá, necesitamos conocer los riesgos de muerte en los años por venir, algo que no sabemos. Los demógrafos resuelven este problema utilizando información sobre los riesgos al momento del nacimiento, y calculan cuánto se esperaría que viviera ese niño si los riesgos de morir en cada etapa fueran los mismos que los del presente. En el caso de una epidemia como la de influenza de 1918-1919, el riesgo de mortalidad en cada etapa aumentó repentinamente en 1918, de modo que, cuando se calcula la esperanza de vida al nacer para ese año, el supuesto es que el niño enfrentará los riesgos de la epidemia específicos para su edad en cada año de su vida. Esto tendría sentido si la epidemia durara para siempre, o al menos durante el tiempo de vida del niño, pero si la epidemia se prolonga sólo un año o dos, la drástica caída en la esperanza de vida sobreestima los riesgos reales a lo largo de la vida del niño. Podemos mejorar este cálculo, si bien sólo en retrospectiva, una vez que hemos esperado hasta que todos los miembros de la generación de ese niño han muerto —lo que representa una espera de más de un siglo—, o si hacemos pronósticos. Pero los pronósticos tienen sus propias dificultades: por ejemplo, en 1917 nadie habría pronosticado en absoluto la epidemia de influenza.

Las mediciones de la esperanza de vida estándares —las que no esperan hasta que todos estén muertos y las que no hacen pronósticos— se denominan mediciones de "periodo", lo que significa que se calculan sobre la base del supuesto de que los riesgos de mortalidad del periodo están fijos para siempre. Esto puede ser un problema no sólo para episodios como la epidemia de influenza, sino también para pensar en la esperanza de vida de hoy en día. Cuando vemos la gráfica II.1 y pensamos en el futuro, es difícil no pensar en que la esperanza de vida continuará aumentando y las tasas de mortalidad continuarán disminuyendo. Lo que significa que es probable que la esperanza de vida del presente, que es un poco más de 80 años para una niña nacida en los Estados Unidos, subestime la esperanza de vida de los recién nacidos de hoy en día, quienes podrían razonablemente esperar —si el progreso continúa— vivir hasta los 100 años.

La epidemia de la influenza es sólo una de las razones por las que los datos de la gráfica II.1 varían tanto antes de 1950 en comparación con la etapa posterior a ese año. Aunque no hubo nada comparable con ese desastre, sí ocurrieron varias olas de enfermedad más pequeñas que fueron suficientemente extensas como para influir en la esperanza de vida de la población. Las enfermedades infecciosas que actualmente no nos preocupan mucho todavía eran amenazas en los Estados Unidos en 1900, cuando las causas principales de muerte eran, en orden de importancia, la influenza, la tuberculosis y la diarrea. La tuberculosis permaneció entre las primeras tres causas hasta 1923 y entre las primeras 10 hasta 1953. Las enfermedades infecciosas, como la neumonía, la diarrea y el sarampión, provocaron la muerte temprana de muchos niños. A comienzos del siglo las muertes infantiles derivadas de estos padecimientos eran relativamente más importantes que en la actualidad, cuando la mayoría de las muertes son de personas de edad provecta y a causa de enfermedades crónicas como el cáncer y padecimientos cardiacos, no por enfermedades infecciosas. Este cambio es la misma transición epidemiológica que vimos en el capítulo I cuando comparamos países ricos y pobres de hoy, la cual se verificó a lo largo del tiempo en los países ricos del presente.

El "envejecimiento de la muerte", que se traslada de niños a ancianos, hace que la esperanza de vida sea menos sensible a las fluctuaciones de la muerte de un año a otro, las cuales, con la reducción de las enfermedades infecciosas, son menos pronunciadas hoy que en el pasado. Salvar la vida de los niños tiene un efecto mayor en la esperanza de vida que salvar la de los ancianos. Un recién nacido que podría haber muerto y, sin embargo, sobrevive tiene la oportunidad de vivir muchos años más, lo cual no es el caso cuando a una persona de 70 años se le ayuda a superar una severa crisis que amenaza su vida. Ésta es también una de las razones por las que la tasa de incremento en la esperanza de vida se ha ralentizado en años recientes; la mortalidad infantil ahora es tan baja que el progreso sólo puede tener lugar entre los ancianos, para quienes las reducciones en las tasas de mortalidad tienen efectos menores en la esperanza de vida.

Del hecho de que la esperanza de vida sea más sensible a la mortalidad en edad temprana que en edad adulta no se sigue que sea más importante o más valioso salvar la vida de un niño que la de un adulto. Eso es un juicio ético que depende de muchos factores. Por una parte, salvar la vida de un niño salva muchos más años de vida potencial, mientras que, por otra parte, la muerte de un recién nacido no implica el fin de muchos proyectos, intereses, relaciones y amistades que son parte de una vida adulta. En esta vena de análisis, el economista Victor Fuchs ha sugerido que el valor de una vida podría juzgarse por el número de personas que asisten al funeral, una propuesta no muy seria que captura de manera nítida la idea de ponderar menos a los muy jóvenes así como a los muy viejos. Pero estas cuestiones no pueden resolverse mediante la acción mecánica de una medida particular de la salud, como la esperanza de vida. La esperanza de vida es una medida útil y contempla mucho de lo que es importante respecto de la salud de la población. No obstante, si la tomamos como una medida de bienestar y la establecemos como uno de los objetivos de la sociedad, estamos adoptando un juicio ético que pondera más la mortalidad en edades tempranas. Es necesario que estos juicios sean defendidos de manera explícita, y no que se adopten simplemente sin pensar.

La elección de la esperanza de vida en ocasiones puede llevar por el camino absolutamente equivocado. La gráfica II.1 muestra que la esperanza de vida aumentó mucho más rápidamente en la primera mitad del siglo XX que en la segunda mitad. Esto ocurrió porque la mortalidad infantil era alta en 1900 y porque las reducciones en la mortalidad entre jóvenes tienen efectos mucho más grandes en la esperanza de vida que las disminuciones en la mortalidad entre personas de edad mediana y ancianos, que eran muy importantes al final del siglo. Si pensamos que la esperanza de vida es *la* medida de la salud de la población, o incluso que es una medida igualmente buena del progreso social general, podemos convencernos fácilmente de que los Estados Unidos se desempeñaron mejor antes de 1950 que después de esa fecha. Seguramente es posible argumentar esto, pero el enfocarnos en la esperanza de vida prioriza el declive de la mortalidad entre los jóvenes por sobre la disminución de la mortalidad entre los viejos, y ésa es una elección ética que necesita argumentarse, no sólo tomarse como dada. La misma cuestión surge cuando comparamos la disminución de la mortalidad en los países pobres —principalmente entre niños— con la de la mortalidad en los países ricos —principalmente entre los ancianos—. Si utilizamos la esperanza de vida, los países pobres están poniéndose al corriente en salud y bienestar, pero esa convergencia no es un *hecho* de la salud o incluso de la mortalidad en general sino un *supuesto*, el supuesto de que la esperanza de vida es el mejor indicador de la salud y del progreso social. Regresaré a estos temas en el capítulo IV.

La gráfica II.1 muestra que la diferencia en la esperanza de vida entre los hombres y las mujeres estadunidenses, aunque siempre a favor de las mujeres, es diferente hoy en día que en el pasado. La diferencia en la duración de las vidas era de dos a tres años al inicio del siglo XX y aumentó de manera irregular hasta fines de los años setenta, después de lo cual disminuyó otra vez, en los primeros años del siglo XXI, a aproximadamente cinco años. Estamos lejos de haber comprendido completamente las diferencias en tasas de mortalidad entre hombres y mujeres. Las mujeres enfrentan menores riesgos de muerte que los hombres en todo el mundo y a lo largo de la vida; los hombres están expuestos a mayor riesgo aun antes de haber nacido. La excepción es la mortalidad materna, riesgo del cual los hombres están exentos, y la disminución de ésta en los Estados Unidos del siglo XX es una razón por la cual la esperanza de vida femenina ha aumentado más rápido que la masculina.

Una razón mucho más importante es el cambio en los patrones del tabaquismo. Fumar es causa de muerte tanto por enfermedades cardiacas —relativamente rápido— como por cáncer pulmonar —con un lapso aproximado entre la exposición y la muerte de 30 años—. La disminución en la tasa de mejoría en la esperanza de vida entre los hombres en los años cincuenta y sesenta se debe en mucho al aumento más temprano del tabaquismo. Los hombres empezaron a fumar mucho más pronto que las mujeres —el tabaquismo entre las mujeres no fue aceptado socialmente por muchos años, ¡una injusticia que hizo maravillas por la salud de las mujeres!—, pero también abandonaron el tabaquismo antes. La disminución en el aumento en la esperanza de vida para las mujeres ocurre justo al final de la gráfica, dos o tres décadas después de la disminución correspondiente para los hombres. En años recientes, las mujeres estadunidenses también han reducido drásticamente su tabaquismo, y las tasas de cáncer de pulmón para las mujeres han empezado a disminuir, tal como sucedió en el caso de los hombres hace muchos años. En el caso de los países ricos del mundo, el tabaquismo es uno de los determinantes más importantes de la mortalidad y de la esperanza de vida en la segunda mitad del siglo xx.

La desigualdad en la mortalidad entre hombres y mujeres está lejos de ser la única desigualdad entre grupos sociales en los Estados Unidos. En 2006, la esperanza de vida al nacer para los hombres afroestadunidenses fue seis años menor que la de los hombres blancos; para las mujeres la diferencia fue en la misma dirección pero menor: 4.1 años. Y al igual que las diferencias entre hombres y mujeres, estas discrepancias no han permanecido constantes en el tiempo. Los Centros para el Control y la Prevención de Enfermedades (Centers for Disease Control and Prevention) estiman que, al comienzo del siglo xx, había una brecha de más de 15 años en la esperanza de vida entre blancos y los que en ese entonces se denominaban no blancos, categoría más amplia que la de los afroestadunidenses.

Las desigualdades en la esperanza de vida entre negros y blancos en los Estados Unidos reflejan otras desigualdades: en ingreso, riqueza, educación y, durante gran parte del siglo, aun en las oportunidades para votar o ser votado para un puesto en el gobierno. Este patrón consistente de desigualdad en tantas dimensiones significa que las brechas en bienestar son aún más severas que en cualquier dimensión particular, como la mortalidad o el ingreso. Cualquier estudio de las inequidades entre blancos y negros en los Estados Unidos tiene que considerar el panorama total al mismo tiempo, no sólo la salud o la riqueza. Las desigualdades en mortalidad entre grupos étnicos y raciales no se comprenden bien, aunque la provisión desigual de seguridad social sin duda es importante. La reducción de las brechas en la esperanza de vida y en la mortalidad infantil es parte de la reducción general en las diferencias raciales a lo largo del siglo, y una disminución en alguna desigualdad particular tiende a contribuir a disminuciones en otras. Que tales diferencias desafían las explicaciones simples lo demuestran las tasas de mortalidad de los hispanoparlantes en los Estados Unidos, cuya esperanza de vida en 2006 era dos años y medio *mayor* que la esperanza de vida de los blancos no hispanoparlantes. El Gran Escape de la muerte prematura en los Estados Unidos ha ocurrido tanto para hombres como para mujeres, así como para todos los grupos raciales y étnicos, pero los distintos grupos comenzaron desde diferentes puntos de partida y lograron sus escapes a diferentes tasas, de modo que los patrones de las desigualdades también han cambiado a lo largo del tiempo.

Aunque los Estados Unidos gastan casi dos veces más en salud que cualquier otro país, sus ciudadanos no son los que viven más años. Las esperanzas de vida de los británicos y los estadunidenses eran muy similares hasta los años cincuenta. A partir de entonces siguió un periodo de 20 años de ventaja británica que se perdió en los años ochenta, pero que reapareció otra vez a fines de los años noventa y los primeros años del nuevo siglo. Una brecha de menos de medio año en 1991 creció hasta un año y medio en 2006. La brecha entre los Estados Unidos y Suecia es mucho más grande, más de tres años a favor de los suecos. Aunque la ventaja sueca ha aumentado en años recientes, se remonta en el pasado hasta donde existen estadísticas. En el capítulo IV regresaré al tema de las brechas en la esperanza de vida entre países ricos y trataré de explicar cuál podría ser su causa. Tal como es el caso entre grupos dentro de los Estados Unidos, la experiencia de escape ha sido diferente para distintos países. Como veremos, estas diferencias palidecen frente a las diferencias entre países ricos y pobres.

Para comprender mejor la esperanza de vida, es necesario profundizar y analizar la mortalidad para diferentes edades. La gráfica II.2 muestra las variaciones en las tasas de mortalidad de acuerdo con la edad para un grupo seleccionado de países y años: Suecia en 1751 (los datos suecos se remontan a un pasado mayor que el de cualquier otro país), los Estados Unidos en 1933 y en 2000, y Holanda también en 2000.[2] (La curva de Suecia en el año 2000 está cerca de la curva de Holanda, pero un poco más abajo para los casos de personas en edad joven y en edad avanzada.) Estas gráficas muestran tasas de mortalidad para distintas edades hasta 80 años; el número de personas mayores a 80 años disminuye hasta el punto donde las gráficas no son confiables. Las tasas de mortalidad se muestran como el número de muertes por cada 1 000 personas vivas que tienen la edad correspondiente. Por ejemplo, la curva superior muestra que en Suecia en 1751 más de 160 de cada 1 000 recién nacidos murieron antes de cumplir un año de edad, mientras que sólo 10 de cada 1 000 personas de 30 años de edad fallecieron antes de cumplir 31 años. La escala logarítmica también es útil en este caso, y la he utilizado en el eje vertical, de suerte que el movimiento (cuádruple) de 0.5 a 2 aparece con el mismo tamaño que el movimiento (cuádruple) de 10 a 40. Las tasas de mortalidad más bajas en la gráfica, las correspondientes a 10 años de edad hoy en día, son 1 000 veces menores que las tasas de mortalidad para recién nacidos en Suecia en 1751, o sólo una décima parte de las tasas de mortalidad para 10 años de edad en los Estados Unidos en 1933.

Las curvas de mortalidad tienen una forma característica, reminiscencia del logotipo de Nike: comienza en lo alto para edades menores, disminuye drásticamente hasta alcanzar un punto bajo en los primeros años de la adolescencia y después aumenta continuamente con la edad. El riesgo de muerte es máximo en los primeros años de vida y luego otra vez en la vejez. Una ilustración elocuente es un anuncio que leí en el baño de un hospital de maternidad, en el cual se urgía a los visitantes a lavarse muy bien las manos porque "los primeros días de vida son críticos". Debajo de este anuncio estaba escrito lo que sigue: "no tan críticos como los últimos días". La broma se burla principalmente del uso que la profesión médica hace de la palabra *crítico*, pero destaca de manera ní-

[2] Los datos fueron tomados de Human Mortality Database, http://www.mortality.org/.

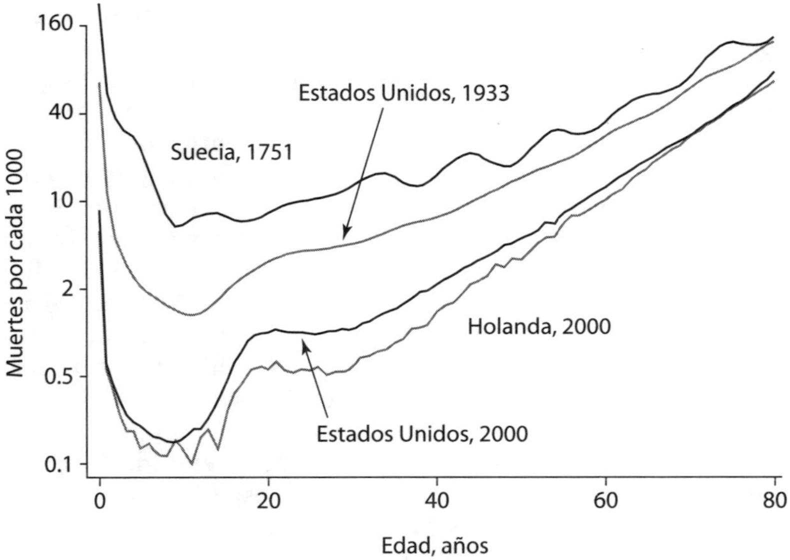

GRÁFICA II.2. *Tasas de mortalidad por edades, países seleccionados y periodos.*

tida el hecho de que el mayor peligro de morir se presenta en las etapas inicial y final de la vida.

La cuestión de si los primeros años de la vida o los últimos son los más peligrosos ha cambiado con el tiempo. En la Suecia de 1751 —mucho antes de la disminución moderna de la mortalidad— era más riesgoso ser un recién nacido que tener 80 años de edad. Hoy en día, cuando la probabilidad de morir en el primer año de vida es menor de 1%, es seis veces más riesgoso tener 80 años de edad. En el siglo XVIII y durante miles de años previos, muchas personas murieron cuando eran niños; en la Suecia de 1751 cerca de un tercio de los niños moría antes de cumplir cinco años. En la actualidad, en Suecia y en otros países ricos casi todo mundo vive hasta morir en la vejez; en efecto, la tasa de mortalidad infantil sueca hoy en día es sólo alrededor de tres por cada 1 000 personas.

La cambiante estadística de mortalidad entre jóvenes y viejos significa que, en un país donde mueren muchos niños, casi nadie vivirá en realidad el número de años que la esperanza de vida nacional indica. Usualmente pensamos que un promedio es una suerte de dato "representativo" o típico, pero una de las peculiaridades del promedio de años de vida es que esto es incorrecto. En Suecia, a fines del siglo XVIII, la esperanza de vida se encontraba en el perfil bajo de entre 30 y 35 años, de lo cual uno podría fácil pero equivocadamente concluir que pocas personas vivían hasta la vejez y que pocos niños lograban conocer a sus abuelos. Pero esto no era cierto; si uno tenía suficiente suerte para superar los peligros de la infancia, entonces tenía una buena oportunidad de vivir hasta la vejez; no tan buena como sería en la actualidad, pero suficiente para asegurar que uno tendría una buena probabilidad de conocer a los nietos. Un caso extremo sería que la mitad de los recién nacidos muriera al nacer y la otra mitad viviera hasta los 50 años. En este caso la esperanza de vida al nacer es de 25 años, pero nadie muere a los 25, y la restante esperanza de vida al cumplir un año de edad es 49 años, ¡24 años más que la esperanza de vida al nacer! Un ejemplo menos extremo pero real es el de Inglaterra a mitad del siglo XIX, donde la esperanza de vida a los 15 años de edad (en ocasiones llamada esperanza de vida "adulta") era mayor que la esperanza de vida al nacer; regresaré a este tema más tarde. De manera más general, mantener en mente la "curva" de la mortalidad es la clave para entender los cambios en las probabilidades de vida a través del tiempo así como las diferencias entre países ricos y pobres.

Las "curvas Nike" de mortalidad en la gráfica II.2 muestran que ha habido un progreso firme con el tiempo; las "curvas Nike" para años más recientes se encuentran siempre por debajo de las correspondientes a fechas anteriores. No tenemos datos para los Estados Unidos u Holanda en el siglo XVIII, pero podemos suponer que el panorama era más o menos similar al de Suecia. En 1933 y en el año 2000 la vida era mucho menos riesgosa, pues la mortalidad se redujo en grandes porcentajes en comparación con años anteriores, especialmente para la gente en edad más joven, pero sin excluir a los viejos, a quienes les fue particularmente bien entre 1933 y 2000. La comparación entre Holanda y los Estados Unidos en el año 2000 muestra, una vez más, que esta última nación se desempeñó mal en comparación con otros países ricos; las tasas de mortalidad en los Estados Unidos en el año 2000 fueron más altas que las de Holanda para todas las edades hasta 73 años. Este patrón entre ambas naciones se aplica también a comparaciones entre los Estados Unidos y otros países ricos. Para quienes viven una vida suficientemente larga, las tasas de mortalidad son extraordinariamente bajas en los Estados Unidos, quizá por el deseo del sistema médico estadunidense de usar cualquier medio disponible para salvar vidas, aun en el caso de personas a quienes les restan pocos años de vida.

Las dos curvas inferiores, para los Estados Unidos y Holanda en el año 2000, muestran un pico temporal en la mortalidad alrededor de 20 años de edad. Entre 15 y 34 años de edad, las principales causas de muerte no son enfermedades —excepto brevemente durante el lapso entre la epidemia del sida y antes del advenimiento de las medicinas antirretrovirales—, sino accidentes, homicidios y suicidios. Las curvas de mortalidad de periodos anteriores muestran que estas conductas peligrosas y en ocasiones mortales de los jóvenes —particularmente de los hombres— son mucho más pronunciadas ahora que hace 70 años, y no aparecen para nada en Suecia durante el siglo XVIII.

¿De dónde proceden estos datos? ¿Cómo es que sabemos acerca de las tasas de mortalidad? En los países ricos de la Organización para la Cooperación y el Desarrollo Económicos (OCDE) del presente, todos los nacimientos y muertes se registran en el gobierno al instante. Los niños tienen certificados de nacimiento, y cuando las personas mueren los médicos o los hospitales expiden certificados de muerte, enlistando sus datos particulares: edad, sexo y causa de muerte. Esto se conoce como el "sistema de registro vital"; *vital* aquí significa que tiene que ver con la vida y la muerte. Para asegurar que las estadísticas de nacimientos y muertes sean correctas, el sistema de registro vital necesita estar *completo*, lo que significa que cada nacimiento y cada muerte deben registrarse. Para obtener las tasas de mortalidad, necesitamos también conocer la edad, el sexo y la raza de la población a manera de poder calcular las fracciones de quienes han muerto; esta contabilidad procede de censos regulares de población que la mayoría de los países realizan más o menos cada década (por alguna razón, casi siempre en años que terminan en cero o uno).

Suecia fue uno de los primeros países que tuvo un sistema de registro vital completo, razón por la cual tenemos tasas de mortalidad suecas desde el siglo XVIII. Londres comenzó a coleccionar "cuentas de mortalidad" en el siglo XVII, y en Europa los registros civiles de las parroquias son todavía más antiguos. Los puritanos de Massachusetts pensaban que los registros debían ser asunto del Estado, no de la Iglesia, y por ello Massachusetts ya tuvo un sistema de registro vital en 1639. Sin embargo, sólo hasta 1933 todos los estados de los Estados Unidos tuvieron un registro completo, lo cual es un signo notable de la capacidad de gobierno. Una sociedad es ignorante de los hechos más básicos de sus ciudadanos si no dispone de estadísticas completas de nacimientos y muertes, y muchos de los papeles que el gobierno desempeña y que hoy damos por supuestos resultan imposibles. Los suecos del siglo XVIII y los puritanos de Massachusetts fueron visionarios y pioneros del buen gobierno.

Los datos de esperanza de vida de los Estados Unidos anteriores a 1933 que aparecen en la gráfica II.1 se refieren sólo a los estados con registro. Los demógrafos han desarrollado artificios y aproximaciones para llenar los vacíos de los países que tienen registros vitales incompletos, o que no tienen buenos censos estadísticos —es probable que aún hoy en día la mayoría de países del mundo carezcan de la capacidad de Estado para tener y mantener estos censos—. Para el caso de la mortalidad infantil, que sigue siendo un hecho común en muchos países, las encuestas a las madres pueden decirnos cuántos niños han nacido y cuántos han sobrevivido. La Agencia para el Desarrollo Internacional de los Estados Unidos financia una serie invaluable de encuestas —las Encuestas de Salud y Demografía— que recolectan esta información para varios países pobres donde el registro vital no existe o existe pero es ignorado en la práctica (los padres no registran los nacimientos de sus hijos y, cuando los niños o los adultos mueren, son sepultados o cremados de acuerdo con las costumbres locales, sin que la información se recoja en ninguna base de datos nacional).

Para el caso de la muerte de adultos persisten sustanciales brechas de información en varios países —donde incluso las mejores estimaciones son poco más que conjeturas— y en esos casos es imposible trazar las "curvas Nike" completas de mortalidad que aparecen en la gráfica II.2. La esperanza de vida es un poco más fácil de conjeturar porque está muy influenciada por la mortalidad infantil, pero en países donde la mortalidad adulta es inusual o variable —como en las naciones afectadas por la epidemia del VIH/sida— las estimaciones de esperanza de vida deben considerarse de manera muy cautelosa. Por todas estas razones, es útil analizar la experiencia de salud de los países más pobres separadamente de la de los ricos, que es lo que haré en los capítulos III y IV.

Vida y muerte en la prehistoria

¿Cómo fue que tuvieron lugar los patrones de mortalidad de la actualidad? ¿Qué causó el gran incremento de la esperanza de vida en el siglo XX? ¿Cómo era la vida en el pasado, qué fue lo que hizo que mejorara, y qué lecciones nos ofrece el pasado para mejorar la salud de gran parte de la población mundial, que todavía no ha escapado de los tentáculos de la muerte temprana?

Quizá durante 95% del tiempo que los seres humanos han existido —cientos de miles de años— la gente vivió de la cacería y la recolección. En la actualidad, cuando sólo quedan unos cuantos grupos de cazadores-recolectores en el mundo, casi todos viviendo en ambientes marginales como los desiertos o el Ártico, podría parecer extraño que la vida de estas personas tuviera alguna relevancia para nuestra salud. Pero fue nuestra existencia como cazadores-recolectores la que nos formó, aunque sólo sea por el gran tiempo que duró esa existencia. Los seres humanos *evolucionaron* para ser cazadores-recolectores, y nuestros cuerpos y mentes se adaptaron para el éxito en semejante existencia. Los seres humanos han vivido en circunstancias modernas, como granjeros o habitantes de la ciudad, por "sólo" unos cuantos miles de años, y es de utilidad para entender nuestra salud presente conocer algo sobre las condiciones para las cuales nuestros cuerpos fueron diseñados.

No podemos mirar hacia atrás y saber cómo vivían y morían nuestros ancestros hace cientos de miles de años, pero hemos aprendido mucho de los registros arqueológicos, incluyendo el examen de restos de esqueletos (paleopatología) que proveen una cantidad increíble de información sobre nutrición, enfermedades y causas de muerte. La paleopatología también puede estimar la edad de muerte incluso a partir de esqueletos parciales, de modo que podemos conocer algo sobre la esperanza de vida. Los antropólogos han estado estudiando grupos de cazadores-recolectores durante la mayor parte de los últimos 200 años, aunque parte de la mejor evidencia —incluso evidencia médica— proviene de grupos contemporáneos (con los ajustes apropiados por su contacto con la sociedad moderna). Tomadas en su conjunto, estas dos fuentes de información han suministrado una cantidad extraordinaria de datos útiles.[3]

La dieta es un buen punto de partida. También el ejercicio. Los cazadores-recolectores realizaban muchas caminatas a paso veloz, persiguiendo a su presa, quizá 20 o 25 kilómetros por día. Su dieta contenía principalmente frutas y verduras, que normalmente eran más fáciles de obtener que los animales. Las plantas silvestres —a diferencia de sus descendientes, las cultivadas— son fibrosas, de modo que los cazadores-recolectores comían grandes cantidades del alimento que favorece el proceso intestinal. La carne era altamente apreciada pero con frecuencia escasa, aunque algunos de los grupos más afortunados vivían en tiempos o lugares donde los animales salvajes de grandes proporciones eran abundantes. La carne de los animales salvajes contiene mucho menos grasa que la de los animales domesticados que comemos hoy en día. La gente comía una amplia variedad de plantas y carnes, más vasta que la consumida aun en muchas comunidades agrícolas de nuestros días, así que las deficiencias de micronutrientes eran raras, al igual que las enfermedades asociadas con ellas, como la anemia. El trabajo era una actividad cooperativa, realizada con la familia y los amigos, y las personas dependían de los demás para el éxito en la obtención de alimentos. Todo esto suena exactamente como lo que me dice mi doctor en cada

[3] La siguiente relación se basa en Graeme Barker, *The Agricultural Revolution in Prehistory: Why Did Foragers Become Farmers?*, Oxford University Press, Londres y Nueva York, 2006, y Mark Nathan Cohen, *Health and the Rise of Civilization*, Yale University Press, New Haven, 1991. Véase también Morris, *Why the West Rules…*, *op. cit.*

visita anual: haz más ejercicio; come menos grasa animal, más frutas, verduras y alimentos naturales, así como más fibra; y pasa menos tiempo solo frente a la computadora y más tiempo divirtiéndote con tus amigos.

Aunque los cazadores-recolectores no sabían nada de la higiene moderna, su conducta les ayudaba a proteger su salud, al menos en cierta medida. La fertilidad era baja en comparación con los estándares de los países más pobres de la actualidad: las mujeres concebían alrededor de cuatro hijos en promedio, espaciados ampliamente y amamantados por largos periodos. Es posible que el infanticidio haya contribuido a la baja fertilidad, pero el hecho de amamantar a los hijos —lo cual reduce la probabilidad de concepción— también habría ayudado, como quizá lo hizo la disposición de las mujeres, al igual que la de los hombres, a ejercitarse mucho. La contaminación de los alimentos o del agua por el excremento humano —lo que en círculos refinados se llama la ruta de transmisión fecal-oral de las enfermedades— es una manera eficiente de transmisión de la infección de una persona a otra, que en épocas más tardías mataría a millones de personas. El vínculo fecal-oral es, obviamente, menos peligroso donde la densidad de población es baja, y muchos grupos de cazadores-recolectores no permanecían por mucho tiempo en un mismo lugar hasta que los desperdicios se convirtieran en una amenaza inmanejable. Aun así, alrededor de 20% de los niños moría antes del primer año de edad, un número elevado de acuerdo con estándares modernos pero no muy diferente, y en muchos casos mejor, de lo que se observaba en los siglos XVIII y XIX en países hoy ricos (pero entonces pobres)... por no mencionar a varios países pobres en los siglos XX y XXI.

La manera exacta en que se organizaban los cazadores-recolectores dependía de dónde vivían y del ambiente local. Pero podemos imaginar que una banda de cazadores-recolectores se componía de 30 a 50 individuos, muchos de ellos parientes, y que la banda era lo suficientemente pequeña para que todos se conocieran bien. La banda podía estar relacionada con otras del mismo tipo dentro de una red más amplia de cientos o en algunos casos miles de individuos. Dentro de ella los recursos se compartían de un modo extraordinariamente equitativo, y no había líderes, reyes, jefes ni sacerdotes que recibieran más que su justa participación o que ordenaran a otras personas lo que se tenía que hacer. De acuerdo con una versión, quienes trataban de imponerse a los demás eran motivo de risa y, si persistían en su conducta, asesinados.[4] Una razón de que la voluntad de compartirlo todo pudiera haber sido importante es que la mayoría de los grupos no almacenaban o no podían almacenar alimentos. Así que si un cazador y sus compañeros mataban un mamut lanudo (o un lagarto que pesara una tonelada o un ave de 180 kilos) comían hasta más no poder, pero no tendrían forma de conservar lo que no consumían para los días en que no encontraran otro mamut o un lagarto o un ave no voladora. Una buena forma de resolverlo era compartir el mamut con todo el grupo, de suerte que cuando alguien más matara otro animal grande en otro día los cazadores del mamut del mes pasado también recibirían una porción. Durante cientos de miles de años los individuos y grupos que eran buenos para compartir lo pasaban mejor que los individuos y grupos que no compartían; de este modo, la evolución finalmente pudo producir una especie con una firme creencia en la cooperación. Es muy posible que, en la actualidad, nuestra profunda preocupación por la justicia, así como la afrenta de que somos víctimas cuando se violan nuestras normas de justicia, estén enraizadas en la ausencia de opciones para almacenar de los cazadores prehistóricos. Hay evidencia de que en lugares donde era posible almacenar de manera limitada —en las latitudes nórdicas, a diferencia de las ecuatoriales— las sociedades tendían a ser más desiguales.

Las sociedades de cazadores-recolectores eran igualitarias y operaban sin gobernantes, pero no debemos considerarlas como paraísos, como Jardines del Edén antes de la Caída. Los encuentros con otros grupos con frecuencia eran violentos, en ocasiones hasta el extremo de la guerra duradera, y muchos hombres morían en batalla. Debido a que no había líderes, no existía un sistema legal y de orden efectivo, de modo que la violencia interna —frecuentemente entre hombres que peleaban por las mujeres o como resultado de desacuerdos— discu-

[4] *Cf.* David Erdal y Andrew Whiten, "Egalitarianism and Machiavellian Intelligence in Human Evolution", en Paul Mellars y Kathleen Gibson (eds.), *Modelling the Early Human Mind,* McDonald Institute Monographs, Cambridge, 1996, pp. 139-150.

rría sin sanción legal, otra fuente de elevada mortalidad adulta. Los cazadores-recolectores estaban exentos de algunas enfermedades infecciosas, mientras que otras, como la malaria, probablemente han estado presentes a todo lo largo de la historia humana. Los pequeños grupos no pueden mantener enfermedades infecciosas como la viruela, la tuberculosis o el sarampión, que confieren inmunidad (en ocasiones limitada) después de la recuperación, pero están sujetos a enfermedades de origen animal cuyos huéspedes normales son los animales salvajes o la tierra, así como una variedad de parásitos tales como los gusanos. La esperanza de vida al nacer entre los cazadores-recolectores, alrededor de 20-30 años dependiendo de las condiciones locales, era corta de acuerdo con los estándares actuales, aunque no en relación con los estándares históricos en Occidente ni respecto de los de los países que siguen siendo pobres en nuestros días.

La disponibilidad de alimentos variaba de un lugar a otro y de un momento a otro, de suerte que habría habido desigualdad entre grupos, y la riqueza y longevidad de éstos habría cambiado con el tiempo. Existe evidencia de esqueletos que sugiere que hubo periodos de abundancia, particularmente en lugares donde había una gran cantidad de animales grandes de fácil captura —el búfalo en el oeste de los Estados Unidos o las grandes aves no voladoras en Australia—. En estos lugares y tiempos, los grupos de cazadores-recolectores conformaban lo que el antropólogo Marshall Sahlins describió como las sociedades de la abundancia originales.[5] Los grandes animales salvajes proveían una rica y bien balanceada dieta —su contenido de grasa era sólo 10% del de los animales de las granjas modernas alimentados artificialmente y que rara vez se ejercitan—, y podían ser cazados con un mínimo esfuerzo, de modo que las personas de estos grupos tenían estándares de vida material altos y mucho ocio. No obstante, este Jardín del Edén, si es que era tal, se perdió a medida que muchos de los grandes animales se extinguieron por la cacería, forzando a los individuos a consumir plantas y semillas y animales más pequeños y más difíciles de capturar, como los roe-

[5] *Cf.* Marshall Sahlins, *Stone Age Economics*, Transaction, New Brunswick, 1972.

dores. Esta degradación prehistórica redujo los estándares de vida, y los esqueletos de las personas de esta era —que consumían menos alimentos desde la infancia en adelante— son más pequeños de estatura que los de sus predecesores más afortunados.

La historia del bienestar de estos cazadores-recolectores —su nutrición, su tiempo de ocio y sus tasas de mortalidad— es importante para los temas generales de este libro. No debemos suponer que el bienestar de la humanidad ha mejorado continuamente a lo largo del tiempo o que el progreso humano ha sido universal. La mayor parte de nuestra historia la hemos pasado como cazadores-recolectores, y durante ese tiempo, a medida que el alimento se volvió más escaso y el trabajo más duro y prolongado, la vida empeoró, no mejoró. Lo peor estaba por venir cuando la gente se desplazó de la recolección a la agricultura. Aunque ahora nosotros nos hemos habituado a lo mejor (donde "nosotros" se refiere a los habitantes privilegiados del sector del mundo dotado de riqueza en nuestros días), la capacidad de vivir vidas largas y buenas es un regalo reciente que incluso en la actualidad no ha sido conferido a todos en el planeta. El antropólogo Mark Nathan Cohen, cuyo libro *Health and the Rise of Civilization* es aquí una de mis principales fuentes concluye su revisión afirmando que "los innegables éxitos de los siglos XIX y XX han sido de más corta duración, y quizá más frágiles, de lo que usualmente suponemos".[6]

De este distante pasado también aprendemos que la desigualdad *no* ha caracterizado a todas las sociedades humanas. Durante la mayor parte de la historia no hubo desigualdad, al menos dentro de los grupos de personas que vivían juntas y se conocían mutuamente. La desigualdad, en cambio, es uno de los "regalos" de la civilización. Citando a Cohen otra vez, "el mismo proceso que crea el potencial de civilización simultáneamente garantiza la improbabilidad de que el potencial se dirija de manera equitativa al bienestar de todos sus ciudadanos".[7] El progreso en la prehistoria —al igual que el progreso en tiempos recientes— rara vez se distribuye equitativamente; un mun-

[6] Cohen, *Health and the Rise...*, *op. cit.*, p. 141.
[7] *Ibid.*, p. 30.

do mejor —si en verdad un mundo con agricultura *era* un mundo mejor— es un mundo más desigual.

La invención de la agricultura —la Revolución neolítica— empezó alrededor de hace "sólo" 10 000 años, en realidad un periodo corto comparado con la era de cazadores-recolectores que la precedió. Estamos acostumbrados a pensar en "las revoluciones" como hechos transformativos *positivos* —la Revolución industrial y la revolución de la teoría microbiana son dos ejemplos obvios—. No obstante, no está claro que la agricultura fuera un avance hacia una plataforma más elevada de riqueza y salud, en lugar de un retroceso respecto de una manera más antigua de vivir que había devenido insostenible a medida que las reservas de animales y de plantas adecuadas se extinguieron bajo la presión de números excesivos y temperaturas elevadas al comienzo del Holoceno. Al igual que la revolución de "espectro amplio" que le precedió —el cambio de animales grandes a animales pequeños, plantas y semillas—, el giro hacia la agricultura ha de verse quizá más acertadamente como una adaptación a la creciente dificultad de búsqueda de alimentos, tal como lo argumentó hace muchos años la economista Esther Boserup.[8] Puede ser que la agricultura haya sido el menor de los males, y el abandono de la recolección a favor de una vida sedentaria como granjero pudo haber sido mejor que vivir dependiendo de semillas salvajes cada vez más difíciles de encontrar y más pequeñas, pero no debe verse como parte de una tendencia de largo plazo a mejorar el bienestar. Es improbable que los cazadores-recolectores, quienes tenían acceso a la caza mayor, trabajaban poco y disfrutaban ampliamente de sus incursiones en los bosques, hayan cambiado voluntariamente sus vidas por el trabajo duro de la agricultura y por lo que el *Manifiesto comunista* llamó la "idiotez de la vida rural". Morris sintetiza el argumento de Sahlins como sigue: "¿Por qué la agricultura remplazó a la recolección si las recompensas fueron trabajo, desigualdad y guerra?"[9]

El establecimiento de la agricultura permitió el almacenamiento de los alimentos, en graneros y en la forma de animales domesticados. La agricultura permitió la posesión de pro-

[8] Véase Esther Boserup, *The Conditions of Agricultural Growth*, Transaction, New Brunswick, 2005 [1965].

[9] Morris, *Why the West Rules…*, *op. cit.*, p. 107.

piedades, el desarrollo de sacerdotes y gobernantes, de pueblos y ciudades, y, asimismo, la desigualdad dentro de la comunidad (y cobró eficiencia gracias a ello). El asentamiento de poblaciones más grandes y la domesticación de animales trajeron consigo nuevas enfermedades infecciosas, como la tuberculosis, la viruela, el sarampión y el tétanos. La Revolución neolítica probablemente no hizo casi nada para aumentar la esperanza de vida y bien pudo reducirla, porque los niños continuaron muriendo en grandes cantidades por malnutrición y gérmenes, por las nuevas enfermedades y porque en comunidades grandes y sedentarias es más difícil proveer sanidad y más complicado prevenir la transmisión fecal-oral. Las comunidades agrícolas estáticas también limitaron la diversidad de alimentos, y en muchos casos las cosechas domesticadas son menos nutritivas que sus predecesoras silvestres; el alimento almacenado también se puede degradar y puede ser otra fuente de enfermedades. El comercio entre las comunidades pudo haber compensado la monotonía del menú local pero también trajo consigo nuevas amenazas de enfermedades. Estas "nuevas" enfermedades, transmitidas por civilizaciones previamente desconectadas, trajeron infecciones contra las cuales las poblaciones locales no tenían inmunidad; pudieron causar y, de hecho, causaron grandes mortandades, hasta llevar al colapso de civilizaciones y comunidades enteras.[10]

No hay evidencia de ningún incremento sostenido en la esperanza de vida por miles de años después del establecimiento de la agricultura. Es posible que las tasas de mortalidad de adultos hayan disminuido un poco a medida que las tasas de mortalidad infantil aumentaron; dada la muy elevada mortalidad infantil, quienes sobrevivieron pudieron ser particularmente fuertes. Las mujeres en los asentamientos agrícolas tenían más hijos que sus predecesoras recolectoras y, aunque también perdieron más hijos, el cambio hacia la agricultura ayudó a que aumentara la población. En los buenos tiempos, o cuando la productividad aumentaba gracias a las innovaciones, las nuevas posibilidades conducían no a incrementos sostenidos en el ingreso per cápita o en la esperanza de vida, sino

[10] Véase Clark Spencer Larsen, "Biological Changes in Human Populations with Agriculture", *Annual Review of Anthropology* 24, octubre de 1995, pp. 185-213.

a aumentos en la fertilidad y a expansiones de la población a medida que la capacidad de sustento de la tierra se incrementaba. En los malos tiempos, durante las hambrunas o epidemias, o cuando había más gente de la que podía alimentarse, la población decrecía. Este equilibrio malthusiano persistió por milenios. En realidad, es posible que la disminución en el bienestar individual que tuvo lugar hacia el final del periodo de recolección continuara mucho después del establecimiento de la agricultura, aunque con interrupciones, hasta los últimos 250 años.

Estamos tan habituados a pensar en el progreso en términos de ingresos crecientes y de vidas más largas que podemos fácilmente cometer el error de ignorar el incremento en el bienestar derivado simplemente de tener más población. Si es cierto que tener más población en el mundo implica que habrá menos para cada persona —debido a rendimientos decrecientes, por ejemplo—, entonces el bienestar per cápita más alto posible ocurrirá en un mundo de una sola persona; difícilmente podemos pensar que éste sea un buen mundo. Los filósofos han debatido estos temas durante muchos años; una posición, esgrimida por el filósofo y economista John Broome, es que una vez que la gente alcanza un nivel de subsistencia superior al básico que hace que la vida valga la pena, entonces un aumento de la población hace que mejore el mundo.[11] El mundo soporta más bienestar total. Si es así, y suponiendo que la vida vale la pena para la mayoría de la gente —sin duda un gran supuesto—, la larga era malthusiana desde la invención de la agricultura hasta el siglo XVIII debe considerarse como un periodo de progreso, aun si los estándares de vida y las tasas de mortalidad no mostraron ninguna mejora.

Vida y muerte en la Ilustración

Avancemos rápidamente unos miles de años hacia un periodo para el cual comenzamos a disponer de buenos datos sobre mortalidad. El demógrafo historiador británico Anthony Wrig-

[11] *Cf.* John Broome, *Weighing Lives*, Oxford University Press, Londres y Nueva York, 2006.

ley y sus colegas han reconstruido la historia de la esperanza de vida inglesa a partir de los registros civiles de las parroquias que contabilizaron los nacimientos, matrimonios y muertes (incubar, formar una pareja y partir) de la población.[12] Estos expedientes parroquiales no son tan buenos como un sistema de registro vital —el estudio abarca sólo una muestra de parroquias, hay casos de gente que se muda de una parroquia a otra, es posible que no aparezcan niños que murieron muy pronto después de haber nacido y en ocasiones los padres reutilizaron los nombres de esos niños—, pero proporcionan, con mucho, el mejor récord que tenemos de cualquier país antes de 1750. La curva en la gráfica II.3 muestra las estimaciones de la esperanza de vida de la población general en Inglaterra desde la mitad del siglo XVI hasta la mitad del siglo XIX. Aunque hay fluctuaciones drásticas de un año a otro asociadas con las epidemias —la viruela, la peste bubónica y la "enfermedad de sudoración profusa" (posiblemente la influenza o algún otro virus que ya no existe)—, no hay una tendencia clara a lo largo de 300 años de reconstrucción.

Los círculos en la gráfica II.3 muestran la esperanza de vida de la aristocracia inglesa para cada década de los mismos tres siglos; el demógrafo historiador T. H. Hollingsworth reunió estos datos en los años sesenta a partir de los típicamente meticulosos registros de nacimientos y muertes que acopiaba la nobleza británica.[13] La idea de superponer a los nobles sobre el populacho viene del historiador social Bernard Harris, quien fue el primero en trazar este diagrama maravillosamente informativo.[14] De 1550 a alrededor de 1750, la esperanza de vida de los duques y sus familias fue similar, o quizás un poco menor, a la de la población en general. Quizás esto es sorprendente; las poblaciones más ricas y de estatus más elevado con frecuencia tienen mejor salud que las poblaciones más pobres y

[12] Véase E. A. Wrigley y R. S. Schofield, *The Population History of England, 1541-1871,* Harvard University Press, Cambridge, 1981, y E. A. Wrigley, R. S. Davies, J. E. Oeppen y R. S. Schofield, *English Population History from Family Reconstitution 1580-1837,* Cambridge University Press, Cambridge, 1997.

[13] *Cf.* Thomas Hollingsworth, "The Demography of the British Peerage", *Population Studies* 18, núm. 2, suplemento, 1964, pp. 52-70.

[14] Véase Bernard Harris, "Public Health, Nutrition, and the Decline of Mortality: The McKeown Thesis Revisited", *Social History of Medicine* 17, núm. 3, 2004, pp. 379-407.

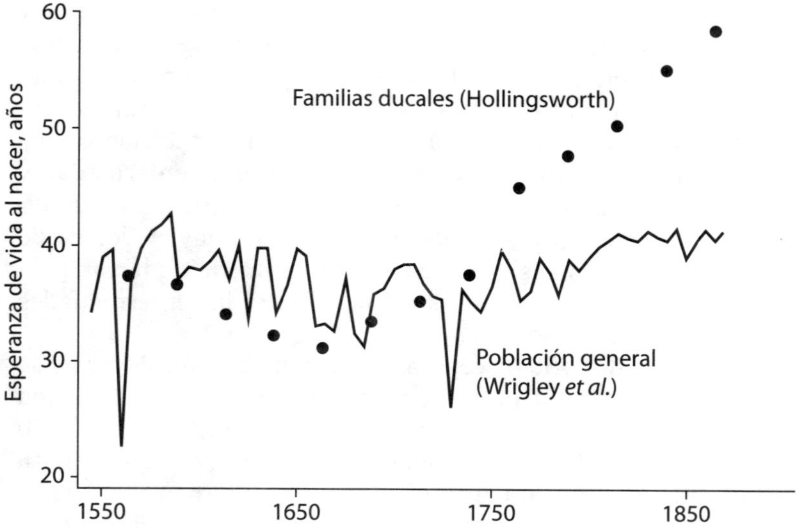

GRÁFICA II.3. *Esperanza de vida de la población inglesa y de las familias ducales (basado en Bernard Harris, "Public Health, Nutrition, and the Decline of Mortality: The McKeown Thesis Revisited",* Social History of Medicine *17, núm. 3, 2004, pp. 379-407).*

de estatus más bajo, fenómeno que se conoce como el "gradiente" de salud; hay evidencia de esto para una época tan remota como la antigua Roma. Así pues, la primera lección es que este "gradiente" en la salud no es universal y no estuvo presente en el Reino Unido al menos durante dos siglos.

Hay pocas dudas de que los aristócratas británicos se alimentaban más que la gente común; los cortesanos de Enrique VIII en la corte de Hampton consumían 4 500 a 5 000 calorías por día en el siglo XVI, y el rey mismo finalmente se hizo tan obeso que no se podía mover sin ayuda. Enrique VIII no era el único: en otras cortes europeas la gente consumía aún más calorías.[15] No obstante, una cantidad mayor de alimentos —o al menos más de la clase de alimentos que los aristócratas

[15] *Cf.* Massimo Livi-Bacci, *Population and Nutrition: An Essay on European Demographic History,* Cambridge University Press, Cambridge, 1991.

consumían— no consiguió protegerlos contra las bacterias y los virus que trajeron las plagas y la viruela, o de la deficiente sanidad que eliminó a sus hijos. La comparación con la nobleza sugiere que en Inglaterra, entre 1550 y 1750, fueron las enfermedades, no la falta de nutrición, las que establecieron los límites a la esperanza de vida. Por supuesto, la enfermedad y la desnutrición se combinan entre sí —es difícil digerir alimentos cuando uno está enfermo—, pero no hay evidencia de que los niveles consistentemente altos de nutrición hayan protegido a la aristocracia o a sus hijos contra las enfermedades infecciosas de la época.

Después de 1750, la esperanza de vida de la aristocracia se elevó sobre la de la población en general, lo cual abrió una brecha de casi 20 años en 1850. Después de alrededor de 1770 también hubo algún incremento en la esperanza de vida para todos. Al observar esta gráfica solamente, el movimiento parece comparable a otros ascensos y descensos ocurridos desde 1550, pero en retrospectiva es significativo por lo que iba a suceder después de 1850: un incremento sostenido en la esperanza de vida de toda la población, incremento que continúa hasta nuestros días. La esperanza de vida al nacer en Inglaterra y en Gales aumentaría de 40 años en 1850 a 45 en 1900, y casi a 70 en 1950. La aristocracia no sólo abrió un gradiente de salud en la última mitad del siglo XVIII, también se anticipó en el incremento general de la esperanza de vida que estaba por venir.

No sabemos a ciencia cierta *por qué* se abrió la brecha, pero hay varias conjeturas buenas. Ésta era la Ilustración británica, sintetizada por el historiador Roy Porter como una época en que la gente dejó de preguntarse "¿Cómo puedo salvarme?" —interrogante que durante el siglo previo no había traído consigo sino turbulencias, incluyendo una guerra civil— y en su lugar se preguntaba "¿Cómo puedo ser feliz?"[16] La gente empezó a lanzarse en pos de la realización *personal*, en vez de buscar la virtud a través de la obediencia a la Iglesia y del "desempeño [de] los deberes apropiados al lugar de uno en la sociedad".[17] La felicidad podía perseguirse usando la ra-

[16] Véase Roy Porter, *The Creation of the Modern World...*, *op. cit.*
[17] Thomas, *The Ends of Life...*, *op. cit.*, p. 15.

zón para desafiar las formas aceptadas de hacer las cosas, incluyendo la obediencia a la corona y a la Iglesia, y encontrar formas de mejorar la vida propia, incluyendo tanto la posesión material como la salud. Immanuel Kant definió la Ilustración con las máximas "¡Atrévete a conocer! Ten el valor de usar tu propio entendimiento". Durante la Ilustración, la gente se arriesgó a desafiar el dogma aceptado y estaba más dispuesta a experimentar con nuevas técnicas y formas de proceder. Una de las maneras en que las personas empezaron a usar su propio entendimiento fue en la medicina y en el combate a la enfermedad, probando nuevos tratamientos. Muchas de estas innovaciones —en esta era más temprana de la globalización— vinieron del exterior. Las nuevas medicinas y tratamientos con frecuencia eran caros y difíciles de obtener, de suerte que al principio pocos podían pagarlos.

La inoculación de la viruela, o variolización, era una de las innovaciones más importantes.[18] La viruela fue una de las principales causas de muerte en Europa en el siglo XVIII. En las ciudades que eran suficientemente grandes como para que la enfermedad estuviera presente de manera permanente, casi todos padecieron viruela en la niñez, y quienes sobrevivieron tuvieron inmunidad vitalicia. Los habitantes de pueblos grandes y villas con frecuencia escapaban a la enfermedad por varios años pero no tenían inmunidad durante una epidemia, y grandes cantidades de niños y adultos murieron. En Suecia, en 1750, 15% de todas las muertes se debió a la viruela. En Londres, en 1740, hubo 140 sepulturas por viruela —la mayoría, de niños— por cada 1 000 bautizos en la ciudad.

La variolización no es lo mismo que la vacunación, que fue desarrollada por Edward Jenner apenas en 1799 y que a partir de entonces fue adoptada amplia y rápidamente; a esta vacuna se le acredita la mayor reducción en la mortalidad. La variolización era una técnica antigua, practicada en China y en la India por más de 1 000 años y también utilizada por largo tiempo en África. Se extraía material de las ámpulas de alguna persona que sufría de viruela y se inoculaba en el brazo de la persona que había de ser protegida; en las versiones africana y asiática se introducían costras secas en la nariz de la per-

[18] *Cf.* Peter Razzell, *The Conquest of Smallpox*, Caliban, Sussex, 1977.

sona. El paciente que era inoculado desarrollaba una viruela suave pero se inmunizaba de ahí en adelante; de acuerdo con la División de Historia de la Medicina de los Institutos Nacionales de Salud de los Estados Unidos, sólo 1-2% de los variolizados murieron, mientras que 30% de los expuestos a la viruela pereció.[19] Esta técnica siempre ha sido controvertida, y es probable que algunos de los que fueron variolizados hayan podido contaminar de viruela a otros, y aun quizá hayan iniciado una verdadera epidemia. Nadie abogaría por esta práctica en el presente.

A la señora Mary Wortley Montague, esposa del embajador en Turquía, se le acredita la introducción de la variolización en el Reino Unido; ella había visto esta práctica en Constantinopla y presionó para que se adoptara en el Reino Unido a los más altos niveles de la sociedad. Impresionados, en 1721 miembros de la familia real fueron variolizados, aunque ocurrió después de que algunos reos condenados y niños abandonados sirvieran como conejillos de Indias, fueran variolizados y posteriormente quedaran expuestos a la viruela sin efectos nocivos. Subsecuentemente, la variolización se propagó en amplia escala entre la aristocracia. El historiador Peter Razzell documentó que, durante los siguientes tres cuartos de siglo, la variolización inició como una técnica muy cara —implicaba varias semanas de aislamiento y sustanciales cuotas por parte de los inoculadores— y, a la larga, se convirtió en una campaña masiva para inocular a la gente común. Incluso, las autoridades locales pagaban para inocular a los miserables porque era más barato que sepultarlos. En 1800 el número de sepulturas de viruela por cada 1 000 bautizos en Londres había disminuido a la mitad.

En los Estados Unidos la variolización cruzó el océano en los barcos de esclavos; toda la población de Boston fue inoculada en 1760; George Washington inoculó a los soldados de la armada continental. La epidemia de viruela en Boston había aniquilado a más de 10% de la población a fines del siglo XVII y en 1721, cuando la variolización se aplicó por primera vez, pero después de 1750 hubo relativamente pocas muertes de viruela.

[19] Véase National Institutes of Health, "Smallpox: A Great and Terrible Scourge. Variolation", U.S. National Library of Medicine, 2013, http://www.nlm.nih.gov/exhibition/smallpox/sp_variolation.html.

El final del siglo XVIII fue testigo de otras innovaciones médicas y de la salud, descritas por la historiadora médica Sheila Ryan Johansson.[20] La corteza de chinchona (quinina), procedente del Perú, se introdujo en el Reino Unido para tratar la malaria; la "madera sagrada" (guayacán) se trajo desde el Caribe y fue usada para tratar la sífilis (supuestamente más efectiva, y seguramente más cara, que el mercurio), y el ipecac fue traído del Brasil como tratamiento para el "flujo sanguíneo". Por primera vez los ricos emplearon parteros profesionales, una innovación importada de Francia. Ésta fue también la ocasión de las primeras campañas de salud pública (por ejemplo, contra la ginebra), de la introducción de los primeros dispensarios y del comienzo de los planes para la mejora de la ciudad. En mi tierra de Edimburgo, Escocia, se construyó una nueva ciudad a partir de 1765; la vieja ciudad no fue destruida sino que se drenó su parte central y altamente contaminada, el North Loch, y se construyó una nueva ciudad espaciosa y saludable al norte. Sir Walter Scott, quien nació en la vieja ciudad en 1771, perdió a seis de sus 11 hermanos y hermanas en la infancia, y él mismo contrajo polio cuando era niño, aunque su familia no podía considerarse pobre: su madre era la hija de un profesor de medicina y su padre, un abogado oficial del gobierno.

No tenemos manera de cuantificar los efectos de estas innovaciones sobre la mortalidad, y aun la que más probablemente tuvo el mayor impacto —la variolización— sigue siendo controvertida. No obstante, es plausible argüir que estas innovaciones —resultado de un mejor conocimiento científico y nacidas de la nueva apertura hacia el ensayo y error— fueran responsables de la mejor salud de la nobleza y de la familia real a finales del siglo XVIII. Al principio, dado que eran caras y no apreciadas ampliamente, estuvieron confinadas a quienes eran ricos y estaban bien informados, de modo que surgieron nuevas desigualdades en salud. Pero estas desigualdades también daban indicio de que un poco más adelante llegarían mejoras generales, a medida que el conocimiento se propagara más ampliamente, que las medicinas y los métodos se volvieran más baratos y que éstos condujeran a nuevas in-

[20] *Cf.* Sheila Ryan Johansson, "Medics, Monarchs, and Mortality, 1600-1800: Origins of the Knowledge-Driven Health Transition in Europe", 2010, copia electrónica disponible en http://ssrn.com/abstract=1661453.

novaciones relacionadas con las anteriores y capaces de abarcar a toda la población, tales como la vacunación contra la viruela después de 1799 o el movimiento sanitario que limpió las ciudades. Encontraremos otros ejemplos de nuevos conocimientos que, si bien hicieron surgir desigualdades en salud, presagiaron beneficios generales, incluyendo la difusión de la teoría microbiana de las enfermedades al final del siglo XIX y, después de los años sesenta, la comprensión de los efectos de los cigarrillos sobre la salud.

De 1800 a 1945: nutrición, crecimiento y sanidad

Si las mejoras en la esperanza de vida en el siglo XVIII fueron silenciosas y se distribuyeron de manera inequitativa, nadie pudo haber pasado por alto las mejoras enormes y generales al final del siglo XIX y principios del XX. La gráfica II.4 muestra el progreso de la esperanza de vida para Inglaterra, Gales, Italia y Portugal; los datos para el Reino Unido comienzan en un periodo más temprano, le sigue Italia a partir de alrededor de 1875 y Portugal sólo a partir de 1940. Hay datos anteriores para los países escandinavos, así como para Francia, Bélgica y Holanda, pero en la gráfica no se distinguirían fácilmente de los de Inglaterra. Como veremos, no es por accidente que los países pioneros en la lucha contra la mortalidad son aquellos que disponen de los mejores y más antiguos datos.

En esta parte me enfoco en el caso inglés, pero la gráfica también destaca la difusión de las innovaciones, algo que encontraremos una y otra vez. La experiencia inglesa posterior a 1850 fue seguida después por otros países que tuvieron un comienzo más tardío (en este caso, Italia y Portugal), y lo que en un principio eran brechas muy amplias en la esperanza de vida —10 años entre Italia e Inglaterra en 1875 y aproximadamente igual entre Inglaterra y Portugal en 1940— disminuyeron con el tiempo, de suerte que al final del siglo XX Italia había superado a Inglaterra y Portugal no se encontraba muy rezagado. Al igual que lo sucedido en el caso de los nobles y la gente común inglesa a finales del siglo XVIII, lo que ocurrió en Inglaterra —y un poco después en los países del norte y noroeste de Europa, los Estados Unidos y Canadá— generó una

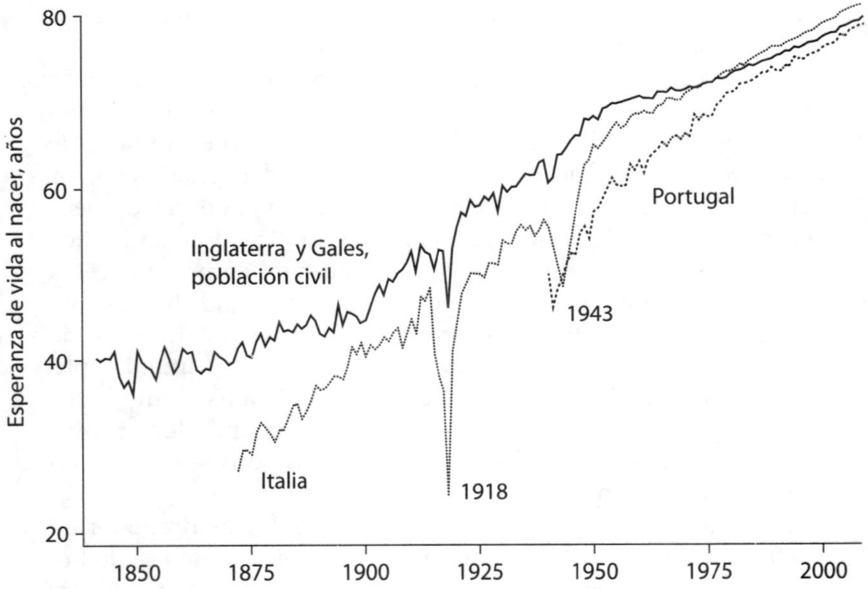

GRÁFICA II.4. *Esperanza de vida desde 1850: Inglaterra y Gales, Italia y Portugal.*

brecha entre estos países y los del sur (y sureste) de Europa, así como con el resto del mundo. Con el paso del tiempo, esas brechas disminuyeron a medida que el progreso se difundió y se hizo más general: no de manera equitativa, no en todas partes ni en forma completa, pero finalmente a lo largo de todo el mundo. Un mundo mejor da lugar a un mundo de diferencias: los escapes generan desigualdad.

¿Qué sucedió en Inglaterra? ¿Cuál fue la causa de que la esperanza de vida se duplicara, de 40 a casi 80 años, en el lapso de un siglo y medio? Dada la larga historia de miles de años de esperanza de vida estable o incluso declinante, seguramente éste es uno de los más drásticos, rápidos y favorables cambios en la historia humana. No sólo casi todos los recién nacidos vivirán hasta ser adultos, sino que cada joven adulto tiene ahora más tiempo para desarrollar sus habilidades, sus pasiones y su vida, lo que representa un gran incremento en las capacidades y en el potencial necesarios para el bienestar. No obstante, quizá de manera sorprendente, la magnitud de estos beneficios no se ha comprendido aún del todo y hasta fines del siglo XX se había investigado poco al respecto.

Un buen punto de partida es la esperanza de vida, no al nacer, sino a partir de los 15 años de edad; en ocasiones llamada la esperanza de vida adulta, se define como el número de años *adicionales* que una persona de esa edad puede esperar vivir, y se calcula igual que la esperanza de vida al nacer, pero empezando no de cero sino a partir de los 15 años. La gráfica II.5 muestra la esperanza de vida al nacer tal como se aprecia en la II.4 (aunque aquí aprovecho la oportunidad de considerar a la población total, incluyendo a las fuerzas armadas, de modo que la mortalidad en la primera Guerra Mundial explica la disminución más pronunciada en 1918), así como la esperanza de vida a partir de los 15 años. A partir de los 15 años de edad, las personas podían esperar vivir otros 45 años en 1850, y un siglo más tarde, en 1950, 57 años.

En la gráfica II.5 lo más notable es que, hasta alrededor de 1900, la esperanza de vida adulta en el Reino Unido era de hecho más alta que la esperanza de vida al nacer. A pesar de haber vivido 15 años, estos adolescentes podían esperar tener un futuro más largo que cuando nacieron. Debido a que la vida infantil era muy peligrosa, la esperanza de vida se disparaba una vez que se conseguía sobrevivir la niñez. A finales del siglo XX, la probabilidad de morir en la niñez se volvió muy pequeña —al menos en los países ricos—, de suerte que la brecha entre la esperanza de vida adulta y la esperanza de vida al nacer se expandió, y ahora es casi igual a los 15 años que sería si nadie hubiera muerto antes de cumplir esa edad. Estos patrones son similares en otros países para los cuales disponemos de datos, aunque la fecha en que la esperanza de vida al nacer superó a la esperanza de vida adulta varía de un país a otro: en Escandinavia ocurrió hasta 10 años más temprano y en Bélgica, Francia e Italia entre 10 y 20 años más tarde.

Cualquiera que haya sido la causa del incremento en la esperanza de vida entre 1850 y 1950, esa causa operó de la manera más poderosa, reduciendo las probabilidades de que los niños murieran. Los factores que redujeron la mortalidad de los adultos, o los que funcionaron para los casos de los adultos y los niños, también fueron importantes, pero su efecto fue menos drástico.

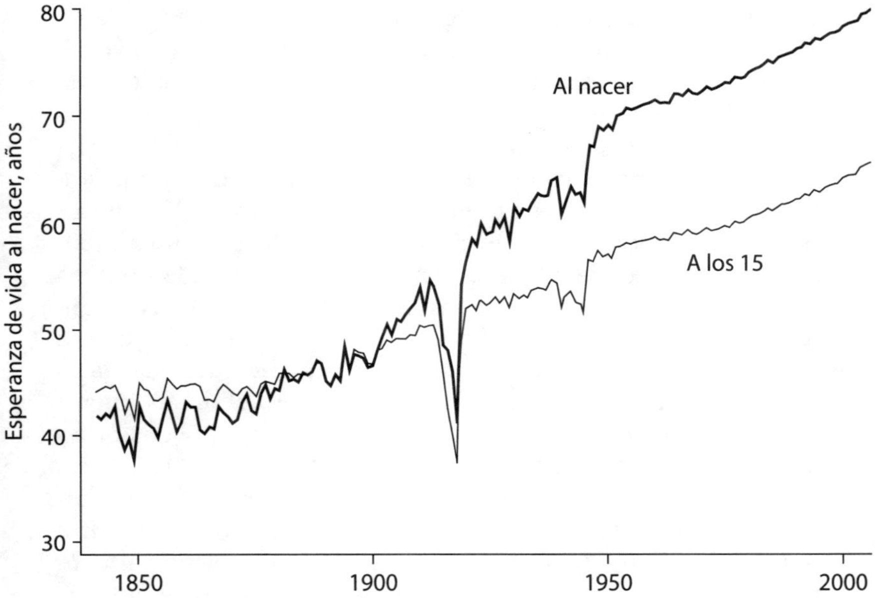

GRÁFICA II.5. *Esperanza de vida al nacer y a los 15 años: Inglaterra y País de Gales, población total.*

La disminución en la mortalidad infantil no puede haber tenido mucho que ver con los tratamientos médicos, como las nuevas medicinas o las drogas (por ejemplo, los antibióticos, las sulfas o la estreptomicina para la tuberculosis), en parte porque el grueso de la disminución en la mortalidad tuvo lugar mucho antes de que esos tratamientos estuvieran disponibles, y en parte porque la introducción de estas drogas no dio como resultado grandes cambios en la mortalidad provocada por las enfermedades que combatían. El fundador de la medicina social, el inglés Thomas McKeown, trazó una serie de diagramas famosos en los que mostraba que las tasas de mortalidad correspondientes a toda una serie de enfermedades estaban disminuyendo *antes* de la introducción del tratamiento efectivo, y continuaron disminuyendo virtualmente a la misma tasa *después* de su introducción.[21] El médico McKeown

[21] *Cf.* Thomas McKeown, *The Modern Rise of Population,* Arnold, Londres, 1976, y *The Origins of Human Disease,* Wiley-Blackwell, Boston, 1991.

concluyó que la medicina no era muy útil (incluso argumentó que, a mayor estatus de un médico, aumentaba la probabilidad de que fuera más inútil)[22] y que las raíces de la mejoría en la salud consistían en el progreso económico y social, particularmente en mejores condiciones de vida y de nutrición. McKeown fue el primero de una larga serie de médicos que sintieron que sus propios esfuerzos profesionales podían hacer poco para mejorar la salud pública y que dirigieron su atención a enfermedades sociales más generales, como la pobreza y las privaciones, a las que consideraron como las causas fundamentales de la salud deficiente. McKeown pensaba que la mejoría gradual en las condiciones materiales de vida, tales como mejor alimentación y vivienda, eran mucho más importantes que cualquier seguridad social o incluso que cualquier medida de salud pública. Los puntos de vista de McKeown, actualizados en concordancia con las circunstancias modernas, aún son importantes en los debates de nuestros días entre quienes piensan que la salud está determinada principalmente por los descubrimientos y tratamientos médicos y quienes consideran que las condiciones sociales de vida subyacentes son más importantes.

Es claro que la nutrición era parte de la historia de la temprana disminución de la mortalidad. En el siglo XVIII y a principios del XIX, la población del Reino Unido consumía menos calorías que las necesarias para que los niños crecieran en todo su potencial y el organismo de los adultos funcionara de manera saludable y les permitiera realizar trabajo manual productivo y remunerativo. Las personas eran muy delgadas y muy bajas de estatura, quizá tan bajas como en cualquier momento previo (o subsecuente). A través de la historia, las personas se adaptaron a la falta de calorías no alcanzando una estatura demasiado alta ni una complexión demasiado robusta. La falta de alimento suficiente no sólo impide el crecimiento normal, especialmente en la infancia, sino que además las personas de cuerpos más menudos requieren menos calorías para su mantenimiento básico, y pueden trabajar con menos alimentos que los que necesitaría una persona más fuerte. Un

[22] Véase Thomas McKeown, *The Role of Medicine: Dream, Mirage, or Nemesis?*, Princeton University Press, Princeton, 1980.

trabajador de 1.83 metros de estatura que pesara 91 kilos habría sobrevivido más o menos igual en el siglo XVIII que un hombre en la Luna sin traje espacial; en promedio, simplemente no había suficientes víveres para alimentar a una población de las dimensiones físicas actuales. Los trabajadores pequeños del siglo XVIII, en efecto, estaban encerrados en una trampa nutricional; no podían ganar mucho porque eran físicamente muy débiles y no podían nutrirse mejor porque, sin trabajo, no tenían el dinero para adquirir los alimentos.

Con el inicio de la Revolución agrícola, la trampa empezó a derribarse, los ingresos per cápita comenzaron a crecer y, quizá por vez primera en la historia, existió la posibilidad de una mejora continua de la nutrición. Una mejor nutrición permitió que las personas crecieran más y fueran más fuertes, lo que incrementó aún más la productividad, estableciendo así una sinergia positiva entre aumentos en los ingresos y mejoras en la salud, los cuales se retroalimentaban entre sí. Cuando se priva a los niños de los nutrientes que necesitan para crecer, también es improbable que el desarrollo del cerebro alcance su máximo potencial, de suerte que las personas más altas y con mejores condiciones de vida también se volvieron más inteligentes, lo cual estimuló aún más el crecimiento económico y aceleró el círculo virtuoso. Las personas más altas y más grandes pudieron vivir más años, y los niños mejor nutridos redujeron su probabilidad de morir y mejoraron su capacidad para sortear enfermedades. El economista Robert Fogel, Premio Nobel, y sus colaboradores han desarrollado este argumento durante años.[23]

No hay duda de que la nutrición ha mejorado y de que la gente ha ganado en estatura, fortaleza y salud. Pero la explicación completa de la disminución en la mortalidad infantil no depende únicamente de la alimentación. Una explicación de este tipo reduce la importancia del control directo de las enfermedades y se enfoca demasiado en el papel aislado de la

[23] Véase Robert W. Fogel, "Economic Growth, Population Theory, and Physiology: The Bearing of Long-Term Processes on the Making of Economic Policy", *American Economic Review* 84, núm. 3, 1994, pp. 369-395, y Robert W. Fogel y Dora L. Costa, "A Theory of Technophysio Evolution, with Some Implications for Forecasting Population, Healthcare Costs, and Pension Costs", *Demography* 34, núm. 1, 1997, pp. 49-66.

economía de mercado y muy poco en los esfuerzos colectivos y políticos que estuvieron detrás del control de las enfermedades. El economista e historiador Richard Easterlin ha argumentado de manera convincente que, cuando intentamos relacionar el inicio del crecimiento económico con las mejoras en la salud, los tiempos no coinciden.[24] Las mejoras en la disminución de la mortalidad infantil en el noroeste de Europa fueron demasiado uniformes como para que el crecimiento económico, que empezó en distintos momentos en diferentes países, las pueda explicar; más tarde escucharemos ecos de esto en el siglo XX en la sincronización internacional de las mejorías en las enfermedades cardiacas. Y si la alimentación fue tan importante en sí misma, ¿por qué la aristocracia británica, que tenía abundante alimentación, no se desempeñó mejor en salud que la gente ordinaria en los siglos anteriores a 1750? El demógrafo Massimo Livi-Bacci ha documentado casos similares en varios países europeos, incluyendo monasterios de monjes bien alimentados, quienes comían dietas ricas y variadas pero morían a la misma tasa que los demás.[25] Puede ser que la alimentación proteja contra algunas enfermedades, pero está lejos de ser una profilaxis universal. Quizá lo haga mejor contra enfermedades por bacterias que contra las virales, pero ni siquiera es claro que esta idea sea correcta.

El mayor crédito por la disminución de la mortalidad infantil y el resultante incremento en la esperanza de vida se debe al control de las enfermedades a través de las medidas de salud pública. Al principio, esto tomó la forma de mejoras en la sanidad y los suministros de agua. A la larga, la ciencia se puso al corriente en materia de práctica, y la teoría microbiana de las enfermedades fue comprendida e implementada gradualmente mediante medidas más enfocadas y fundadas científicamente. Estas medidas incluyeron la vacunación rutinaria contra una variedad de enfermedades y la adopción de buenas prácticas de salud personal y pública basadas en la teoría microbiana. La mejoría de la salud pública requirió de la acción de las autoridades *públicas,* lo que a su vez requirió de la con-

[24] *Cf.* Richard Easterlin, "How Beneficent Is the Market? A Look at the Modern History of Mortality", *European Review of Economic History* 3, núm. 3, 1999, pp. 257-294.

[25] *Cf.* Livi-Bacci, *Population and Nutrition…, op. cit.*

certación y la acción política y no pudo obtenerse sólo a través del mercado, aunque sin duda el incremento en los ingresos reales hizo más fácil el financiamiento, con frecuencia costoso, de proyectos sanitarios. A nivel individual, merced a la disminución de las enfermedades —particularmente las respiratorias, la diarrea y otras infecciones infantiles—, mejoró la nutrición, lo que ayuda a explicar los aumentos en estatura, fortaleza y productividad. La ingesta de alimentos es importante, pero es más importante la nutrición *neta*, es decir, la cantidad de nutrición de la que disponen las personas realmente después de descontar la pérdida nutricional debida a la enfermedad, directamente en el caso de la diarrea, pero también a la lucha contra fiebres e infecciones. Las mejoras en la sanidad, seguidas por medidas basadas en la teoría microbiana de las enfermedades, fueron los principales factores que garantizaron la mejora en la esperanza de vida en los países europeos del noroeste y en las colonias británicas durante el siglo subsiguiente a 1850. Estas mejoras se propagaron en el sur y el este de Europa en los primeros años del siglo xx y, finalmente, después de la segunda Guerra Mundial, hacia el resto del mundo, un desarrollo que discutiré en el siguiente capítulo.[26]

La Revolución industrial en el Reino Unido atrajo millones de personas del campo a las nuevas ciudades como Manchester, donde había nuevos medios de vida en las fábricas pero pocos medios o ninguno para enfrentar los riesgos de salud derivados del hacinamiento de personas en habitaciones estrechas. La vida rural puede ser razonablemente saludable en la ausencia de arreglos formales para la canalización de los desperdicios humanos, pero esto no es cierto en el caso de las ciudades. Con frecuencia los animales domésticos, los caballos para el transporte, las vacas para la obtención de leche y los cerdos criados tanto para alimento como para la disposición de los desperdicios vivían muy cerca de sus propietarios en las nuevas ciudades. También había residuos peligrosos de las fábricas y de procesos "engorrosos" como la talabartería y la carnicería, y el agua para beber a menudo era contaminada por los desechos humanos y de otro tipo. En la antigua Roma

[26] Véase Samuel J. Preston, "American Longevity: Past, Present, and Future", Center for Policy Research, Maxwell School, Syracuse University, Paper 36, 1996, http://surface.syr.edu/cpr/36.

había más letrinas públicas que en Manchester durante la Revolución industrial.[27] Cuando las mismas fuentes que suministraban el agua para beber fueron utilizadas para el desecho de los excrementos, la cadena fecal-oral que había sido un problema desde la Revolución neolítica se amplificó a escala industrial. La esperanza de vida en las ciudades —tal como ocurre en algunos países pobres hoy en día— disminuyó muy por debajo de la esperanza de vida en el campo. En realidad, la migración hacia las ciudades insalubres contribuye a explicar por qué la esperanza de vida de la población en general aumentó tan lentamente a comienzos del siglo XIX, y por qué el incremento general en la esperanza de vida se pospuso hasta después de 1850. Finalmente, estas ciudades malolientes y peligrosas, los "molinos oscuros y satánicos", provocaron una reacción pública más allá de los pronunciamientos acerca del triste estado moral de los que las sufrían, y las autoridades locales y oficiales de salud pública empezaron a proveer sanidad pública.

El movimiento sanitario no tenía una nueva ciencia que guiara sus esfuerzos. Es más, su teoría de las enfermedades, "la teoría de la insalubridad" o la "teoría del miasma" —es decir, si olía mal era dañino para la salud—, estaba equivocada y no era diferente de lo que las autoridades de salud pública en Italia habían creído cuando en el siglo XIV combatieron (en su mayor parte de manera infructuosa) la peste negra. Sin embargo, había suficiente verdad en esa teoría como para hacerla efectiva si se la perseguía rigurosamente: en realidad, es menos probable que la gente se enferme si los desechos humanos se confinan de manera segura y si el agua de la ciudad no huele mal. Pero la teoría condujo a demasiado énfasis en la sanidad y poco en los suministros de agua, de manera que, en cierto momento, las autoridades de salud de Londres vaciaban en el río Támesis los contenedores de aguas negras ubicados en los sótanos, reciclando así el cólera en el flujo acuático. Unos años más tarde, en la epidemia de cólera de Londres de 1854, una de las dos empresas que surtían a la ciudad de agua para beber procedente del río Támesis tenía sus fuentes de suministro río abajo de las descargas de las aguas negras, y de

[27] *Cf.* George Rosen, *A History of Public Health,* Johns Hopkins University Press, Baltimore, 1993.

esta manera reciclaba la bacteria del cólera de una generación de víctimas a otra. El hecho de que la otra empresa hubiera desplazado recientemente sus fuentes de suministro al agua pura, río arriba, le permitió a John Snow, un médico londinense de esa época, rastrear las muertes de cólera y atribuirlas a la empresa de agua culpable, y demostrar de esta manera que el cólera se había propagado a través del agua contaminada.[28] Éste fue uno de los primeros "experimentos naturales" en salud pública, y yo le doy mi voto como uno de los más importantes de todos los tiempos. No obstante, Snow reconoció que era difícil que el experimento fuera decisivo —por ejemplo, podía ser que una de las empresas suministrara agua sólo a los clientes ricos, quienes estaban protegidos por otras razones— y pasó grandes penas para descartar otras explicaciones posibles de sus resultados.[29]

Los hallazgos de Snow, junto con el trabajo posterior de Robert Koch en Alemania y de Louis Pasteur en Francia, contribuyeron a establecer la teoría microbiana de las enfermedades, aunque con mucha resistencia por parte de creyentes devotos en la teoría del miasma. Un punto complicado era por qué algunas personas expuestas a la enfermedad no se contagiaron —un serio desafío a la causalidad y al entendimiento—.[30] De hecho, Koch, quien había aislado el *Vibrio cholerae* en 1883, propuso cuatro "postulados", todos los cuales tenían que satisfacerse para que se identificara un microbio de manera segura como la causa de una enfermedad. Uno de estos postulados era que, si se introducía el microorganismo en una persona sana, la enfermedad tenía que emerger. La brecha en esta teoría fue demostrada de manera espectacular en 1892 cuando un incrédulo y prominente defensor de la teoría del miasma, Max von Pettenkofer, de 74 años, públicamente se bebió un frasco de bacteria del cólera, enviado especialmente

[28] Véase John Snow, *On the Mode of Communication of Cholera,* John Churchill, Londres, 1855. Véase también Steven Johnson, *The Ghost Map: The Story of London's Most Terrifying Epidemic and How It Changed Science, Cities, and the Modern World,* Riverhead, Nueva York, 2007.

[29] Véase David A. Freedman, "Statistical Models and Shoe Leather", *Sociological Methodology* 21, 1991, pp. 291-313.

[30] Véase Nancy Tomes, *The Gospel of Germs: Men, Women and the Microbe in American Life,* Harvard University Press, Cambridge, 1999.

por Koch desde Egipto, y sólo sufrió pequeños efectos. No está claro exactamente por qué pudo escapar —no fue acidez estomacal, porque él la había neutralizado—, pero muchos agentes de enfermedad operan sólo bajo condiciones apropiadas, y von Pettenkofer sostenía una teoría de este tipo, o sea que el microorganismo primero ha de convertirse en un miasma mediante la putrefacción en tierra. Esta teoría demostró estar equivocada de modo trágico en la epidemia de cólera de Hamburgo en 1892; la vecina ciudad de Altona, que al igual que Hamburgo obtenía su agua del río Elba, la filtraba mientras que Hamburgo no lo hacía, y escapó de la epidemia. El acto de beberse el bacilo vino después de la epidemia de Hamburgo y fue algo así como un último acto de desafío; von Pettenkofer se suicidó en 1901.[31]

El descubrimiento, la difusión y la adopción de la teoría microbiana fueron las claves para la mejora en la disminución de la mortalidad infantil en el Reino Unido y en el mundo. La historia también ilustra muchos temas que encontraremos otra vez. Aparecía aquí algo nuevo que tenía un gran potencial para aumentar el bienestar de la humanidad, en este caso salvando a niños que de otra manera habrían muerto. El conocimiento básico —que los gérmenes causan enfermedades y, en el caso del cólera, que la bacteria se propagó a través del agua contaminada— estaba disponible de manera gratuita para todos en el mundo. Sin embargo, esto no significó que las medidas políticas derivadas de la teoría fueran adoptadas inmediatamente o incluso de manera rápida, para empezar porque, como hemos visto, no todos estaban convencidos. Y aun cuando la gente *estuviera* convencida, había toda suerte de barreras. El conocimiento podría ser gratuito, pero adoptarlo no lo era. Construir suministros de agua seguros es más barato que construir drenajes, pero de todos modos es costoso, y requiere conocimientos de ingeniería así como supervisar que el agua no esté contaminada en realidad. Es necesario confinar las aguas negras de una manera que no contamine el suministro de agua para el consumo humano. La vigilancia de individuos y de empresas frecuentemente es difícil y encuentra resisten-

[31] *Cf.* Alfredo Morabia, "Epidemiologic Interactions, Complexity, and the Lonesome Death of Max von Pettenkofer", *American Journal of Epidemiology* 166, núm. 11, 2007, pp. 1233-1238.

cia, y requiere de capacidad del Estado y burócratas competentes. Aun en el Reino Unido y en los Estados Unidos, la contaminación fecal del agua para beber fue un problema hasta bien entrado el siglo xx. Convertir la teoría microbiana en agua limpia y sanidad toma tiempo y requiere dinero y capacidad del Estado; estas dos condiciones no estuvieron disponibles hasta hace un siglo, y aun hoy en día no están disponibles en muchas partes del mundo.

Como siempre, está el importante problema de la política. El historiador Simón Szreter describe que en las ciudades de la Revolución industrial el agua limpia estaba disponible de manera amplia pero como fuente de energía para las fábricas, no para que los habitantes de las ciudades la bebieran.[32] Como sucede con gran frecuencia, los beneficios de las nuevas formas de hacer las cosas estuvieron lejos de distribuirse de manera equitativa. Y los propietarios de las fábricas, que también eran quienes pagaban impuestos, no tenían interés en gastar su dinero en agua limpia para sus trabajadores. Szreter documenta la manera en que las nuevas coaliciones políticas de trabajadores y de terratenientes desplazados se manifestaron públicamente de modo exitoso a fin de que se instalara infraestructura para agua limpia, acción que fue efectiva sólo después de que las Leyes de Reforma otorgaron el derecho de voto a los trabajadores. Una vez que cambió la correlación de fuerzas políticas, los propietarios de fábricas se sumaron y las ciudades comenzaron a competir entre sí publicitando su condición de saludables. (La Universidad de Princeton, donde doy clases, hizo lo mismo en esa época, argumentando que su altitud —43 metros sobre el nivel del mar— hacía de ella un ambiente más saludable para los hombres jóvenes que los cercanos pantanos infestados de malaria.) La política debe operar dondequiera que la salud dependa de la acción colectiva —sean obras públicas, seguridad social o educación—. En este caso, la eliminación (parcial) de una desigualdad (que los trabajadores no pudieran votar) contribuyó a eliminar otra desigualdad (que los trabajadores no tuvieran acceso al agua limpia para beber).

[32] Véase Simon Szreter, "The Importance of Social Intervention in Britain's Mortality Decline *c.* 1850-1914: A Reinterpretation of the Role of Public Health", *Social History of Medicine* 1, núm. 1, 1988, pp. 1-36.

La difusión de ideas y su implementación práctica toman tiempo porque con frecuencia requieren que las personas cambien su manera de vivir. En el mundo rico ahora casi todos aprenden en la escuela la importancia de los gérmenes y cómo evitarlos lavándose las manos, desinfectándose y mediante la forma adecuada de manejar los alimentos y los desperdicios. Pero lo que hoy damos por supuesto era desconocido a finales del siglo XIX, y tomó muchos años el que las conductas públicas y privadas pudieran cambiar para aprovechar completamente las ventajas de los nuevos conocimientos.[33] Los demógrafos Samuel Preston y Michael Haines describieron cómo, hacia el final del siglo, había grandes diferencias en las tasas de mortalidad infantil entre grupos étnicos en la ciudad de Nueva York, de suerte que, por ejemplo, los judíos, cuyas observancias religiosas promovían la salud, tenían bastante menor mortandad que los francocanadienses, quienes no tenían esa protección.[34] Pero los hijos de los médicos morían casi a la misma tasa que los de la población en general hasta que se entendió la teoría microbiana de las enfermedades, después de lo cual fue menos probable que murieran. En los Estados Unidos los hoteles no cambiaban la ropa de cama entre un huésped y el siguiente. En la isla Ellis, los médicos realizaban un examen de tracoma (una enfermedad infecciosa de los ojos) a los potenciales inmigrantes utilizando un instrumento en forma de gancho que no esterilizaban; las autoridades de inmigración estaban *propagando* así el tracoma, en vez de detenerlo en la frontera.[35] Un ejemplo más contemporáneo proviene de la India, donde la *dai,* una comadrona tradicional, a menudo es traída para ayudar a las mujeres con embarazos complicados. Una de estas mujeres asistentes fue observada por un obstetra estadunidense, quien se maravilló por sus destrezas para reorientar al niño aún no nacido, una habilidad que la habría

[33] *Cf.* Tomes, *The Gospel of Germs…, op. cit.*, y Joel Mokyr, *The Gifts of Athena: Historical Origins of the Knowledge Economy,* Princeton University Press, Princeton, 2004.

[34] *Cf.* Samuel J. Preston y Michael Haines, *Fatal Years: Child Mortality in Late Nineteenth Century America,* Princeton University Press, Princeton, 1991.

[35] Véase Howard Markel, *When Germs Travel: Six Major Epidemics That Have Invaded America and the Fears They Have Unleashed,* Vintage, Nueva York, 2005.

enriquecido en los Estados Unidos. Sin embargo, esta mujer profesional tan habilidosa nunca se lavaba las manos entre una mujer parturienta y la siguiente.[36]

Los avances científicos, como la teoría microbiana, no son descubrimientos aislados, sino conjuntos de descubrimientos relacionados, y usualmente dependen de avances previos. Los gérmenes no se pueden ver sin microscopios, y aunque Anton van Leeuwenhoek había construido y utilizado microscopios para ver microorganismos en el siglo XVII, estos aparatos suministraban imágenes muy distorsionadas. En la década de los años veinte del siglo XIX Joseph Jackson Lister desarrolló el microscopio acromático, que utilizaba una combinación de lentes para eliminar las distorsiones o "aberraciones cromáticas" que casi inutilizaron a los microscopios anteriores. La teoría microbiana condujo a la identificación de un conjunto de microorganismos causales que incluían las bacterias del ántrax, la tuberculosis y el cólera en los laboratorios Koch en Alemania. Koch fue uno de los fundadores del campo entonces nuevo de la microbiología, y sus pupilos continuaron trabajando para identificar los microorganismos responsables de varias enfermedades, incluyendo la tifoidea, la difteria, el tétanos y la peste bubónica. En la siguiente ola de descubrimientos, Louis Pasteur en París demostró que los microorganismos eran responsables de la descomposición de la leche y mostró cómo "pasteurizar" la leche para impedir esto. Pasteur mostró asimismo cómo se podían utilizar versiones atenuadas de los microorganismos infecciosos para desarrollar una variedad de vacunas. (Pasteur también inventó la Marmite, un alimento básico sin el cual la vida sería imposible para los británicos contemporáneos; nos la encontraremos otra vez en el capítulo VI.) La teoría microbiana también condujo a Joseph Lister (hijo de Joseph Jackson Lister) a desarrollar métodos antisépticos en la cirugía que, junto con el desarrollo de la anestesia, hicieron posible la cirugía moderna. El trabajo de Snow, Koch y Pasteur no sólo estableció la teoría microbiana, sino que también mostró cómo ponerla en práctica para el bien público.

[36] Véase Valerie Kozel y Barbara Parker, "Health Situation Assessment Report: Chitrakot District", Banco Mundial, s. f., inédito.

El avance científico —del cual la teoría microbiana es un ejemplo singular— es una de las fuerzas clave que conducen a mejoras en el bienestar humano. No obstante, como lo demuestra la adopción gradual de esta teoría, los nuevos descubrimientos y las nuevas tecnologías no son suficientes sin la aceptación y el cambio social. Tampoco deberíamos pensar que los avances científicos aparecen de la nada, como el maná del cielo. La Revolución industrial y la urbanización que la acompañó crearon la *necesidad* del avance científico —la gente moría de enfermedades que no habían sido un problema en la Inglaterra rural—, pero también las condiciones bajo las cuales ese avance podía ser estudiado. La cadena fecal-oral a escala industrial que se forjó al poner los efluvios de una generación de víctimas del cólera en las bocas e intestinos de la siguiente generación proveyó una oportunidad para que *alguien* indagara lo que estaba sucediendo. Por supuesto, no hay nada inevitable en este proceso —la demanda de curas no siempre produce una oferta de medicamentos—, pero la necesidad, el miedo y, en algunas circunstancias, la avaricia son grandes impulsores del descubrimiento y la invención. La ciencia se desarrolla de acuerdo con los ambientes sociales y económicos en los que existe, exactamente igual que esos mismos ambientes dependen de la ciencia y el conocimiento. Aun los microorganismos que desempeñan el papel central en la teoría microbiana no existen en algún estado prístino en espera de ser descubiertos. Su propagación, su evolución y su virulencia se desarrollan a la par de las personas a quienes infectan. Las condiciones de la Revolución industrial cambiaron las condiciones de vida de millones de personas, pero también cambiaron los organismos que las infectaron, y la manera en que las infectaron, así como también crearon las condiciones en las cuales la teoría microbiana pudo evolucionar.

III. ESCAPAR DE LA MUERTE EN EL TRÓPICO

PARA la mayoría de la población mundial que no tuvo la fortuna de nacer en un país rico, la lucha contra las enfermedades infecciosas difícilmente había comenzado en 1945. Sin embargo, no era necesario que la historia recomenzara a partir de cero, o no al menos con la misma y pasmosa lentitud. En 1850 la teoría microbiana de las enfermedades no se había establecido aún. En 1950 ya era conocimiento común, de suerte que al menos algunos de los avances que habían tomado un siglo en los países líderes podían suceder más rápidamente en los países que les siguieron. El hecho de que en la actualidad la India tenga una esperanza de vida mayor que Escocia en 1945 —a pesar de tener un ingreso per cápita igual al que el Reino Unido había alcanzado ya en 1860— es una prueba testimonial del poder del conocimiento para acortar la historia. La rápida, si bien desigual, reducción de la mortalidad infantil en los países pobres les permitió vivir a millones de niños que de otro modo habrían muerto, y causó así la "explosión demográfica" —de 2 500 millones en 1950 a 7 000 millones en 2011—, explosión que en nuestros días está llegando a su fin de manera gradual. Durante los años de la posguerra, la esperanza de vida en los países pobres se aproximó a la de los ricos, al menos hasta la década de los noventa, cuando el VIH/sida en África anuló el progreso de posguerra en los países más afectados. Las desigualdades en la esperanza de vida, que habían aumentado desde 1850 cuando los países ricos dejaron atrás a los pobres en esta materia, disminuyeron después de 1950 a medida que los países pobres remontaron la brecha, y posteriormente aumentaron otra vez con el advenimiento de la nueva epidemia.

Hay muchos países en los que grandes cantidades de niños mueren todavía, y hay tres docenas de países en los que más de 10% muere antes del quinto año de edad. No están muriendo a causa de las "nuevas" enfermedades, como el VIH/

sida, o debido a enfermedades tropicales exóticas para las que no hay cura. Están muriendo a causa de las mismas enfermedades que mataban a los niños europeos en los siglos XVII y XVIII, infecciones intestinales y respiratorias y malaria, la mayoría de las cuales hemos sabido cómo tratar desde hace mucho tiempo. Estos niños están muriendo debido al accidente de haber nacido en países pobres, y no estarían muriendo si hubieran nacido en el Reino Unido, Canadá, Francia o Japón.

¿Qué es lo que mantiene estas desigualdades? ¿Qué es lo que hace que sea tan peligroso nacer en Etiopía o Mali o Nepal, y que sea tan seguro nacer en Islandia o Japón o Singapur? Aun en un país como la India, donde las tasas de mortalidad han caído rápidamente, grandes cantidades de niños están mal nutridos, son más delgados y pequeños de lo que deberían ser para su edad, y sus padres se encuentran entre los adultos más pequeños del planeta, quizás aún más pequeños que los atrofiados adultos del siglo XVIII en Inglaterra. A pesar de que la India es uno de los países de crecimiento más rápido en el mundo, ¿por qué, aún hoy en día, tantos indios se encuentran atrapados en la misma indigencia que fue el último resultado de la Revolución neolítica?

En los años posteriores a la segunda Guerra Mundial, en las regiones del mundo que la Organización de las Naciones Unidas (ONU) clasifica como menos desarrolladas continuaron muriendo grandes cantidades de infantes. En el inicio de los años cincuenta del siglo pasado, más de 100 países perdieron más de una quinta parte de sus niños antes de que cumplieran su primer año de edad. Estos países incluían toda el África subsahariana, así como el sur y el sureste de Asia. El Banco Mundial estima que en 1960 41 países tenían tasas de mortalidad infantil (muerte antes de los cinco años de edad) superiores a una quinta parte y algunos tenían tasas cercanas a dos quintas partes. En los años cincuenta y sesenta la mayor parte del mundo tenía tasas de mortalidad no muy diferentes que las de el Reino Unido 100 o 200 años atrás. Pero el cambio estaba en proceso.

Los incrementos más rápidos en la esperanza de vida sucedieron muy poco después de la guerra. El demógrafo Davidson Gwatkin reporta que alrededor de 1950 Jamaica, Malasia, Mauricio y Sri Lanka experimentaron incrementos *anuales* en la esperanza de vida mayores a un año durante más de una década.[1] En Mauricio la esperanza de vida aumentó de 33 años en 1942-1946 a 51.1 años en 1951-1953; en Sri Lanka aumentó en 14 años durante los siete años posteriores a 1946. Por supuesto, estos avances hacia la inmortalidad no pueden continuar por siempre, y sólo provienen de grandes reducciones logradas de una sola vez en la mortalidad infantil. Estas reducciones, en parte, fueron producto de la introducción de la penicilina, que estuvo disponible por primera vez durante la guerra, y, en parte, del uso de las sulfas, que son sustancias un poco más antiguas; y es probable que en su mayor parte se deban a lo que se conoce como "control de vector", el ataque químico a las pestes portadoras de enfermedades, particularmente los mosquitos y en especial el del género *Anopheles,* portador de la malaria. Gran parte del progreso contra la malaria se revirtió posteriormente cuando los mosquitos se hicieron resistentes y se prohibió a nivel mundial el uso del muy efectivo insecticida DDT debido a sus efectos ambientales (principalmente por su abuso en la agricultura en los países ricos). Aun si los efectos sobre la malaria resultaron temporales, fueron prolongados, y los avances subsecuentes en otras direcciones, como las campañas de inmunización, compensaron más que proporcionalmente las pérdidas.

La UNICEF, el brazo de la ONU responsable de la salud y el bienestar infantiles, recibió el Premio Nobel de la Paz en 1965 por su trabajo a favor de los niños del mundo. Inmediatamente después de la segunda Guerra Mundial la UNICEF vacunó a los niños en Europa contra la tuberculosis, y en los años cincuenta extendió su alcance al participar en campañas a nivel mundial contra la tuberculosis, el pian, la lepra, la malaria y el tracoma; también auspició proyectos de agua potable y sanidad. El Programa Ampliado de Inmunización (PAI) de la Organización Mundial de la Salud (OMS) fue lanzado en 1974; promovió la inmunización contra la difteria, la tosferina y el tétanos (la vacuna DTP cubre las tres), así como el sarampión, la polio y la tuberculosis. Más recientemente, en un intento por fortalecer el trabajo del PAI, en el año 2000 se estableció la

[1] Véase Davidson R. Gwatkin, "Indications of Change in Developing Country Mortality Trends: The End of an Era?", *Population and Development Review* 6, núm. 4, 1980, pp. 615-644.

Alianza Global para la Vacunación y la Inmunización (AGVI). El progreso de la inmunización ha disminuido un poco en años recientes, quizá porque las poblaciones más fáciles de contactar y dispuestas ya han sido cubiertas. Otra innovación importante que ayudó a mantener la disminución de la tasa de mortalidad fue la demostración de la efectividad de la terapia de rehidratación oral (TRO) durante un brote de cólera en los campos de refugiados de bengalíes e indios en 1973. Una solución de sal y glucosa en agua, tomada oralmente, previene la deshidratación que mata a muchos niños que sufren de diarrea. La dosis de este tratamiento cuesta sólo unos pocos centavos y fue aclamada por la revista de medicina *The Lancet* como "el avance médico potencialmente más importante de este siglo".[2] La TRO es otro buen ejemplo de cómo una necesidad apremiante, junto con el ensayo y error científicamente informado, puede en ocasiones conducir a una innovación que salva vidas.

Estos avances médicos y técnicos se implementaron incluso en lugares donde había capacidades locales limitadas. Expertos extranjeros o contratistas dirigidos por éstos podían fumigar las áreas infestadas de mosquitos, así como también la OMS podía dirigir las campañas de inmunización desde Ginebra, empleando para ello paramédicos locales que aplicaran las inyecciones, como si se tratara de operaciones militares de corto plazo. Las vacunas eran (y son) baratas y con frecuencia la UNICEF o la OMS las obtenían a precios favorables. Estas campañas de salud, conocidas como "programas de salud verticales", han sido efectivas al salvar millones de vidas. Otras iniciativas verticales son la exitosa campaña para eliminar la viruela en el mundo; la campaña contra la oncocercosis llevada a cabo de manera conjunta por el Banco Mundial, el Centro Carter, la OMS y los Laboratorios Merck; y la campaña, aún en proceso, para eliminar la polio.

Los avances médicos y en salud pública no explican toda esta historia; también contribuyeron a ello una mejor educación e ingresos más altos. Desde la segunda Guerra Mundial las tasas de crecimiento económico han sido elevadas en com-

[2] "Water with Sugar and Salt", *The Lancet* 312, núm. 8084, 5 de agosto de 1978, pp. 300-301.

paración con los estándares históricos y también ha habido avances en la educación —no en todas partes, pero sí en varios países—. Las mujeres tuvieron más oportunidades de ser educadas en comparación con el pasado. En Rayastán, estado de la India donde estuve recolectando datos, casi ninguna de las mujeres adultas que entrevistamos sabía leer ni escribir. No obstante, de manera regular tropezamos con grupos de muchachas uniformadas (a las que localmente se hace referencia con el término británico "cocodrilos") que se dirigían a la escuela. Entre 1986 y 1996 el porcentaje de mujeres indias de las zonas rurales inscritas en la escuela aumentó de 43 a 62%, y aunque en ocasiones las escuelas son terribles, es más probable que mujeres aun con mala educación sean madres mejores y más seguras que las madres enteramente desprovistas de educación. Existe un gran volumen de investigación sobre la India y otros países que muestra que los hijos de madres más educadas sobreviven mejor y posteriormente tienen mejores resultados; más allá de esto, las mujeres educadas tienen menos hijos y pueden dedicar más tiempo y recursos a cada uno de ellos. Una menor fertilidad también es buena para las madres, pues reduce los riesgos de salud asociados al embarazo y al parto y permite que las mujeres tengan más oportunidades en sus propias vidas.

Los adelantos en la educación pueden ser la causa más destacada de que haya mejorado la salud en los países de bajos ingresos hoy en día.

El crecimiento económico pone más dinero en las manos de las familias, que pueden alimentar mejor a sus hijos, y también en las manos de los gobiernos locales y nacionales, que a su vez aumentan su capacidad para mejorar el suministro de agua, la sanidad y la erradicación de las plagas. En la mayoría de los distritos de la India, más de 60% de los hogares tenía acceso a agua entubada en 2001, mientras que dos décadas antes muy pocos distritos alcanzaban esta meta; el agua entubada no siempre es agua más segura, pero es mejor que la de la mayor parte de las fuentes más tradicionales.

El demógrafo Samuel Preston —el observador más agudo de la mortalidad en el mundo— estimó en 1975 que menos de una cuarta parte del aumento en la esperanza de vida entre los años treinta y los años sesenta se debió a incrementos en los estándares de vida locales, y que la gran mayoría de este incremento se debía a nuevas formas de hacer las cosas, el control de vector, las nuevas medicinas y las inmunizaciones.[3] Los cálculos de Preston correspondían al grupo limitado de países para los que él tenía datos, varios de los cuales no eran pobres en 1945. Su conclusión se derivó de observar gráficas como la I.3. Preston calculó cuánto habría aumentado la esperanza de vida si la curva que la relaciona con el ingreso hubiera permanecido fija y si los países se hubieran desplazado a lo largo de esa curva con el crecimiento económico (la contribución del ingreso a una mejor salud), y también cuánto de esa ganancia se debía al desplazamiento hacia arriba de la misma curva (la contribución de los nuevos métodos que permiten una mejor salud sin ningún incremento en los estándares de vida).

Autores posteriores dividen los créditos relativos a la innovación y al ingreso de manera diferente, y no hay razón para suponer que la distribución será la misma en todos los tiempos, como subrayó el mismo Preston. Los nuevos métodos para salvar vidas —antibióticos, control de vector, inmunización— no llegan de manera uniforme o predecible, y cuando uno de ellos se acaba no hay garantía de que habrá otro que lo remplace. No obstante, los grandes debates siempre están ahí: el ingreso por una parte, los tratamientos y la innovación por otra, o el mercado *versus* la salud pública, teniendo la educación la capacidad de hacer mejorar la efectividad de ambos. Si las enfermedades de los países pobres en verdad son “enfermedades de la pobreza” en el sentido de que desaparecerán si se reduce la pobreza, entonces las intervenciones directas en la salud pueden ser menos importantes que el crecimiento económico. El crecimiento económico sería “bendecido doblemente”: incrementaría los estándares de vida materiales de manera directa *y* mejoraría la salud, como un bono extra. Si los hallazgos de Preston aún son verdaderos en nuestros días —cuestión que discutiré más tarde en este capítulo—, la magia del ingreso no será suficiente y, en consecuencia, el asunto de la salud deberá acometerse directamente mediante inter-

[3] Véase Preston, “The Changing Relation between Mortality and Level of Economic Development”, *Population Studies* 29, núm. 2, 1975, pp. 231-248.

venciones en salubridad. Nótese la similitud entre los hallazgos de Preston y la conclusión del capítulo II de que la disminución de la mortalidad en Europa y en Norteamérica, de 1850 a 1950, se debió principalmente a la derrota de las enfermedades mediante nuevas formas de tratar la salud, y donde el crecimiento económico desempeñó un papel importante, pero subsidiario.

Cualquiera que sea la causa, no hay duda acerca de la magnitud de la reducción de la mortalidad. La ONU informa que, en el periodo de 15 años de 1950-1955 a 1965-1970, las "regiones menos desarrolladas" del mundo experimentaron un incremento en la esperanza de vida de más de 10 años, de 42 a 53 años. En 2005-2010 había aumentado otros 13 años, a 66 años. Aunque en las "regiones más desarrolladas" las mejoras en la esperanza de vida continuaron, fueron mucho más lentas; véase la gráfica III.1, que muestra el progreso para algunas regiones del mundo seleccionadas. La línea superior corresponde a Europa del Norte, definida como las Islas del Canal,

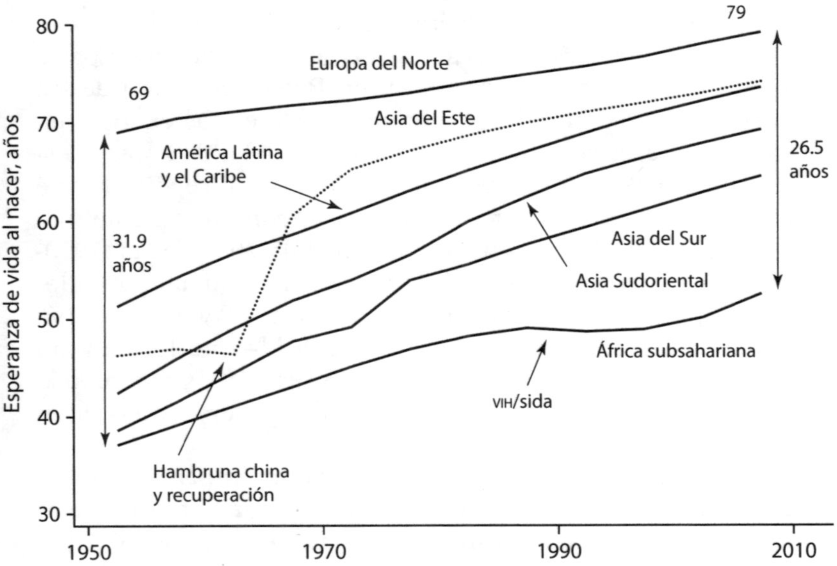

GRÁFICA III.1. *Esperanza de vida en distintas regiones del mundo desde 1950.*

Dinamarca, Estonia, Finlandia, Islandia, Irlanda, Letonia, Lituania, Noruega, Suecia y el Reino Unido. En el conjunto de estos países la esperanza de vida comenzó con 69 años y ganó 10 años al comienzo del siglo XXI; en el siguiente capítulo analizaré cómo ocurrió esto. Las otras regiones: Asia oriental (incluyendo a Japón), América Latina y el Caribe, Asia sudoriental, Asia del Sur y el África subsahariana, ganaron todas más de 10 años, de manera que las brechas entre estas regiones y Europa del Norte decrecieron. Aun en el caso del África subsahariana, que fue la que ganó menos, su brecha con respecto a Europa del Norte se redujo de 31.9 años, a principios de los años cincuenta, a 26.5 años en 2005-2010.

África y, en menor medida, Asia del Sur (que se extiende hacia el norte hasta Afganistán) son las regiones donde más falta por hacer. Aun antes de la epidemia del VIH/sida, la esperanza de vida en el África subsahariana aumentaba más lentamente que en cualquier otra parte del mundo; el VIH/sida causó una detención adicional claramente visible en la gráfica III.1. La ONU estima que la esperanza de vida africana ha empezado a aumentar una vez más con el advenimiento, en años recientes, de la terapia antirretroviral y el cambio de conducta. No obstante, en los países más afectados se perdió la mayor parte o todo el progreso de posguerra; en Botsuana —uno de los países mejor gobernados y económicamente más exitosos en África— la esperanza de vida aumentó de 48 a 64 años y después cayó a 49 años en 2000-2005, mientras que en Zimbabue —uno de los países peor gobernados y económicamente menos exitosos de África— fue menor en 2005-2010 que en 1950-1955. Es claro que las grandes epidemias que matan a millones de personas —de acuerdo con la OMS el VIH/sida había matado a 34 millones para finales de 2011— no terminaron después de la epidemia de influenza de 1918-1919, ni tampoco deberíamos confiar en que no habrá nuevas epidemias en el futuro.

Aunque nadie sabe exactamente cómo empezó la epidemia del sida, no se puede decir lo mismo de la hambruna china de 1958-1961, cuyos orígenes discutí en el capítulo I y cuyos efectos son claramente visibles en la gráfica III.1. Como veremos pronto, el gobierno de partido único en China fue capaz de promover la salud pública adoptando medidas que en ocasiones confrontarían una oposición decisiva en las democracias. No obstante, de igual manera, cuando las políticas son desastrosamente equivocadas, no hay nada que pueda detener su implementación aun cuando sus resultados sean una catástrofe. Con frecuencia se plantea el contraste entre China, con su falta de democracia pero una implementación efectiva de política, y la India, que es una democracia con prensa libre pero frecuentemente con políticas no efectivas. Sin embargo, la India no ha tenido ninguna hambruna desde su independencia, aunque hubo varias durante el Imperio británico.

A pesar de los grandes retrocesos del VIH/sida y de la hambruna china, la gráfica III.1 muestra que las probabilidades de vida son *mejores* en la mayor parte del mundo que hace medio siglo. ¿Pero qué tan buena (o tan mala) es la situación actual y qué falta por hacer? Una manera útil de entender la mortalidad de hoy en día es dirigir la vista al número de muertes en el mundo —las causas por las que la gente está muriendo en países con diferentes niveles de desarrollo económico— y tratar de entender cuáles de éstas podrían evitarse dado lo que ya conocemos. Si la gente está muriendo debido a enfermedades "tropicales" exóticas e incurables que frecuentemente aparecen en las historias terroríficas de los medios de comunicación, necesitamos nuevas curas y nuevas medicinas. Si, en contraste, la gente está muriendo por las mismas enfermedades que desaparecieron de los países ricos hace tiempo, necesitamos preguntarnos por qué cosas que sabemos cómo prevenir están costando vidas. Como veremos, si bien seguramente hay necesidad de nuevos y mejores tratamientos, el principal problema reside en que demasiados niños del mundo continúan muriendo por enfermedades que deberían ser fácilmente prevenibles.

El cuadro III.1 presenta los datos sobre mortalidad global de la OMS en 2008. Estos números contienen mucha estimación y no deben considerarse como precisos en detalle, pero el amplio panorama que transmiten es suficientemente confiable. La segunda columna muestra los datos de muertes para el mundo en su conjunto, la tercera columna presenta datos para los países de ingreso bajo, y la cuarta, para los de ingreso alto. La división del mundo por niveles de ingreso proviene del Banco Mundial, el cual establece cuatro categorías: ingre-

CUADRO III.1. *Mortalidad global en 2008, en los países más pobres y en los más ricos.*

	Global	*Ingreso bajo*	*Ingreso alto*
Porcentajes de muertes (porcentajes de población)			
Edad 0-4	14.6 (9)	35.0 (15)	0.9 (6)
Edad 60 y más	55.5 (11)	27.0 (6)	83.8(21)
Cáncer	13.3	5.1	26.5
Enfermedad cardiovascular	30.5	15.8	36.5
Millones de muertes			
Infecciones respiratorias	3.53	1.07	0.35
Muertes perinatales	1.78	0.73	0.02
Enfermedad diarreica	2.60	0.80	0.04
VIH/sida	2.46	0.76	0.02
Tuberculosis	1.34	0.40	0.01
Malaria	0.82	0.48	0.00
Enfermedades infantiles	0.45	0.12	0.00
Deficiencias nutricionales	0.42	0.17	0.02
Mortalidad materna	0.36	0.16	0.00
De todas las causas	56.89	9.07	9.29
Población total (millones)	6 737	826	1 077

FUENTE: Organización Mundial de la Salud, Repositorio de Datos del Observatorio de Salud Global, información obtenida el 3 de febrero de 2013.

NOTA: La enfermedad cardiovascular incluye infartos. Las infecciones respiratorias son principalmente infecciones inferiores (es decir, que ocurren debajo de las cuerdas vocales, como neumonía, bronquitis e influenza, que también pueden afectar el tracto respiratorio superior). Las muertes perinatales son las defunciones de niños al nacer o inmediatamente después del nacimiento e incluyen las muertes asociadas con niños prematuros y de bajo peso al nacer, niños que mueren durante el nacimiento y los que mueren de infecciones inmediatamente después del nacimiento. Las enfermedades infantiles son tosferina, difteria, polio, sarampión y tétanos. Aproximadamente dos tercios de las defunciones por deficiencias nutricionales se deben a deficiencia de proteína o energía, y un tercio a la anemia.

so bajo, ingreso medio más bajo, ingreso medio más alto e ingreso alto. Aquí muestro sólo los grupos más alto y más bajo con el propósito de enfocarme en las desigualdades en mortalidad entre los más ricos y los más pobres. Para dar una idea de los países considerados, de los 35 países de ingreso bajo, 27 están en África; los otros ocho son Afganistán, Bangladesh,

Camboya, Haití, Myanmar (Birmania), Nepal, Corea del Norte y Tayikistán. La India ya no califica como país de ingreso bajo. Hay 70 países de ingreso alto, incluyendo a la mayoría de los europeos, los Estados Unidos y Australasia, Japón y varios países pequeños productores de petróleo, así como un puñado de Estados-isla.

La parte superior del cuadro muestra la división de las defunciones entre niños y adultos de edad avanzada, así como las fracciones correspondientes a dos de las principales causas no infecciosas de muerte: el cáncer y las enfermedades cardiovasculares. Las muertes por enfermedades cardiovasculares incluyen muertes atribuibles a enfermedades del corazón y de las venas, y por tanto incluyen tanto apoplejías como ataques al corazón. La segunda columna muestra datos a nivel mundial, la tercera y la cuarta columnas ofrecen datos para países de ingreso bajo y alto respectivamente. La parte inferior del cuadro muestra estadísticas crudas en millones de muertes, enfocándose en las principales causas de muerte en los países de ingreso bajo.

La parte superior del cuadro muestra entre paréntesis los porcentajes de poblaciones en cada grupo de edad; la parte inferior muestra los totales de población para cada región. Nótese que la mayor parte de la población del mundo vive en los países de ingreso medio que no aparecen en el cuadro. Otro hecho clave, presentado en la parte superior, es que los países de ingreso bajo son mucho más *jóvenes* que los países de ingreso alto. En los países más pobres las personas tienen más hijos, y cuando las poblaciones crecen, cada generación es más grande que la anterior y la población es más joven. En algunos de los países ricos, las generaciones de la bonanza de los años de posguerra están envejeciendo ahora, lo cual aumenta el tamaño del grupo de más de 60 años. En los países de ingreso bajo hay más del doble de personas de 0-4 años de edad que de 60 y más años; en los países de ingreso alto la población adulta de edad provecta es más de tres veces mayor que la infantil. Aun si los riesgos fueran los mismos en los países pobres que en los ricos, habría más muertes de niños en los primeros y más defunciones de adultos mayores en los últimos.

Los niños representan 15% de todas las muertes en el mundo, mientras que las personas de 60 o más años representan más de la mitad. Sin embargo, esto no es lo que sucede ni en los países pobres ni en los ricos. En los países pobres, más de un tercio de las muertes corresponden a niños menores de cinco años de edad y menos de un tercio a las personas adultas de edad avanzada. En los países ricos, donde la muerte de niños es rara, más de 80% de los decesos corresponden a personas de 60 o más años y la gran mayoría de recién nacidos vive hasta envejecer. En parte estas diferencias se explican porque en los países ricos la población vieja representa porcentajes mucho mayores, pero esto no lo explica todo: en los países de bajo ingreso las muertes de niños en relación con la población infantil total son mucho más altas. El contraste entre ricos y pobres proviene de la transición epidemiológica, de acuerdo con la cual la muerte misma "envejece" conforme los países se desarrollan. El viraje de muerte en la infancia a muerte en edad adulta avanzada viene aparejado de un cambio en las causas de muerte, de enfermedades infecciosas a enfermedades crónicas. La fracción de personas que mueren por cáncer, infartos y enfermedades del corazón se triplica al pasar de países de ingreso bajo a países de ingreso alto. En general, la gente vieja muere por enfermedades crónicas y los niños por enfermedades infecciosas.

Las principales causas de muerte en los países pobres son, en gran medida, las mismas enfermedades que en el pasado solían matar a los niños en los países ricos de ahora, a saber, infecciones respiratorias inferiores, diarrea, tuberculosis y lo que la OMS denomina "enfermedades infantiles": tosferina, difteria, polio, sarampión y tétanos; en conjunto, estas cuatro categorías aún son la causa de casi ocho millones de muertes al año. Otras causas importantes de muerte son la malaria y el VIH/sida (para la cual el tratamiento está aún lejos de ser perfecto), muertes al nacer o poco después del nacimiento (muertes perinatales), muertes de madres asociadas con el parto y muertes por nutrición inadecuada, de las cuales las dos más importantes son las muertes por insuficiencia de proteína o energía (debido a insuficiente alimentación) y muertes por anemia (la cual deriva de una dieta insuficiente en hierro, con frecuencia asociada a la dieta vegetariana). Prácticamente *nadie* en los países ricos, muere a causa de estas enfermedades —exceptuando la neumonía, que provoca, al año, 350 000 muertes de adultos de edad avanzada—, debido a que mejores políticas de salud pública han reducido en gran medida el riesgo de que los niños mueran por diarrea, neumonía y tuberculosis. La malaria ya no es un riesgo en naciones de alto ingreso, aunque lo fue en algunas hasta un poco después de la segunda Guerra Mundial; en los países pobres la malaria es causa de muerte principalmente entre los niños. Las medicinas antirretrovirales y los cambios en la conducta sexual han reducido de manera importante el número de muertes por VIH/sida. La inmunización casi universal de niños ha eliminado en gran porcentaje la categoría de "enfermedad infantil", y los cuidados pre y posnatales han reducido la mortalidad perinatal y maternal a niveles muy bajos. En los países ricos pocas personas mueren por falta de alimentación, y aunque la anemia no es desconocida, en el mundo rico no existen grandes poblaciones que carezcan de micronutrientes vitales como el hierro.

Así que tenemos un enigma. ¿Por qué los niños mueren en los países pobres cuando no habrían muerto si hubieran nacido en los países ricos? ¿Qué es lo que impide que el conocimiento, que está disponible de manera gratuita y efectiva en los países ricos, salve millones de vidas de personas que mueren en el mundo pobre? La respuesta más obvia es la pobreza. En realidad, la mera clasificación que he adoptado, entre países de ingreso alto y bajo, sugiere que es el nivel de ingreso lo que importa. De la misma manera en que, en el contexto histórico, consideramos la diarrea, las enfermedades respiratorias, la tuberculosis y la desnutrición como "enfermedades de la pobreza", consideramos el cáncer, las enfermedades cardiacas y los infartos como "enfermedades de la riqueza". Al igual que en el caso de los siglos XVIII y XIX, sin duda el ingreso debe desempeñar un papel; las personas que tienen dinero normalmente pueden tener la alimentación que necesitan, y el crecimiento económico provee los fondos requeridos para el control de vector, la sanidad y el tratamiento del agua, así como para las clínicas y los hospitales. Aun así, la historia de la pobreza y el ingreso está incompleta en el mejor de los casos; enfocarse demasiado en el ingreso puede extraviarnos acerca de *qué* es necesario hacer y *quién* debe hacerlo.

Como siempre, se puede aprender mucho analizando lo

que sucedió en China y en la India. El Banco Mundial ya no los considera como países de ingreso bajo, sino como de ingreso medio bajo (la India) y de ingreso medio alto (China). Ambos han crecido rápidamente en años recientes, aunque se encontraban entre los países más pobres del mundo en los años cincuenta. Más de un tercio de la población mundial vive en uno u otro de estos países, así que es importante desde cualquier punto de vista comprender qué sucedió ahí. La gráfica III.2 muestra el crecimiento económico y la mortalidad infantil en esos dos países durante los pasados 55 años. En el eje vertical derecho se muestra el ingreso nacional o, más precisamente, el PIB per cápita; una vez más he utilizado una escala logarítmica, en la que una tasa de crecimiento constante aparecería como una línea recta. De hecho, para ambos países el crecimiento se ha estado *acelerando* en el tiempo, en particular —y de manera espectacular— en el caso de China. También en el caso de la India, tras 40 años de crecimiento económico anémico hubo una aceleración después de 1990, en particular hacia el final del periodo. Ambos países instituyeron reformas económicas que son responsables de haber aumentado las tasas de crecimiento, China después de 1970, cuando los precios agrícolas aumentaron y se estimuló a los agricultores a producir y vender más, y la India después de 1990, cuando varias de las viejas reglas y regulaciones de la "licencia del Imperio británico" fueron descartadas.

A medida que China y la India se han convertido en países más ricos, las tasas de mortalidad infantil han disminuido. Los patrones de la mortalidad infantil (el grupo de 0-4 años de edad) son muy similares, por lo cual no se muestran aquí. La disminución de las tasas de mortalidad infantil en China se detuvo debido a la hambruna, periodo durante el cual no menos de un tercio de los recién nacidos murió (la gráfica muestra promedios de cinco años, de suerte que el efecto es mucho menor), pero, omitiendo la hambruna, el patrón general es el de una rápida disminución hasta aproximadamente 1970, seguida de una disminución mucho más lenta después de 1970. Esto es precisamente lo opuesto de lo que esperaríamos si la disminución en las muertes infantiles hubiera sido impulsada por el crecimiento económico, lo cual sería el caso si la muerte de niños fuera una consecuencia directa de la pobreza. Lo

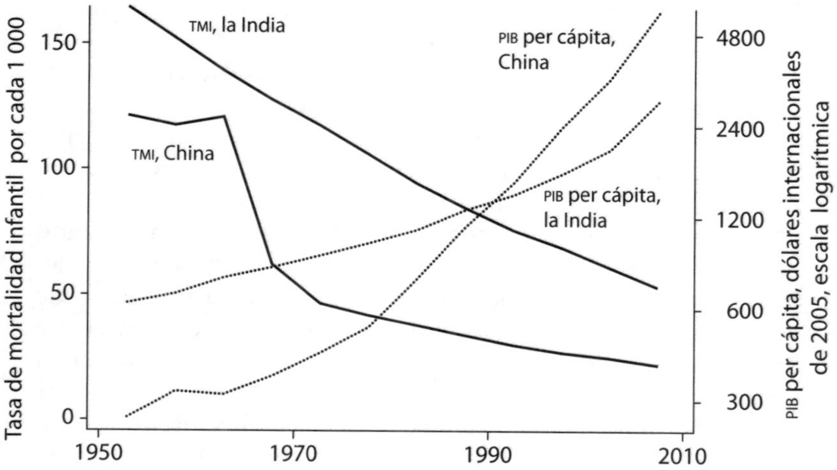

GRÁFICA III.2. *Mortalidad infantil y crecimiento económico en China y la India.*

ocurrido en China no es ningún misterio. Cuando las autoridades decidieron enfocarse en el crecimiento económico, los recursos se orientaron hacia la generación de dinero y se alejaron de todo lo demás, incluyendo la salud pública y la seguridad social. Aun las personas encargadas del control de las plagas de mosquitos se convirtieron en agricultores para sumarse a la carrera frenética por el crecimiento. En los primeros años, el Partido Comunista otorgó gran atención a la salud pública —el título memorable de la crónica de un doctor británico que trabajaba en China en los años cincuenta y sesenta es *Away with All Pests*[4]—, pero esa atención se perdió después de las reformas. Nada de esto significa que las reformas fueran malas; el crecimiento económico posterior a las reformas sacó de la pobreza a millones de personas y les permitió mejores condiciones de vida. Lo que esto significa es que el crecimiento no trae consigo ninguna mejoría *automática* en el componente de salud del bienestar. En China, lo que importó

[4] Véase Joshua S. Horn, *Away with All Pests: An English Surgeon in the People's Republic of China, 1954-1969,* Monthly Review Press, Nueva York, 1970.

fue la política: en efecto, las autoridades decidieron sacrificar un aspecto del bienestar por otro.

En la India, como siempre, los hechos ocurrieron de manera más lenta y menos espectacular. El crecimiento fue más lento que en China, y el repunte posterior a las reformas, menos pronunciado; el ingreso per cápita de la India solía ser más elevado que el de China, pero al comenzar la primera década del siglo XXI era menos de la mitad del de China. (Como veremos en la segunda parte, estas comparaciones están sujetas a *mucha* incertidumbre.) No obstante, la disminución de la mortalidad infantil en la India ha sido extraordinariamente firme —definitivamente no como reacción a los cambios en la tasa de crecimiento— y la disminución absoluta, de 165 por cada 1 000 niños que morían a principios de los años cincuenta a 53 en el periodo de 2005 a 2010, es en realidad *mayor* en números absolutos a la disminución de la mortalidad infantil en China, de 122 a 22. Aunque aún es más peligroso nacer en la India que en China, el desempeño de la India en materia de salud no es obviamente inferior al de China a pesar de las grandes diferencias en crecimiento económico. El éxito de la India se alcanzó también sin la coerción ni la pérdida de libertad asociadas con la política china de un solo hijo; es más, como lo hicieron notar los economistas Jean Drèze y Amartya Sen, las regiones del sur de la India ahora se están desempeñando sustancialmente mejor que China.[5]

China y la India son "sólo" dos países, y no hay razón para suponer que lo que es cierto ahí lo será también en otras partes, de suerte que el crecimiento económico todavía podría ser la clave de las mejoras en salud en África o en países que son mucho más pobres que las actuales China y la India. Sin embargo, hay poca evidencia de que los países que crecen más aceleradamente hayan tenido disminuciones más rápidas en la mortalidad infantil. La gráfica III.3 muestra cuán poca relación existe entre el ritmo veloz con que ha disminuido la mortalidad infantil y el ritmo raudo del crecimiento de la economía. Con el propósito de darle un trato justo al argumento en favor del crecimiento, sólo analizo aquí los cambios de más largo

[5] *Cf.* Jean Drèze y Amartya Sen, *India: Development and Participation,* Oxford University Press, Nueva York y Londres, 2002.

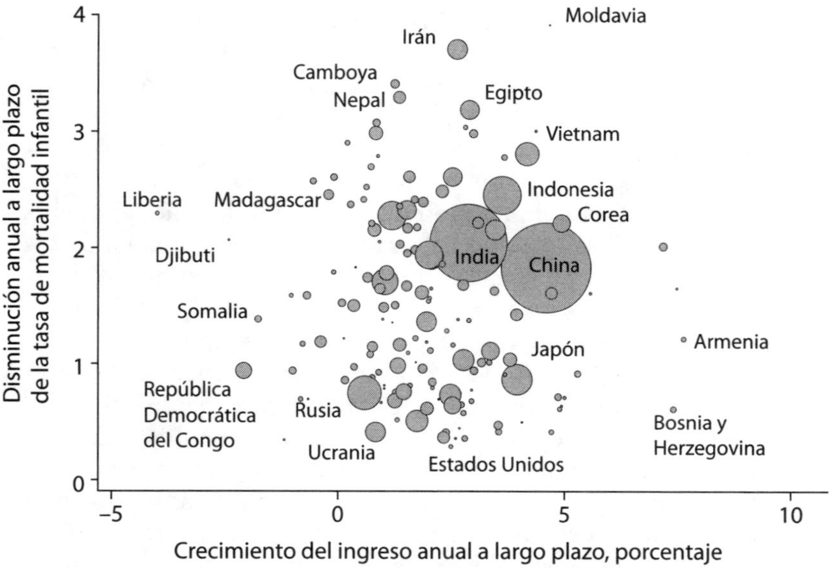

GRÁFICA III.3. *Mortalidad infantil y crecimiento económico a través del mundo desde 1950.*

plazo. El crecimiento rápido de uno o dos años no podría hacer mucho para propiciar las mejoras de las que depende la salud infantil; por ejemplo, un auge en el precio de una mercancía de exportación podría generar mucho dinero para unas cuantas personas o para el gobierno, pero tendría poco efecto en la prosperidad general. No obstante, si el crecimiento persiste durante algunas décadas, sus efectos seguramente deben aparecer... si realmente existen. La disponibilidad de datos limita lo que se puede hacer, pero la gráfica muestra el crecimiento económico y la disminución de la mortalidad durante lapsos que son siempre de una extensión de al menos 15 años —en promedio, duran 40— y que en algunos casos comienzan en 1950 y terminan después de 2005. El eje vertical muestra la *disminución* anual en la tasa de mortalidad infantil, de manera que cuanto más grande sea, mejor. Puesto que la tasa de mortalidad infantil se mide en número de muertes por cada 1 000, un número como el dos (por ejemplo para el caso de la India) significa que durante los años para los cuales tengo datos (55 años) la tasa de mortalidad infantil de la India disminuyó dos veces 55, o 110 muertes por cada 1 000 nacimientos. En la gráfica he incluido a los países ricos, pero, puesto que ya tenían tasas de mortalidad infantil bajas, éstos tuvieron disminuciones pequeñas en el periodo, y se agrupan en la parte inferior cerca del centro, de manera que si los excluyéramos no habría mucha diferencia en el patrón.

La gráfica da la impresión de que hay una relación positiva, pero eso se debe a que he seguido mi práctica usual de dibujar círculos cuya área es proporcional a la población. En este caso hay tres países grandes, China, India e Indonesia, que han crecido relativamente rápido y que han tenido disminuciones en sus tasas de mortalidad más aceleradas que el promedio. Sin embargo, para verificar la idea de que el crecimiento es lo que reduce la mortalidad, no debemos tomar en cuenta el tamaño de la población. La interrogante que nos formulamos es: "¿Son los países que crecen más rápido los que tienen más veloces tasas de disminución de la mortalidad infantil?" En este aspecto, cada país es un experimento separado y no hay razón para tratar experimentos diferentes de manera distinta. Cuando observamos las cosas de esta manera y otorgamos el mismo peso a cada país, no existe ninguna relación. Al menos con base en el récord histórico, las naciones que crecieron más rápido no mejoraron sus tasas de mortalidad infantil a ritmos más acelerados. La figura muestra varios ejemplos. Haití, cuya economía en realidad se contrajo entre 1960 y 2009, tuvo una disminución muy respetable en su tasa de mortalidad infantil, más rápida que las de China o la India. Para las 16 economías que se contrajeron, la disminución en la tasa de mortalidad promedio anual fue 1.5 por año, un poco mejor que la tasa de los 177 países considerados. Sin duda, es posible que la mortalidad infantil disminuya aun cuando para nada haya crecimiento económico.

Es sorprendente que *no* hubiera ninguna relación entre el crecimiento y el número de vidas salvadas. Sabemos por la evidencia histórica que otras cosas —como el control de enfermedades— son tan o más importantes, pero, aun así, es difícil creer que el dinero no ayude para nada. Y en verdad hay razón para sospechar que la gráfica III.3 es desorientadora, porque ignora la retroalimentación que brinda la disminución en la mortalidad infantil a la tasa de crecimiento económico.

Cuando los niños que de otro modo habrían muerto se salvan, la población aumenta y esto puede hacer que el ingreso per cápita disminuya, o al menos que crezca menos rápidamente de lo que habría crecido sin las innovaciones que salvan esas vidas. A la larga, estos niños cuyas vidas se han salvado crecerán hasta ser adultos productivos, y no hay razón ni evidencia alguna para suponer que las poblaciones más grandes inevitablemente sean poblaciones más pobres. Aun así, en los primeros años de menor mortalidad infantil, las personas que logran conservar la vida son niños, cuya contribución a la economía en su mayor parte corresponde a un periodo posterior, de modo que por un tiempo la menor mortalidad infantil podría reducir la participación de cada persona en el ingreso nacional. Este efecto operará en una dirección opuesta a cualquier efecto de un ingreso per cápita más alto en la mortalidad infantil y aun puede cancelarlo, dando lugar así a la ausencia de correlación en la gráfica III.3.

No obstante, la evidencia no apoya esta línea de argumentación. Es cierto que los países cuyas tasas de mortalidad infantil disminuyeron más rápidamente son también los países cuyas poblaciones aumentaron de manera más acelerada. Los países ricos, cuyas tasas de mortalidad infantil ya eran bajas, experimentaron pequeñas disminuciones en la mortalidad infantil y bajo crecimiento demográfico.

Si la pobreza no es la razón por la cual mueren tantos niños en los países pobres y si el crecimiento económico no elimina automáticamente esas muertes, ¿por qué continúan éstas, aun cuando la mayoría de ellas se pueden prevenir dado el conocimiento médico y científico actual?

Es útil volver otra vez a las causas de muerte enumeradas en el cuadro III.1 y pensar en cómo podrían abordarse cada una de ellas, porque las diferentes causas de muerte requieren soluciones distintas. Para el caso de la tuberculosis, la malaria, la diarrea y las infecciones respiratorias inferiores se necesitaría que el ambiente fuera diferente. Se necesitaría un mejor control de las plagas, agua de mejor calidad y mejor sanidad, todo lo cual requiere de acción colectiva organizada por el gobierno central o el local. Lo que podría denominarse el sistema de seguridad social médico-paciente no puede hacer mucho acerca de estos problemas. Éstos son problemas de salud pública, no de salud privada, aunque en ocasiones la seguridad social puede aliviar las consecuencias. Mejores estándares de vida seguramente deben ser de utilidad también, aunque, como hemos visto con base en los datos, esto no parece ser suficiente en sí mismo.

Las muertes a causa de enfermedades infantiles, provocadas por las condiciones perinatales o de maternidad y por el hambre, podrían todas prevenirse mediante mejores cuidados pre y posnatales: aconsejar a las madres antes y después del nacimiento de sus hijos, disponer de instalaciones de salud para el tratamiento de emergencias y complicaciones, y contar con clínicas y enfermeras que monitoreen a los niños para verificar que sus inmunizaciones estén actualizadas, asegurar que estén creciendo como deberían y aconsejar a los padres. En los países pobres los niños están particularmente en riesgo después de la lactancia, cuando cambian de una dieta relativamente rica, completa y segura —la leche materna— a otra dieta que puede ser insuficiente, no variada e insegura. Las madres educadas pueden hacer mucho por sí mismas, pero los médicos, las enfermeras y las clínicas pueden ayudar a los niños y a sus madres a superar esta etapa riesgosa. Para estas causas de muerte, por tanto, el sistema de salud médico-paciente es importante. Sin embargo, varios países gastan muy poco en sus sistemas de salud, y es casi imposible que un servicio de salud pueda hacer mucho bien con base en los 100 dólares anuales por persona, que es el gasto típico del África subsahariana, cantidad que incluye los gastos privado y público. Por ejemplo, el Banco Mundial calcula que, con base en dólares ajustados a precios de 2005, en 2010 Zambia gastaba 90 dólares por persona; Senegal, 108; Nigeria, 124, y Mozambique, sólo 49. En comparación, el Reino Unido gastaba 3 470 dólares y los Estados Unidos 8 362.

¿Por qué los gobiernos de los países pobres gastan tan poco cuando sus ciudadanos tienen una salud tan pobre? ¿Por qué los ciudadanos necesitados no recurren a la salud privada cuando el gobierno omite tomar acciones? ¿Y qué hay de la ayuda exterior que ha sido tan importante para mejorar algunos aspectos de la salud internacional?

Desafortunadamente, los gobiernos no siempre actúan para mejorar la salud o el bienestar de sus ciudadanos. Aun en las democracias, los políticos y los gobiernos tienen un amplio margen de maniobra para perseguir sus propios fines, y con frecuencia existen drásticos desacuerdos políticos acerca de lo que es necesario hacer para mejorar la salud, aun cuando exista acuerdo sobre la necesidad de mejorarla. Pero muchos países del mundo no son democráticos y, más ampliamente, varios gobiernos no están determinados a actuar en el interés de sus poblaciones, sea por las circunstancias —por ejemplo, la necesidad de persuadir a los ciudadanos de que les permitan aumentar sus ingresos— o por reglas o restricciones constitucionales efectivas. Esto es cierto de manera clara en los regímenes dictatoriales o militares, o en los países donde los gobiernos represivos usan a las fuerzas armadas o a la policía secreta para controlar a la población. En otros casos, los gobiernos tienen suficientes fondos derivados de la venta de recursos naturales —los minerales y el petróleo son ejemplos notables en este sentido—, por lo que no tienen necesidad de recolectar ingresos de su población. Puesto que el que paga la música usualmente pone la tonada, los gobiernos pueden utilizar esos ingresos para mantener un sistema de amiguismo y clientelismo que tiene poco interés en la salud o el bienestar popular. En los casos extremos, particularmente en África, la ayuda exterior ha sido suficientemente significativa para actuar de esta manera también, suministrando recursos a los gobiernos pero socavando sus incentivos para gastar esos recursos en la forma correcta. Aun con los mejores deseos del mundo, a los donadores les ha sido difícil impedir que suceda esto, lo cual es un tema sobre el que tendré más que decir en el último capítulo.

Los gobiernos no tienen toda la culpa. En algunos lugares, la gente no parece entender que su salud podría mejorar —otro aspecto donde la educación podría ayudar— o que el gobierno podría tener las herramientas para ayudar a mejorarla. En África, la Encuesta Mundial Gallup pregunta de manera regular a las personas en qué aspectos deberían enfocarse sus gobiernos. Las preocupaciones por la salud no son primordiales en la lista, y aparecen mucho después de cualquier cosa que tenga que ver con la reducción de la pobreza o la creación de empleos; los gobiernos que enfatizan la creación de puestos de trabajo, incluso empleos inútiles en un servicio social inflado, en realidad pueden estar haciendo lo que su gente prefiere. En nuestro trabajo en el distrito Udaipur de Rayastán encontramos que las personas sabían que eran muy pobres, pero aunque sufrían de una amplia gama de enfermedades curables —lo que el economista y activista Jean Drèze llama "un océano de enfermedades"—, pensaban que su salud estaba muy bien. Es fácil percatarse de que hay muchas personas más ricas que uno, pero es mucho más difícil ver que esas personas tienen mejor salud, o que sus hijos tienen menor probabilidad de morir; estas cosas no son visibles de manera pública en la forma en que lo son la riqueza, la vivienda o los bienes de consumo.

En África, donde el hombre y el microbio han coevolucionado, el hecho de que ambos aún vivan es otra manera de decir que la enfermedad ha sido la compañera del hombre a través de la historia africana. Dicho más generalmente, y como vimos en el capítulo II, el escape de la enfermedad y de la muerte a temprana edad ocurrió sólo recientemente en *cualquier parte* del mundo, y quizá mucha gente aún no entienda que ese escape es posible o que una buena seguridad social podría ser una ruta hacia la libertad. La Encuesta Mundial Gallup encuentra de manera regular que el porcentaje de personas satisfechas con su salud es en gran medida el mismo en los países pobres que en los ricos, a pesar de las enormes diferencias en las condiciones objetivas de salud. Existen varios países en el mundo donde la gente tiene gran confianza en su sistema médico y de salud, a pesar de los pobres resultados y del bajo gasto. Los estadunidenses, por el contrario, tienen muy poca confianza en su sistema de salud, a pesar de todo el dinero que gastan; en un estudio reciente, los Estados Unidos aparecen clasificados en el lugar 88 de 120 países, peor que Cuba, la India y Vietnam, y sólo tres lugares adelante de Sierra Leona.[6]

En varios países un hecho escandaloso de los sistemas de salud del gobierno es que los trabajadores de la salud —enfermeras y médicos— se ausentan del trabajo con frecuencia. En Rayastán, sólo la mitad de las clínicas pequeñas estaban abier-

[6] *Cf.* Deaton, "Income, Health and Well-Being around the World: Evidence from the Gallup World Poll", *Journal of Economic Perspectives* 22, núm. 2, primavera de 2008, pp. 53-72.

tas cuando hicimos visitas aleatorias, mientras que las clínicas más grandes estaban abiertas pero muchos de los trabajadores de salud no estaban ahí. El Banco Mundial ha realizado encuestas de ausentismo, y resulta que en varios países —aunque seguramente no en todos— se trata de un gran problema tanto en la salud como en la educación.[7] En algunos casos, estos trabajadores no están bien pagados. Es como si hubiera un contrato implícito entre los trabajadores y sus empleadores: el gobierno finge que les paga y ellos fingen que acuden a trabajar. Pero los salarios bajos no siempre son la razón de esto; cuando las personas esperan poco de su servicio de salud, es fácil que florezca el ausentismo. En Rayastán fue difícil lograr que la gente admitiera al menos que una enfermera particular no se había aparecido en semanas, y para muchos este nivel de servicio es lo que esperaban del sistema público. Con todo, no es así en todas partes. El estado de Kerala en la India es famoso por su activismo político de masas y por las vehementes protestas que se suscitan cuando una clínica no abre. En Kerala el ausentismo es raro y la gente espera que sus clínicas le den servicio. Si supiéramos cómo hacer para que la conducta de los habitantes de Rayastán se acercara a la de los de Kerala, se resolvería gran parte del problema.

En los países pobres los médicos privados realizan con frecuencia negocios florecientes, y sus servicios a menudo ayudan a compensar las deficiencias del sistema de salud suministrado (o no suministrado) por el Estado. Pero el sector privado tiene sus propios problemas. En particular, saber qué es lo que se necesita cuando uno está enfermo es un problema para cualquiera que no ha sido formado como médico. Comprar salud no es lo mismo que comprar alimentos cuando uno tiene hambre; se parece más a llevar el auto a reparar al taller mecánico. Las personas que están mejor informadas son las mismas que proveen la atención a la salud, y ellas mismas tienen incentivos e intereses propios. En el sector privado los proveedores ganan más dinero si proveen más cuidados o más atenciones rentables; también tienen incentivos para darles a las personas lo que éstas piensan que requieren, independien-

[7] Véase Nazmul Chaudhury, *et al.* “Missing in Action: Teacher and Health Worker Absence in Developing Countries”, *Journal of Economic Perspectives* 20, núm. 1, invierno de 2006, pp. 91-116.

temente de si lo necesitan o no en realidad. En la India, los médicos privados de manera rutinaria les dan a las personas los antibióticos que solicitan, frecuentemente con inyecciones, y los dejan satisfechos como consumidores, sintiéndose (temporalmente) mejor. Otro producto favorito son las inyecciones intravenosas, muy publicitadas por los médicos en la India, tanto como en los Estados Unidos se comercia desaforadamente con los escaneos de cuerpo completo o los análisis APE (antígeno prostático específico) de cáncer de próstata. Los médicos de las clínicas y los hospitales públicos de la India normalmente no recetan inyecciones de antibióticos o intravenosas a solicitud del paciente —algo bueno—, pero tampoco tienen tiempo para realizar pruebas a fin de encontrar qué es lo que un paciente podría necesitar en realidad —algo no tan bueno—. De modo que la opción entre un médico público y uno privado es cuestión de suerte, aunque es probable que uno se *sienta* mejor tratado —al menos en el corto plazo— cuando visita a un médico privado.

Todo esto sería un problema menor si el sector de salud pública fuera confiable o si el sector de salud privada estuviera regulado de manera apropiada. El problema en varios países es que ninguna de estas dos condiciones existe. En efecto, aun en los países más ricos del mundo la provisión y la regulación de la salud es una de las funciones del gobierno más difíciles, más contenciosas y con mayor carga política. La mayoría de los "médicos" privados que visitaban las personas con quienes hablamos en Rayastán no eran médicos calificados, sino impostores de una clase u otra: lo que en Rayastán se denomina despreciativamente como "médicos bengalíes". Muchos "médicos" ni siquiera se habían graduado de la secundaria. La falta de capacidad del gobierno subyace a las fallas tanto de la salud privada como de la pública. El gobierno no es capaz ni de suministrar un sistema de salud ni de proveer la regulación, las licencias y la vigilancia requeridas por un sistema de salud privado que sea efectivo y seguro.

El dinero también es un problema, y probablemente es cierto que la India (y muchos países de África) no podría tener un mejor sistema de salud sin gastar mucho más de lo que en la actualidad gasta. No obstante, también es fácil imaginar un sistema mucho más caro que no sea mejor, en el cual los médicos ausentes perciban un mayor salario sin presentarse a trabajar. Sin una población educada y sin capacidad de gobierno —una estructura administrativa efectiva, núcleos de burócratas educados, un sistema estadístico y un marco legal bien definido y aplicado—, es difícil o imposible que los países suministren un sistema de salud apropiado.

IV. LA SALUD EN EL MUNDO MODERNO

Desde la segunda Guerra Mundial la gente de los países pobres ha empezado a tener los beneficios de salud de que la gente de los países ricos ha disfrutado desde hace mucho tiempo. La teoría microbiana de las enfermedades había hecho posible una gran reducción en la carga opresiva de las enfermedades infecciosas, pero tomó más de un siglo para que la ciencia y las políticas basadas en la ciencia se difundieran desde sus lugares de origen hacia el resto del mundo. Si ésta hubiera sido toda la historia, los que adoptaron estas políticas más tarde finalmente se habrían puesto al corriente con los pioneros y la historia global de la salud habría sido la de la gradual eliminación de las desigualdades en la salud internacional que aparecieron por vez primera en el siglo xviii. Pero aún había más escapes que realizar, incluso en los países pioneros, y la extensión de la vida continuó aumentando, inclusive en los países que habían sido los líderes y aun después de que la mortalidad infantil se había vuelto rara. Ahora les tocaba el turno a las personas de mediana edad y a los ancianos.

Este capítulo trata de cómo ocurrieron esos escapes ulteriores y de lo que el futuro podría traer para la longevidad en el mundo rico. También trata de las implicaciones para la salud de un mundo altamente interconectado, en el cual cada vez tiene menos sentido hablar del mundo rico y el mundo pobre. Dados los medios de transporte y de comunicación más rápidos y más baratos, las innovaciones de la salud en un país tienen implicaciones casi instantáneas para la salud en el resto del mundo; tomó un siglo para que la teoría microbiana se difundiera, pero los descubrimientos modernos viajan mucho más velozmente. Las nuevas enfermedades, igual que los nuevos tratamientos, también transitan por las autopistas globales. En esta era de la globalización, las desigualdades internacionales en longevidad se han estado reduciendo. No obstante, la longevidad no es el único aspecto importante de la salud, y es mucho menos claro que las desigualdades internacionales en *salud* estén disminuyendo; seguramente no debemos considerar que estas desigualdades sean reliquias listas para ser lanzadas silenciosamente al basurero de la historia. La salud no consiste sólo en vivir y morir, sino en qué tan saludables están las personas mientras viven. Una medida de la salud "viviente", que provee tanto un antídoto como un complemento de la esperanza de vida, es la estatura humana —un indicador sensible de la carga de la desnutrición y la enfermedad, especialmente entre los niños—. Veremos que la mayoría de las personas del mundo —aunque no todas— son cada vez más altas. Pero el progreso es lento; al ritmo de las tasas de crecimiento del presente, tomará 200 años para que los hombres de la India alcancen la estatura de los ingleses de ahora. Y ésa no es la peor noticia: tomará casi 500 años para que las mujeres de la India alcancen a las inglesas.

Los adultos de edad provecta también pueden escapar: vida y muerte en el mundo rico

Las mejoras en la salud derivadas de la terоría microbiana estaban lejos de haberse completado en 1945, incluso en los países ricos; la tasa de mortalidad infantil en Escocia en ese año era tan alta como lo es en la India actualmente. Sin embargo, después de la segunda Guerra Mundial los aumentos en la longevidad en los países pioneros empezaron a depender crecientemente de la reducción en la mortalidad entre las personas de mediana edad y los ancianos, y menos de las reducciones en la mortalidad entre los niños. Hoy en día, las principales causas de muerte ya no son la tuberculosis, la diarrea y las infecciones respiratorias, sino las enfermedades del corazón, los infartos y el cáncer. Pero la esperanza de vida continúa aumentando (aunque más lentamente en comparación con antes de 1950), impulsada no por la disposición de agua más limpia y vacunaciones más completas, sino por los avances médicos y los cambios de conducta.

Hacia 1950, los países ricos del mundo habían hecho la mayor parte del trabajo de escapar de las enfermedades infecciosas infantiles y en el año 2000 la obra estaba esencialmente concluida. Al momento de escribir este libro, en 2013, alrededor de 95% de todos los recién nacidos en los países ricos puede esperar vivir hasta cumplir su 50° aniversario. En consecuencia, el incremento ulterior en la longevidad ahora depende de lo que les suceda a las personas de mediana edad y a los ancianos. Aquí también ha habido mucho progreso en los últimos 50 años.

La gráfica IV.1 muestra lo que sucedió con la esperanza de vida a la edad de 50 años en 14 de los países ricos del mundo. La esperanza de vida a los 50 se define como el número de años que alguien, en su 50° aniversario, puede esperar vivir, de modo que si la esperanza de vida a los 50 es de 25 años, esa persona puede esperar vivir hasta los 75 años de edad; igual que con la esperanza de vida al nacer, el cálculo supone que las tasas de mortalidad permanecerán constantes. La gráfica muestra los promedios para hombres y mujeres; como siempre, las mujeres viven más, pero aquí simplemente deseo mostrar la tasa de progreso para todos, en lugar de ver las diferencias entre los sexos. Incluso en 1950, las personas de 50 años de edad de todos estos 14 países podían esperar vivir al menos un par de años más allá del bíblico tres veces 20 más 10; esto también era válido incluso en Japón, que a la sazón era el país de peor desempeño del grupo. En 1950 había una desigualdad sustancial entre estos países, de 27.0 años en Noruega a 22.8 en Finlandia y 22.6 en Japón. El progreso era muy diferente en distintos países durante los años cincuenta y sesenta, pero después de 1970 la tasa de incremento en la longevidad se aceleró. También se sincronizó de una manera más cerrada entre estos países. Cualquiera que haya sido la causa de que la gente viviera más años, parecía funcionar casi de la misma manera en todas partes. Entre 1970 y 1990, la esperanza de vida a los 50 en estos países aumentó casi tres años. El progreso continuó después de 1990, pero ahora había más diferencias entre los países; algunos, como Japón, se desempeñaron extraordinariamente bien, mientras que otros, como los Estados Unidos y Dinamarca, se rezagaron.

El principal mensaje de la gráfica es que en todas partes las personas de edad mediana y avanzada experimentaron grandes reducciones en las tasas de mortalidad después de 1950. Como vimos en el capítulo II, nada de esto sucedió antes de 1950, cuando las mejoras en su mayor parte las experimenta-

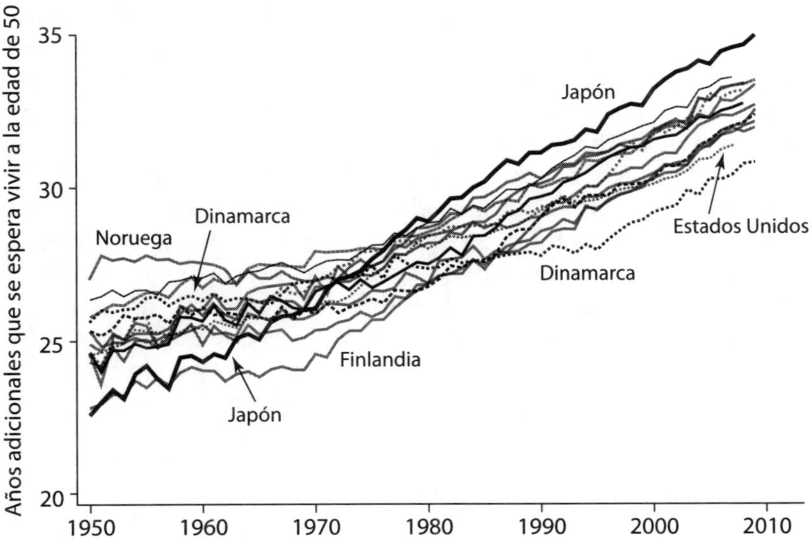

GRÁFICA IV.1. *Esperanza de vida a los 50 en los países ricos (hombres y mujeres en conjunto).*

ron los niños, con menores ganancias en esperanza de vida para edades mayores. El segundo mensaje es que unos países se han desempeñado mejor que otros. Japón, que estaba en el último lugar en 1950, ahora es el primero. Dinamarca, que se encontraba entre los líderes, ahora es el último, y los Estados Unidos, que empezaron a la mitad del grupo, ahora son el penúltimo.

¿Cuál fue la causa de esto? Una razón de ello trasciende las especificidades de las enfermedades y su tratamiento. Las personas no quieren morir y dedicarán gran cantidad de recursos —los propios y los de sus gobiernos— para tratar de escapar a la muerte. Cuando grandes cantidades de niños mueren antes de ser adultos, la prioridad de los padres y de la sociedad en su conjunto es hacer algo acerca de la mortalidad infantil. Pero a medida que las personas viven más años, "la siguiente" enfermedad se vuelve la más importante, y la "siguiente" enfermedad típicamente significa la subsecuente causa de muerte más importante que aflige a las personas a una edad más avanzada que la enfermedad "anterior". Habiendo aniquilado al primer monstruo del laberinto, la siguiente preocupación es el monstruo que acecha detrás de él, cuya presencia deviene mucho más significativa una vez que hemos encontrado la manera de deshacernos del primero.

Dado que la mortalidad infantil y las enfermedades infecciosas quedaron en gran medida a nuestras espaldas, en los años sesenta y setenta, los siguientes monstruos fueron las enfermedades crónicas que mataban a las personas de mediana edad: enfermedades cardiacas, infartos y cáncer. En este contexto, *crónicas* se aplica a las enfermedades que duran un tiempo —convencionalmente más de tres meses— y es lo opuesto de *agudas*, que se refiere a enfermedades que amenazan con ocasionar la muerte rápidamente, como ocurre con varias enfermedades infecciosas. (Quizá sería más preciso utilizar los conceptos *no contagiosas* e *infecciosas.*)

Como veremos, ha habido un gran progreso en la lucha contra las tres principales enfermedades crónicas, particularmente contra las enfermedades cardiacas y los infartos, que pertenecen por igual a la categoría de enfermedades cardiovasculares. Al menos parte de este progreso provino de personas dispuestas a gastar grandes sumas de dinero, parcialmente en tratamientos, pero, más importante aún, en la investigación y el desarrollo que desentrañaron los mecanismos básicos de las enfermedades y permitieron el diseño de mejores tratamientos. A medida que el cáncer y las enfermedades cardiovasculares cedan en importancia —como es razonable esperar que ocurra—, la nueva urgencia se enfocará en desórdenes como la enfermedad de Alzheimer, una condición que era mucho menos importante en 1950, ya no digamos en 1850, porque muy poca gente vivía lo suficiente para sufrir ese padecimiento. Igual que en el siglo XIX, las nuevas enfermedades demandan nuevas medicinas y ofrecen nuevas oportunidades para descubrirlas. Hoy en día, conforme la muerte envejece, las enfermedades desafiantes son las que afligen a personas cada vez más viejas.

El tabaquismo es una de las claves para entender las tendencias recientes de la mortalidad en los países de ingreso alto.[1]

[1] Para varios de los temas discutidos en esta sección, véase Eileen M. Crimmins, Samuel H. Preston y Barney Cohen, *Explaining Divergent Levels of Longevity in High-Income Countries,* National Academy Press, Washington, D. C., 2011.

Los patrones no son los mismos en todas partes, pero la difusión del tabaquismo ocurrió en todos lados durante la primera mitad del siglo XX, con subsecuentes disminuciones en muchos países, si no en todos. Al principio era bastante menos probable que las mujeres fumaran en comparación con los hombres, de suerte que ellas empezaron a fumar más tarde y, en los países donde el tabaquismo está disminuyendo hoy en día, abandonan ese hábito más lentamente que los hombres. El tabaquismo trae beneficios a las personas en la forma de un placer inmediato, y era un placer barato y sociable para pobres y ricos por igual. Para mucha gente pobre era una actividad fácilmente accesible y costeable que proveía un escape temporal a vidas ocupadas y con frecuencia difíciles. Pero también trajo consigo enfermedad y muerte. El cáncer de pulmón se asocia con el tabaquismo de manera fuerte porque muy poca gente no fumadora muere de cáncer de pulmón, aunque no todos los que fuman padecen de ese mal. Las muertes de cáncer de pulmón ocurren con un rezago típico de casi 30 años respecto de las tendencias del tabaquismo, de suerte que la mortalidad asociada a este hábito continúa mucho después del cambio de conducta de los fumadores. Pero probablemente el cigarro mata a más personas de enfermedades cardiovasculares que de cáncer de pulmón, y existen además otras consecuencias no placenteras, como las enfermedades respiratorias. Entre éstas la más importante es la enfermedad pulmonar de obstrucción crónica, que incluye bronquitis y enfisema; esta enfermedad dificulta la respiración y es una causa principal de muerte.

En los Estados Unidos la publicación, en 1964, del Report on the Health Consecuences of Smoking [Informe sobre las consecuencias del tabaquismo en la salud] (para varones) del funcionario encargado de la salud en ese país se considera con frecuencia como el momento de inflexión del cambio de conducta de los fumadores; muchos estadunidenses adultos dirán que fumaron hasta que se publicó el informe, pero a partir de ese momento dejaron de fumar o, al menos, decidieron abandonar el cigarro inmediatamente después. No hubo mejor ejemplo que el del director general de salud pública, doctor Luther Terry. En un intento por minimizar la atención pública, la conferencia de prensa para la publicación del informe se fechó para un sábado en la mañana en Washington, D. C., y mientras viajaba hacia la sala de conferencia en su limusina, el doctor Terry estaba fumando. Para su intensa irritación —"¡Qué les importa!"—, una asistente le advirtió que la primera pregunta sería si él fumaba. De hecho así fue, y Terry respondió con un rotundo "No". "¿Desde cuándo?", fue la siguiente pregunta. La respuesta: "Desde hace 20 minutos". Millones de estadunidenses siguieron el ejemplo del funcionario en años posteriores. A principios de los años sesenta, cuando cerca de 40% de la población fumaba y cada persona consumía más de una cajetilla por día, las ventas de cigarrillos registraron un pico en alrededor de 11 diarios por adulto.

Puede dudarse razonablemente de que el informe del director general de salud pública por sí mismo haya cambiado todo. Antes había habido varios informes acerca de las consecuencias del tabaquismo sobre la salud —de hecho, el médico de mi madre en Edimburgo le ordenó en 1945 que dejara de fumar durante su embarazo, lo cual puede ser la razón por la que estoy escribiendo este libro—, e incluso en los Estados Unidos el pico de 1964 en gran parte fue una coincidencia. Mucho antes de 1964 el tabaquismo entre los hombres había estado disminuyendo, y entre las mujeres había estado aumentando por algún tiempo; lo que alcanzó un pico en 1964 fue la suma de ambos.

El conocimiento de los efectos dañinos del tabaquismo está ampliamente difundido hoy en día, al menos en los países ricos, de suerte que uno podría pensar que ese hábito ha disminuido en todas partes. No obstante, persisten diferencias significativas entre países y entre hombres y mujeres. Los niveles de ingreso y el costo local de los cigarrillos varían de un país a otro, y los países tienen diferentes actitudes sobre las advertencias de salud y las restricciones de fumar en lugares públicos. Ninguno de estos factores explica mucho las diferencias entre hombres y mujeres. En algunos países el que las mujeres fumaran acarreaba una mala reputación social —en Escocia en los años cincuenta las mujeres que fumaban en la calle eran consideradas (al menos por mi madre) como un poco más que prostitutas—, y el derecho a fumar se asoció con los movimientos a favor de la igualdad de derechos para las mujeres. En los Estados Unidos, así como en el Reino Unido, Irlanda y Australia, el tabaquismo en las mujeres igualó o incluso superó al de los hombres, aunque en la actualidad la prevalencia del tabaquismo está disminuyendo en ambos sexos. En Japón, la tasa de tabaquismo entre los hombres ha sido extraordinariamente alta (cerca de 80% en los años cincuenta), aunque ahora está disminuyendo; muy pocas mujeres japonesas han fumado alguna vez. En Europa continental, el tabaquismo también está disminuyendo en general, pero existen varias excepciones, especialmente entre las mujeres. Como alguien bromeó alguna vez, el informe del director general de salud pública no se tradujo a lenguas "extranjeras".[2]

Existe un paralelo entre la difusión del tabaquismo y la de la teoría microbiana de las enfermedades que ocurrió menos de un siglo antes. Los cigarrillos son, o fueron, parte intrínseca de la forma de vida de la gente, y son, o fueron, una fuente importante de placer. El conocimiento de que los cigarrillos son dañinos reduce la probabilidad de que la gente fume, pero hay consideraciones compensatorias... sin mencionar que es un hábito difícil de abandonar. El conocimiento de la teoría microbiana requería incorporarse en el mantenimiento cotidiano del hogar y la higiene, y también implicaba hábitos y formas de vida que eran difíciles y en ocasiones costosos de cambiar. En ambos casos, el papel de los géneros era importante. Las mujeres eran las principales responsables del mantenimiento del hogar y de las tareas del cuidado de los niños para las que era importante implementar medidas en contra de la difusión de los gérmenes, y en muchas familias las mujeres se convirtieron en el "policía de los gérmenes" del hogar.[3] En el caso de los cigarrillos, el tabaquismo se vinculó primero a la opresión y más tarde a la liberación de las mujeres. Es importante no perder de vista que los cigarros *no* son análogos a la bacteria del cólera o al virus de la viruela, a pesar de la actual satanización del tabaco y el frecuente uso de los tér-

[2] Estos y otros datos sobre tabaquismo están compilados en P. N. Lee Statistics and Computing Ltd. en su base de datos IMASS, International Mortality and Smoking Statistics, http://www.pnlee.co.uk/imass.htm.

[3] Véase Tomes, *The Gospel of Germs: Men, Women and the Microbe in American Life,* Harvard University Press, Cambridge, 1999, y Mokyr, *The Gifts of Athena: Historical Origins of the Knowledge Economy,* Princeton University Press, Princeton, 2007, especialmente el capítulo 5.

minos *plaga* o *epidemia* para referirse al tabaquismo. Seguramente el tabaquismo es dañino para la salud, pero también trae beneficios, algo que nadie jamás argumentó a favor de la peste bubónica o, lo que para el caso es lo mismo, el cáncer de mama. Si una persona decide que los placeres del tabaquismo compensan más que proporcionalmente las consecuencias para la salud, no es una señal de locura. En los Estados Unidos muchas municipalidades hoy en día están recolectando sumas sustanciales de dinero predominantemente de personas más pobres que eligen fumar; estos fondos se usan en gran parte para compensar los impuestos a la propiedad de gente rica. No está para nada claro que cualquier anulación del interés de la salud pública justifique este gravamen a los pobres para beneficiar a los ricos.

En la gráfica IV.2 el aumento y el descenso del tabaquismo se reflejan en el aumento y el descenso de las muertes por cáncer pulmonar.[4] Las gráficas muestran las tasas de mortalidad debido al cáncer pulmonar para personas de entre 50 y 69 años de edad desde 1950 en Australia, Canadá, Nueva Zelanda, los Estados Unidos y los países del noroeste de Europa. En ambas gráficas la línea gruesa color oscuro representa a los Estados Unidos. En la gráfica de los hombres vemos una explosión de la mortalidad que alcanza un pico alrededor de 1990, aproximadamente dos o tres décadas después del pico en el tabaquismo, y después disminuye. A la derecha, debido a que las mujeres comenzaron a fumar más tarde, la disminución se reduce sólo a unos pocos países y la gráfica se asemeja a las fauces abiertas de un cocodrilo.

La explosión del tabaquismo entre las mujeres aún continúa, aunque para algunos países, incluyendo a los Estados Unidos, la mortalidad por cáncer de pulmón ha comenzado a disminuir. Las mujeres nunca fumaron tanto como los hombres, por lo cual sus tasas de mortalidad son menores, estando en línea con sus tasas de tabaquismo en años anteriores, si bien los países en donde las mujeres fuman experimentan tasas de mortalidad más altas. Finalmente, nótese que, aunque el cáncer de pulmón es una causa importante de muerte, sólo

[4] Las gráficas proceden de cálculos del autor a partir de información de la base de datos de mortalidad de la Organización Mundial de la Salud, http://www.who.int/healthinfo/morttables/en/.

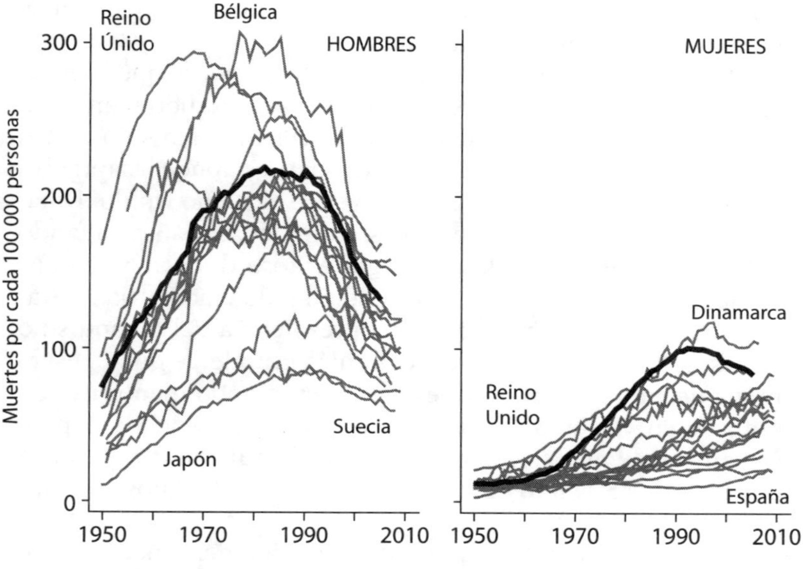

GRÁFICA IV.2. *Mortalidad a causa del cáncer pulmonar (la línea gruesa color oscuro corresponde a los Estados Unidos).*

una pequeña fracción de 40% de quienes fumaban murió (o morirá) realmente de cáncer de pulmón; la tasa de mortalidad promedio anual en los Estados Unidos en los peores años fue sólo un poco más de 200 por cada 100 000 personas, o una quinta parte de 1%.

Aunque los fumadores tienen una probabilidad de morir de cáncer de pulmón 10 a 20 veces mayor que los no fumadores, la gran mayoría de los fumadores no mueren de esta enfermedad; el Memorial Sloan-Kettering Cancer Center tiene un calculador en línea que estima los riesgos.[5] Por ejemplo, un hombre de 50 años de edad que ha fumado una cajetilla de cigarros diariamente durante 30 años tiene una probabilidad de desarrollar cáncer de pulmón de 1% si deja de fumar ahora y una probabilidad de 2% si no lo hace. Antes de que cualquiera se sienta demasiado confortable con esta información, debe

[5] http://www.mskcc.org/cancer-care/adult/lung/prediction-tools.

recordarse que el cáncer de pulmón no es ni el único ni el más predominante riesgo del tabaquismo.

El hábito de fumar es la razón principal por la que la esperanza de vida de las mujeres ha estado aumentando menos rápido que la de los hombres en años recientes, no sólo en los Estados Unidos sino también en otros países donde las mujeres comenzaron a fumar pronto, incluyendo el Reino Unido, Dinamarca y Holanda. Las mujeres estadunidenses están pagando un precio elevado por la estrategia exitosa de las compañías tabacaleras en los años sesenta y setenta de vincular la liberación femenina al tabaquismo. La prevalencia del tabaquismo en los Estados Unidos es la razón más grande de que la esperanza de vida a los 50 haya estado aumentando menos rápido ahí que en varios otros países ricos, como Francia y Japón. Cálculos recientes estiman que sin el tabaquismo la esperanza de vida a los 50 en los Estados Unidos sería 2.5 años más larga de lo que es.[6]

Aún más importante que la disminución del cáncer de pulmón ha sido la disminución en las muertes por enfermedades cardiovasculares, un término que engloba las enfermedades del corazón y las venas, incluyendo infartos, arterioesclerosis (la acumulación de placas que bloquean las arterias), enfermedades de las arterias coronarias, ataques al corazón, fallas del corazón por congestiones y angina. La reducción en el tabaquismo entre los hombres también ha contribuido a aliviar esta carga, pero también ha habido avances importantes en el tratamiento médico efectivo, algo que hasta ahora no ha ocurrido con el cáncer de pulmón.

La gráfica IV.3 muestra la mortalidad por enfermedades cardiovasculares desde 1950 para hombres de mediana edad y más viejos, entre 55 y 65 años. En el panel de la izquierda muestro sólo a los Estados Unidos y el Reino Unido; en el panel de la derecha, muestro la mortalidad de los mismos países ricos incluidos en la gráfica IV.2. Estos números son *enormes*: aproximadamente *cinco veces* la tasa de mortalidad para el cáncer de pulmón. En los años cincuenta, entre 1 y 1.5% de estos hombres de mediana edad y más viejos podía esperar morir en cualquier año dado. Las enfermedades cardiovasculares eran

[6] *Cf.* Crimmins, Preston y Cohen, *Explaining Divergent Levels…*, *op. cit.*

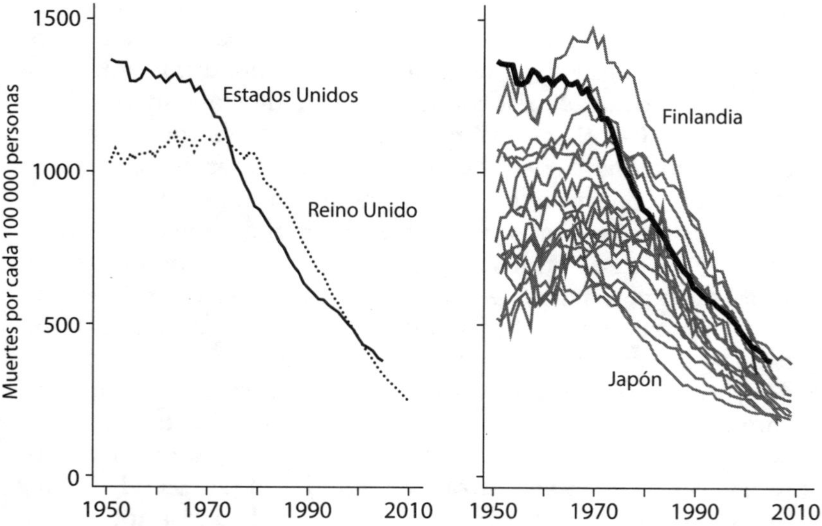

GRÁFICA IV.3. *Mortalidad por enfermedades cardiovasculares (la línea gruesa color oscuro en la sección derecha corresponde a los Estados Unidos).*

entonces, y continúan siendo, la causa principal de muerte en los países de ingreso alto. En los años cincuenta y sesenta la mortalidad por enfermedades cardiovasculares era más alta en los Estados Unidos que en el Reino Unido, y mientras aumentaba lentamente en éste, disminuía lentamente en la Unión Americana. Los Estados Unidos tenían el riesgo más alto, entre otros países ricos, y había una variación considerable entre países; Islandia y Holanda se ubican en la parte inferior de la gráfica. Hasta aproximadamente 1970, cada país seguía su propio camino sin que hubiera una coordinación obvia entre países. Cualquiera que fuera la causa de las enfermedades cardiovasculares, igual que ocurre con el tabaquismo —que en realidad era una de sus causas—, en cada país era diferente.

Todo cambió después de 1970. La mortalidad por enfermedades cardiovasculares empezó a disminuir —en unos países más tarde que en otros—, con los Estados Unidos a la cabeza; por ejemplo, en el Reino Unido comenzó siete u ocho años más tarde, y a nivel internacional hubo un colapso sincronizado de la mortalidad por enfermedades cardiovasculares. Incluso en Finlandia —alguna vez hogar de la mortalidad por enfermedades cardiovasculares, con una tasa de mortalidad anual de 1.5% en 1970— disminuyó rápidamente en línea con la tendencia internacional, de suerte que en los primeros años del siglo XXI la tasa de mortalidad no sólo ha disminuido entre una mitad y dos tercios, sino que también ha habido una convergencia de estas tasas en los diferentes países. Casi toda la diversidad de experiencias de los años cincuenta se ha evaporado.

¿Qué pasó? El abandono del tabaquismo fue parte de la explicación, pero, como hemos visto, la conducta varía de un país a otro incluso en la actualidad, y es improbable que el cambio de conducta sea tan rápido y tan coordinado entre los países. No es como si hubiera alguna autoridad de salud internacional —y la Organización Mundial de la Salud difícilmente es un candidato probable— que ordenara a todos sus miembros cambiar de conducta al mismo tiempo. Un mejor candidato es una innovación médica, especialmente una innovación barata y efectiva que puede desplazarse rápidamente de un país a otro.

Una innovación clave en el manejo de las enfermedades cardiovasculares fue el descubrimiento de que los diuréticos —píldoras baratas, en ocasiones llamadas "píldoras de agua" porque incrementan la frecuencia con que se orina— son efectivos contra la hipertensión, lo que significa que reducen la alta presión sanguínea, uno de los principales factores de riesgo de las enfermedades del corazón. De acuerdo con la Clínica Mayo, "los diuréticos [...] ayudan a eliminar la sal (sodio) y el agua del cuerpo. Funcionan de manera que hacen que los riñones pongan más sodio en la orina. El sodio, a su vez, toma agua de la sangre. Esto reduce la cantidad de líquido que fluye a través de los vasos sanguíneos, lo cual reduce la presión sobre las paredes de las arterias".[7] En 1970 se publicó un importante experimento aleatorio controlado de la Administración de Veteranos de los Estados Unidos,[8] y a partir de ahí la práctica cambió rápidamente en ese país.

[7] http://www.mayoclinic.com/health/diuretics/HI00030.

[8] *Cf.* Veterans Administration Cooperative Study Group, "Effects of Treatment on Morbidity in Hypertension. II. Results in Patients with Diastolic Blood

Una de las características del sistema de salud de los Estados Unidos es que las innovaciones tienden a introducirse muy rápidamente —no sólo las buenas como los antídotos contra la hipertensión, sino también muchas que son de dudoso valor—. El Reino Unido, con su Servicio de Salud Nacional administrado centralmente y con restricciones presupuestales, tiende a ser mucho más lento y cauteloso para introducir innovaciones médicas —hoy en día tiene un National Institute for Health and Clinical Excellence, que usa el espléndido acrónimo NICE ["agradable" en inglés] para probar nuevos productos y procedimientos y hacer recomendaciones—, de modo que aun los diuréticos baratos y efectivos no fueron adoptados sino después de cierto tiempo. La parte derecha de la gráfica IV.3 muestra que ocurrió lo mismo en otras partes; los Estados Unidos fueron el líder y otros países los siguieron después de un tiempo que varió de acuerdo con las instituciones y los sistemas de salud locales.

Los diuréticos fueron los primeros antihipertensivos y fueron seguidos por otros —como los inhibidores ACE, los bloqueadores de canales de calcio, los beta bloqueadores y los antagonistas de los receptores de la angiotensina—, de suerte que ahora los médicos tienen un gran catálogo del cual pueden seleccionar el que mejor se acomode a un paciente específico. Las medicinas que reducen el colesterol —estatinas— también han contribuido a la reducción de la mortalidad, tanto como las que reducen la presión sanguínea, según un informe.[9] Estas medidas preventivas están diseñadas en primer lugar para reducir la probabilidad de que las personas se enfermen, pero también ha habido innovaciones en el tratamiento. Un tratamiento importante —y también muy barato— es asegurarse de que a las personas que son llevadas a un hospital después de un ataque cardiaco se les administre de inmediato aspirina. Existen otras innovaciones de tecnología más alta para el tratamiento de enfermedades del corazón —la cirugía de *bypass* y otras— que, sin duda, *no* son baratas y que también

Pressure Averaging 90 through 114 mm Hg", *Journal of the American Medical Association* 213, núm. 7, agosto de 1970, pp. 1143-1152.

[9] Véase Earl S. Ford *et al.*, "Explaining the Decrease in U.S. Deaths from Coronary Disease, 1980-2000", *New England Journal of Medicine* 356, núm. 23, 2007, pp. 2388-2398.

pudieron haber contribuido a la disminución de la mortalidad. Un ensayo clínico mostró que en promedio hubo reducciones en la mortalidad de personas de mediana edad que tomaron una aspirina "bebé" diaria, pero posteriormente quedó claro que mientras ese tratamiento salva a algunos, mata a otras personas (en menor medida); éste es un buen ejemplo de lo que con frecuencia es un conflicto drástico entre el promedio y el individuo. Aun así, las innovaciones en el tratamiento y la prevención en conjunto han salvado millones de vidas, lo cual ha reducido la mortalidad debida a la causa principal de muerte; esto ha permitido a millones de personas de mediana edad, que de otro modo habrían muerto, continuar trabajando, percibiendo ingresos y amando; y esto también ha aumentado la probabilidad de que estas personas conozcan a sus nietos.

¿Y qué hay de las mujeres? Como en el caso del cáncer de pulmón, las tasas de mortalidad de enfermedades cardiovasculares son *mucho* más bajas para las mujeres, generalmente la mitad de la que corresponde a los hombres; pero estas tasas también han estado disminuyendo, en alrededor de la mitad dependiendo del país, y con un grado similar de coordinación internacional, de suerte que las variaciones internacionales en las tasas de mortalidad femenina por enfermedades cardiovasculares hoy en día son mucho más bajas que las de los años cincuenta. Aunque, para empezar, las mujeres tenían menores riesgos, han compartido con los hombres los beneficios de la disminución en los riesgos de morir por enfermedades cardiacas. Las enfermedades cardiovasculares son la causa principal de muerte para hombres y mujeres. Aunque el cáncer de mama es visto (correctamente) como una amenaza importante y específica para las mujeres, un menor número de ellas mueren de cáncer de mama en comparación con las muertes por enfermedades del corazón.

Las innovaciones que han contribuido a prevenir y a tratar las enfermedades cardiovasculares son inusuales porque *no* generaron desigualdad entre los países relativamente ricos —más bien lo contrario—. Las tasas de mortalidad por padecimientos del corazón son mucho más similares entre países ahora que hace medio siglo, de modo que las innovaciones importantes que propiciaron la disminución no generaron la desigualdad internacional en los resultados de salud que provocó la teoría microbiana de las enfermedades hace un siglo. Quizá porque las innovaciones importantes eran baratas y fáciles de imitar, los países pudieron incorporarlas rápidamente en sus servicios de salud. Pero no parece que el bajo costo haya ayudado a garantizar una difusión completa *dentro* de los países, y es probable que el progreso contra las enfermedades cardiovasculares haya causado alguna ampliación de las desigualdades de salud entre grupos de distintos niveles de ingreso y educación. La parte del tratamiento que depende del individuo —en este caso, visitas regulares al médico para controlar la presión arterial y medir el colesterol— fue adoptada más rápidamente por las personas más educadas, los más ricos y los que ya eran más saludables.[10]

El cáncer es la segunda causa de muerte más importante después de las enfermedades del corazón. Después del cáncer de pulmón, las variedades más importantes de esta enfermedad son el cáncer de mama (casi en su totalidad entre mujeres), el cáncer de próstata (completamente entre hombres) y el cáncer colorrectal (que afecta a hombres y mujeres). Al menos hasta los años noventa, había poco progreso en los tratamientos de estos tipos de cáncer y las tasas de mortalidad no disminuyeron. A pesar de la guerra multimillonaria en dólares contra el cáncer en los Estados Unidos, la gente continuó muriendo por esta enfermedad a las mismas tasas, y las revistas más autorizadas concluyeron que se estaba perdiendo la guerra o que al menos no se había ganado.[11] A lo largo de este libro destaco que el descubrimiento de nuevo conocimiento y la invención de nuevas formas de salvar vidas responden a la necesidad que se tiene de estos conocimientos. Pero la demanda *no siempre* crea la oferta, ni los miles de millones de dólares o la declaración de guerra contra una enfermedad necesariamente curan esa enfermedad... como lo evidencia el fracaso en encontrar una cura del cáncer.

[10] *Cf.* David Cutler, *Your Money or Your Life: Strong Medicine for America's Health Care System*, Oxford University Press, Londres y Nueva York, 2005, y David Cutler, Angus S. Deaton y Adriana Lleras-Muney, "The Determinants of Mortality", *Journal of Economic Perspectives* 20, núm. 3, verano de 2006, pp. 97-120.

[11] Véase John C. Bailar III y Elaine M. Smith, "Progress against Cancer?", *New England Journal of Medicine* 314, núm. 19, mayo de 1986, pp. 1226-1232, y John C. Bailar III y Heather L. Gornik, "Cancer Undefeated", *New England Journal of Medicine* 336, núm. 22, mayo de 1997, pp. 1569-1574.

No obstante, una vez más, existe evidencia de que al fin se está consiguiendo el progreso y de que las tasas de mortalidad para los tres tipos de cáncer han empezado a disminuir.[12] Es posible que esta disminución haya estado sucediendo por algún tiempo, pero, quizá paradójicamente, pudo haber estado disfrazada por la disminución de las tasas de mortalidad causadas por enfermedades cardiovasculares. Si progresamos en nuestra batalla contra el primer monstruo del laberinto, el monstruo detrás de él cobrará más víctimas y matará más personas aun cuando no sea tan mortal como lo era antes. Las personas que se salvaron de la enfermedad cardiaca ahora estarán expuestas a sufrir de cáncer, y si aparece alguno de los factores de riesgo (quizás obesidad), entonces el éxito en prevenir la enfermedad cardiovascular habrá de aumentar la mortalidad por cáncer. El hecho de que esto *no* haya sucedido, que el perro no haya ladrado en la noche, podría entonces considerarse evidencia del progreso en contra del cáncer. Pero las disminuciones recientes en la mortalidad a causa del cáncer proveen evidencia más directa de éxito. Con frecuencia se otorga algún crédito a los estudios preventivos de las tres enfermedades —mamografías, pruebas de APE (antígeno prostático específico) y colonoscopias—, aunque su papel no puede ser muy grande, especialmente el de las mamografías y las pruebas APE. Por ejemplo, con el surgimiento de la mamografía hubo un enorme incremento de los diagnósticos de detección temprana, pero no hubo ningún signo de la correspondiente disminución en los diagnósticos de detección tardía que debió de haber sido la consecuencia; durante los últimos 30 años las pruebas de cáncer de mama han detectado cáncer en más de un millón de mujeres que nunca habían experimentado ningún síntoma.[13] Es probable que haya sido más importante el progreso en los tratamientos, como el uso de tamoxifen para el cáncer de mama. El oncólogo e historiador Siddhartha Mukherjee, en su biografía del cáncer *El emperador de todos los males,* argumenta que, después de generaciones de lo que

[12] Véase David M. Cutler, "Are We Finally Winning the War on Cancer?", *Journal of Economic Perspectives* 22, núm. 4, otoño de 2008, pp. 3-26.

[13] *Cf.* Archie Bleyer y H. Gilbert Welch, "Effects of Three Decades of Screening Mammography on Breast-Cancer Incidence", *New England Journal of Medicine* 367, núm. 21, noviembre de 2012, pp. 1998-2005.

esencialmente fue ensayo y error en el tratamiento médico y químico, está emergiendo lentamente una mejor comprensión científica de los orígenes de los diferentes tipos de cáncer individual y esto comienza a dar resultados en la forma de nuevos y más efectivos tratamientos.[14]

En contraste con varios de los nuevos tratamientos más efectivos para la enfermedad cardiovascular, los nuevos tratamientos químicos y médicos para el cáncer frecuentemente son muy caros, y esto limitará la velocidad con que han de transmitirse a otros países. La prueba de diagnóstico en sí misma no es muy cara, pero puede causar grandes gastos psíquicos y monetarios subsecuentes. Un primer ejemplo es la situación en la cual la prueba detecta no una enfermedad en sí misma, sino un factor de riesgo de una enfermedad, como la presión sanguínea alta, el colesterol elevado o incluso una predisposición genética. El tratamiento de quienes han sido detectados con factores de riesgo —mediante antihipertensivos, estatinas, o en casos extremos con cirugía profiláctica como la remoción de seno a las mujeres con un riesgo genético de cáncer de mama— salvará las vidas de algunos de esos pacientes, pero a la vez se ocupa de un número mucho mayor de personas saludables que nunca desarrollarán la enfermedad.[15] Cuando la prueba de diagnóstico es efectiva, también puede introducir desigualdades si las personas más educadas y mejor informadas la llevan a cabo primero. Aun así, existe la esperanza de que el diagnóstico sea más efectivo con el paso del tiempo, de que el sobrediagnóstico sea mejor controlado y de que las medicinas y los procedimientos se abaraten conforme su prescripción se difunda más ampliamente. Si es así, hay buenas esperanzas de que el cáncer siga el camino de la enfermedad cardiovascular como una de las historias de éxito de la ciencia y la medicina. Así, se habrá eliminado un barrote más de la prisión de la salud menguada, dándoles a las personas más capacidades para llevar una mejor vida durante más años.

Muchos otros factores influyen en las tasas de mortalidad,

[14] *Cf.* Siddhartha Mukherjee, *The Emperor of All Maladies*, Scribner, Nueva York, 2010.

[15] Véase H. Gilbert Welch, Lisa Schwartz y Steve Woloshin, *Overdiagnosed: Making People Sick in the Pursuit of Health*, Beacon Press, Boston, 2011.

aunque típicamente son menos claros o más controvertidos que los que he expuesto. Uno de ellos es nuestra vieja amiga: más y mejor alimentación. Un factor más creíble de la disminución de las tasas de mortalidad en el siglo XIX fue una mejor nutrición, en un siglo en que el hambre era más común que hoy en día; actualmente tendemos a preocuparnos porque la gente come demasiado, no porque come poco. Aun así, es posible que una de las razones de que las tasas de mortalidad hoy estén disminuyendo entre las personas de edad avanzada sean los progresos en su nutrición de hace 70 años, cuando estos adultos de hoy fueron concebidos, nacieron y recibieron su alimentación en la etapa de su infancia. Finlandia, que tenía la tasa de mortalidad más alta a causa de enfermedades cardiovasculares en los años setenta, era uno de los países más pobres en el mundo en los tiempos de la primera Guerra Mundial, periodo en que nacieron las personas que en los años setenta tenían 55 años.

Otra evidencia que apoya el argumento a favor de la alimentación es un hallazgo extraordinario de los demógrafos Gabriele Doblhammer y James Vaupel.[16] Ellos calcularon que en el hemisferio norte la esperanza de vida a los 50 es medio año mayor para las personas que nacieron en octubre que para quienes nacieron en abril. El patrón es el opuesto en el hemisferio sur, excepto para aquellos que nacieron en el norte y más tarde emigraron al sur; éstos también presentan el patrón del norte. Una razón posible de este hallazgo es que, incluso en los países que ahora son ricos, los vegetales verdes, el pollo y los huevos podían encontrarse disponibles y baratos sólo en la primavera, lo que significaba que la nutrición en el útero era mejor para los niños que nacían en el otoño. Como podría esperarse, este efecto se ha reducido con el paso del tiempo, pues las diferencias estacionales en la oferta de alimentos ya no son tan pronunciadas.

La disminución de la mortalidad es una gran bendición —todos queremos vivir más—, pero no es la única clase de progreso de la salud. También queremos vivir una vida mejor y más saludable, por lo que no debemos enfocarnos sólo en la

[16] *Cf.* Gabriele Doblhammer y James W. Vaupel, "Lifespan Depends on Month of Birth", *Proceedings of the National Academy of Sciences* 98, núm. 5, febrero de 2001, pp. 2934-2939.

mortalidad e ignorar la *morbilidad.* Las personas discapacitadas física o mentalmente, o quienes sufren de dolor crónico o depresión, tienen menos capacidades para realizar las cosas que hacen que la vida tenga valor. En este aspecto también ha habido progresos. Uno de estos progresos es el desarrollo —esencialmente mediante ensayo y error— del remplazo de articulaciones, particularmente el trasplante de la cadera, que ahora es un procedimiento rutinario que alivia lo que de otro modo sería un dolor y una inmovilidad de por vida.[17] El trasplante de la cadera es una de esas cirugías "mágicas" que convierte una vida difícil, dolorosa y limitada en otra en la cual la función original se restaura casi completamente. De igual manera, la cirugía moderna de las cataratas restaura o incluso mejora la visión. Estos procedimientos permiten recuperar un conjunto de capacidades que de otro modo estarían perdidas. La medicación del dolor ahora es mucho mejor que antes; el ibuprofeno (disponible desde 1984) provee alivio en situaciones en que la aspirina no lo otorga, y los profesionales de la salud ahora entienden mucho mejor cómo hacer que los pacientes controlen su propia medicación del dolor en situaciones más graves. Las nuevas medicinas para el tratamiento de la depresión han mejorado las vidas de muchas personas. El acceso a los profesionales de la salud es importante aun cuando éstos no puedan hacer nada, porque al menos pueden confortar a las personas preocupadas por su salud o por la de sus seres queridos; y aun cuando no puedan hacer esto, los profesionales de la salud pueden ayudar a resolver la incertidumbre que es en sí misma una fuente de intranquilidad.

El cuidado y el tratamiento médico cuestan dinero, ya sea de los individuos, de las aseguradoras o del Estado. Los Estados Unidos gastan una cantidad singularmente elevada en salud —actualmente cerca de 18% del ingreso nacional—, pero no es el único país que enfrenta desafíos al pagar por nuevas técnicas cada vez más caras y, en muchos casos, *eficaces.* En algunos casos, para ahorrar dinero, los Estados ponen restricciones al acceso. En el caso de una historia famosa, el Servicio de Salud Nacional británico en los años setenta limitó seve-

[17] Para mi propia experiencia con el trasplante de cadera, véase "Letter from America: Trying to Be a Good Hip Op Consumer", http://www.princeton.edu/~deaton/downloads/letterfromamerica_apr2006_hip-op.pdf.

ramente la disponibilidad de diálisis de riñón, restringiéndola a quienes eran considerados suficientemente jóvenes para ser beneficiados y excluyendo a quienes tenían 50 años o más, a quienes se describía como "un poco decrépitos" y poco dignos del costo.[18] En algunos periodos, el Reino Unido también ha tenido largas listas de espera para trasplantes de cadera y rodilla. En tales casos, la provisión inadecuada de cuidados de la salud aumenta las tasas de morbilidad y de mortalidad, y el acceso a la diálisis de riñón y el trasplante de articulaciones está mucho menos restringido hoy en día en el Reino Unido. No obstante, el Reino Unido no ha abandonado sus intentos de controlar la introducción de nuevas medicinas y procedimientos. Ya me he referido a su NICE, que evalúa las innovaciones médicas y emite informes detallados acerca de qué tan bien funcionan y si ofrecen algún valor a cambio del dinero. La industria farmacéutica y los fabricantes de aparatos médicos se oponen fuertemente a esta institución. Al menos una compañía farmacéutica amenazó con salir del Reino Unido después de una temprana decisión adversa, pero Tony Blair, el primer ministro británico de entonces, mantuvo su posición.[19]

Existe un desacuerdo entre economistas y médicos acerca de cuánta seguridad social es demasiada o sobre la necesidad de alguna suerte de racionamiento. Algunos apuntan hacia los enormes éxitos de la medicina; argumentan que si pusiéramos valores razonables a las reducciones en la morbilidad y la mortalidad —algo que los doctores odian y que en el mejor de los casos es un arte impreciso y controvertido—, necesitaríamos más atención a la salud, no menos, incluso en los Estados Unidos. Argumentan que aún sería un buen negocio gastar el doble de dinero y obtener el doble de reducción en la mortalidad y la morbilidad. Algunos de estos cálculos cometen el error de atribuir *todas* las reducciones en la mortalidad a la seguridad social —ignorando, por ejemplo, los grandes efectos de las reducciones en el tabaquismo—, pero aun contando con una atribución más razonable se puede argumentar

[18] *Cf.* Henry J. Aaron y William B. Schwartz, *The Painful Prescription: Rationing Hospital Care*, Brookings Institution, Washington, D.C., 1984.

[19] Véase Nicholas Timmins, "The NICE Way of Influencing Health Spending: A conversation with Sir Michael Rawlins", *Health Affairs* 28, núm. 5, septiembre-octubre de 2009, pp. 1360-1365.

a favor de gastar más, no menos. Conforme nos enriquecemos, se afirma, ¿qué mejor manera de gastar nuestro dinero que en tener una vida mejor y más larga? Y si el cuidado de la salud cuesta más en los Estados Unidos que en Europa, eso se explica en parte porque es más lujosa en los Estados Unidos —más cuartos privados o semiprivados en los hospitales, esperas más cortas para las pruebas de diagnóstico y revisión—, lo cual tiene sentido, ya que en su conjunto los estadunidenses son más ricos que los europeos y pueden pagar esas cosas.

El argumento contrario concede que la seguridad social ha dado grandes beneficios pero se enfoca tanto en el despilfarro del sistema, lo cual afecta el nivel de gasto, como en la ausencia de un proceso de aprobación similar al NICE, ausencia que permite que se introduzcan nuevos procedimientos sin importar si son beneficiosos o no, lo cual acelera la tasa de crecimiento del gasto. Uno de los testigos estelares que argumentan que muchos gastos en salud son innecesarios es el Atlas Dartmouth, que documenta el gasto del Medicare, el programa que cubre el cuidado de la salud de los adultos en los Estados Unidos. El atlas es un mapa de los Estados Unidos que muestra variaciones extraordinarias de un lugar a otro en los gastos en salud, las cuales no están ligadas ni a las necesidades médicas ni a mejores resultados. En realidad, existe una correlación *negativa* entre los gastos y la calidad de los resultados.[20] La interpretación más plausible es que algunos doctores y hospitales son mucho más agresivos que otros en ordenar pruebas y tratamientos y que esos gastos adicionales producen poco o ningún beneficio y, en algunos casos, incluso pueden dañar a los pacientes. Si esto es cierto, los gastos en seguridad social podrían reducirse grandemente sin perjudicar la salud.

Puesto que la seguridad social es de alta calidad y contribuye a mantener y mejorar la salud, es un instrumento impor-

[20] http://www.dartmouthatlas.org/. Véase también John E. Wennberg y Megan M. Cooper (eds.), *The Quality of Medical Care in the United States: A Report on the Medicare Program. The Dartmouth Atlas of Healthcare,* Dartmouth Medical School, Hanover, N. H., 1999; John E. Wennberg, Elliott S. Fisher y Jonathan S. Skinner, "Geography and the Debate over Medicare Reform", *Health Affairs,* febrero de 2002, pp. 96-114, 10.1377/hlthaff.w2.96; y Katherine Baicker y Amitabh Chandra, "Medicare Spending, the Physician Workforce, and Beneficiaries' Quality of Care", *Health Affairs,* abril de 2004, *Health Affairs Web Exclusive* W4: 184-197, 10.1377/hlthaff.W4.184.

tante del bienestar. Pero es cara, por lo que existe un conflicto potencial entre más gasto en la seguridad social y otros aspectos del bienestar. Si los estadunidenses gastaran dos veces más en seguridad social tendrían que reducir sus gastos en todo lo demás en una cuarta parte. O si pudiéramos seguir las recomendaciones del Dartmouth y reducir los programas caros que añaden poco valor y recortar el gasto en seguridad social, digamos, a la mitad, podríamos tener un incremento en todo lo demás de casi 10%. Esta suerte de sacrificios suceden todo el tiempo en la vida cotidiana, y usualmente no nos preocupamos mucho si, por ejemplo, la gente está gastando mucho en libros o en aparatos electrónicos, por lo cual tiene pocos recursos para gastarlos en las vacaciones de verano. ¿Por qué la seguridad social es diferente?

El problema es que las personas en realidad no *escogen* cuánto gastar en salud en la manera en que escogen cuánto gastar en libros o en vacaciones. Es más, puede ser que ni siquiera estén conscientes de lo que están pagando por la salud o de lo que están cediendo a cambio de ella. En los Estados Unidos, la mayor parte de la salud para los adultos mayores la paga el gobierno a través del Medicare, y la mayoría (59%) de los que no son ancianos tiene cobertura a través de sus empleadores. Muchos de ellos piensan que sus empleadores están *pagando* por su seguridad social sin costo para ellos. No obstante, la mayoría de los estudios han mostrado que, en última instancia, no son los empleadores los que pagan, por ejemplo a través de menores ganancias, sino los empleados a través de salarios más bajos.[21] Como resultado, los sueldos típicos, así como los ingresos familiares que dependen de ellos, han crecido más lentamente de lo que hubiera sido el caso si los costos de la seguridad social no hubieran aumentado tan rápidamente. Pero las personas no lo ven de esta manera, y no piensan

[21] Una síntesis breve y sencilla es Ezekiel J. Emanuel y Victor R. Fuchs, "Who Really Pays for Health Care? The Myth of 'Shared Responsibility'", *Journal of the American Medical Association* 299, núm 9, abril de 2008, pp. 1057-1059. Véase también Jonathan Gruber, "Health Insurance and the Labor Market", en Anthony J. Culyer y Joseph P. Newhouse (eds.), *Handbook of Health Economics,* vol. 1, Elsevier, Ámsterdam y Nueva York, 2000, pp. 645-706, y Kate Baicker y Amitabh Chandra, "The Labor Market Effects of Rising Health Insurance Premiums", *Journal of Labor Economics* 24, núm. 3, julio de 2006, pp. 609-634.

en culpar a los crecientes costos de la seguridad social por el lento crecimiento de sus ingresos. Como resultado, no consideran que el costo de la seguridad social sea el problema que en verdad es.

Problemas similares surgen cuando el gobierno provee la seguridad social, como en Europa, o en el Medicare, que paga el cuidado de la salud de los ancianos en los Estados Unidos. Cuando las personas presionan al gobierno para que provea beneficios adicionales en la seguridad social —por ejemplo, cobertura en beneficio de la prescripción de medicinas—, tienden a no pensar en lo que ha de cederse a cambio. El decano de los economistas estadunidenses de la salud, Victor Fuchs, da el ejemplo de una mujer mayor a quien el Medicare le provee cirugías caras sin ningún costo para ella, incluso cirugías que podrían no ser urgentes ni necesariamente efectivas, pero cuya pensión no es suficiente para permitirle comprar un boleto de avión para asistir a la boda de su nieta o visitar a su nuevo nieto.[22] La búsqueda de un balance tiene que realizarse a través del proceso político mediante alguna suerte de debate democrático, pero eso es un proceso difícil, contencioso y con frecuencia mal informado. También es un proceso que, al menos en algunos países, está profundamente influenciado por los proveedores de servicios de salud, quienes tienen interés en la provisión excesiva de estos servicios; se trata de un interés que se torna más fuerte y se financia mejor cuanto más se gasta.

El ingreso y la salud son dos de los componentes más importantes del bienestar, y de los cuales se ocupa este libro principalmente. No podemos pensar en ellos aisladamente, o permitir que los médicos y los pacientes cabildeen a favor de progresos en la salud por una parte, y que los economistas, por otra, cabildeen a favor del crecimiento económico, ignorándose ambos grupos mutuamente. Cuando la seguridad social es tan cara y tan efectiva como lo es hoy en día, se necesita alcanzar un equilibrio; en las palabras de Fuchs, debemos tener un enfoque holístico de bienestar. Para adoptar este punto de vista colectivamente, es necesario poner en práctica

[22] *Cf.* Victor R. Fuchs, "The Financial Problems of the Elderly: A Holistic View", en Stuart H. Altman y David I. Shactman (eds.), *Policies for an Aging Society*, Johns Hopkins University Press, Baltimore, 2002, pp. 378-390.

un proceso que nos conduzca a ello y que de manera casi inevitable involucre a una institución como el NICE del Reino Unido, así como también es necesario un mayor y más amplio entendimiento público de las amenazas a otros aspectos del bienestar derivadas de un crecimiento ilimitado de los costos de la seguridad social.

¿Qué decir del futuro? ¿Podemos esperar que la esperanza de vida continúe aumentando en los países de ingreso alto? El punto de vista negativo, con frecuencia asociado al demógrafo y sociólogo Jay Olshansky, parte de la observación de que cada vez es más y más difícil incrementar la esperanza de vida. Esto es algo que ya hemos visto: salvar la vida de los niños tiene un efecto dramático en la esperanza de vida, porque tienen muchísimos años por vivir, pero una vez que han sido salvados casi todos los niños, salvar la vida de los ancianos implica una menor diferencia, al menos en lo que concierne a la esperanza de vida. La gráfica II.1 muestra la clara disminución en la tasa de incremento de la esperanza de vida en los Estados Unidos después de 1950, y el argumento es que podemos esperar una disminución similar en el futuro, aun si las innovaciones continúan, porque las vidas salvadas pertenecerán a personas cada vez más viejas. Aun si se eliminara el cáncer en los Estados Unidos, la esperanza de vida aumentaría sólo cuatro o cinco años. Los pesimistas también hacen notar que el aumento de la obesidad en la mayoría de los países ricos puede incrementar las tasas de mortalidad en el futuro. Quizá, pero hasta ahora ha habido poca evidencia de esto. Esto puede deberse a que, con mejores tratamientos para la enfermedad cardiovascular —incluyendo las medicinas para el control del colesterol y la hipertensión—, los riesgos de la obesidad ahora son menores que cuando se estudiaron por primera vez.[23]

[23] *Cf.* Katherine M. Flegal *et al.*, "Excess Deaths Associated with Underweight, Overweight, and Obesity", *Journal of the American Medical Association* 293, núm. 15, abril de 2005, pp. 1861-1867; Edward W. Gregg, *et al.*, "Secular Trends in Cardiovascular Disease Risk Factors According to Body Mass Index in US Adults", *Journal of the American Medical Association* 293, núm. 15, abril de 2005, pp. 1868-1874; S. Jay Olshansky, *et al.*, "A Potential Decline in Life Expectancy in the United States in the 21st Century", *New England Journal of Medicine* 352, núm. 12, marzo de 2005, pp. 1138-1145; y Neil K. Mehta y Virginia W. Chang, "Secular Declines in the Association between

Por otro lado, los demógrafos Jim Oeppen y James Vaupel publicaron en 2002 un extraordinario diagrama que calculaba la esperanza de vida más alta del mundo para las mujeres en cada año desde 1840, y mostraron que esta medida —que puede considerarse como la máxima esperanza de vida posible en cada año— ha aumentado a una tasa constante durante 160 años.[24] Por cada cuatro años transcurridos, la esperanza de vida más alta del mundo se incrementó en un año. Oeppen y Vaupel no ven ninguna razón por la cual esta tasa de progreso largamente establecida no debiera continuar. Su diagrama también muestra las diversas estimaciones previas de la esperanza de vida máxima posible, cada una de las cuales fue barrida por los hechos; varios sabios anteriores han pronosticado que las ganancias en la duración de la vida disminuirán o se frenarán, y todos se han equivocado. El hecho de que la gente no quiera morir antes del momento en que debe morir representa un apoyo adicional al argumento optimista a favor de un aumento continuo en la esperanza de vida; a medida que estas personas se vuelven más ricas materialmente, tienen más ingresos para gastarlos tratando de evitar la muerte y probablemente estarán dispuestas a destinar una porción cada vez mayor de sus ingresos para mantenerse con vida; y no hay razón para suponer que no tendrán éxito en el futuro, como ya lo han tenido en el pasado.

Yo encuentro que el argumento optimista es más irresistible: desde que las personas se rebelaron contra la autoridad en la Ilustración y se dispusieron a usar la fuerza de la razón para mejorar sus vidas, han encontrado la manera de lograrlo, y hay pocas dudas de que continuarán ganando victorias contra las fuerzas de la muerte. Dicho lo cual, es demasiado optimista pensar que la esperanza de vida en el futuro aumentará a la misma tasa del pasado; la disminución de las tasas de mortalidad infantil hace que la esperanza de vida crezca rápidamente, y esa fuente del crecimiento ya se agotó en gran par-

Obesity and Mortality in the United States", *Population and Development Review* 37, núm. 3, 2011, pp. 435-451.

[24] *Cf.* Jim Oeppen y James W. Vaupel, "Broken Limits to Life Expectancy", *Science* 296, 10 de mayo, 2002, pp. 1029-1031. Véase también Jennifer Couzin-Frankel, "A Pitched Battle over Life Span", *Science* 333, 29 de julio de 2011, pp. 549-550.

te, al menos en los países ricos. Durante los 160 años en que la esperanza de vida más alta creció en un año cada cuatrienio, una contribución sustancial provino de salvar las vidas de los niños, y eso ya no continuará. Una vez más, hay buenas razones para *no* enfocarnos en la esperanza de vida como la medida del éxito. La eliminación del cáncer y otras enfermedades de los adultos de edad provecta haría desaparecer un gran sufrimiento y mejoraría millones de vidas. El hecho de que esto tuviera un efecto modesto en la esperanza de vida está al margen de esta cuestión.

La salud en la era de la globalización

He analizado a los países ricos (en este capítulo) y a los países pobres (en el capítulo III) como si fueran mundos separados. Ahora es el momento de analizarlos conjuntamente y de considerar cómo los dos grupos se afectan mutuamente. El último medio siglo ha sido testigo de una integración sin paralelo del mundo —proceso que con frecuencia se denomina globalización—. Sin duda, no es el primer episodio de globalización en la historia, aunque es uno de los de mayor alcance. El transporte es más rápido y más barato que nunca y la información se mueve más rápido aún. La globalización ha afectado a la salud en varias formas: directamente, a través de la difusión de las enfermedades, la información y el tratamiento; e indirectamente, a través de las fuerzas económicas, particularmente el creciente comercio y un mayor crecimiento económico.

Ha habido varios periodos de globalización en la historia, en ocasiones mediante la guerra, la conquista y la expansión imperialista, en otras ocasiones a través de nuevas rutas comerciales que traen nuevos productos y nuevas riquezas. Usualmente las enfermedades viajaron junto con todo esto, con consecuencias que transformaron al mundo. El historiador Ian Morris ha descrito cómo el creciente comercio alrededor del segundo siglo de nuestra era fusionó conjuntos de enfermedades anteriormente separados que, desde el comienzo de la agricultura, habían evolucionado en Occidente, en Asia del Sur y Asia del Este "como si estuvieran en diferentes planetas". Plagas catastróficas emergieron en China y en el Imperio romano de Oriente.[25] El intercambio colombino después de 1492 es todavía un mejor ejemplo.[26] Varias epidemias históricas comenzaron como resultado de nuevas rutas comerciales y nuevas conquistas. La plaga de Atenas en el año 430 a. C. se atribuyó al comercio, y la peste bubónica fue llevada a Europa en 1347 por las ratas a bordo de barcos mercantes. Se cree que la epidemia del cólera del siglo XIX vino de Asia gracias a las actividades de los británicos en la India, y su subsecuente propagación a través de Europa y los Estados Unidos se aceleró gracias a los nuevos ferrocarriles. Una persona infectada podía desplazarse a otra ciudad antes de que supiera de la infección, y el cólera se propagó a lo largo de las líneas del ferrocarril; hoy en día uno puede desplazarse de un hemisferio a otro en el tiempo que antes tomaba ir de una ciudad a otra.

No obstante, la globalización también abre las rutas para los enemigos de la enfermedad. Ya hemos visto cómo la teoría microbiana de las enfermedades —un conjunto de ideas y prácticas desarrolladas en el Norte— se difundió rápidamente hacia el resto del mundo después de 1945. El conocimiento de las medicinas para controlar la presión arterial se propagó rápidamente en el mundo después de 1970, produciendo las disminuciones sincronizadas en la mortalidad que se trazan en la gráfica IV.3. Que el tabaquismo causara cáncer no tuvo que redescubrirse en cada país. Aunque los orígenes del VIH/sida son motivo de disputa, no hay polémica respecto de su rápida propagación de un continente a otro. La respuesta científica —el descubrimiento del virus, la deducción de sus medios de transmisión y el desarrollo de la quimioterapia que está transformando la enfermedad de una condición fatal a otra crónica— fue extraordinariamente rápida de acuerdo con los estándares históricos, aunque difícilmente fue bastante rápida para los millones que murieron mientras esperaban. La com-

[25] Morris, *Why the West Rules for Now: The Patterns of History and What They Reveal about the Future,* Farrar, Straus and Giroux, Nueva York, 2011, p. 296.

[26] Véase Alfred W. Crosby, *The Columbian Exchange: Biological and Cultural Consequences of 1492,* Praeger, Westport, 2003 [1973]; Jared Diamond, *Guns, Germs, and Steel: The Fates of Human Societies,* Norton, Nueva York, 2005; y Charles C. Mann, *1493: Uncovering the New World that Columbus Created,* Knopf, Nueva York, 2011.

prensión actual de la enfermedad, aunque aún incompleta, ha servido de fundamento a la respuesta —no sólo en el mundo rico—, y en los países más afectados de África las tasas de nuevas infecciones han disminuido en años recientes y la esperanza de vida ha comenzado a aumentar otra vez.

Los éxitos contra la enfermedad cardiovascular y el cáncer se están difundiendo no sólo de un país rico a otro, sino en todo el mundo. Conforme la mortalidad por enfermedades infecciosas ha disminuido, las enfermedades no contagiosas se están volviendo más importantes a medida que los niños que no murieron se convierten en adultos y viven lo suficiente para encontrarse con ellas. Excepto en África, las enfermedades no contagiosas son ahora la causa principal de muerte en el mundo, y las medicinas preventivas baratas y efectivas como los antihipertensivos deben difundirse justo como lo hicieron las vacunas en el pasado. Aquí, una vez más, es probable que el factor constrictivo sea la capacidad de algunos gobiernos para organizar y regular un sistema médico de cuidado de la salud. Los avances más caros, como los tratamientos del cáncer o el trasplante de articulaciones, también se están difundiendo, pero típicamente sólo están disponibles para los ricos o los bien conectados en un número limitado de países pobres.

Las contribuciones de los países ricos a la salud de los países pobres no siempre han sido benignas. A diferencia de los economistas, los investigadores de la salud con frecuencia piensan que la globalización es una fuerza negativa. Existe una profunda preocupación por el tabaquismo y por las actividades de las compañías de tabaco cuyos productos, ya no bienvenidos en gran parte del mundo rico, están encontrando un paraíso seguro en los países más pobres cuyos gobiernos, una vez más, no tienen la capacidad o el interés de regular. El sistema de patentes que hace que las medicinas sean temporalmente muy caras ha sido cuestionado de manera severa, aunque no está claro que las patentes sean el verdadero problema. De nuevo, la capacidad local de distribución es un problema y, en todo caso, casi todas las medicinas que la OMS enlista como "medicinas esenciales" no son de patente; aun así, si las medicinas fueran más baratas la lista sería más larga. Los países pequeños y pobres con frecuencia se encuentran en desventaja cuando negocian tratados de comercio bilateral con los grandes países ricos. Estos últimos están mejor pertrechados con abogados y cabilderos, incluidos los cabilderos farmacéuticos, cuyo interés no es proteger la salud del país pobre. Sin duda, la medicina del Primer Mundo ha agudizado las desigualdades en la salud local de los países pobres. En ciudades como Nueva Delhi, Johannesburgo, México y São Paulo los ricos y poderosos se tratan en instalaciones médicas típicas de los últimos avances en el Primer Mundo, en ocasiones a la vista de personas cuyo ambiente de salud no es mucho mejor que el de la Europa del siglo XVII.

¿Qué ha pasado con la salud global y las desigualdades en salud global desde 1950? En la gráfica III.1 vimos que las desigualdades regionales en la esperanza de vida se han reducido, de suerte que las regiones con la esperanza de vida más baja se han aproximado a las regiones con la esperanza de vida más alta. Ahora analizo a los países, no a las regiones, como unidades. La gráfica IV.4 muestra cómo está cambiando la esperanza de vida en el país típico, cómo funcionan las cosas en el peor y en el mejor, y cómo la desigualdad en la esperanza de vida está aumentando o disminuyendo. La gráfica luce como una serie de tubos de un órgano, aunque en realidad se le conoce como "diagrama de cajas y bigotes". El eje vertical muestra la esperanza de vida, y los tubos (o cajas) muestran dónde se ubican las esperanzas de vida de los países; el primer mensaje de la gráfica es que los tubos se elevan de la parte inferior izquierda (1950-1954) a la parte superior derecha (2005-2009) conforme aumenta la longevidad en el mundo. Cada una de las cajas sombreadas contiene la mitad de todos los países, y la línea horizontal que las divide representa al país medio en términos de la esperanza de vida. Estas líneas horizontales aumentan con el tiempo —la esperanza de vida en el país mediano va aumentando—, aunque a una tasa que es un poco menor en el presente que hace 50 años. Una vez más, la razón es que nos hemos movido de grandes incrementos en la esperanza de vida provenientes de salvar a los niños, a las ganancias, cada vez menores y más difíciles de lograr, provenientes de salvar a los ancianos. Los "bigotes" superiores e inferiores, representados como líneas con barras en los extremos que surgen de los tubos, están diseñados para capturar a todos los países, excepto aquellos que realmente

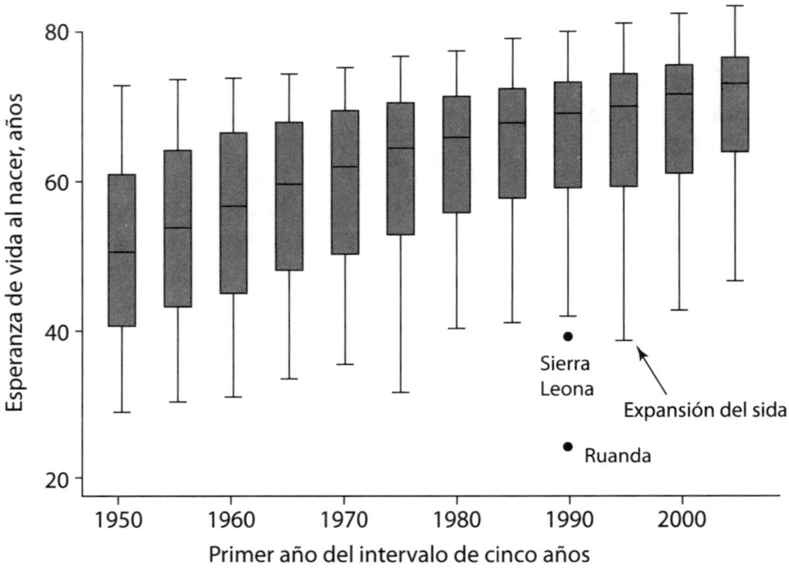

GRÁFICA IV.4. *Esperanza de vida y su dispersión en el mundo.*

son extremos en su longevidad. La figura muestra que son sólo dos los países extremos en este sentido; ambos estuvieron en medio de guerras civiles entre 1990 y 1995: Ruanda y Sierra Leona. En cada periodo se grafica un total de 192 países, y algunas de las estimaciones son especulativas, especialmente en los primeros años.

La gráfica muestra que los tubos se hacen más pequeños conforme pasa el tiempo, de modo que los países se mueven hacia la mitad del conjunto. La dispersión de la esperanza de vida entre los países está disminuyendo, y esta medida de la distribución internacional de salud es cada vez menos desigual. La explosión de la desigualdad internacional de la salud que comenzó hace 250 años está empezando a revertirse. La disminución de la desigualdad no ha sido completamente equitativa, y podemos ver el ensanchamiento en 1995-2000 que se deriva de las muertes por sida en África, después de lo cual se reanuda la reducción. Las barras horizontales dentro de las cajas se acercan progresivamente a la parte superior de los tubos y al bigote superior, lo que significa que la brecha entre la esperanza de vida en el país de en medio y los países ubicados en la cima —como Japón— también se ha ido reduciendo con el tiempo. Ahora sólo hay una brecha de 10.5 años entre el país de en medio —más precisamente, el mediano— (72.2 años) y el de la parte superior (Japón, con una esperanza de vida de 82.7 años). No obstante, esta disminución está dejando a una cola más larga de países detrás. La brecha comprendida entre la barra horizontal y el punto inferior en la gráfica ha aumentado de 22 a 26 años aun si ignoramos los horrores de Ruanda y Sierra Leona a inicios de los años noventa.

Una vez más, debemos preguntarnos si la esperanza de vida es una buena medida para pensar en las desigualdades en salud entre los países. En este capítulo se ha mostrado que las ganancias en la esperanza de vida han sido el resultado de salvar a los niños en los países pobres y a las personas de edad mediana y avanzada en los ricos. Cuando usamos las ganancias en la esperanza de vida para comparar entre ricos y pobres, otorgamos un mayor peso a los países pobres porque salvar a un niño tiene un efecto mucho mayor en la esperanza de vida que salvar a una persona de 60 años. Y en realidad ésta es la razón principal por la cual la desigualdad en la esperanza de vida ha disminuido. No obstante, no es obvio que salvar a un niño o niña sea en efecto mejor que salvar a una persona adulta, juicio que está implícito en esta medida de la desigualdad. Este punto puede discutirse de cualquiera de las dos maneras. Algunos argumentarían a favor de salvar a un niño o niña —porque, aun cuando él o ella no tienen mucha participación en el mundo, se ganan muchos años futuros— y otros a favor de salvar la de un adulto —porque tiene una mayor participación en el mundo, aunque con menos años por vivir—. Pero no hay nada que diga que la utilización de la esperanza de vida para analizar las desigualdades resuelva este enigma de una manera correcta, y ponderar las vidas de manera diferente podría hacer que la reducción en la desigualdad fuera mayor o menor, o incluso pudiera revertirse.

Las reducciones en las desigualdades globales en la esperanza de vida no significan automáticamente que el mundo sea mejor, porque la esperanza de vida no captura todos los aspectos de la salud —o incluso de la mortalidad— que nos preocupan. Sin duda, vivimos en un mundo en el que la mortalidad infantil está disminuyendo en los países pobres y donde la de las personas de mediana edad y los ancianos está disminuyendo en los países ricos. La cuestión de si estas tendencias hacen que el mundo sea más equitativo es un asunto discutible, que depende de cuánto nos preocupa cada una de estas reducciones de la mortalidad.

Los argumentos filosóficos no terminan aquí. La reducción en la mortalidad infantil ha sido seguida por reducciones en el número de hijos que la gente desea tener. En África cada mujer podía esperar dar a luz 6.6 hijos en 1950; ese número había disminuido a 5.1 en 2000, y la ONU estima que hoy en día es 4.4. En Asia, así como en América Latina y el Caribe, la disminución ha sido aún mayor, de seis hijos a un poco más de dos. La fertilidad no disminuyó inmediatamente después de que disminuyeran las tasas de mortalidad, razón por la cual hubo una explosión demográfica. No obstante, a medida que con el tiempo los padres pasaron a creer que la mortalidad infantil disminuiría, dejaron de tener tantos hijos, aunque puede ser que tantos o más hayan sobrevivido hasta la edad adulta. Una manera de ver este cambio es que los niños que habrían nacido y muerto rápidamente ahora no están naciendo. ¿Quiénes son los beneficiarios de este cambio? De nuevo, depende de cómo ponderamos las vidas, cuestión que ha ocupado a los filósofos por mucho tiempo. Sin embargo, es claro que las *madres* se han beneficiado mucho; no tienen que embarazarse tan frecuentemente para tener el mismo número de hijos que sobreviven, y se ahorran —ellas y sus esposos— la agonía de que sus hijos mueran. Aligerar esta carga en las mujeres no sólo elimina una fuente de dolor, también las libera para que vivan una vida más plena en otras dimensiones: para que se eduquen más, trabajen fuera del hogar y desempeñen un papel más pleno en la sociedad.

Cuerpos cambiantes

Hay mucho de que alegrarse respecto de la salud desde 1950. Pero quiero concluir con un conjunto de observaciones algo menos alegres que se enfocan no en el Gran Escape de la muerte —que ha sido impresionante en la mayoría de los lugares, y quizás aún igualador—, sino en el menos impresionante e igualador progreso del Gran Escape de la desnutrición. Una buena manera de analizar la desnutrición es ver qué ha pasado con la estatura humana.

La estatura en sí y por sí misma no es una medida del bienestar. Suponiendo que todo lo demás permanezca constante, no hay razón para suponer que alguien que mide más de 1.80 metros de estatura sea más feliz, más rico o más saludable que alguien que es 15 centímetros más bajo. La estatura tampoco es parte del bienestar en la manera en que lo son el ingreso y la salud. Sin embargo, cuando la *población* es de estatura baja ello indica que sus miembros fueron privados de una buena nutrición en la infancia o en la adolescencia, sea porque no tuvieron suficientes alimentos o porque vivieron en un ambiente insalubre donde la enfermedad, aunque no los haya matado, los afectó de manera permanente. Si bien la estatura depende de los genes de cada individuo, en tanto que padres más altos tienen hijos más altos, en la actualidad se cree que esto no es cierto para poblaciones suficientemente grandes, y que las variaciones en la estatura promedio de estas poblaciones son buenos indicadores de las variaciones en el grado de privaciones. En el pasado pensábamos que las diferencias genéticas eran la principal fuente de diferencias en las estaturas de las poblaciones. Pero conforme las condiciones mejoraron, y a medida que un país "bajo" tras otro ha aumentado de estatura, en ocasiones muy rápidamente, este punto de vista ha sido descartado.[27]

Estamos empezando a entender que las privaciones en la infancia pueden tener consecuencias serias y duraderas. Las personas de estatura más baja ganan menos que las de mayor estatura, no sólo en las sociedades agrícolas, donde la fuerza y el físico son útiles en el mercado de trabajo, sino también entre profesionales en países como el Reino Unido y los Estados Unidos. Una razón es que la función cognitiva se desarrolla junto con el resto del cuerpo, de manera que, *en promedio,* las per-

[27] Véase Phyllis B. Eveleth y James M. Tanner, *Worldwide Variation in Human Growth*, Cambridge University Press, Cambridge, 1990, y Roderick Floud, Kenneth Wachter y Annabel Gregory, *Height, Health, and History: Nutritional Status in the United Kingdom, 1750-1980*, Cambridge University Press, Cambridge, 2006.

sonas de estatura más baja no son tan inteligentes como las personas más altas —afirmación que tiende a provocar un grito de indignación—. Dos de mis colegas de la Universidad de Princeton que investigaron esta cuestión[28] fueron denunciados, bombardeados con correos electrónicos llenos de odio y sujetos a demandas por parte de alumnos para que la universidad los despidiera. Así que permítaseme explicar cuidadosamente.

En un ambiente igual donde cada quien obtiene suficiente alimento y donde nadie se enferma nunca, algunas personas serán bajas y otras altas de acuerdo con su condición genética, pero no habrá *ninguna diferencia sistemática* en la función cognitiva de acuerdo con su estatura. En el mundo real, algunas personas padecen privaciones en la infancia y esas personas están sobrerrepresentadas entre las de corta estatura, que es la razón por la cual, en promedio, tienen una función cognitiva deficiente. Esto puede ser simplemente una cuestión de insuficientes calorías, o de haber luchado contra muchas enfermedades infantiles, una importante sangría de calorías. La privación también puede ser más específica; por ejemplo, el cerebro infantil necesita grasa para desarrollarse adecuadamente, y existen millones de personas en el mundo cuyas dietas contienen *muy poca grasa,* en contraste con los millones de personas más comunes cuyas dietas la contienen en demasía.

La privación nutricional se va desvaneciendo conforme las poblaciones se enriquecen y tienen suficiente alimento, y a medida que la enfermedad infantil queda desterrada mediante mejoras sanitarias, control de plagas y vacunas. Aun así, los efectos de la privación nutricional en la estatura pueden tomar muchos años para desaparecer, aunque sólo sea porque las madres pequeñas no pueden tener hijos grandes. La tasa de incremento de estatura en una población está sujeta a este límite biológico, por lo que puede tomar varias generaciones para que las poblaciones crezcan a todo su potencial, aun después de que las restricciones nutricionales y de enfermedades han sido eliminadas; la biología limita el crecimiento para evitar problemas que resultarían de una rápida homologación de

[28] Véase Anne C. Case y Christina H. Paxson, "Stature and Status: Height, Ability, and Labor Market Outcomes", *Journal of Political Economy* 116, núm. 3, 2008, pp. 499-532.

estaturas.[29] Pero esperaríamos que con el paso del tiempo la gente aumentara de estatura. Sucede que algunos lo han conseguido y otros no.

Los europeos se han vuelto *mucho* más altos. Los economistas Timothy Hatton y Bernice Bray han reunido datos de varias fuentes sobre la estatura de los hombres para 11 países europeos en el siglo XIX desde fines de los años cincuenta a principios de los años sesenta.[30] Desafortunadamente, existen muy pocos datos históricos sobre la estatura de las *mujeres,* porque la información sobre la estatura de los hombres proviene típicamente de la medición durante el reclutamiento para los ejércitos. Para los que nacieron a mitad del siglo XIX la estatura promedio del hombre europeo adulto era 166.7 centímetros, o 5 pies 5.5 pulgadas. Para quienes nacieron un poco más de un siglo más tarde, entre 1976 y 1980, el promedio era 178.6 cm o 5 pies 10.5 pulgadas. En el país que creció menos —Francia— la tasa de crecimiento fue 0.8 cm por cada década; en el país de más rápido crecimiento —Holanda— la tasa de crecimiento fue 1.35 cm por cada década. En la mayoría de los otros países los hombres aumentaron en estatura casi 1 cm por cada década. Hatton ha rastreado estas mejorías hasta sus causas subyacentes y, en línea con los argumentos de este capítulo, encuentra que la reducción en la mortalidad infantil —un indicador de un mejor ambiente de salud— fue el factor más importante, mientras el crecimiento del ingreso fue el segundo.[31] Conforme Europa escapó de la escasa alimentación y de los "infiernos de cloacas"[32] creados por la Revolución industrial, el cuerpo de las personas empezó a crecer hacia las estaturas que siempre habían sido posibles pero previamente inalcanzables.

Para la mayor parte del mundo de hoy existe sólo información histórica fragmentaria, pero tenemos buena informa-

[29] Véase T. J. Cole, "The Secular Trend in Human Physical Growth: A Biological View", *Economics and Human Biology* 1, núm. 2, 2003, pp. 161-168.

[30] *Cf.* Timothy J. Hatton y Bernice E. Bray, "Long Run Trends in the Heights of European Men, 19th-20th Centuries", *Economics and Human Biology* 8, núm. 3, 2010, pp. 405-413.

[31] *Cf.* Timothy J. Hatton, "How Have Europeans Grown So Tall?", CEPR Discussion Paper DP8490, 2011, SSRN: http://ssrn.com/abstract=1897996.

[32] Rosen, *A History of Public Health,* John Hopkins University Press, Baltimore, 1993, p. 182.

ción sobre la estatura de las mujeres proveniente de varias de las Encuestas Demográficas y de Salud discutidas en el capítulo II. (La más reciente de estas encuestas también mide a los hombres.) Cada encuesta nos provee información histórica porque mide a las personas de 15 a 49 años de edad. Dado que la estatura de las personas no cambia una vez que han alcanzado su estatura de adultos (o al menos no hasta que comienzan a contraerse después de los 50 años de edad), cada encuesta nos ofrece la estatura promedio de las personas adultas que nacieron dentro de un periodo de 20 o más años. Así que estas encuestas no sólo nos ofrecen la estatura promedio de las mujeres adultas en el país al momento de la realización de la encuesta, sino que al comparar mujeres más viejas y más jóvenes también podemos ver qué tan rápido está aumentando su estatura. En los países en donde las cosas marchan bien, las mujeres más viejas son un centímetro o dos más bajas que las más jóvenes.

La gráfica IV.5 muestra la estatura de las mujeres en el mundo. Cada uno de los puntos en la figura corresponde a un "grupo de nacimientos" de mujeres de un país; es la estatura promedio en centímetros de todas las mujeres nacidas en un año en particular, digamos 1960. Ese promedio se grafica en relación con el ingreso nacional promedio en ese país en el año de nacimiento del grupo de mujeres; una vez más he utilizado una escala logarítmica para el ingreso. En la parte superior derecha de la gráfica, por ejemplo, vemos que las mujeres europeas aumentan de estatura conforme su ingreso nacional se incrementa; las mujeres que nacieron antes se encuentran abajo a la izquierda del grupo europeo, y las que nacieron más tarde se encuentran arriba a la derecha. Los Estados Unidos aparecen en la forma de una espuela a la derecha; los estadunidenses han estado creciendo en estatura pero no tan rápidamente como los europeos. A la mitad y a la izquierda del diagrama vemos a las mujeres de los países de ingreso bajo y medio. Los círculos negros corresponden a África y aparecen en su mayor parte a la izquierda, porque los países africanos eran pobres cuando nacieron estas mujeres, justamente tan pobres como lo son hoy en día. (Los africanos ricos a la derecha del diagrama viven en Gabón, cuyas exportaciones petroleras le confieren un alto ingreso per cápita, aunque la mayo-

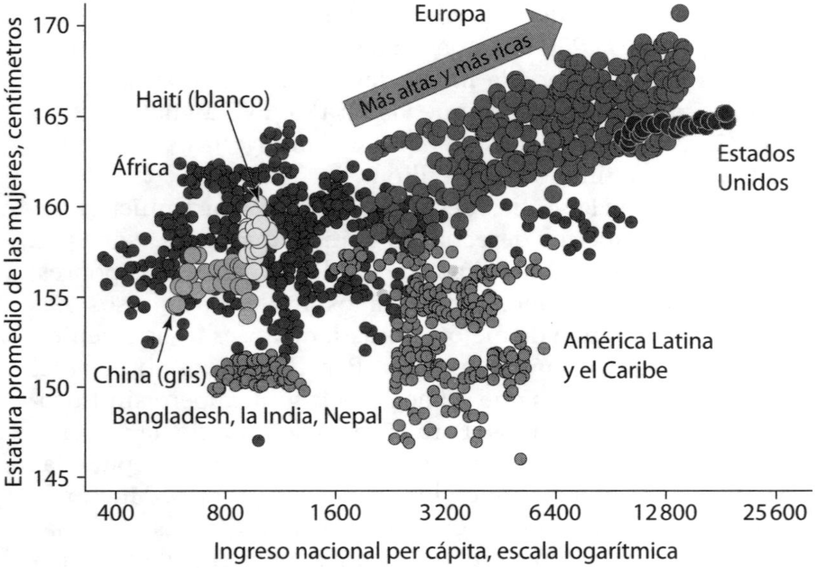

GRÁFICA IV.5. *Estatura de las mujeres en el mundo.*

ría de sus habitantes continúan siendo pobres.) Parcialmente ocultos entre los africanos aparecen los haitianos (círculos blancos), la mayoría de los cuales son de ascendencia africana y cuyas estaturas e ingresos tienen mucho en común con los habitantes de África. China (en color gris) también aparece a la izquierda, y Bangladesh, la India y Nepal se encuentran abajo a la izquierda. Recordemos que estamos analizando los niveles de ingreso en los años en que nacieron estas mujeres ahora adultas, típicamente 1980 o antes, de modo que China y la India aparecen mucho más pobres de lo que son hoy en día. Las mujeres latinoamericanas y del Caribe, que viven en países de ingreso medio, aparecen en la parte media inferior de la gráfica.

Quizá la característica más sorprendente del diagrama es la enorme desigualdad de las estaturas promedio en el mundo. Para las mujeres nacidas en 1980, el promedio de la mujer danesa adulta era 171 cm, el promedio de la guatemalteca era 148 cm, el de la peruana y la nepalí 150 cm y el de la india, bengalí y boliviana 151 cm. Si las poblaciones más bajas de estatura en el mundo crecieran a la tasa europea de 1 cm cada década, tomaría 230 años para que la mujer guatemalteca alcanzara la estatura de la mujer danesa de la actualidad. Hoy en día, una mujer danesa que visitara una villa guatemalteca sería 23 centímetros más alta que sus anfitrionas, una moderna Gulliver en un moderno Lilliput.

Al observar la gráfica desde la parte inferior izquierda hacia la parte superior derecha, se aprecia que las personas en los países ricos son más altas que las de los países más pobres, que es lo que podríamos esperar si los niveles de ingresos más altos se acompañan de mejor sanidad, menores tasas de enfermedad infantil y más alimentos. Pero las cosas no son tan simples. Imaginemos que rehacemos la gráfica pero sin Europa ni los Estados Unidos. Para el resto del mundo, la relación entre estatura e ingreso va en sentido equivocado, pues las personas más altas viven en los países más pobres. Mucho de esto tiene que ver con África. Entre las poblaciones africanas hay mucha variación —piénsese en los jugadores de basquetbol de la tribu dinka al sur de Sudán o en los bosquimanos del Kalahari—, pero en promedio las mujeres africanas son altas, no en relación con las europeas sino en relación con las sudasiáticas y con muchas latinoamericanas. Esta relación negativa entre estatura e ingresos no desaparecerá pronto, porque los niños indios que nacen hoy en día *aún* son muy bajos de estatura, a pesar del rápido crecimiento de la economía de la India en décadas recientes.

No se entiende bien por qué los africanos son tan altos. Una razón es que, en gran parte del continente, los alimentos no son tan escasos ni tan marcadamente vegetarianos como en gran parte del sur de Asia, particularmente en la India. Obviamente, esto no es cierto en algunas partes —por ejemplo, el desierto de Kalahari—, pero en la mayoría de los países africanos la gente se alimenta con una dieta variada que incluye carne y grasas animales. También hay una gran variedad en África, dependiendo de la disponibilidad de alimentación local y de los ambientes de enfermedades locales. Al mismo tiempo, las tasas de mortalidad infantil son extremadamente altas, y si los niños de menor estatura son más débiles y tienen más probabilidad de morir, los sobrevivientes serán relativamente altos. Para que esto produzca una población alta, la mortalidad tiene que ser muy elevada, lo suficiente como para eliminar una fracción bastante grande de niños de estatura baja y superar el efecto de merma de la estatura resultante de sobrevivir a un ambiente de enfermedades peligroso en la infancia. La sanidad puede ser otro factor; en lugares donde la gente defeca al aire libre y donde la densidad de población es alta, el crecimiento de la niñez es obstruido por la exposición crónica a los gérmenes fecales. África, con su mucha menor densidad de población, se desempeña mejor que la India.[33]

El hecho de que los residentes de muchas naciones africanas sean más altos que los de la India, o de varios países de Latinoamérica, debe ayudarnos a resistir la idea superficialmente atractiva de que las estaturas promedio de la población pueden utilizarse como una medida general del bienestar o de los estándares de vida. La mortalidad y el ingreso son dos de las influencias más importantes en la estatura adulta, y también son cruciales para el bienestar. Pero no hay garantía de que la manera en que la enfermedad y la pobreza afectan a la estatura sea la misma que la manera en que afectan al bienestar. Y como lo atestigua el mapa de África, varios factores locales —como las variaciones en la dieta— afectan a la estatura, y pueden o no afectar al bienestar. Recuérdese también que puede tomar varias generaciones para que las poblaciones crezcan con mayores estaturas, porque las madres tienen que crecer antes que los hijos, las abuelas antes que las madres y así sucesivamente. No son sólo la nutrición y las enfermedades del presente los factores que determinan a la estatura de hoy en día; la historia también importa. Todo esto significa que la estatura promedio no es una medida sensible del bienestar.

El hecho de que los sudasiáticos sean tan pequeños es quizás la parte más informativa de todo el panorama. Dado que no tenemos datos históricos sobre las mujeres europeas, no sabemos qué tanto tenemos que retroceder para obtener las estaturas de los modernos indios. Sin embargo, los datos más recientes de la India incluyen a los hombres, y resulta que la estatura promedio de los hombres de la India nacidos en 1960

[33] *Cf.* Dean Spears, "How Much International Variation in Child Height Can Sanitation Explain?", 2012, http://www.princeton.edu/rpds/papers/Spears_Height_and_Sanitation.pdf.

era 164 cm: dos a tres centímetros más bajos de estatura que el europeo promedio en 1860, similar a las estaturas europeas en el siglo XVIII y sólo cinco centímetros más altos que las cifras más bajas en la literatura, 159 cm en el caso de los contemporáneos bosquimanos y de Noruega en 1761.[34] En Sikkim y Meghalaya, estados del noreste de la India, la estatura promedio de los hombres nacidos en 1960 es en realidad inferior a 159 centímetros.

Es posible que las privaciones en la infancia de los indios nacidos alrededor de la mitad del siglo pasado fueran tan severas como las de cualquier grupo grande en la historia, retrocediendo hasta la Revolución neolítica y los cazadores recolectores que la precedieron. La esperanza de vida en la India en 1931 era 27 años, lo cual también refleja privaciones extremas. Los indios, incluso en el siglo XX, vivían en una pesadilla malthusiana. Igual que en Malthus, la muerte y las privaciones frenaron el crecimiento de la población, pero las condiciones de vida eran terribles aun para los sobrevivientes. No sólo había alimentación insuficiente para mantener una buena salud, sino que a esta alimentación le faltaban importantes nutrientes. La mayoría de las personas se alimentaban con una dieta monótona de un solo cereal, suplementado por unos pocos vegetales, régimen al que le faltaba hierro y grasa adecuada. Toda la población tenía que ser baja de estatura para sobrevivir, aun con una esperanza de vida entre los 20 y 29 años, justo como era el caso de las poblaciones de Inglaterra en los siglos XVII y XVIII. El imperativo malthusiano sacrifica a más personas por personas de menor estatura.

La India está escapando de esta pesadilla hoy en día, pero aún tiene un largo camino por recorrer. Los niños indios aún se encuentran entre los más delgados y pequeños del planeta, pero son más altos y robustos que sus padres o sus abuelos, y los signos de hambre bruta, como el marasmo, ahora son raros de ver en las encuestas de nutrición. Ahora la población de la India también está aumentando de estatura, década tras década, aunque no tan rápidamente como sucedió en Europa o como, en efecto, está sucediendo hoy en día en China, donde la gente está creciendo al ritmo (ahora conocido) de un centí-

[34] *Cf.* Floud, Wachter y Gregory, *Height, Health, and History…*, *op. cit.*

metro cada década. No obstante, el escape indio sucede sólo a la mitad de este ritmo —cerca de *medio* centímetro por década—, y este dato es sólo para los *hombres;* las mujeres indias también están creciendo, pero a una tasa mucho menor, de manera que les toma 60 años crecer un centímetro.[35]

No sabemos por qué las mujeres de la India están progresando mucho menos que los hombres en materia de crecimiento; seguramente la razón está asociada con el patrón general de favorecer a los hijos en el norte de la India, aunque no se sabe exactamente cómo funciona esto. En el sur de la India, en Kerala y Tamil Nadu, que no tienen esta tradición de sesgo contra las mujeres, hombres y mujeres por igual están creciendo a la tasa estándar de un centímetro por década, pero en el norte las mujeres están creciendo más lentamente que los hombres, quienes a su vez están creciendo menos rápido que sus contrapartes en el sur. Una ironía de esta suerte de discriminación contra las mujeres es que se revierte contra los hombres, porque los hombres, al igual que las mujeres, tienen madres indebidamente pequeñas y desnutridas, lo cual compromete sus propias perspectivas de desarrollo físico y cognitivo.

En África, aunque las personas son más altas en promedio, en algunas partes las mujeres en realidad están *reduciendo* su estatura.[36] Aunque, como hemos visto, no siempre es cierto que las personas más ricas sean más altas, existe una fuerte correlación en el mundo entre el enriquecimiento y el incremento en la estatura. Esto es más obviamente cierto en Europa, y el crecimiento ha sido suficientemente prolongado como para que sea visible en la gráfica IV.5, pero también es cierto en la China moderna, en la India y en otras partes. Así que la razón más probable de que las mujeres africanas sean más pequeñas que sus madres es la disminución de los ingresos reales en África en los años ochenta y principios de los noventa.

[35] Véase Angus Deaton, "Height, Health, and Inequality: The Distribution of Adult Heights in India", *American Economic Review* 98, núm. 2, 2008, pp. 468-474.

[36] S. V. Subramanian, Emre Özaltin y Jocelyn E. Finlay, "Height of Nations: A Socioeconomic Analysis of Cohort Differences and Patterns among Women in 54 Low- to Middle-Income Countries", *PLoS ONE* 6, núm. 4, 2011, e18962.

Los pueblos del mundo no sólo están viviendo vidas más largas o se están enriqueciendo; las personas se están volviendo más altas y más fuertes, lo que acarrea varias consecuencias buenas que posiblemente incluyen un incremento en la habilidad cognitiva. Pero igual que en los casos de la mortalidad y el dinero, la distribución de los beneficios ha sido desigual. A las tasas que observamos actualmente, tomará siglos para que los bolivianos, guatemaltecos, peruanos o sudasiáticos sean tan altos como los europeos de hoy en día. Así que, aun cuando un gran número de personas ha realizado su escape, millones más se han quedado atrás, de lo que se deriva un mundo de diferencia en el cual la desigualdad es visible incluso en los cuerpos de las personas.

Segunda Parte

DINERO

V. BIENESTAR MATERIAL EN LOS ESTADOS UNIDOS

La longevidad comenzó a aumentar lentamente en el Reino Unido y posteriormente en el mundo desde mediados del siglo xviii. A medida que las personas escaparon de la enfermedad y de la muerte a temprana edad, los estándares de vida también mejoraron y, en gran medida, la salud y el nivel de vida avanzaron en paralelo. Las ideas de la Revolución científica y la Ilustración finalmente trajeron consigo una revolución en el bienestar material, así como una revolución en la extensión del tiempo de vida. Estas revoluciones paralelas, impulsadas por las mismas causas últimas, significaron vidas mejores y más largas para muchos, pero también crearon un mundo de diferencia a través de lo que el economista Lant Pritchett ha denominado de manera memorable "Divergencia en grande".[1] El crecimiento económico produjo mejores estándares de vida así como una reducción en la pobreza. Es difícil medir de una manera precisa cualquiera de estas dos variables —situación sobre la que tendré más que decir—, pero un estudio cuidadoso estima que el ingreso promedio de todos los habitantes del mundo aumentó entre siete y ocho veces de 1820 a 1992.[2] Al mismo tiempo, la fracción de la población mundial que vive en pobreza extrema disminuyó de 84 a 24%. Este incremento sin precedente histórico en los estándares de vida vino aparejado con grandes incrementos en la desigualdad de ingreso, tanto entre países como entre individuos dentro de los países. La *naturaleza* de la desigualdad también cambió. En el siglo xviii la mayor parte de la desigualdad sucedía *dentro* de los países, entre los ricos aristócratas terratenientes, por una parte, y la gente común, por otro. Hacia el año 2000, en contras-

[1] *Cf.* Pritchett, "Divergence, Big Time", *Journal of Economic Perspectives* 11, núm. 3, 1997, pp. 3-17.

[2] Véase François Bourguignon y Christian Morrisson, "Inequality among World Citizens: 1820-1992", *American Economic Review* 92, núm. 4, septiembre de 2002, pp. 727-744.

te, las brechas más grandes eran *entre* países, lo cual fue el resultado final de la divergencia "en grande". En contraste con la disminución de las brechas en longevidad que ya hemos visto, las brechas de los ingresos entre países no muestran trazas de que estén disminuyendo hoy en día.

Comienzo mi análisis del bienestar de los Estados Unidos enfocándome en los últimos 100 años. He escogido a los Estados Unidos porque su historia es dramática y porque ilustra los temas centrales de este libro. Cuando el bienestar mejora no todo el mundo se beneficia de igual manera, de suerte que con frecuencia (aunque no siempre) la mejoría ensancha las brechas entre las personas. El cambio, positivo o negativo, frecuentemente es injusto. Lo que sucede con la desigualdad importa no sólo por la manera en que hemos de juzgar el progreso —quién obtiene los beneficios y quién se queda atrás—, sino también porque la desigualdad tiene sus propios efectos. En ocasiones la desigualdad difunde el crecimiento, si es que muestra a otros la manera en que pueden beneficiarse de las nuevas oportunidades. Pero también puede cortar de raíz la mejora material y hasta amenazar con extinguirla totalmente. La desigualdad puede inspirar o incentivar a quienes se han quedado atrás a ponerse al corriente, generando mejoras para ellos y para otros, pero igualmente puede convertirse en algo tan severo, y las ganancias pueden concentrarse en las manos de tan pocos, que el crecimiento se ve aniquilado y el funcionamiento de la economía comprometido.

También he decidido empezar con los Estados Unidos porque los datos son buenos y fáciles de entender. Todo el mundo sabe qué es un dólar, no necesitamos convertir las monedas y podemos confiar en los datos que ofrece un sistema estadístico de primera clase. Ninguno de estos lujos estará a nuestra disposición cuando analicemos el mundo en su conjunto. De manera similar, cuando nuestro análisis retroceda en el tiempo las estadísticas serán más débiles y nuestra base de comparación más tenue. La comparación entre los siglos XXI y XIX es, en varios sentidos, tan difícil como la comparación entre dos países diferentes. Las personas son diferentes, las cosas en las que gastan su dinero son diferentes y las medidas de valor son diferentes: "El pasado es un país extranjero". La facilidad de trabajar con datos de los Estados Unidos me otorga un ambiente familiar en el que también puedo desarrollar algunos conceptos y tratar de clarificar lo que los economistas y los estadísticos quieren decir cuando hablan y tratan de medir el ingreso, la pobreza y la desigualdad.

Crecimiento económico en los Estados Unidos

El conocido concepto de producto interno bruto (PIB) es un buen punto de partida (aunque sería un punto final muy deficiente). La línea superior de la gráfica V.1 muestra lo que ha sucedido con el PIB per cápita de los Estados Unidos desde 1929, año en que empiezan las estadísticas modernas. El PIB es la medida de lo que produce una nación y es la base del ingreso nacional. Era sólo un poco más de 8 000 dólares per cápita anual en 1929, disminuyó a 5 695 dólares en 1933 durante las profundidades de la Gran Depresión y se incrementó —con algunos sobresaltos— a 43 238 dólares en 2012, un incremento de más de cinco veces desde 1929. Los datos quedan sujetos a corrección debido al incremento de los precios ocurrido a lo largo del tiempo, de modo que miden el *ingreso real* per cápita, calculado en dólares a precios de 2005. La cifra para 1929 significa que el ingreso nacional promedio en ese año, que era $805 dólares con base en los precios mucho más bajos de ese tiempo, habría sido equivalente a 8 000 dólares en 2009.[3]

Los sobresaltos en el PIB ocurren en momentos en que el progreso se frenó o se revirtió; con el paso del tiempo estos sobresaltos se han vuelto menos frecuentes o menos severos, siendo esto mismo una medida del progreso. La Gran Recesión que siguió a la crisis financiera de 2008 a duras penas se trasluce en esta historia, a pesar de la miseria que causó, especialmente entre los millones de personas que quedaron desempleadas y se mantienen desocupadas hasta el momento de escribir este libro. Después de 1950, la gráfica es casi una línea recta, lo cual significa una tasa de crecimiento constante de 1.9% anual o un poco más de 2% si nos detenemos en 2008.

[3] Estos datos y los de la gráfica V.1 provienen de http://www.bea.gov/iTable/iTable.cfm?ReqID=9&ste p=1#reqid=9&step=3&isuri=1&903=264.

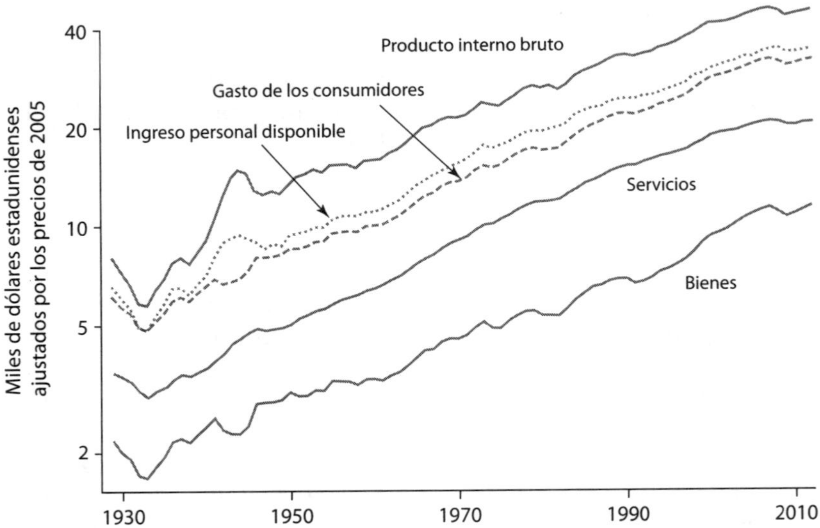

GRÁFICA V.1. *Producto interno bruto y sus componentes, 1929-2012.*

Aunque los datos varían conforme retrocedemos en el tiempo, la tasa de crecimiento del ingreso nacional per cápita no ha cambiado mucho durante el pasado siglo y medio. A una tasa de crecimiento de 2%, el ingreso se duplica cada 35 años, así que si cada pareja a los 35 años tuviera dos hijos, cada generación duplicaría los estándares de vida de sus padres. Para quienes estamos vivos hoy en día, esto nos parece el orden natural de las cosas, pero habría maravillado a nuestros antepasados, quienes por miles de años no vieron ningún progreso o vieron que el progreso se perdía en subsecuentes retrocesos. Por todo lo que sabemos, también podría sorprender a nuestros hijos y a nuestros nietos.

Como veremos, el PIB es un mal indicador del bienestar, pero incluso como medida del ingreso es limitado. Incluye ingreso generado en los Estados Unidos que les pertenece a los extranjeros; incluye ingresos en la forma de beneficios de las corporaciones no distribuidos (que finalmente pertenecen a los accionistas) así como superávits de los gobiernos federal, estatal y local. El *ingreso personal disponible,* la segunda curva superior, es la parte del ingreso nacional que queda disponible para las familias después de impuestos y de transferencias recibidas. Es mucho menor que el PIB, pero su evolución histórica de crecimiento y fluctuaciones es muy similar. Mucho de esto mismo vale, si nos fijamos bien, no para lo que las personas reciben, sino para lo que gastan. Éste es el *gasto de los consumidores,* la tercera curva. La diferencia entre el ingreso personal disponible y el gasto de los consumidores es la cantidad que ahorran las personas; la gráfica muestra que la fracción del ingreso que ahorran los estadunidenses ha estado disminuyendo, especialmente durante los últimos 30 años. No sabemos exactamente por qué ha sucedido esto; hay varias explicaciones posibles: es más fácil obtener préstamos que en el pasado; ya no es tan necesario, como lo fue alguna vez, ahorrar para invertirlo en una casa, un carro o un lavavajillas; la seguridad social quizás ha reducido la necesidad de ahorrar para el retiro; y el estadunidense promedio se benefició de los aumentos en el mercado de valores y en el precio de las casas… al menos hasta la Gran Recesión.

Las ganancias de capital pueden convertirse en dinero líquido y gastarse o pueden utilizarse para acumular riqueza aun cuando las personas no ahorren. En el léxico de los economistas el ahorro se define como la *diferencia* entre el ingreso y el consumo, que son por igual flujos de dinero por unidad de tiempo. La *riqueza* no es un flujo sino un *acervo,* el total en la contabilidad en un momento del tiempo. Aumenta con las ganancias de capital y decrece con las pérdidas de capital —muchos estadunidenses perdieron cerca de la mitad de su riqueza después de la crisis financiera de 2008—; también aumenta cuando las personas ahorran y disminuye cuando "desahorran" al gastar más de lo que ganan, por ejemplo, durante su retiro o en periodos temporales de desempleo.

La gráfica también muestra en qué gastan las personas su dinero, destino dividido en dos categorías amplias: bienes (más de un tercio del total en 2012) y servicios. Los dos puntos más grandes en la categoría de servicios son, por una parte, la vivienda y los servicios de electricidad, gas, agua, etc., en la actualidad equivalentes a cerca de dos billones de dólares anuales o 18% de los gastos totales de los consumidores, y, por otra, el gasto en salud, cerca de 1.8 billones de dólares, o 16% del total. Cerca de un tercio del gasto en bienes es en bienes durables —automóviles, muebles, electrónicos, etc.— y dos tercios en no durables —cosas como alimentos y ropa—. Hoy en día los estadunidenses gastan sólo 7.5% de su presupuesto en alimentos, o 13% si añadimos los gastos en los alimentos consumidos fuera de casa. Estos gastos son los objetos del bienestar material, y su crecimiento en la gráfica V.1 —y para el siglo previo— nos narra la historia de la creciente prosperidad material que ha acompañado al incremento en la extensión de la vida. La vida no es sólo más prolongada sino también mejor.

El bienestar material y sus mediciones —PIB, ingreso personal y consumo— han recibido mala prensa recientemente. Gastar más, se nos dice con frecuencia, no nos provee mejor vida, y las autoridades religiosas con regularidad nos advierten en contra del materialismo. Aun entre quienes estamos de acuerdo con el crecimiento económico hay varios críticos del PIB tal como se le define y mide en la actualidad. El PIB excluye actividades importantes como los servicios domésticos; no toma en cuenta el ocio; y con frecuencia mide mal las cosas que *están* incluidas en el PIB mismo. También incluye cosas que, se argumenta, deberían excluirse, como el costo de limpiar la contaminación o de construir prisiones o de transportarse al lugar de trabajo. Estos gastos "defensivos" no son buenos por sí mismos, pero lamentablemente son necesarios para realizar cosas que son buenas.[4] Si el crimen aumenta y gastamos más en prisiones, el PIB será mayor. Si ignoramos el cambio climático y gastamos más y más en limpiar y en reparar después de las tormentas, el PIB aumentará, no disminuirá; contabilizamos las reparaciones pero ignoramos la destrucción.

Notoriamente, el PIB guarda silencio respecto de quién obtiene qué; la gráfica V.1 nos dice que hay más productos al alcance, pero no nos dice quién se los apropia. Estos problemas de medición y definición son serios, y volveré a ellos. Quién obtiene qué es un asunto de primera importancia, y gran parte de este capítulo está dedicada a ello. No obstante, deseo empezar por defender la importancia de los estándares de vida ma-

[4] *Cf.* William D. Nordhaus y James Tobin, "Is Growth Obsolete?", en *Economic Research: Retrospect and Prospect,* vol. 5: *Economic Growth,* National Bureau of Economic Research, Cambridge, 1972, pp. 1-80.

terial y del crecimiento económico contra los argumentos de que contribuyen poco o nada al bienestar.

El crecimiento requiere inversión en cosas —más máquinas, más servicios básicos como carreteras o banda ancha— y en personas, que necesitan más y mejor educación. Es necesario adquirir y aumentar el conocimiento. Parte de esa extensión es producto de la nueva ciencia básica y parte proviene de la ingeniería que convierte a la ciencia en bienes y servicios, así como del incesante progreso y alteración del diseño que, a través del tiempo, convierte un Ford modelo T en un Toyota Camry o mi computadora personal de 1983, sobremanera grande y deslucida, en la suave, casi ingrávida e infinitamente más poderosa laptop en la cual estoy escribiendo este libro. La inversión en investigación y desarrollo aumenta el flujo de la innovación, pero las nuevas ideas pueden venir de cualquier parte; el cúmulo de conocimiento es internacional, no nacional, y las nuevas ideas se dispersan rápidamente desde los lugares donde se crean. La innovación también necesita empresarios y gerentes que corran riesgos para encontrar formas rentables de convertir la ciencia y la ingeniería en nuevos productos y servicios. Esto es difícil si no existen las instituciones correctas. Se requiere que los innovadores estén exentos del riesgo de expropiación, que las cortes legales funcionen para resolver las disputas y proteger las patentes, y que las tasas de impuestos no sean demasiado altas. Cuando todas estas condiciones se satisfacen conjuntamente —como ha ocurrido en los Estados Unidos durante un siglo y medio—, obtenemos crecimiento económico sostenido y estándares de vida más altos.

¿Es valioso tener cualquiera de estas cosas? Aún más allá de la cuestión de haber escapado de la pobreza y la privación, los nuevos bienes y servicios permiten que las personas hagan cosas que eran imposibles previamente, y estas nuevas posibilidades hacen que la vida sea mejor. Tomemos algunos ejemplos y pensemos en la vida antes de que estas cosas existieran. Un conjunto de aparatos domésticos liberan a las personas, especialmente a las mujeres, del desalmado trabajo rutinario. Lavar ropa solía ser una actividad desarrollada todo un día cada semana y en la que, con calentadores de carbón, se realizaba el tallado de la ropa, que luego era colgada para el secado y planchada. Un anuncio escocés de los años cincuenta del siglo pasado decía que un polvo mejorado para lavar "ahorraba carbón cada lunes". El agua entubada y un drenaje bueno ya eran bien conocidos por los romanos, pero se requirió un incremento de los ingresos para que estuvieran al alcance de todo el mundo. Más y mejores medios de transporte proveen libertad personal, amplían las opciones de lugares para vivir y permiten una nueva gama de actividades de esparcimiento, incluyendo más facilidades para pasar tiempo con los amigos y la familia, actividades enfatizadas con frecuencia por los antimaterialistas. La transportación aérea ha hecho que el país y el mundo sean accesibles para una gran parte de la población. Así, todos podemos estar en contacto con nuestros hijos y amigos todos los días, podemos desarrollar y disfrutar amistades cercanas con personas que viven a miles de kilómetros de distancia, y podemos disfrutar de la literatura contemporánea y clásica, de música y películas en cualquier momento y en cualquier lugar. Internet provee una cornucopia de información y entretenimiento, gratis en su mayor parte. Los nuevos tratamientos médicos —como las medicinas para la hipertensión documentadas en el capítulo IV— nos han dado más años para gozar de estas posibilidades, mientras que otros tratamientos —como el trasplante de cadera y las cirugías de cataratas— han reducido la morbilidad que impide a la gente aprovechar a plenitud estos avances. El hecho de que estemos pagando demasiado por el cuidado de la salud no contradice sus logros. Nadie niega que el crecimiento económico tenga efectos negativos colaterales, pero en términos netos es enormemente beneficioso.

Dependiendo del punto de vista de uno, esta narrativa —el recuento de las bondades de la innovación material— puede ser vista o bien como un lugar trillado y común o bien ni siquiera suficientemente como un lugar común. Pero en todo caso, la lista anterior de innovaciones revela justamente cuán inviables son las afirmaciones de que ninguno de estos avances contribuye al bienestar humano o de que deseamos estas cosas sólo porque nuestros vecinos las tienen.

¿Y qué decir de la evidencia de que, a pesar de todo el crecimiento documentado en la gráfica V.1, los estadunidenses no son más felices de lo que eran hace 50 años? ¿No contradicen estos hallazgos la idea de que el crecimiento económico es bueno? No necesariamente. Como vimos en el capítulo I, el preguntar a las personas si son felices o no arroja resultados muy diferentes de los que se obtienen cuando se les pregunta si están satisfechos o no con sus vidas; la gráfica I.7 mostró que los daneses y los italianos experimentan menos felicidad que los bengalíes o nepaleses, aun cuando piensan que sus vidas son mucho mejores. No sabemos cómo habrían respondido los estadunidenses si se les hubiera pedido que evaluaran sus vidas durante los últimos 100 años; no existen estadísticas. Es más importante que pensemos en la distribución del ingreso. Como veremos, en la gráfica V.1 el crecimiento económico sobreestima en gran medida lo que ha pasado con la familia estadunidense típica, especialmente desde mediados de los años setenta. El problema no es que hayan experimentado mucho crecimiento económico y que estén insatisfechos con ello, sino que han visto poco o ninguno. No es una sorpresa que no estén más felices con sus vidas.

El crecimiento del ingreso es bueno porque aumenta las oportunidades para que la gente tenga una buena vida. Dicho lo cual, también es importante reconocer qué información incluyen las mediciones de la gráfica V.1. El tiempo de ocio no se considera en modo alguno; si las personas deciden trabajar menos y dedicar más tiempo a cosas que valoran más que el trabajo, el ingreso nacional y el gasto de los consumidores disminuirán. Una razón de que el PIB per cápita francés sea menor que el estadunidense consiste en que los franceses toman vacaciones más largas, pero es difícil argumentar que como resultado de ello están peor. Tampoco se consideran los servicios que no se venden en el mercado, de manera que si una mujer trabaja en su hogar cuidando a su familia no se cuenta, pero si trabaja en otro hogar para cuidar a *otra* familia *sí* se contabiliza, y el ingreso nacional será mayor. Si el ocio mejora porque, por ejemplo, internet provee entretenimiento de calidad a bajo costo, no tenemos manera de contabilizar esos beneficios. Hay buenas razones (aunque algo técnicas) para hacer las cosas de esta manera, pero estos ejemplos muestran que considerar al PIB como un indicador de bienestar realmente es un problema.

El hecho de que durante los últimos 50 años haya habido

grandes cambios en la manera en que los estadunidenses asignan su tiempo es una razón para preocuparnos por esta manera de excluir el ocio. El más grande de los cambios es que ahora más mujeres trabajan —especialmente mujeres casadas con hombres altamente educados—. Si consideramos el ocio como algo bueno y el trabajo como algo malo, estas mujeres están peor debido al ocio que han perdido. Para algunas mujeres —las que están obligadas a tomar un segundo o un tercer trabajo mal pagado para satisfacer sus necesidades estirando el gasto— esta afirmación tiene sentido, y si contabilizamos el ingreso extra e ignoramos la pérdida de tiempo libre, estaremos sobreestimando su bienestar. Pero para varias mujeres poder trabajar fuera del hogar es una felicidad de la que no disponían hace medio siglo. Debemos tener cuidado asimismo de no contabilizar el "ocio" de los desempleados como un beneficio. Quienes han perdido su empleo no están *escogiendo* pasar más tiempo en casa, y diversos estudios han documentado que las personas desempleadas se encuentran entre los más insatisfechos con sus vidas. Así, los datos de la gráfica V.1 no mejorarían mediante ningún ajuste mecánico basado en el valor del ocio.

Aproximadamente dos tercios de los estadunidenses viven en casas propias y no pagan renta. Sin embargo, reciben un servicio valioso —el de vivir en sus casas sin pagar renta— y los responsables de las cuentas nacionales le otorgan un valor a esto en los rubros de gasto de los consumidores, en el ingreso personal disponible y en el PIB. En efecto, estos contadores han decidido que quienes vivimos en casas propias nos pagamos una renta a nosotros mismos e incluyen esta enorme cantidad (1.2 billones de dólares en 2011) tanto en nuestro ingreso como en nuestro gasto. El gobierno británico solía gravar con impuestos "reales" este ingreso "imaginario" como parte del sistema de impuestos al ingreso; recuerdo que cuando mi padre, persona apegada a la ley y ecuánime, recibía la cuenta de los impuestos a pagar montaba en una cólera no característica en él en contra del gobierno. Los contadores están en lo correcto cuando incluyen estas cantidades —aunque es probable que el gobierno sea inteligente al no tratar de gravarlas hoy en día—, pero esta y otras "imputaciones" hechas al ingreso introducen una cuña entre la manera en que las personas perciben sus ingresos y el modo en que los contadores nacionales los consideran. El ingreso personal y los gastos también incluyen las cantidades que el gobierno paga por la seguridad social a nombre de los consumidores, pero, por oscuras razones técnicas, estas cuentas *no* incluyen lo que el gobierno paga por educación a nombre de los mismos consumidores.

Si un político le dice a uno: "Nunca te había ido tan bien" y si uno responde: "No lo creo; simplemente no lo veo", es improbable que uno acepte la explicación de que está mejor ¡porque la renta que uno se paga a sí mismo ha aumentado, o porque el gobierno esté pagando más seguridad social para los adultos!

Los gastos en seguridad social son casi tan grandes como los gastos en vivienda, y medir el valor de la seguridad social es aún más difícil. Conocemos sus *costos,* pero los beneficios que provee son inciertos y difíciles de valuar. Si la seguridad social se vendiera en el mercado como las latas de atún o los iPads, podríamos valorarla por lo que los consumidores pagan por ella. Pero la seguridad social la pagan en su mayor parte las compañías de seguros o el gobierno, lo cual no nos dice nada acerca de cómo la valoran las personas que la reciben. Los contadores nacionales, a falta de otra opción, la miden por lo que cuesta. Quienes opinan que la seguridad social vale más que cada centavo que cuesta argumentan que esto subestima su contribución, mientras que quienes enfatizan la ineficiencia del sistema argumentan lo contrario. En lo único que hay acuerdo es en que el valor de la seguridad social se mide mal.

Mi explicación de las bondades del crecimiento económico otorgó gran importancia a los nuevos bienes. Sin embargo, varios economistas piensan que el valor de los nuevos bienes, especialmente el de los radicalmente nuevos, no se contabiliza completamente en las cuentas nacionales. Lo mismo vale para los progresos en la calidad de los bienes existentes —las camisas que no necesitan plancharse, los teléfonos que pueden identificar la voz, los autos más seguros o las computadoras más veloces—. Los contadores nacionales toman en cuenta todas estas cosas, pero nadie cree que sepamos exactamente cómo medirlas. Algunos economistas argumentan que el crecimiento económico consistía principalmente en producir *más* cosas

—más casas, más faldas y camisas, más mesas y sillas—, mientras que hoy en día consiste principalmente en producir *mejores* cosas. Pero la medición de "mejor" es mucho más difícil que la de "más", de suerte que al menos es posible que los estadísticos estén soslayando más y más conforme pasa el tiempo. Quizá la mayoría de los economistas piensa que los números contenidos en la gráfica V.1 tienden a subestimar el considerable grado de bienestar de las personas en los Estados Unidos, aunque nadie ha dado con una manera convincente de corregir esto. Pero no todos los bienes y servicios ahora son mejores que antes. Las operaciones bancarias son mejores desde que los cajeros automáticos remplazaron las visitas a los cajeros personales dentro de las sucursales, pero es difícil creer que el crédito depredador y engañoso que condujo a la reciente crisis financiera haya beneficiado a los clientes de los bancos.

La manzana dorada del progreso material contiene un gusano que es igualmente evidente en la gráfica V.1: el progreso promedio está disminuyendo, de modo que la brecha entre padres e hijos no es lo que solía ser. Si observamos atentamente el trazo del PIB y comparamos su pendiente antes y después de 1970, podemos ver su declive, aun si ignoramos los últimos años de la Gran Recesión. El declive resulta más claro en números: en la década de 1950 a 1959 el PIB per cápita creció 2.3% al año; en los años sesenta creció 3.0%; en la de los años setenta, 2.1%; en los años ochenta, 2.0%; en los años noventa, 1.9%, y en la primera década del siglo XXI, sólo 0.7% al año. Aun si excluimos los años 2008 y 2009 del último dato, obtenemos sólo 1.6%. La diferencia entre 3.0 y 1.6% podría parecer no muy dramática, pero el poder del crecimiento compuesto significa que, durante una generación de 25 años, se trata de la diferencia entre estándares de vida que crecen más de dos veces y estándares de vida que crecen menos de 50%. Una economía en expansión significa que hay más para cada persona (al menos potencialmente), y cuanto más rápido crece el pastel, menos difíciles son los conflictos de su distribución; cada uno puede obtener más sin que otro obtenga menos.

El declive parece suficientemente real, pero si es cierto que estamos soslayando una parte de los progresos derivados de tener mejores bienes y servicios, podríamos estar exagerando su dimensión o incluso viendo un declive donde no lo hay. Debido a que los servicios representan una parte creciente del PIB total y debido a que estos servicios representan la variable más difícil de medir, los contadores nacionales podrían estar soslayando cada vez más cosas conforme pasa el tiempo. Lo mismo vale para todos los nuevos bienes electrónicos y los relacionados con internet, disponibles sólo en tiempos recientes, y cuyos beneficios casi seguramente no están incluidos del todo en las estadísticas. Ciertamente la seguridad social es más eficaz, y la creciente longevidad asociada con ella no está valuada en ninguna parte en la contabilidad. No obstante, afirmar esto también implica ver los problemas que podrían surgir de una corrección imprecisa. Como vimos en el capítulo IV, parte del progreso en la longevidad ha derivado de la seguridad social, pero una parte mayor ha resultado del cambio de conducta, como el caso de las personas que abandonaron el tabaquismo. De modo que si asignamos un valor a los años adicionales de vida —en sí mismo un cálculo difícil y controvertido— y atribuimos todos esos años a los gastos en seguridad social, podemos fácil pero *incorrectamente* incrementar la tasa de crecimiento del PIB. Una vez más, es probable que la cura estadística sea peor que la enfermedad estadística. Aun así, el problema de la subestimación no está próximo a desaparecer, y reaparecerá varias veces en este capítulo.

Pobreza en los Estados Unidos

La manera en que el más lento crecimiento del PIB ha afectado a las personas de más bajos ingresos puede apreciarse analizando el número de personas en situación de pobreza. La gráfica V.2 muestra las tasas de pobreza oficiales publicadas cada año por la Oficina del Censo. La línea gruesa y oscura situada abajo muestra el porcentaje de todos los estadunidenses que viven en la pobreza; tras comenzar en 22% en 1959, disminuye a 11% en 1973 y después fluctúa alrededor de una tendencia ligeramente creciente. En 2010, 15% de la población era pobre, aproximadamente 2.5 puntos porcentuales más que antes de la crisis financiera. Hay mucho que criticar de la manera en que se construyeron estos datos, pero a primera vista existe una contradicción sorprendente entre el panorama *positivo* de progreso de la gráfica V.1 y el panorama *negativo* de pobreza de la gráfica V.2, especialmente después de la disminución del crecimiento económico que empezó en 1970. La economía no dejó de crecer después de 1973; el ingreso por persona creció más de 60% entre 1973 y 2010. No obstante, nada de este crecimiento alteró la tasa de pobreza. Dondequiera que haya ido a parar el incremento en los ingresos, no benefició a quienes están clasificados oficialmente como pobres. Y aunque existen las dificultades de medición usuales —los ingresos que entran en las estadísticas de pobreza no se definen de la misma manera que los ingresos que se contabilizan en el PIB—, ésa no es la explicación de que el crecimiento económico no haya eliminado la pobreza.

Las tasas de pobreza son distintas para los diferentes grupos, especialmente antes de mediados de los años setenta. Los afroamericanos y los hispanoparlantes (no incluidos en la gráfica) tienen (por mucho) las tasas de pobreza más altas hoy en día, y los ancianos las más bajas, aunque las tasas de pobreza para los tres grupos han disminuido dramáticamente, en particular en los primeros años. Con frecuencia, se menciona que la reducción de la pobreza entre los ancianos es uno de los triunfos más grandes del Programa de Seguridad Social en su fase madura, que garantiza pagos ajustados a los precios para las personas de 65 años y más. Los niños tienen más probabilidad de ser pobres que los adultos; igual que otros grupos y que la población en su conjunto, ellos han experimentado poca o ninguna reducción en las tasas de pobreza durante los últimos 30 años. Nótese que la gráfica muestra los *porcentajes* de personas que son pobres, de modo que, debido a que la población está creciendo, el *número* de gente pobre aumenta más rápidamente que la tasa de pobreza. En realidad, en 2011 había 46.2 millones de estadunidenses en pobreza, 6.7 millones más que en 1959.

Es conveniente preguntarnos si estos números, que muestran una pobreza creciente o, en el mejor de los casos, estancada en una economía en crecimiento, son creíbles o si hay algún error en los cálculos. De hecho, hay buenas razones para preocuparnos de la manera en que se califica a las personas como pobres. Aunque la idea básica es muy simple, su implemen-

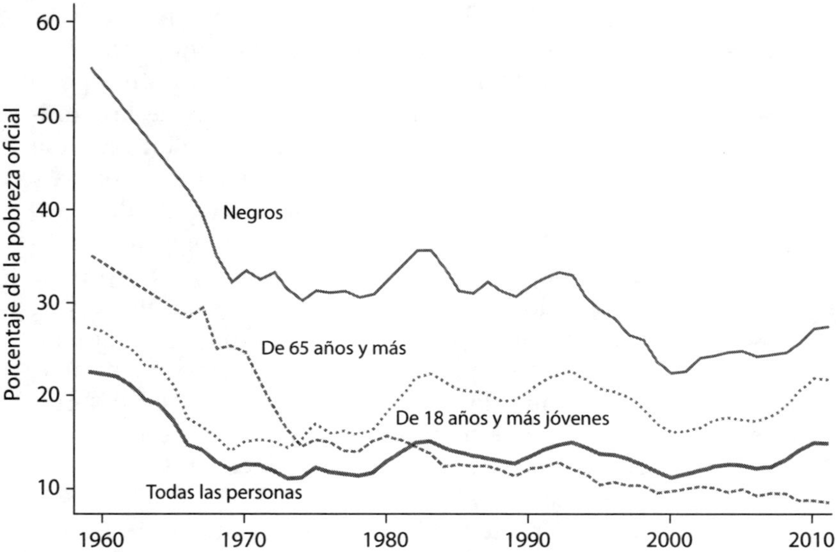

GRÁFICA V.2. *Tasas de pobreza, 1959-2011.*

tación no lo es. Entre los problemas más difíciles se hallan la selección de la línea de pobreza y su actualización en el tiempo.

La línea de pobreza en los Estados Unidos la estableció, entre 1963 y 1964, Mollie Orshansky, una economista que trabajaba en la Administración de Seguridad Social. Mollie calculó la cantidad mínima necesaria que tenía que gastar en alimentos una familia de cuatro miembros —dos adultos y dos niños—, y luego multiplicó esa cantidad por tres con base en el criterio de que una familia típica gastaba cerca de un tercio de su ingreso en alimentos. El resultado que obtuvo fue de 3165 dólares en 1963. Este dato fue adoptado oficialmente como la línea de pobreza de los Estados Unidos en agosto de 1969; desde entonces no ha cambiado, exceptuando los ajustes por cambios en los precios. En 2012 el valor de esta línea de pobreza era 23283 dólares. En realidad, mantener la línea de pobreza fija de esta manera es muy extraño; ¿por qué no mantener el procedimiento original y rehacer el cálculo de Orshansky para cada año subsecuente? En lugar de esto, se ha mantenido la línea de pobreza de 1963, sólo ajustándola por la inflación.

La derivación "científica" de la línea de pobreza de Orshansky —basada en la superficialmente sensata y retóricamente atractiva idea de necesidades nutricionales— era poco más que una cortina de humo. Los economistas de la administración de Johnson, que se preparaban para lo que sería la Guerra contra la Pobreza, necesitaban una línea de pobreza y utilizaron la cifra de 3 000 dólares porque parecía un dato juicioso. La tarea de Orshansky fue suministrar algo más fácilmente defendible que un número sacado del aire. Su primer cálculo, y el preferido, fue un poco más de 4 000 dólares y se basó en el "plan de alimentos de bajo costo" del Departamento de Agricultura. Otro "plan de alimentos de la economía" más restrictivo produjo la línea de pobreza de 3 165 dólares, que se adoptó no porque fuera más rigurosa o porque tuviera mejores bases científicas, sino ¡porque se encontraba más cercana al dato original de 3 000 dólares![5]

Esta historia no pretende ilustrar la perfidia de los economistas de la administración de Johnson y menos aún impugnar la integridad científica de algún distinguido funcionario público. El punto es que los burócratas estaban en lo correcto: es necesario que la línea de pobreza tenga sentido y que sea aceptable para el público y para los que hacen la política económica. De hecho, las encuestas Gallup de la época preguntaban a las personas su opinión sobre cuál debía ser la línea de pobreza y la respuesta típica era 3 000 dólares.[6] La retórica de los alimentos era (y continúa siendo) conveniente porque las personas tienden a igualar la pobreza con el hambre, y quizás estén más de acuerdo con las transferencias a los pobres cuando piensan que están haciendo transferencias a los pobres que no tienen suficiente para comer. Los cálculos basados en la nutrición hacen que la línea de pobreza parezca una línea de "expertos", aunque en verdad no hay expertos en lo que "necesita" una familia pobre... excepto quizás una familia pobre.

En 1963, fecha en que se trazó la línea de pobreza, resultó conveniente que la retórica y la realidad dieran la misma res-

[5] *Cf.* Gordon M. Fisher, "The Development and History of the Poverty Thresholds", *Social Security Bulletin* 55, núm 4, 1992, http://www.ssa.gov/history/fisheronpoverty.html.

[6] Véase Connie F. Citro y Robert T. Michael, *Measuring Poverty: A New Approach,* National Academy Press, Washington, D.C., 1995.

puesta, pero años más tarde resultó menos conveniente, cuando se empezaron a dar diferentes respuestas derivadas de distintos enfoques sobre la forma de actualizar la línea en cuestión. Si el procedimiento de Orshansky era el correcto, se debió haber recalculado la línea de pobreza cada año con base en un nuevo plan económico de alimentos y un nuevo multiplicador. Si preferimos el procedimiento de Gallup, el cálculo se debe actualizar utilizando lo que la gente piensa que debe ser dicha línea. (Mi procedimiento favorito es el de Gallup: si vamos a catalogar a las personas como pobres y tratarlas de manera diferente porque son pobres, por ejemplo dándoles subsidios alimenticios, la opinión del público en general —cuyos impuestos se usan para ese propósito— debe tener algo que ver con la definición de la línea de pobreza.) De hecho, no se siguió ninguna de estas opciones. Al margen de algunos ajustes técnicos menores y de ajustes por incrementos de precios, la línea actual es la misma elegida por Orshansky —o al menos por los economistas de Johnson— en 1963. Si el procedimiento de Orshansky se hubiera actualizado —medida por la que ella abogó a lo largo de los años—, la línea de pobreza habría aumentado y sería mucho más alta de lo que en realidad es hoy en día. Las encuestas Gallup también muestran que la gente piensa que la línea de pobreza *debió* haberse incrementado, muy en consonancia con los incrementos en los salarios reales. De cualquier manera, debió haber aumentado con el tiempo, y las tasas de pobreza habrían aumentado *más rápidamente* de lo que en realidad sucedió. Seguramente es difícil argumentar que el fracaso de la economía estadunidense para reducir la pobreza más rápidamente es una consecuencia de la actualización inadecuada de la línea de pobreza; más bien, lo contrario es cierto.

La línea de pobreza estadunidense ha devenido en lo que se conoce como una línea de pobreza *absoluta*: una línea que estipula una cantidad fija de dinero necesaria para escapar de la pobreza, y que sólo se actualiza por cambios en los precios. No depende de lo que otras personas obtienen ni de los estándares prevalecientes de la economía. Una línea de pobreza absoluta tiene mucho sentido cuando existe una canasta de bienes bien definida de lo que las personas necesitan para sobrevivir. La línea de pobreza es, entonces, exactamente el costo de esa canasta y no necesita actualizarse a través del tiempo, excepto para tomar en cuenta los cambios de precios de modo que siempre se pueda adquirir dicha cesta. Este enfoque podría tener algún sentido para los países pobres de África o de Asia del Sur, pero las familias pobres estadunidenses de ahora se encuentran lejos de este tipo de subsistencia, y tampoco *requerían* 3 165 dólares para sobrevivir en 1963. La realidad de la pobreza en los Estados Unidos consiste en no tener lo suficiente para participar de manera plena en la sociedad; consiste en que las familias y sus hijos no son capaces de llevar una vida decente junto a sus vecinos y amigos. No ser capaz de satisfacer esos estándares sociales de decencia es una privación *absoluta,* pero para evitar esta privación absoluta se requiere una cantidad de dinero que es relativa en el sentido de que debe ajustarse a los estándares locales.[7] En países ricos como los Estados Unidos es muy difícil justificar otra cosa que no sea una línea de pobreza *relativa.* Y una línea relativa significa que, comparados con la de 1963, el nivel y la tasa de crecimiento de la pobreza están siendo subestimados.

En un mundo en que los estándares generales de vida están aumentando, una línea de pobreza absoluta significa que los pobres están cayendo cada vez más y más por debajo de la mayor parte de la sociedad. En los Estados Unidos, como en otras partes, la línea de pobreza se utiliza como un estándar de elegibilidad para un conjunto de beneficios y subsidios, y si no se actualiza de acuerdo con el progreso general, en realidad los beneficios se restringen cada vez más conforme transcurre el tiempo.

El fracaso para actualizar la línea de pobreza es uno de los tantos errores de la medición de la pobreza en los Estados Unidos. Otro error consiste en que las estadísticas oficiales utilizan el ingreso *antes* de los impuestos y subsidios para determinar si la gente es pobre. Éste es un defecto paralizante. Los diversos programas del gobierno para aliviar la pobreza, incluyendo las estampillas de alimentos (oficialmente el Programa de Acción de Nutrición Suplementaria, o SNAP por sus siglas en inglés), así como las ayudas en efectivo pagadas a

[7] *Cf.* Amartya K. Sen, "Poor, Relatively Speaking", *Oxford Economic Papers,* 35, núm. 2, 1983, pp. 153-169.

través del sistema tributario, son ignorados. Esto tiene la consecuencia absurda de que semejantes políticas, sin importar cuán efectivas sean para reducir la pobreza *real,* no pueden reducir la *medición* de la pobreza. Aun si una administración imaginativa y efectiva lograra *eliminar* la pobreza a través de esas estrategias, la contabilidad oficial no lo mostraría. Esta falla es más que una posibilidad teórica. Cálculos mejores muestran que el aumento en la tasa de pobreza total posterior a 2006 (aunque no los aumentos anteriores) habría sido mucho menor si se hubiera utilizado una medida más inclusiva del ingreso. Una vez más, esta falla no debería atribuirse a los estadísticos de la Oficina del Censo; el problema se ha comprendido desde hace mucho tiempo y la Oficina del Censo ha sido líder en el desarrollo de mejores medidas.[8] El problema es que los procedimientos originales no tomaron en cuenta los subsidios o los créditos fiscales porque no existían en 1963, y muy poca gente pobre pagaba impuestos, de manera que al principio los errores no tenían consecuencias. Años más tarde, la política vino a dominar las cosas. Es difícil cambiar el procedimiento de contar a los pobres —aun cuando se trata de corregir un error que todo mundo acepta— sin que se abra una caja de Pandora donde se albergan asuntos difíciles, controvertidos y profundamente partidistas... y pocas administraciones han demostrado interés en esta tarea.

¿Qué podemos decir sobre las tasas de pobreza en los Estados Unidos desde fines de los años cincuenta? Sabemos mucho sobre la distribución del ingreso en los niveles más bajos, así que aunque la línea de pobreza oficial esté equivocada, de cualquier manera podemos ver qué fue lo que sucedió. Sin duda la disminución en la pobreza general desde 1959 hasta mediados de los años setenta fue real, como lo fue el particularmente rápido progreso entre los ancianos y entre los afroestadunidenses. Tampoco hay duda de que el progreso disminuyó o se frenó después de mediados de los años setenta. Para quienes piensan que una línea de pobreza fija es lo correcto, como en el caso de las mediciones oficiales, las tasas de pobreza se han estancado, a pesar del sustancial crecimiento económico en el periodo.

[8] La Oficina del Censo tiene un sitio web que incluye las medidas experimentales: http://www.census.gov/hhes/povmeas/.

Una ruta de escape de esta conclusión negativa es argumentar, una vez más, que se está subestimando el progreso porque las estadísticas no capturan adecuadamente las mejoras de calidad y los nuevos productos. Eso significaría que se está sobreestimando la inflación, porque parte del incremento en los precios proviene de cosas mejores, no sólo de cosas más caras. Si es así, la línea de pobreza se está elevando demasiado rápido, y una proporción creciente de los pobres no es para nada pobre. Si aceptamos este argumento —y no hay manera de saber cuánto se están beneficiando los pobres de estas mejoras en calidad no medidas—, podríamos estar ganando la guerra contra la pobreza, después de todo.[9] En la misma dirección opera la falla de la medida oficial para incorporar los impuestos y las transferencias diseñadas para beneficiar a los pobres. Proceder de esta manera no sólo modera los leves incrementos durante las recesiones, como hemos visto para el caso de la reciente recesión, sino que también habría desembocado en una disminución más grande de la pobreza a largo plazo.[10]

Sin embargo, si uno cree, como yo, que la línea de pobreza debería elevarse con los estándares de vida de los hogares típicos de la población, entonces las tasas de pobreza han aumentado en las últimas cuatro décadas, en absoluto contraste con el crecimiento de la economía promedio. De manera general, el crecimiento económico de los Estados Unidos en la posguerra fue compartido ampliamente hasta los años setenta. Desde entonces este crecimiento ha sido más lento, y ya no lo han compartido las personas que se encuentran en los niveles más bajos de la distribución. La historia de la posguerra se divide en dos periodos: uno con crecimiento relativamente rápido y ampliamente compartido, y otro con crecimiento más lento acompañado de una creciente brecha entre los pobres y el resto de la población.

La medición de la pobreza en los Estados Unidos tiene

[9] *Cf.* Bruce D. Meyer y James X. Sullivan, "Winning the War: Poverty from the Great Society to the Great Recession", *Brookings Papers on Economic Activity* 45, núm. 2, otoño de 2012, pp. 133-200.

[10] Véase David S. Johnson y Timothy M. Smeeding, "A Consumer's Guide to Interpreting Various U.S. Poverty Measures", *Fast Focus* 14, Institute for Research on Poverty, University of Wisconsin at Madison, 2012.

mucho en común con la de otros países, incluyendo la medición de la pobreza mundial. La selección de la línea de pobreza casi siempre es controvertida, y con frecuencia existen cuestiones técnicas —y menos visibles públicamente— de cómo definir y medir el ingreso. La cuestión de cómo actualizar las líneas de pobreza es difícil, en parte debido a diferencias filosóficas y políticas, pero también porque modificar la calificación de quién es pobre con frecuencia implica cambios en los beneficios, a partir de lo cual algunos ganan y otros pierden. Y cualquier cambio en la manera en que se calcula la pobreza —incluso el cambio diseñado para corregir un error obvio y universalmente reconocido, como el no contabilizar las estampillas de alimentos— provocará oposición política. Las estadísticas de pobreza son parte de un aparato de Estado diseñado para gobernar, para redistribuir el ingreso y para tratar de impedir que la gente caiga en la indigencia frente al infortunio; son parte de la maquinaria de justicia. Su existencia marca la aceptación por parte del Estado de la responsabilidad para combatir la pobreza y eliminar sus peores consecuencias. Estas estadísticas permiten a los Estados "ver" la pobreza, y son parte del aparato que da pie a lo que el politólogo James Scott ha llamado, de manera memorable, "ver como un Estado".[11] Como siempre, así como es difícil gobernar sin medición, no hay medición sin política. La raíz "estad" en la palabra "estadísticas" no está ahí por accidente.

Distribución de los ingresos en los Estados Unidos

La evolución del ingreso puede verse desde tres diferentes perspectivas: crecimiento, pobreza y desigualdad. El crecimiento se refiere al promedio y a sus cambios, la pobreza se refiere a los de abajo y la desigualdad se refiere a cuán ampliamente se distribuyen los ingresos entre las familias o las personas. La distribución se mide frecuentemente con el *coeficiente de Gini*, llamado así en honor a Corrado Gini, economista italiano que trabajó durante la primera mitad del siglo xx. El coeficiente

[11] Véase James C. Scott, *Seeing Like a State: How Certain Schemes to Improve the Human Condition Have Failed,* Yale University Press, New Haven, 1999.

de Gini, o simplemente el Gini, es un número que varía entre 0 (equidad perfecta: todos obtienen lo mismo) y 1 (desigualdad perfecta, donde una persona obtiene todo). Mide qué tan lejos del promedio se encuentran las personas. (Si uno quiere conocer realmente los detalles de esto, es la diferencia promedio en ingreso entre todos los pares de personas divididos entre dos veces el ingreso promedio. Si existen dos personas, y una tiene todo, la diferencia entre ambas es dos veces la media, y el Gini es igual a 1. Si ambos tienen lo mismo, la diferencia es 0, y el Gini también es 0.)

El coeficiente de Gini se mantuvo aproximadamente constante desde fines de la segunda Guerra Mundial hasta mediados de los años setenta, y desde entonces ha aumentado; esto también fue cierto para el caso de la participación en el ingreso del 10% más alto, y vale tanto para los ingresos antes y después de impuestos. El ingreso promedio ha aumentado mientras que los ingresos más bajos se han estancado, y esto puede suceder sólo si los ingresos de los no pobres han ensanchado vertiginosamente su distancia respecto de los ingresos de los pobres. Esta descripción es correcta, pero no es muy útil para explicarnos qué es lo que ha estado ocurriendo o por qué. En lugar de esto, necesitamos analizar todos los ingresos, de dónde provienen y las fuerzas que les han estado dando forma; han estado sucediendo más cosas que las que pueden resumirse en dos o tres estadísticas. Los ingresos de los estadunidenses pueden concebirse como un amplio río cuya tasa promedio de flujo nos dice poco acerca de lo que sucede en un extremo o en el otro, en los remolinos o en las pozas estancadas.

La gráfica V.3 comienza por mostrar lo que ha pasado con los ingresos promedio en varios puntos de la distribución. La Oficina del Censo calcula estos números a partir de una encuesta anual que interroga a las familias sobre sus ingresos en el año previo; los últimos números que se muestran provienen de más de 87 000 familias encuestadas en marzo de 2011, a quienes se les interrogó sobre sus ingresos en 2010. La gráfica muestra los ingresos promedio de las familias (ajustados por la inflación a los precios de 2010 y en una escala logarítmica) en cada quintil de la distribución del ingreso. La línea superior muestra los ingresos promedio del 5% más alto de las familias. El ingreso promedio de las familias ubicadas en este

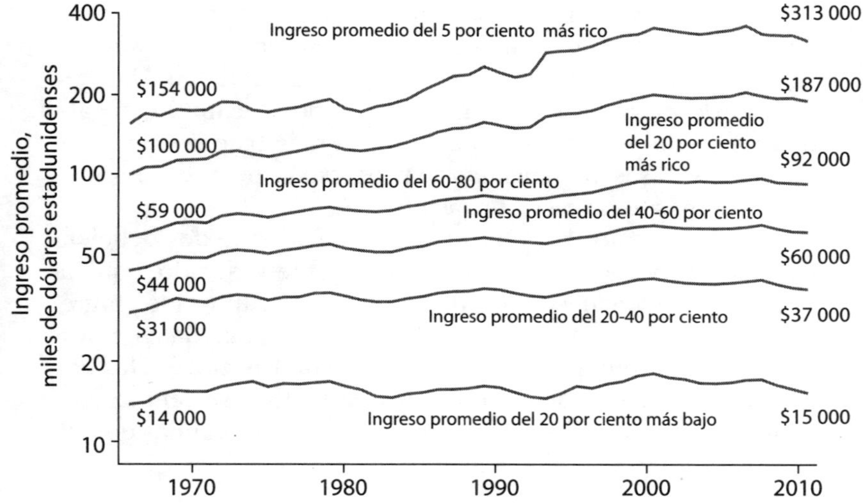

GRÁFICA V.3. *Distribución del ingreso de las familias en los Estados Unidos.*

5% más alto fue 11 veces el ingreso promedio de las familias del 20% más bajo en 1966. En 2010 esta razón había aumentado 21 veces. Todos estos números son antes de impuestos y subsidios y no incluyen los ítems —por ejemplo, gran parte de la seguridad social— que el gobierno provee a los hogares; como veremos, algunas de estas omisiones son importantes. Esos ítems *están* incluidos en los datos de ingreso de la gráfica V.1, lo cual constituye una de las razones por las que pinta un panorama un poco más color de rosa que la gráfica V.3.

La gráfica muestra uno de los principales hechos acerca de la distribución del ingreso de las familias desde fines de los años sesenta. Todas las familias compartieron la creciente prosperidad hasta mediados o finales de los años setenta. Desde entonces, se ha profundizado la brecha entre los ingresos de las familias. Como ya sabemos gracias a los datos de pobreza, el quintil más bajo de las familias ganó muy poco. El crecimiento de su ingreso promedio fue menor a 0.2% al año durante los pasados 44 años y, aun antes de la recesión, su ingreso real no fue mayor que el de fines de los años setenta. En contraste, los ingresos promedio del quintil más alto crecieron más rápidamente, 1.6% al año, aunque no tan rápidamente como los ingresos del 5% más rico, que crecieron 2.1% al año. Una vez más, si desplegáramos el argumento sobre el cambio en calidad no medido, el progreso del quintil más bajo sería mayor, aunque las tasas *diferenciales* de progreso entre el quintil más bajo y el más alto no se afectarían.

Como veremos más tarde, esta gráfica tiene dos deficiencias: no retrocede en el tiempo lo suficiente y, debido a que la muestra de la encuesta es muy pequeña, no captura los ingresos de los muy ricos. Es poco probable que Bill Gates o Warren Buffett estén incluidos en la encuesta. Discutiré estas dos deficiencias más tarde, pero por el momento deseo enfocarme en los últimos 40 años y en el amplio sector de familias que no ganan millones de dólares al año.

La desigualdad en el trabajo y en acción

El mercado de trabajo es un buen punto de partida para analizar los ingresos; la mayoría de las familias obtiene su ingreso de lo que las personas ganan, de suerte que los empleos y los salarios ejercen un profundo efecto en sus ingresos. Pero el mercado de trabajo es sólo un factor que determina lo anterior. Existen muchas personas —quienes se dedican a las actividades domésticas, jubilados, niños, desempleados o discapacitados— que no tienen ingresos y para su subsistencia dependen de otros miembros de su familia, de pensiones o del gobierno. Algunas personas tienen negocios de los que perciben ingresos, y éstos en parte son compensaciones por el trabajo y en parte rendimientos de capital invertido. Algunas otras personas reciben ingresos del capital, dividendos e intereses de la riqueza que ellos, sus padres o sus abuelos acumularon en el pasado.

Muchas familias tienen más de una persona que recibe un ingreso, así que el modo de vida en común que siguen estas personas determina la manera en que esos ingresos individuales se convierten en los ingresos de la familia. Éste es el efecto de las *características demográficas* en la distribución de los ingresos. Un mundo en el que los hombres trabajan y las mujeres no trabajan es diferente de otro en donde las "parejas investidas de poder" ganan por igual salarios elevados; la demografía cambiante ha sido parte de la historia de la creciente desigualdad. La política del gobierno también es importante. Los gobiernos nacionales y locales deciden cuánto del ingreso se grava con impuestos, establecen las reglas de la seguridad social (pensiones estatales) y de gran parte del cuidado de la salud, además disponen y aplican una multitud de reglas y regulaciones que afectan las operaciones de las empresas y de los mercados de trabajo. La política resuelve los conflictos sobre lo que obtiene cada quien, y el gobierno es un campo de batalla de los habitantes, así como de los grupos de interés y los cabilderos que luchan por incrementar las participaciones de sus clientes. Los cambios en el tamaño y el poder de estos grupos —los sindicatos, los ancianos, los inmigrantes y hasta los prisioneros— han dado forma a la manera en que han evolucionado los ingresos en los Estados Unidos. Todo esto ocurre en el contexto de una tecnología, un comercio internacional, una migración y normas sociales cambiantes.

La distribución del ingreso no puede reducirse sólo a un mecanismo, tal como la oferta y la demanda en el mercado de trabajo, ni puede medirse con un solo rasero de desigualdad como el coeficiente de Gini. Es el resultado de varios procesos diferentes que operan de manera conjunta. La historia es importante, como lo son el mercado, la política y la demografía.

Jan Tinbergen, uno de los dos economistas que compartieron el primer Premio Nobel de Ciencias Económicas, concibió la distribución del ingreso en evolución, no como podría haberse concebido en el pasado, como una batalla entre el trabajo y el capital, sino como una carrera entre el desarrollo tecnológico y los aumentos en la escolaridad.[12] Los economistas de Harvard Lawrence Katz y Claudia Goldin utilizaron esta analogía para describir desarrollos recientes del mercado de trabajo estadunidense.[13] La tecnología que se utiliza en el trabajo requiere de destreza y capacitación o quizá sólo de la adaptabi-

[12] Véase Jan Tinbergen, "Substitution of Graduate by Other Labour", *Kyklos* 27, núm. 2, 1974, pp. 217-226.

[13] *Cf.* Claudia Goldin y Lawrence F. Katz, *The Race between Education and Technology*, Belknap Press, Cambridge, 2010.

lidad que proviene de una buena educación general. Si la educación de los trabajadores se rezaga respecto de lo que el mercado requiere, el precio de la educación aumentará, los ingresos de los trabajadores más educados aumentarán más y, en consecuencia, la desigualdad aumentará. Cuando la educación se adelanta a las necesidades del mercado —por ejemplo, cuando la guerra de Vietnam indujo a asistir a la universidad a hombres jóvenes que en otra situación no habrían asistido—, la oferta de trabajadores calificados aumenta y su precio —la prima de una educación universitaria— disminuye, y se reduce la desigualdad salarial.

A principios del siglo xx, la principal distinción educativa era entre egresados y no egresados de secundaria; hoy en día, cuando el nivel promedio de educación es mucho más alto, esa distinción es entre quienes tienen y quienes no tienen un nivel de educación universitaria. Los cambios en la tecnología de producción han favorecido de manera consistente a quienes tienen más calificaciones; el término *progreso tecnológico sesgado hacia la calificación* describe esta tendencia. En alguna época, este incremento se dio con el paso del trabajo agrícola al trabajo en la línea de producción; hoy en día, consiste en la habilidad para crear las instrucciones o pasos lógicos a seguir por las computadoras a fin de que éstas realicen nuevas tareas. Los trabajadores mejor educados pueden usar mejor las nuevas tecnologías que van surgiendo y están mejor capacitados para adaptar, mejorar o hacer pequeños y rápidos ajustes a los nuevos métodos de programación.

Los estadunidenses han estado obteniendo más educación durante la mayor parte del siglo pasado, de manera que la oferta de calificaciones en el mercado de trabajo ha aumentado. Si nada más hubiera sucedido, esta cadena de fenómenos habría reducido el valor de la educación y disminuido la brecha en salarios entre quienes tienen y quienes carecen de un grado universitario. No obstante, la brecha ha aumentado en lugar de disminuir, y ha aumentado de manera particularmente rápida desde fines de los años setenta. Cuando los precios aumentan aunque la oferta haya aumentado también, sabemos que se debe a que la demanda debió haber aumentado aún más rápidamente. Los economistas atribuyen este aumento al incesante incremento en las calificaciones requeridas para trabajar con nuevas tecnologías basadas en la información. Ellos piensan que durante los pasados 30 años la aceleración en el progreso técnico sesgado hacia la calificación es el principal motor que rige la creciente desigualdad en los ingresos. La creciente prima asociada a una educación universitaria es la manera en que el mercado le dice a la gente joven que la cambiante tecnología está haciendo cada vez más y más valioso asistir a la universidad, y el incremento en el nivel promedio de educación muestra que la gente ha estado prestando atención a esto.

Los rápidos cambios en la manera en que se emplean las computadoras, en internet y en la disposición inmediata de información, han generado una demanda acelerada de personas que puedan utilizar dicha información en la toma de decisiones y en los negocios; ahora bien, la educación no ha estado a tono con estos cambios al menos desde fines de los años setenta. Por supuesto, esta tendencia no puede continuar infinitamente. Si el sistema educativo se torna suficientemente flexible para producir las nuevas calificaciones a la misma velocidad en que crece la necesidad de esas habilidades, el aumento en la desigualdad a la larga tendrá un fin.[14]

Como siempre, los cambios en las formas de hacer las cosas no deben concebirse como rupturas científicas que caen del cielo aleatoriamente o que brotan en las mentes de genios solitarios. Por el contrario, estos cambios usualmente responden a necesidades en el ambiente económico y social. En ocasiones, la ciencia básica ya está disponible y los planos ya están en el casillero, pero su aplicación requiere de empresarios e ingenieros que identifiquen oportunidades rentables y las organicen para el mercado. El economista Daron Acemoglu ha argumentado en favor de la importancia de esta suerte de cambio tecnológico "dirigido", y subraya que muchos métodos nuevos sólo son viables cuando existe una oferta suficiente de trabajadores calificados que los pongan en práctica y los desarrollen.[15] Como hace notar, esto no implica argumentar que el aumento de calificaciones provocado por la guerra de Vietnam hizo que

[14] Véase Anthony B. Atkinson, *The Changing Distribution of Earnings in OECD Countries,* Oxford University Press, Londres y Nueva York, 2008.

[15] *Cf.* Daron Acemoglu, "Technical Change, Inequality, and the Labor Market", *Journal of Economic Literature* 40, núm. 1, marzo de 2002, pp. 7-72.

se inventara la computadora: más bien Acemoglu identifica un proceso acumulativo en el cual la prima de calificación derivada de un cambio tecnológico previo provee incentivos para que más personas asistan a la universidad, la mayor oferta de trabajadores con educación universitaria acelera la tasa de progreso técnico, aumentando de esta manera la prima de calificación, y así sucesivamente. El proceso se detendrá sólo cuando hayamos hecho todo lo que se puede hacer con las nuevas tecnologías de información, y la atención inventiva se desplazará hacia alguna otra parte de la economía, de la misma manera en que se desplazó de los ferrocarriles a los automóviles y de éstos a la electrónica. El aumento en la desigualdad salarial es un subproducto de este mecanismo y desempeña un papel clave en el aumento de la oferta de calificaciones. De modo que, si bien la desigualdad en sí misma no es particularmente bienvenida, es parte de un sistema que está aumentando los estándares de vida para todos.

Una buena analogía es cuando los padres, cansados de habitaciones perpetuamente desordenadas, deciden premiar el orden ligando las recompensas de los niños al estado que guardan sus recámaras. Normalmente, estas estrategias tienen al menos algo del efecto deseado, al conseguir que la casa sea más confortable, que los padres se irriten menos y que los niños estén más conscientes de los placeres de una habitación ordenada. Pero también hay peligros. Si un niño o niña recibe más incentivos que sus hermanos, o si uno es por naturaleza más ordenado que los otros independientemente de los incentivos, las recompensas inicialmente iguales pronto serán persistentemente desiguales. En una familia ideal, todos los niños mantendrían sus habitaciones perfectamente ordenadas y recibirían de modo íntegro sus incentivos. En las familias reales, como en las economías reales, los incentivos más prominentes significan más desigualdad. Puede ser que algunos padres no vean esto como un problema; después de todo, cada niño tiene perfecta igualdad de oportunidades y debe aprender a vivir con la consecuencia de sus acciones. Otros padres pueden ser más condescendientes; pueden entender que cada uno de sus hijos tiene una dotación diferente de habilidades para el orden y que todos cometemos errores ocasionalmente; y también pueden compartir la probable percepción de sus hijos de que la nueva desigualdad es injusta. La igualdad de oportunidades no garantiza resultados justos de manera transparente.

Si el esquema familiar de incentivos continúa por un periodo suficientemente largo, la desigualdad puede aumentar aún más si los niños ahorran parte de sus premios. Incluso si todos los niños ahorran el mismo porcentaje de sus incentivos, uno de ellos aumenta más su riqueza que los otros de manera regular y se tornará más rico que sus hermanos de manera continua. El ahorro elevará la desigualdad en los incentivos, y la desigualdad en riqueza pronto empequeñecerá la desigualdad en incentivos, justo como en la economía real la desigualdad en riqueza empequeñece la desigualdad en ingresos. Este escalamiento de la desigualdad será aún más veloz si los niños naturalmente inclinados al orden son también los naturalmente inclinados a ahorrar más para el futuro. En la sociedad en general operan las mismas fuerzas si es el caso que quienes están más orientados hacia el futuro y tienen más autocontrol son las mismas personas más capaces de beneficiarse de la educación y con mayor probabilidad de acumular riqueza a partir de sus ingresos incrementados por la educación. Existe un profundo conflicto entre los incentivos y la desigualdad, tanto en las familias como en los países.

¿En verdad la explosión de las nuevas tecnologías está beneficiando a todas las personas? Sin duda, ofrece esa posibilidad: mejores formas de hacer las cosas significan que un mayor ingreso total está disponible potencialmente para la distribución. Y aun si la prima de la calificación aumenta, el proceso en sí mismo no debería reducir los salarios de los trabajadores menos calificados. Aunque la gráfica v.3 no muestra ninguna disminución de los *ingresos* de las familias del 20% más pobre, el panorama es diferente para los *salarios* más bajos, los cuales en efecto han estado disminuyendo en términos reales. Los ingresos de las familias se han mantenido sólo porque un número mayor de mujeres ha estado participando en la fuerza de trabajo, de suerte que ahora un número mayor de familias tiene más de una persona que obtiene ingresos. ¿Entonces qué es lo que ha estado reduciendo los salarios?

La globalización es parte de la historia; la manufactura de

varios bienes que solían producirse por trabajadores poco calificados en los Estados Unidos se ha desplazado a países más pobres, y varias empresas han enviado al extranjero trabajos que solían realizarse en el país, incluyendo los trabajos "detrás de la oficina" (como el procesamiento de pedidos) y los centros de atención a clientes. También se ha culpado a la inmigración legal e ilegal por la presión a la baja sobre los salarios del trabajo poco calificado, aunque existe controversia al respecto y algunos estudios creíbles muestran que el efecto de la inmigración en este rubro en realidad es pequeño. El costo creciente del cuidado médico también ha sido importante; la mayoría de los empleados recibe un seguro médico como parte de su compensación laboral total, y gran parte de la investigación muestra que los incrementos en las pólizas, a final de cuentas, son pagados por los salarios.[16] De hecho, los salarios promedio han tendido a empeorar cuando los costos de la salud aumentan más rápidamente, y han tendido a mejorar cuando estos costos aumentan más lentamente.[17] La parte del PIB dedicada a gastos en salud era de sólo 5% en 1960, subió a 8% a mediados de los años setenta, pero ya había aumentado a casi 18% en 2009.

Los ingresos de las personas han dependido de la clase de calificación que tienen incluso en los empleos de escasa calificación. La peor situación es la de haber sido un empleado que desempeñara un trabajo mecánico de oficina que puede ser realizado (como en efecto ocurre) por una computadora, o que ha sido remplazado por el trabajo más barato en países más pobres (aunque no en los más pobres del mundo). Aun así, tanto los salarios como el empleo entre las ocupaciones con algunos de los salarios promedio más bajos han estado aumentando. Éste ha sido el caso de los empleos de servicios en el comercio minorista, los restaurantes o el sector salud —empleos que requieren contacto humano, aunque, con frecuencia, no un alto nivel de habilidades cognitivas (del tipo de las que se aprenden en la universidad) y que no pueden desempeñar las computadoras—. Tradicionalmente las mujeres han desempeñado muchos de estos empleos, y esto ha puesto

[16] Véase Gruber, "Health Insurance and the Labor Market", *art. cit.*
[17] Véase Emanuel y Fuchs, "Who Really Pays for Health Care?...", *art. cit.*

una presión adicional en los hombres que han perdido los suyos. Las personas más ricas que han experimentado una gran bonanza (más adelante volveré sobre este tema) también desean servicios, desde trabajadores en los restaurantes, servidumbre diaria, nanas, asistentes de embarazos y partos, cuidadores de perros, empleados de limpieza y asistentes personales hasta chefs privados, choferes y pilotos. En este aspecto, hemos recreado algo así como la vieja aristocracia europea en la cual grandes terratenientes empleaban ejércitos de sirvientes: la Abadía de Downton en los Hamptons, o Palm Beach.[18] En la medida en que estos grupos de servicios permanecen en los niveles más bajos de la distribución del ingreso, los salarios y los empleos se polarizan, expandiéndose en los niveles más altos y en los más bajos, pero en modo alguno en los niveles intermedios.[19]

Política y desigualdad

La política ha afectado los salarios de los trabajadores de bajos ingresos. El salario mínimo lo establece el Congreso —en 2013 era 7.25 dólares por hora, o 14 500 dólares por un año laboral de 2 000 horas—, y algunos estados tienen sus propios salarios mínimos, 18 de los cuales son más altos que la tasa de salario federal. El punto clave es que el salario mínimo federal *no* se ajusta automáticamente ni por la inflación ni por el crecimiento en los salarios de mercado. En consecuencia, el valor real del salario mínimo se encuentra en una constante tendencia a la baja interrumpido por ajustes al alza cuando el Congreso actúa; cuando los salarios reales crecen, la razón entre el salario mínimo y el salario promedio disminuye aún más rápidamente.

[18] *Cf.* Robert Frank, *Richistan: A Journey through the American Wealth Boom and the Lives of the New Rich*, Crown, Nueva York, 2007.

[19] *Cf.* David H. Autor, Lawrence F. Katz y Melissa S. Kearney, "The Polarization of the U.S. Labor Market", *American Economic Review* 96, núm. 2, enero de 2006, pp. 189-194, y David Autor y David Dorn, "The Growth of Low-Skill Service Jobs and the Polarization of the U.S. Labor Market", *American Economic Review* 103, núm. 5, 2013, pp. 1553-1597, http://economics.mit.edu/files/1474.

Cambiar el salario mínimo es casi siempre algo contencioso; enfrenta a los trabajadores con los empleadores, y cada uno de ellos está bien representado en la política. Como resultado de ello, el salario mínimo puede permanecer constante por largos periodos: fue de 3.35 dólares del 1° de enero de 1981 hasta el 1° de abril de 1990; 5.15 dólares del 1° de septiembre de 1997 al 24 de julio de 2007, y la tasa actual (2013) ha estado estacionada desde el 24 de julio de 2009. Aunque se hicieron cambios, con frecuencia no fueron lo bastante grandes para compensar los incrementos de precios; el salario mínimo de 2.10 dólares en 1975 tenía un poder de compra mayor en un tercio que el salario mínimo de 7.25 dólares en 2011. Dicho de manera diferente, una persona que ganara el salario mínimo en 1975 habría recibido 4200 dólares al año, lo cual era la línea de pobreza oficial para una familia de tres miembros. En 2010 estos ingresos habrían sido iguales a 14500 dólares, mientras que la línea de pobreza para una familia de tres miembros habría aumentado a 17374 dólares. Esta erosión de largo plazo, interrumpida por restauraciones ocasionales y sólo parciales, es una medida de la disminución del poder político de los trabajadores cuyos ingresos son iguales o muy próximos al salario mínimo.

Los efectos del salario mínimo han sido objeto de controversia entre los economistas y los políticos. La teoría estándar —y sólo ligeramente simplista— pronostica que si el gobierno aumenta el salario por encima de su valor de libre mercado, los empresarios despedirán a algunos de los trabajadores ahora más caros porque su contribución es menor de lo que cuestan. El trabajo empírico realizado por los economistas de la Universidad de Princeton David Card y Alan Krueger, elaborado a principios de los años noventa, sugirió que estos efectos no existían, al menos para el caso de incrementos *pequeños* en el salario mínimo.[20] Semejante herejía generó denuncias acaloradas, no sólo de quienes vieron afectados sus intereses directamente, sino también de economistas iracundos.

[20] *Cf.* David Card y Alan B. Krueger, "Minimum Wages and Employment: A Case Study of the Fast Food Industry in New Jersey and Pennsylvania", *American Economic Review* 84, núm. 4, septiembre de 1994, pp. 772-793, y David Card y Alan B. Krueger, *Myth and Measurement: The New Economics of the Minimum Wage,* Princeton University Press, Princeton, 1995.

El Premio Nobel James Buchanan escribió en *The Wall Street Journal* que permitir que la evidencia contradiga a la teoría de esta manera implicaba que "no existe ningún contenido científico mínimo en la economía", de suerte que "los economistas no pueden hacer nada sino escribir como abogados de intereses ideológicos". Buchanan concluyó felicitando a la mayoría de los economistas que "todavía no se han convertido en un grupo de prostitutas seguidoras de un ejército en campaña".[21]

Al mismo tiempo que existe poca evidencia empírica en economía que no pueda ser desafiada, los argumentos de sesgo ideológico y de autoproclamada integridad científica —difícilmente confinada a un solo lado del debate— son especialmente comunes cuando, como aquí, existe una confrontación entre intereses políticos. Aun así, en este caso una parte de la evidencia empírica no es para nada controvertible. Entre quienes realmente tienen un empleo, una disminución en los salarios mínimos aumenta la desigualdad en salarios porque permite que haya algunos salarios bajos que de otra manera no existirían. Este efecto no es importante para grupos o empleos en los cuales las personas están relativamente bien pagadas, pues en este caso pocas personas ganan menos del mínimo, pero es importante en áreas y en empleos de bajos salarios o entre grupos, como el de las mujeres o los afroestadunidenses, cuyos salarios son relativamente bajos.[22]

Si la erosión del salario mínimo desde los años setenta ha sido parcialmente responsable de la disminución total en los salarios reales entre los trabajadores de bajos salarios, ¿por qué la política no impidió que sucediera esto? Una razón es el declive de los sindicatos, especialmente en el sector privado. La fracción de los trabajadores del sector privado que eran miembros de los sindicatos declinó de 24% en 1973 a sólo 6.6% en 2012. Aunque la sindicalización de los trabajadores del sector público aumentó en los años setenta, ha estado estancada desde 1979; la mayoría de los miembros de los sindi-

[21] James M. Buchanan, "A Commentary on the Minimum Wage", *The Wall Street Journal*, 25 de abril de 1996, p. A20.

[22] *Cf.* David S. Lee, "Wage Inequality in the United States During the 1980s: Rising Dispersion or Falling Minimum Wage?", *Quarterly Journal of Economics* 114, núm. 3, agosto de 1999, pp. 977-1023.

catos está ahora en el sector público. La menguante fuerza política de los sindicatos empeora por el hecho de que hay otros grupos que no pueden votar de ningún modo. Obviamente, los inmigrantes ilegales no votan, pero tampoco los inmigrantes legales que no son ciudadanos. Entre 1972 y 2002, la razón entre los no ciudadanos y la población en edad de votar aumentó cuatro veces al mismo tiempo que aquéllos se volvieron más pobres en relación con la población general. A medida que las políticas de migración cambiaron, los inmigrantes legales pasaron de estar relativamente bien posicionados a ser relativamente pobres; incluso su voz política fue silenciada cuando el poder político de los sindicatos disminuyó.

Otro grupo importante ha sido privado de sus derechos ciudadanos, a pesar de estar formado por ciudadanos. Sólo los estados de Vermont y Maine permiten que los criminales voten desde la cárcel, pero 10 estados les retiraron estos derechos a los criminales de por vida, aun después de haber cumplido su sentencia y de adquirir su libertad condicional. En 1998, el Proyecto de Sentencias de Human Rights Watch estimó que 2% de la población en edad de votar estaba privada de sus derechos ciudadanos en ese momento o de manera permanente. Un tercio de esas personas eran hombres afroestadunidenses, de modo que 13% de la población masculina perteneciente a dicho grupo no podía votar; se estima que en Alabama ese porcentaje es mayor que 30%, y en Misisipi es casi igual de alto. Incluso en un estado relativamente liberal como Nueva Jersey, que no priva de sus derechos ciudadanos a las personas de por vida, 18% de los hombres negros no puede votar. Aunque varias de esas personas privadas de sus derechos ciudadanos probablemente no voten en ningún caso, son votantes *potenciales,* y su exclusión de la participación en política les impide que a la larga se organicen en una fuerza política efectiva, por lo que los políticos no tienen ninguna razón para prestar atención a lo que les falta a esas personas.

Las personas jubiladas no se ven afectadas inmediatamente por lo que sucede en el mercado de trabajo, aunque sus pensiones dependen de su historia laboral, de sus ahorros propios, de sus contribuciones o las de sus anteriores empleadores a los planes de pensión y de las reglas del sistema de Seguridad Social, que realiza pagos a los pensionados. Estos pagos son otra arena de la política y del ejercicio del poder político. Aunque los ancianos no son particularmente ricos, son un número grande (fenómeno creciente, conforme la generación del *baby boom* envejece), votan y su organización de cabildeo, AARP, es una de las más poderosas (y más temidas) en Washington.

El contraste entre lo que ha sucedido con los salarios mínimos, por una parte, y con la Seguridad Social, por la otra, es una prueba del poder declinante de los sindicatos y del creciente poder de los individuos de edad provecta. Éstos también reciben beneficios (crecientemente) caros a través del Medicare, el programa de gobierno que les provee salud; si el costo de este programa se contabiliza como parte del ingreso de los beneficiarios, los ancianos se han beneficiado más de lo que indica su ingreso líquido. Una vez más, su poder político ha sido y sigue siendo importante para mantener estos beneficios, aunque también actúan otros poderosos grupos de cabildeo, como los creados para los proveedores de salud, las aseguradoras y las compañías farmacéuticas.

Los impuestos son el verdadero meollo de la política. Los impuestos al ingreso son progresivos; los ricos pagan más que los pobres, que incluso pueden recibir créditos fiscales, de modo que la distribución del ingreso después de impuestos es, por diseño, más igualitaria que la distribución antes de impuestos. La progresividad del sistema tributario es motivo continuo de disputa, por ejemplo en debates sobre si las ganancias de capital o los dividendos deben tratarse igual que otros ingresos, o si la justicia demanda una redistribución (posición de la izquierda) o que cada quien pague la parte que le corresponde (posición de la derecha).

Cerca de la mitad de las familias estadunidenses no paga impuestos federales al ingreso. Aun así, los impuestos no han jugado un papel muy grande en el moldeo de los cambios en la desigualdad desde los años setenta, la mayoría de los cuales ha sido impulsada por el ingreso antes de impuestos. En los años ochenta la política tributaria amplió un poco las disparidades mediante reducciones de impuestos que favorecieron a los más ricos, mientras que en los años noventa ocurrió lo contrario: los impuestos aumentaron para los más ricos y se expandió el Earned Income Tax Credit (EITC, Crédito Fiscal al

Ingreso), que proveen beneficios a los que ganan menos. Desde 2001, las reducciones de impuestos han favorecido otra vez a los contribuyentes de más alto ingreso. La Oficina de Presupuesto del Congreso estima que, entre 1979 y 2007, la desigualdad de ingreso (medida por el coeficiente de Gini, aunque sobre una base ligeramente diferente) se incrementó en alrededor de un cuarto para el ingreso antes de impuestos y en cerca de un tercio para el ingreso después de impuestos (incluyendo el valor del Medicare). Esta enorme discrepancia es provocada en parte porque el sistema tributario se ha vuelto menos progresivo durante todo el periodo, pero también por el movimiento de transferencias hacia arriba en la distribución del ingreso, a medida que las transferencias a los ancianos (políticamente poderosos) creció en relación con las transferencias a los pobres (políticamente débiles).[23]

Ingresos y familias

Las personas llevan a casa su sueldo y lo comparten con otros miembros de la familia, algunos de los cuales pueden tener ingresos propios. Muchas familias no tienen a alguien que perciba ingresos, incluyendo a los jubilados y a quienes viven de pensiones privadas o del gobierno. Cómo viven las personas en familia y quiénes de ellas trabajan son lo que determina en mayor grado la distribución de los ingresos de la familia, más allá de lo que sucede con los ingresos del mercado de trabajo. Algunas tendencias, como el incremento en los ingresos de las mujeres en relación con los ingresos de los hombres, y el incremento de los ingresos de los negros respecto a los de los blancos hasta 1985, han compensado los incrementos en la desigualdad salarial del mercado de trabajo. Si consideramos los ingresos de todas las personas, estén empleadas o no, e independientemente de su raza y sexo, el incremento en la desigualdad de ingresos es mucho menor que si confinamos nuestra atención sólo en los que tienen un empleo. La creciente desigualdad en ingresos entre los trabajadores ha sido com-

[23] Congressional Budget Office, *Trends in the Distribution of Household Income between 1979 and 2007*, Washington, D. C., octubre de 2011, http://cbo.gov/sites/default/files/10-25-HouseholdIncome_0.pdf.

pensada parcialmente por la incorporación a la fuerza de trabajo de personas que no trabajaban previamente y no tenían ingresos, particularmente las mujeres casadas. Y mientras la desigualdad en ingresos ha aumentado dentro de los grupos, como el caso de los hombres blancos que tienen un empleo de tiempo completo, también ha habido cierta reducción en la desigualdad entre grupos, pues los ingresos de las mujeres han aumentado en relación con los de los hombres y los ingresos de los afroestadunidenses se han incrementado en relación con los de los blancos.

Otros cambios han contribuido a diseminar el ingreso de las familias aún más que los sueldos. Los hombres altamente educados tienden a casarse con mujeres altamente educadas. Aunque esto ha sido así por mucho tiempo, hace 50 años era menos probable que las esposas de los hombres con sueldos altos trabajaran, y más probable que las esposas de los hombres con sueldos bajos lo hicieran. Con frecuencia estas mujeres tenían una educación elevada, pero, de conformidad con las costumbres de la época, eran amas de casa para sus esposos exitosos. Hoy en día, los esposos y las esposas siguen teniendo el mismo nivel de educación, pero es más probable, no menos, que las esposas de los hombres con altos sueldos también sean ellas mismas mujeres con altos sueldos. Las "parejas investidas de poder", en las que ambos ganan salarios elevados, contribuyen a extender el segmento superior de la distribución del ingreso (de la familia) más allá del segmento superior de la distribución de los ingresos (personales). Una manera de mostrar esto es tomar los datos de la encuesta, divorciar (¡sólo estadísticamente!) a todas las parejas casadas, casarlas nuevamente de manera aleatoria con otros cónyuges y recalcular la distribución del ingreso de la familia. Al hacer esto no se elimina el aumento en la desigualdad del ingreso de la familia, pero se lo reduce sustancialmente.

Mientras las parejas imbuidas de poder extienden el segmento superior de la distribución del ingreso, las personas solteras extienden el segmento inferior, en particular los hogares encabezados por mujeres solas cuyo número ha aumentado mucho más rápidamente que el número total de hogares y que tienen una probabilidad significativamente mayor de vivir en la pobreza.

Para la gran mayoría de las familias de los Estados Unidos, las fuerzas impersonales del mercado de trabajo han sido la influencia más importante en sus ingresos y en cómo se comparan éstos con los de otras personas. Los cambios en la composición de la familia, así como las acciones de los políticos en respuesta a la presión de quienes tienen poder político, también han ampliado las brechas entre las familias. En el mercado de trabajo, el papel líder lo ha desempeñado la interacción entre la tecnología y la educación, en tanto que la globalización y la disminución de los salarios mínimos han desempeñado un papel menor pero aún importante. El rápido y creciente costo de la salud ha sido una persistente rémora para las tasas de salario. Los incentivos a la educación han aumentado drásticamente, así como las correspondientes penalizaciones por ignorar los incentivos, lo cual ha perjudicado a quienes decidieron no educarse o a aquellos cuya falta de habilidad o formación les impidió educarse. Igual que en la parábola del niño ordenado y el niño desordenado, los incentivos más vigorosos han propiciado desigualdades más amplias. Las desigualdades en el mercado de trabajo han creado nuevos empleos en los segmentos superior e inferior del mercado y han hundido a los del segmento intermedio. Los pobres también han perdido en el juego político, a medida que los sindicatos perdieron miembros y fuerza política, los inmigrantes más pobres sin derecho al voto aumentaron su participación en la fuerza de trabajo y los afroestadunidenses no votaron o se les hizo imposible votar. Los ancianos no tan pobres se han beneficiado mucho a medida que su número, su poder de voto y su representación política han aumentado. Sin embargo, el grupo más exitoso, en el mercado y en la política, es el que se encuentra en el nivel más alto de la distribución del ingreso y de las ganancias; es el tema que analizo a continuación.

INGRESOS SUPERIORES EN LOS ESTADOS UNIDOS

El estudio de 2003 de dos economistas, Thomas Piketty, actualmente profesor de l'École d'Économie de París, y Emmanuel Sáez, de la University of California, Berkeley, transformó el análisis de la desigualdad del ingreso.[24] Durante mucho tiempo se ha sabido que los datos sobre ingresos obtenidos de las encuestas a los hogares no eran muy útiles para analizar los ingresos muy altos; muy pocas personas de ingresos muy altos aparecen de manera regular en las encuestas nacionales representativas. (Aun si se las abordara aleatoriamente, sería menos probable que respondieran.) Piketty y Sáez extendieron de manera importante un método utilizado originalmente en 1953 por el economista y Premio Nobel Simon Kuznets, quien trabajó con datos de impuestos al ingreso.[25] Los ricos, igual que todas las personas, no tienen otra opción que declarar impuestos, por lo cual están plenamente representados en los datos de impuestos al ingreso. Los resultados de Piketty y Sáez han cambiado la manera en que la gente analiza la desigualdad de ingreso, particularmente en el segmento superior de la distribución. Estudios posteriores han analizado estadísticas comparables de otros países del mundo, razón por la cual podemos extender estos hallazgos más allá de los Estados Unidos.

En este capítulo me he reservado este material hasta el final porque deseo darle una significancia particular y por su enorme importancia para comprender lo que ha pasado en el mercado de trabajo, en el mercado de capitales y en la política. Creo también que los ingresos superiores tienen interés especial justamente debido a las enormes sumas de dinero involucradas.

La gráfica V.4 es una versión actualizada de una de las gráficas clave del artículo de Piketty y Sáez.[26] Los datos se remon-

[24] *Cf.* Thomas Piketty y Emmanuel Sáez, "Income Inequality in the United States 1913-1998", *Quarterly Journal of Economics* 118, núm. 1, febrero de 2003, pp. 1-41.

[25] *Cf.* Simon Kuznets, *Shares of Upper Income Groups in Income and Saving*, National Bureau of Economic Research, Cambridge, 1953.

[26] En el análisis de Piketty-Sáez los ingresos son ingresos gravables y provienen de las unidades tributarias, no de las familias o de los hogares, los cuales incluirían individuos no emparentados. Los datos sobre ingreso de la Oficina de Presupuesto del Congreso citados anteriormente incluyen algunos de los apartados registrados en las cuentas nacionales, pero no en las encuestas. En algunos estudios los ingresos de las familias o de los hogares se corrigen con base en el número de personas integrantes de la unidad y dependiendo de si son adultas o menores de edad. He tratado de ahorrarle al lector estos

tan a la introducción del impuesto al ingreso en los Estados Unidos en 1913 y abarcan hasta 2011, durante la Gran Recesión. Estos datos incluyen las dos guerras mundiales, que aparecen ligeramente sombreadas, y la Gran Depresión, que aparece más oscuramente sombreada. Las tres curvas muestran las estimaciones de la participación porcentual del ingreso personal total (incluyendo las ganancias de capital) que le corresponden al 1% más alto de todas las unidades de impuestos (la curva superior), a la mitad más alta de ese 1% (curva de en medio) y a la décima parte más alta de ese 1% (la curva inferior). Las cantidades en dólares a la derecha de las curvas muestran los ingresos promedio de las personas en cada uno de esos grupos en 2011: 1.1 millones de dólares para el 1% más alto, 1.7 millones de dólares para el 0.5% más alto y cinco millones para el 0.1% más alto. Para el 0.01% más alto (no aparece aquí), el ingreso promedio en 2011 fue más de 24 millones de dólares, y entre todos ellos recibieron 4.5% del ingreso total. De manera más modesta, el 10% más alto de las unidades de impuestos controlaban 47% de todo el ingreso en 2011, con un ingreso promedio de 255 000 dólares. (Una unidad de impuesto no es idéntica a una familia, ni el ingreso para propósitos de impuestos es igual a otras medidas de ingreso, pero los empalmes entre unos y otros son suficientemente grandes para que estas tendencias no sean engañosas.)

La gráfica muestra que la participación de los ingresos más altos tuvo la forma de una U durante el siglo pasado. Las participaciones en el ingreso más altas disminuyeron drásticamente durante las dos guerras mundiales —los impuestos que financiaron la contribución estadunidense a las guerras recayeron pesadamente sobre las corporaciones y desembocaron en reducciones radicales de los dividendos de los ricos— y durante la Gran Depresión. Después de la segunda Guerra Mundial hubo una disminución adicional pero más suave, que fue revertida finalmente hacia fines de los años setenta y principios de los ochenta. En 1986 hubo un aumento decisivo en las participaciones en el ingreso más altas, seguido de ulteriores incrementos, de manera que en 2008 los contribuyen-

detalles, porque no creo que afecten la historia general que estoy narrando, pero puede ser peligroso comparar las diferentes definiciones de ingreso sin corrección o ajuste.

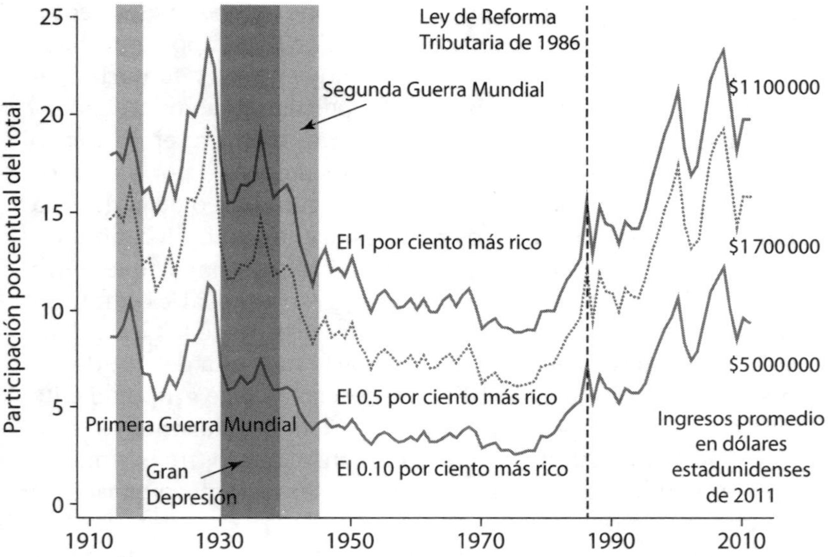

GRÁFICA V.4. *Ingresos más altos, incluso ganancias de capital, 1913-2011.*

tes más ricos recibían aproximadamente la misma porción del ingreso total que en vísperas de la primera Guerra Mundial. La importante reforma fiscal de 1986 cambió la definición de ingreso gravable y causó el pequeño problema temporal de ese año.

No sólo ha habido grandes fluctuaciones en los ingresos más altos, sino que la clase de personas que los reciben también ha cambiado. En los primeros años, los ingresos más altos se derivaban del capital y las personas más ricas eran quienes Piketty y Sáez llaman "cortadores del cupón", personas que obtuvieron la mayor parte de sus ingresos de los dividendos e intereses. Las fortunas que subyacían a estas percepciones fueron erosionadas durante el siglo por impuestos crecientemente progresivos a las propiedades y al ingreso. Las personas que solían vivir de sus fortunas (o de las de sus ancestros) han sido remplazadas en el segmento superior de la distribución del ingreso por los *rentistas,* por ejemplo, los ejecutivos (los directores generales) de las grandes empresas, los banqueros de Wall Street y los gerentes de fondos de cobertura, quienes reciben sus ingresos en la forma de salarios, bonos y opciones de compra de acciones. El ingreso empresarial era importante hace 100 años y sigue siendo importante hoy en día, y su participación entre los ingresos más altos ha permanecido relativamente constante. Esto contrasta con la gran historia: el remplazo de los cortadores de cupón, o los "ricos del ocio", por los "ricos que trabajan". En las alturas que provocan mareo de la décima parte del 1% de los ingresos más altos, el ingreso de capital todavía explica un porcentaje de participación mayor que entre el 10% de los más ricos, pero el ingreso salarial es ahora el porcentaje más grande: casi 75% entre el 10% de los más ricos y 43% del ingreso entre la décima parte más alta del 1% de los más ricos. En 1916, sólo 10% del ingreso de este grupo de élite provenía del ingreso salarial. Los dividendos y los intereses todavía son importantes, pero están distribuidos más ampliamente debido a que los fondos de pensión son propietarios de muchas acciones.

Los últimos 30 años muestran un contraste particularmente marcado entre el bienestar material de la mayoría de las personas y el de los que se encuentran en el segmento superior de la distribución del ingreso. Desde 1980 el 90% más bajo de los contribuyentes han visto crecer sus ingresos antes de impuestos ajustados por la inflación en menos de una décima parte de 1% al año, para un incremento *total* de 1.9% durante 28 años. Cada generación apenas logra mantener los estándares de vida de sus padres. Tomando como base el ingreso después de impuestos, y particularmente después de sumar las imputaciones por su participación en el costo del Medicare, la suerte de este 90% más bajo mejoró un poco. La Oficina de Presupuesto del Congreso reporta que entre 1979 y 2007 el 80% más bajo de los hogares vieron crecer su ingreso después de impuestos en aproximadamente un cuarto, menos de 1% al año.[27] El Medicare es un programa valioso, pero los beneficios los reciben los ancianos y el dinero no puede utilizarse para pagar la renta o para poner alimentos en la mesa.

Entre el 1% más rico, por el contrario, los ingresos antes de impuestos han aumentado *2.35 veces;* para los padres e hi-

[27] *Cf.* Congressional Budget Office, *Trends in the Distribution of Household Income, op. cit.*

jos que tuvieron la buena fortuna de estar entre el 1% más rico tanto en 1980 como en 2011, en verdad ha habido progreso. En el nivel más alto, más allá de lo que se muestra en la gráfica, los ingresos promedio del 1% más alto del 1% más rico han crecido más de cuatro veces. Estos números se refieren a ingresos *antes de impuestos*, de suerte que con las reducciones en los impuestos para los ingresos más altos desde 2001, los que reciben los ingresos más altos han obtenido un mayor beneficio aun en términos de dólares después de impuestos. Estos contrastes drásticos entre la experiencia de la mayoría y la de la minoría afortunada contribuyen mucho a explicar la aparente contradicción entre las gráficas V.1 y V.2: cómo puede ser que, en una economía que ha tenido crecimiento económico sustancial, ha habido tan poco progreso contra la pobreza. Estos contrastes también muestran que no *sólo* los pobres vieron poco progreso en sus estándares de vida.

¿Qué pasó y por qué es importante?

¿Los ricos se hicieron más ricos a expensas de los demás o fue simplemente que ellos, igual que otras personas altamente educadas y talentosas, se volvieron más productivos, por ejemplo, inventando nuevas y mejores formas de hacer las cosas que beneficiaron a todos? En un mundo así, en el que a todos les va bien, pero a algunos más que a otros, ¿las quejas contra la desigualdad tienen alguna legitimidad, o simplemente son una expresión de envidia? En todo caso, ¿por qué nos preocupamos de la desigualdad? Si todos empezamos con las mismas oportunidades, ¿por qué deberíamos preocuparnos si los que trabajan más duro tienen mejor suerte? O si las personas no empiezan con las mismas oportunidades, quizá deberíamos preocuparnos por la igualdad de oportunidades, no por la igualdad de resultados.

Hay mucho que decir en favor de la igualdad de oportunidades, y en favor de no penalizar a las personas por el éxito que proviene de su arduo trabajo. No obstante, comparados con otros países ricos y a pesar de la creencia popular en el anhelo estadunidense de que cualquiera puede triunfar, de hecho los Estados Unidos no son particularmente buenos para proveer igualdad de oportunidades. Una forma de medir la igualdad de oportunidades es analizar la correlación entre los ingresos de padres e hijos. En una sociedad completamente móvil, con perfecta igualdad de oportunidades, los ingresos de uno no deberían estar relacionados con lo que el padre ganó; por el contrario, en una sociedad de castas hereditaria, en la cual los trabajos pasan de la mano de una generación a la siguiente, la correlación sería igual a uno. En los Estados Unidos, la correlación es aproximadamente 0.5, que es la más alta entre los países de la OCDE y es superada solamente por China y un puñado de países de América Latina. De hecho, los países con mucha desigualdad de ingreso son países donde los ingresos de padres e hijos están estrechamente relacionados;[28] los países desiguales, incluyendo a los Estados Unidos, son países donde al parecer existe la menor igualdad de oportunidades. Aun si creemos que la igualdad de oportunidades es lo que queremos, y no nos importa la desigualdad de resultados, las dos tienden a ir juntas, lo que sugiere que la desigualdad misma es una barrera para la igualdad de oportunidades.

¿Qué hay acerca de la envidia que se experimenta hacia los ricos? Los economistas tienen un fuerte apego a algo llamado el principio de Pareto, con el cual nos topamos por primera vez en la introducción: si algunas personas mejoran y nadie empeora, el mundo es mejor. La envidia no debería contar. Con frecuencia esta máxima es citada como una razón para enfocarnos en la pobreza y no preocuparnos de lo que pasa en la parte superior de la distribución del ingreso. En las palabras de Martin Feldstein, un economista de Harvard, "la desigualdad de ingreso no es un problema que necesite remedio".[29] Hay mucho que decir respecto del principio de Pareto, pero, como veremos, eso no implica que la creciente desigualdad de ingreso no sea un problema. Para llegar ahí, con todo, necesi-

[28] *Cf.* Miles Corak, "Inequality from Generation to Generation: The United States in Comparison", University of Ottawa, http://milescorak.files.wordpress.com/2012/01/inequality-from-generation-to-generation-the-united-states-in-comparison-v3.pdf.

[29] *Cf.* Martin S. Feldstein, "Income Inequality and Poverty", National Bureau of Economic Research Working Paper 6770, Cambridge, octubre de 1998; cita del resumen.

tamos saber más acerca de *por qué* los ingresos más altos han aumentado tan rápidamente en años recientes, y cuáles fueron las consecuencias.

Un punto de vista es que el segmento superior no es tan diferente del resto de la distribución, sólo un poco. Las nuevas tecnologías han suministrado nuevas oportunidades para los más educados y creativos y, en casos extremos, han otorgado fortunas extraordinarias a los más altamente educados y creativos, o al menos a los miembros más afortunados de ese grupo. Los casos ejemplares son personas como Bill Gates de Microsoft, Steve Jobs de Apple, y Larry Page y Sergey Brin de Google. Los comediantes o los grandes atletas ahora pueden ser apreciados por todo el mundo, no sólo por sus audiencias locales, y reciben un ingreso en proporción a esa audiencia. La globalización permite que los empresarios exitosos, así como los comediantes exitosos, extiendan su radio de acción y acrecienten sus ganancias. Y en efecto, muchas más personas en el mundo pueden ahora disfrutar de sus extraordinarios talentos.

Otro grupo que está bien representado entre los mejor pagados es el de los altos gerentes de los bancos y de los fondos de cobertura. Ellos también están muy altamente capacitados, y han utilizado sus habilidades y creatividad para crear nuevos productos. No existe consenso entre los economistas acerca de la medida en que estos nuevos instrumentos financieros tengan un valor social que se iguale con los beneficios que generan para sus inventores. Es difícil no simpatizar con la afirmación de Paul Volcker en el sentido de que la última innovación financiera verdaderamente útil fue la máquina ATM (el cajero automático). Si los banqueros y los financieros tienen incentivos privados que exageran sus incentivos sociales, tendremos demasiada banca y demasiado financiamiento, y no hay defensa contra la desigualdad que ellos causan.

Los servicios financieros han desempeñado un papel importante en el financiamiento de las innovaciones en toda la economía, y una de las tareas más valiosas en una economía de mercado es la asignación eficiente del capital. Pero existe una sospecha muy difundida de que algunas actividades financieras altamente rentables son de poco beneficio para la población en su conjunto, e incluso pueden amenazar la estabilidad del sistema financiero —lo que el inversionista y hombre de negocios Warren Buffett ha llamado armas financieras de destrucción masiva—. Si es así, los ingresos muy altos que vienen junto con ellas son injustos e ineficientes. El nutrido reclutamiento de las mejores mentes en la ingeniería financiera es una pérdida para el resto de la economía que probablemente reduce la innovación y el crecimiento en otros sectores. Lo que es mucho menos controvertido es el hecho de que la garantía implícita de que el gobierno rescataría a las instituciones más grandes y más altamente interconectadas condujo a correr riesgos excesivos, que fueron altamente rentables pero llevaron al colapso y a la miseria a millones de personas que perdieron sus empleos, enfrentaron reducciones en sus ingresos o cargaron con deudas que no podían esperar pagar. El hecho de que la gente se enriquezca jugando con su propio dinero y el de sus clientes es una cosa; pero el hecho de que lo hagan con dinero público es algo muy diferente. Si estas actividades causan un amplio daño social, la situación es intolerable.

Los grandes incrementos en las compensaciones no han estado confinados a las compañías financieras y a algunos pocos innovadores supercreativos, sino que, por el contrario, se han difundido entre los altos ejecutivos de varias corporaciones estadunidenses. Una vez más, algunos han argumentado que la naturaleza de la alta dirección ejecutiva ha cambiado, que las corporaciones son más grandes y que los cambios en las tecnologías de la información han permitido a los altos gerentes manejar grupos de personas más grandes. No obstante, existe una gran duda de que esta tendencia pueda explicar el incremento en la compensación al nivel más alto. En principio, los cambios en la gráfica V.4 son demasiado rápidos como para que se puedan explicar de manera creíble por el progreso técnico. En segundo lugar, como veremos en el siguiente capítulo, varias economías occidentales han tenido aumentos mucho menores en las compensaciones de los altos gerentes, o incluso cero incremento, aunque también tienen acceso a las nuevas tecnologías de administración y están compitiendo en los mismos mercados globales. Una posible explicación es que la globalización favorece más a los gerentes angloparlantes nativos, porque el inglés es la lengua de la economía global y pueden vender sus servicios a los mejores postores en muchos países. De hecho, los incrementos en los ingresos más altos han sido mayores en los países angloparlantes que en otras partes.

Un estudio mostró que los ejecutivos más altos de las compañías petroleras recibían un mayor ingreso cuando el precio del petróleo era alto, lo que sugiere que estas compensaciones fueron pagadas porque el dinero estaba ahí, no porque los recipiendarios hayan hecho nada para ganarlas.[30] Cuando las corporaciones tienen suerte pagan más a sus gerentes más altos, pero cuando la suerte se acaba no hay ninguna reducción paralela. Los comités de compensación normalmente fijan los salarios altos, y sus miembros son directores nominalmente independientes. Pero, como ha hecho notar Warren Buffett, entre otros, los miembros de estos comités con frecuencia reciben un gran porcentaje de su propio ingreso total de esta membresía en el comité y están efectivamente bajo el control del director general. Buffett también ha llamado la atención acerca del papel que desempeñan en las empresas los consultores de compensación ("Gira la rueda, gira la rueda y ¡bingo!"), quienes ayudan a dispersar paquetes gigantes de una empresa a otra. La utilización de estas empresas, junto con la práctica común que siguen los directores generales de pertenecer a múltiples comités, podría explicar cómo es que los paquetes de compensación gigante se difundieron desde las empresas financieras al mundo corporativo más amplio. Al mismo tiempo, las normas sociales que condujeron a sistemas tributarios drásticamente progresivos y a la equidad después de la segunda Guerra Mundial se habían erosionado en gran medida hacia finales del siglo, y los ingresos muy altos se han tornado más aceptables socialmente de lo que habría sido el caso hace 50 años.

El gobierno también ha ayudado a promover los rápidos incrementos en los ingresos más altos. La promesa "demasiado grande para quebrar" y los cientos de millones de ganancias que permitió fueron una falla de regulación gubernamental. Los economistas Thomas Philippon y Ariell Reshef han

[30] *Cf.* Marianne Bertrand y Sendhil Mullainathan, "Are CEOs Rewarded for Luck? The Ones without Principals Are", *Quarterly Journal of Economics* 116, núm. 3, agosto de 2001, pp. 901-932.

mostrado cómo las compensaciones en el sector financiero, que eran altas en los años veinte del siglo pasado, disminuyeron al principio de la era de la regulación posterior a la Gran Depresión y, más tarde, aumentaron otra vez, particularmente después de 1980.[31] Philippon y Reshef mostraron que los cambios en cuatro clases de regulación y desregulación financiera —que permiten la apertura de múltiples sucursales de los bancos, la separación de los bancos comerciales y de inversión, los límites máximos a las tasas de interés y la separación de los bancos y las compañías de seguros— pueden, conjuntamente, ser la contraparte de los patrones de compensación en el sector financiero. La imposición de la Ley Glass-Steagall de 1932 y su final derogación en 1999 son los dos pilares extremos de esta saga.

El Congreso no impone ni deroga estas leyes en el vacío. El cabildeo de los ganadores y perdedores potenciales es intenso, y los intereses bien financiados saben cómo utilizar el dinero para apoyar o castigar campañas políticas. Los politólogos Jacob Hacker y Paul Pierson argumentan que el cabildeo político ha desempeñado un papel clave en el incremento de los ingresos más altos.[32] Hacen notar que el número de empresas representadas por cabilderos registrados en Washington se incrementó de 175 en 1971 a 2 500 en 1982, en gran parte como reacción a la ola de regulación gubernamental de los negocios asociada con el programa Great Society de Lyndon Johnson. Los cambios en lo que podrían parecer reglas esotéricas u oscuras sobre cómo operan los mercados, sobre lo que pueden y no pueden hacer las empresas o sobre las reglas de la contabilidad pueden significar sumas inmensas para los intereses particulares. Esto fue cierto para el caso de la derogación de la Glass-Steagall, y existen muchos otros ejemplos durante el periodo que condujo a la Gran Recesión y en la etapa posterior. Un ejemplo espectacular fue la empresa financiera de bienes raíces semipública Fannie Mae, regenteada por ope-

[31] *Cf.* Thomas Philippon y Ariell Reshef, "Wages and Human Capital in the U.S. Finance Industry: 1909-2006", *Quarterly Journal of Economics* 127, núm. 4, noviembre de 2012, pp. 1551-1609.

[32] Véase Jacob S. Hacker y Paul Pierson, *Winner-Take-All Politics: How Washington Made the Rich Richer—and Turned Its Back on the Middle Class*, Simon and Schuster, Nueva York, 2011.

radores políticamente bien conectados que se enriquecieron y también enriquecieron a sus altos ejecutivos corriendo riesgos que a la postre resultaron catastróficos, mientras mantenían a raya a los reguladores mediante campañas de influencia política bien financiadas.[33]

Si esta narración es siquiera parcialmente correcta, existe el peligro de que el rápido crecimiento de los ingresos más altos pueda autorreforzarse a través del acceso político que puede traer consigo el dinero. Las reglas no se establecen a favor del interés público, sino a favor del interés de los ricos, quienes usan esas reglas para enriquecerse aún más y tener más influencia. Los países de la OCDE que han experimentado los mayores incrementos en los porcentajes del ingreso de los más ricos son los mismos que han tenido las reducciones de impuestos más grandes a los ingresos de los ricos.[34] Los estudios de los politólogos Larry Bartels y Martin Gilens sobre la votación de los congresistas han documentado la manera en que los votos de ambos lados del Congreso han sido sensibles a los deseos de los electores ricos y no han sido sensibles en absoluto a los deseos de los electores pobres.[35]

De la misma forma en que la desviación de talento hacia la ingeniería financiera socialmente cuestionable es una pérdida para la economía, también lo es la desviación de talento hacia el cabildeo. Desde hace mucho tiempo se ha comprendido que estas "actividades de búsqueda de rentas directamente improductivas" han sido un gran obstáculo para el crecimiento económico en varios países en desarrollo —la India antes de los años noventa, con su famosa Licencia Raj, es un ejemplo clásico—, y los inmensos rendimientos y los relativamente

[33] Véase Gretchen Morgenson y Joshua Rosner, *Reckless Endangerment: How Outsized Ambition, Greed, and Corruption Created the Worst Financial Crisis of Our Time,* St. Martin's Griffin, Nueva York, 2011.

[34] *Cf.* Thomas Piketty, Emmanuel Sáez y Stefanie Stantcheva, "Optimal Taxation of Top Labor Incomes: A Tale of Three Elasticities", National Bureau of Economic Research Working Paper 17616, Cambridge, noviembre de 2011. Nótese que estos autores interpretan la relación de manera diferente a como yo lo hago en el texto.

[35] *Cf.* Larry M. Bartels, *Unequal Democracy: The Political Economy of the New Gilded Age*, Princeton University Press, Princeton, 2010, y Martin Gilens, *Affluence and Influence: Economic Inequality and Political Power in America,* Princeton University Press, Princeton, 2012.

bajos costos de la actividad del cabildeo atraen talento alejándolo de la producción y de la innovación de las que depende el crecimiento económico.[36] El gasto del gobierno y los crecientes costos de las elecciones son temas de frecuente comentario, pero aun los costos de las recientes elecciones presidenciales palidecen frente, por ejemplo, a los presupuestos de propaganda anual de la industria automotriz. Los favores políticos son maravillosamente baratos en comparación con los beneficios potenciales.

Un día, en un vuelo de Nueva Delhi a Yaipur en Rayastán, me senté al lado de alguien que había llevado a cabo la manufactura de algún producto (nunca descubrí exactamente cuál, excepto que necesitaba protegerse contra las importaciones extranjeras), quien me explicó con todo detalle la maldad de los reguladores gubernamentales y cuánto tiempo gastaba —como en este viaje— solicitando licencias, tolerancia regulatoria e interpretaciones favorables de las reglas. Su desprecio por estos individuos no conocía límites. Cuando nos despedimos, después de que me hubiera invitado un buen desayuno en el Hotel Rambagh Palace de cinco estrellas, mientras partía para encontrarse con el despreciable burócrata, murmuró: "¡Ajá, profesor Deaton, las ganancias, las ganancias!" Sanford Weill, cuya creación del Citigroup fue posible gracias a la derogación de la Glass-Steagall, bien pudo haber dicho lo mismo.

El proceso de causación acumulativa mediante el dinero y la política está lejos de haberse documentado completamente, aunque tanto los politólogos como los economistas ya han empezado a mostrar un gran interés en ello. Lo que nos está haciendo falta en la actualidad son buenas nociones del *tamaño* de los varios efectos: qué fracción del incremento en las compensaciones más altas proviene del cabildeo o de otras actividades políticas, qué fracción puede atribuirse a la elevada productividad de los que ganan más y precisamente cuánta de la actividad política proviene de esos intereses en oposición a los otros varios intereses, como los de los sindicatos, que también están bien representados en Washington. Tampoco en-

[36] *Cf.* Anne O. Krueger, "The Political Economy of the Rent-Seeking Society", *American Economic Review* 64, núm. 3, 1974, pp. 291-303, y Jagdish N. Bhagwati, "Directly Unproductive Profit-Seeking (DUP) Activities", *Journal of Political Economy* 90, núm. 5, 1982, pp. 988-1002.

tendemos por qué estas influencias se han vuelto mucho más poderosas a través del tiempo, si es que en verdad ha sido así. Las respuestas a estas preguntas son centrales para decidir justamente cuánto debemos preocuparnos por el aumento en los ingresos más altos, y para percatarnos de que la preocupación ante el hecho de que los ricos sean cada vez más ricos es mucho más que simple envidia.

Si la democracia se convierte en plutocracia, quienes no son ricos perderán sus derechos ciudadanos. El juez Louis Brandeis afirmó de manera célebre que los Estados Unidos podían tener o democracia o riqueza concentrada en pocas manos, pero no ambas. La igualdad política que requiere la democracia siempre está bajo la amenaza de la desigualdad económica, y cuanto más extrema es la desigualdad económica, mayor es la amenaza a la democracia.[37] Si la democracia queda comprometida, existe una pérdida directa de bienestar porque las personas tienen buenas razones para valorar su capacidad de participar en la vida política, y la pérdida de esa capacidad resulta decisiva para sembrar la amenaza de otro daño. Los muy ricos tienen poca necesidad de la educación o la salud suministradas por el Estado; tienen todas las razones para apoyar los recortes al Medicare y para oponerse a cualquier incremento en los impuestos. Tienen aún menos razones para apoyar la seguridad de la salud de todos o para preocuparse por la baja calidad de las escuelas públicas que aflige a gran parte del país. Se opondrán a cualquier regulación de los bancos que restrinja las ganancias, aun si eso ayuda a quienes no pueden cubrir sus hipotecas o si protege al público contra el crédito depredador, la publicidad engañosa o incluso una repetición de la crisis financiera.[38] Preocuparse por estas consecuencias de la desigualdad extrema no tiene nada que ver con sentir envidia de los ricos y tiene todo que ver con el temor de que el crecimiento rápido de los ingresos más altos constituya una amenaza contra el bienestar de todos los demás.

No hay nada malo en el principio de Pareto, y no debemos preocuparnos de la buena fortuna de otros si no nos causa

[37] Véase Gilens, *Affluence and Influence*, *op. cit.*

[38] Véase Joseph E. Stiglitz, *The Price of Inequality: How Today's Divided Society Endangers Our Future*, Norton, Nueva York, 2012.

daños. El error consiste en aplicar el principio sólo a una dimensión del bienestar —el dinero— e ignorar otras dimensiones, como la capacidad de participar en una sociedad democrática, educarse bien, estar saludable y no ser víctima de la búsqueda de enriquecimiento de otros. Si el incremento en los ingresos más altos no reduce en modo alguno los ingresos de otros, pero sí lastima otros aspectos del bienestar, no puede invocarse el principio de Pareto para justificarlo. ¡Dinero y bienestar son cosas diferentes!

Aun si nos enfocamos sólo en los ingresos e ignoramos los daños sobrevenidos en otras dimensiones, nuestros puntos de vista sobre si las desigualdades de ingreso son o no son injustas dependen de si los incrementos en los ingresos más altos benefician a todos o sólo a quienes los reciben. Es improbable que las lamentaciones públicas con motivo de la muerte de Steve Jobs se repitieran si uno de los prominentes banqueros de la nación lo siguiera prematuramente en la tumba.

Los Estados Unidos de hoy en día son una aguda ilustración de los temas de este libro. La economía estadunidense ha crecido desde la segunda Guerra Mundial, no a las tasas récord más altas jamás alcanzadas, sino a un ritmo que es más que respetable de acuerdo con los estándares históricos. Los bienes y servicios producidos durante esta expansión mejoraron las vidas de muchos. Esto difícilmente fue un escape de la pobreza y de la degradación —los Estados Unidos ya eran un país rico de acuerdo con los estándares históricos en 1945—, pero los efectos del crecimiento en el bienestar no deberían subestimarse. Ahora las personas están más seguras y tienen mejores casas, pueden viajar en formas que eran imposibles para sus abuelos, tienen acceso a una parte significativa de la información y el entretenimiento a través del mundo (algo que previamente estaba disponible sólo para una pequeña minoría) y pueden comunicarse en formas antes no imaginadas. No obstante, como es muy frecuente, el crecimiento ha creado divisiones y algunos han progresado más que otros, especialmente desde mediados de los años setenta, etapa en que el crecimiento ha sido más lento y mucho menos incluyente. Estas divisiones pueden ser productivas y, como hemos visto en varios casos, crean oportunidades e incentivos para que los rezagados remonten la distancia y los beneficios de unos cuantos se extiendan a la mayoría. En la historia estadunidense reciente esto se resume en la "carrera entre educación y tecnología" y en los incrementos sustanciales en el número de estadunidenses educados.

El crecimiento, la desigualdad y la nivelación económica son el lado luminoso de la moneda. El lado oscuro es lo que sucede cuando el proceso es secuestrado, de suerte que la nivelación no ocurre nunca. El historiador Eric Jones escribió elocuentemente sobre por qué, en el largo plazo de la historia, el Occidente se desarrolló después de 1750 y el Este y el Sur no lo hicieron. Argumenta que no fue porque el crecimiento nunca haya tenido lugar en el resto del mundo; por el contrario, hubo crecimiento una y otra vez,[39] pero siempre fue eliminado por los gobernantes o los sacerdotes poderosos que se apropiaron de las innovaciones o definitivamente prohibieron esas actividades porque amenazaban sus propias posiciones. Sea como fuere, el crecimiento sostenido nunca se estableció, y la gallina que podría haber puesto los huevos de oro fue aniquilada al nacer. La extrema desigualdad de poder en esas sociedades condujo a un ambiente en el cual el crecimiento no podía establecerse, y de este modo se cortó una ruta de escape permanente.

Los historiadores económicos Stanley Engerman y Kenneth Sokoloff cuentan otra versión de la historia de la desigualdad y la ausencia de crecimiento.[40] En los países donde el poder estaba concentrado en unas pocas manos —por ejemplo, en las economías de plantaciones, en América Latina o en los Estados Confederados del Sur respecto del Norte—, los ricos se oponían a los derechos ciudadanos de la mayoría y restringían la educación a la élite, a la que ellos mismos pertenecían. Estas fallas de la política y de la educación para todos privaban a las personas de las instituciones que se encuentran en las raíces del crecimiento económico de base amplia. En con-

[39] *Cf.* Eric L. Jones, *The European Miracle: Environments, Economies, and Geopolitics in the History of Europe and Asia,* Cambridge University Press, Cambridge, 1981, y *Growth Recurring: Economic Change in World History,* University of Michigan Press, Ann Arbor, 2000.

[40] Véase Stanley L. Engerman y Kenneth L. Sokoloff, *Economic Development in the Americas since 1500: Endowments and Institutions*, Cambridge University Press, Cambridge, 2011.

traste, la temprana adopción de la educación pública universal en los Estados Unidos fue un factor importante de su éxito económico de largo plazo.

Que las instituciones diseñadas a la medida de la élite son enemigas del crecimiento económico también es una tesis de los economistas del MIT Daron Acemoglu y Simon Johnson, quienes escriben junto con el politólogo de Harvard James Robinson.[41] Los poderes coloniales que pudieron establecer poblados de sus propios ciudadanos llevaron consigo sus instituciones (pensemos en los Estados Unidos, Australia, Canadá y Nueva Zelanda), mientras en los lugares donde era muy difícil establecerse (por ejemplo, debido a la alta prevalencia de enfermedades) montaron Estados "extractivos" que esencialmente robaron los recursos (pensemos en Bolivia, la India o Zambia) con instituciones diseñadas para servir a la clase dominante pero que no podían apoyar el crecimiento económico. Los regímenes extractivos usualmente no tienen interés en proteger la propiedad privada o promover el imperio de la ley, y sin estas instituciones es improbable que el espíritu empresarial y la innovación florezcan. Los países que eran relativamente ricos y muy poblados en la época colonial eran particularmente atractivos como objetivos para la conquista, a tal grado que ha habido una reversión histórica de la fortuna. Entre los países conquistados por los poderes europeos, los que entonces eran ricos ahora son pobres y los que eran pobres ahora son ricos.

Estos reveses de fortuna deberían alertarnos en contra de dar por supuestos la prosperidad y el crecimiento económico modernos, de tomarlos como algo que hemos tenido siempre y que nunca puede esfumarse. La búsqueda de rentas puede llevar a que el crecimiento económico sea remplazado por la guerra intestina en la cual cada grupo pelea de manera cada vez más maligna por porciones de un todo que se contrae. Tomando ventajas de las circunstancias, los grupos de interés pueden enriquecer a unos pocos a expensas de la mayoría, cada uno de cuyos integrantes podrá perder tan poco que sien-

[41] *Cf.* Daron Acemoglu, Simon Johnson y James Robinson, "Reversal of Fortune: Geography and Institutions in the Making of the Modern World Income Distribution", *Quarterly Journal of Economics* 117, núm. 4, noviembre de 2002, pp. 1231-1294, y Acemoglu y Robinson, *Why Nations Fail…*, *op. cit.*

te que no vale la pena organizarse para impedir el despojo; los efectos acumulativos de varios de estos grupos pueden, empero, corroer a una economía desde sus entrañas y ahogar el crecimiento.[42] Las élites poderosas y ricas han frenado el crecimiento económico en el pasado, y lo pueden frenar nuevamente si se permite que socaven a las instituciones de las que depende el crecimiento dotado de una base amplia.

[42] Véase Mancur Olson, *The Rise and Decline of Nations: Economic Growth, Stagflation, and Social Rigidities*, Yale University Press, New Haven, 1982.

VI. LA GLOBALIZACIÓN Y EL ESCAPE MÁS GRANDE

En los años posteriores a la segunda Guerra Mundial, el mundo moderno presenció el escape más grande de todos. El rápido crecimiento económico en varios países ha emancipado de la pobreza a cientos de millones de personas. El bienestar material ha aumentado conforme las tasas de mortalidad han disminuido, y ahora la gente está viviendo vidas más prolongadas y ricas. Como siempre, el progreso no ha sido equitativo; algunos de los países con más rápido crecimiento han reducido su brecha de desarrollo con respecto a los países más ricos, pero su progreso ha abierto nuevas brechas entre ellos y los países que se han quedado atrás. Los países de Asia que alguna vez fueron pobres se han desplazado al nivel intermedio, dejando abismos entre ellos y varios países de África.

La disminución en la mortalidad, especialmente entre los niños, hizo que la población mundial se incrementara a una tasa que no tiene precedente en la historia humana, una verdadera explosión demográfica. El que la pobreza global haya disminuido de cara a tal incremento en la población habría maravillado a la mayoría de los comentaristas de los años sesenta, para quienes la portentosa "bomba de población" amenazaba los estándares de vida en todas partes del mundo. El gran economista y Premio Nobel James Meade solía lamentarse de que los tres grandes desastres del siglo xx eran el "infernal" motor de combustión interna, la explosión demográfica y el Premio Nobel de economía. La mayoría de sus contemporáneos habrían estado de acuerdo respecto de la explosión demográfica, y aún hoy en día muchos continúan viendo el crecimiento poblacional como una grave amenaza (junto con el infernal motor de combustión interna). No obstante, el mundo no sólo ha añadido 4000 millones de personas durante el pasado medio siglo, sino que los 7000 millones de personas que están vivas hoy en día también tienen, en promedio, vidas mucho mejores que las de sus padres y sus abuelos.

Los promedios no son ningún consuelo para quienes se han quedado atrás. Ya hemos visto que el crecimiento promedio de los Estados Unidos estuvo lejos de compartirse de manera equitativa. Los Estados Unidos no son el único país donde la desigualdad ha estado aumentando y, aunque hay importantes excepciones, el incremento en la desigualdad de ingreso es una experiencia reciente común en varios países. ¿Qué pasa con la desigualdad *entre* países? Varios países que eran pobres han aprovechado la "ventaja del atraso": la oportunidad de adoptar (y aun mejorar) el conocimiento y las tecnologías conocidas por mucho tiempo en los países ahora ricos. Los países otrora pobres que han reducido la brecha de desarrollo pueden sortear el largo proceso de ensayo y error que limitó el crecimiento en el pasado. Países tales como los tigres asiáticos —Hong Kong, Singapur, Corea del Sur y Taiwán— y más recientemente China y la India han experimentado tasas de crecimiento que son múltiplos de cualquier tasa de crecimiento experimentada previamente. Pero el crecimiento se ha distribuido inequitativamente, y la mayoría de los países que eran pobres hace 50 años no han sido capaces de emular a China, la India o a los tigres asiáticos.

Quizá de manera sorpresiva, y a pesar de los logros de los países que han crecido velozmente, ha habido poca o ninguna reducción de la desigualdad de ingreso entre países; por cada país con una historia de disminución de la brecha de ingresos ha habido otro con una historia de rezago. La dispersión de ingresos promedio entre países pobres y ricos es tan grande como siempre. Si ordenamos a los países con base en sus ingresos promedio, del más pobre al más rico, podremos comparar al país que se encuentra a una cuarta parte del camino de abajo hacia arriba —un país moderadamente pobre— con el país que se encuentra a una cuarta parte del camino de arriba hacia abajo —un país moderadamente rico—. En 1960, el país moderadamente rico tenía un ingreso promedio que era igual a siete veces el del país moderadamente pobre; en 2009 esa razón había aumentado a ocho veces y media.

El presente capítulo analiza este milagro de posguerra, el más grande de los grandes escapes: cómo sucedió y cómo cerró las viejas desigualdades y abrió otras nuevas. También analizaremos detenidamente los números y nos preguntaremos si podemos confiar con seguridad en ellos. Las medidas globales de pobreza y desigualdad están preñadas de dificultades. Sabemos menos de lo que deberíamos y seguramente menos de lo que uno podría pensar al leer y escuchar el torrente de pronunciamientos populares.

Medir el mundo

Medir el bienestar material no es tarea fácil, e incluso el *ingreso*, un término de uso diario, es difícil de fijar con toda precisión. Nuestras medidas de la pobreza y la desigualdad son sólo tan buenas como nuestras medidas del ingreso. La vida se complica aún más cuando queremos hacer comparaciones entre países. Las personas tienen una muy buena idea del tipo de ingreso que se requiere para evitar ser pobre en la comunidad donde viven. Aun si las líneas de pobreza nacionales no reflejan lo que cuesta vivir en la comunidad propia, haciendo caso omiso de las diferencias de opinión sobre las necesidades, todavía podemos esperar que la mayoría de los ciudadanos y quienes hacen la política económica concebirán las líneas de pobreza nacionales como datos razonables que dividen a quienes satisfacen sus necesidades respecto de quienes no lo consiguen. Pero si hemos de contar a los pobres de todo el mundo, necesitamos una sola línea de pobreza que tenga sentido en Nairobi y Quito, Karachi y Timbuktu, y quizás incluso en Londres y Camberra. Para esto, así como para cualquier comparación internacional de ingresos, necesitamos poder convertir una moneda en otra, y resulta que, para este propósito, los tipos de cambio son inútiles.

Un buen punto de partida, entonces, es preguntarnos cómo convertimos una moneda en otra, por ejemplo, dólares en rupias. Existe un tipo de cambio, que varía de un día a otro, y que es la cantidad de rupias que uno puede comprar en el mercado por un dólar; al momento de escribir esto, en abril de 2013, la tasa es 54.33. Así que si tomo un vuelo de Nueva York a Nueva Delhi y voy a la casa de cambio, obtendré alrededor de 50 rupias por cada dólar, o quizá menos dependiendo de la comisión del banco. Sin embargo, cuando llegue a la ciudad descubriré que, aun en el hotel más caro, puedo comprar mucho más con 50 rupias de lo que puedo comprar con un dólar en Nueva

York; si voy a la cafetería de la Escuela de Economía de Nueva Delhi o compro alimentos en la calle, la diferencia es enorme.

Una manera sencilla de decir esto es que el nivel de precios en la India es más bajo que en Nueva York; si convertimos el dinero al tipo de cambio del mercado, la mayoría de las cosas en la India son más baratas comparadas con sus precios en los Estados Unidos. De hecho, de acuerdo con la estimación más reciente, el nivel de precios de la India es sólo cerca de 40% del de los Estados Unidos, de suerte que, si tomamos una canasta de bienes típica que las personas compran, la canasta en la India costará sólo 40% de lo que cuesta en los Estados Unidos. Dicho de otro modo, los precios serían los mismos en ambos lugares si el tipo de cambio fuera 20 rupias por un dólar, no 50 rupias. Este tipo de cambio "correcto", el cual haría que un dólar valiera lo mismo en ambos lugares, se denomina apropiadamente el tipo de cambio correspondiente a la paridad de poder adquisitivo o, por sus siglas en inglés, el tipo de cambio PPP [*Purchasing Power Parity*]. La tasa PPP es el tipo de cambio de dólares a rupias que daría el mismo poder de compra en ambas partes. Si el nivel de precios es menor en Nueva Delhi que en Nueva York, como lo es en la mayoría de los países pobres, la tasa PPP será menor que el tipo de cambio.

¿Cómo conocemos estos datos? No existe un mercado en el cual las monedas se conviertan a las tasas PPP, así que no hay más alternativa que ir y descubrir cuáles son los precios. Equipos de investigadores y estadísticos internacionales coleccionan millones de precios en todos los países del mundo y los promedian para obtener un nivel de precios por cada país. Los primeros cálculos de este tipo se realizaron para seis países a mediados de los años setenta por parte de un equipo de economistas de la Universidad de Pennsylvania dirigidos por Irving Kravis, Robert Summers y Alan Heston, el último de los cuales continúa trabajando en esta área y es uno de los responsables de muchos de los datos usados en este libro. Estos pioneros cambiaron la manera en que los economistas ven y piensan el mundo; sin su trabajo no tendríamos ninguna idea de cómo comparar los estándares de vida entre países.[1]

[1] Véase https://pwt.sas.upenn.edu/icp.html para información sobre el Programa Internacional de Comparación de Precios (The International Comparison of Prices Program). El programa de recolección de precios se hospeda en

Una de las primeras cosas que aprendí de estas comparaciones internacionales es que mi ejemplo de la India era y es muy común; los niveles de precios son más bajos en los países más pobres, y cuanto más pobre es el país, menor es su nivel de precios. Mucha gente encuentra que esta conclusión es improbable y sorprendente. ¿Cómo es que podemos tener un mundo en el cual las cosas son más baratas en un lugar que en otro? Si algo, por ejemplo, el acero o la gasolina, fuera más barato en Nueva Delhi que en Nueva York, ¿por qué un comerciante no lo compra en Nueva Delhi y se enriquece vendiéndolo en Nueva York? De hecho, los precios del acero y la gasolina no son tan diferentes una vez que tomamos en cuenta los costos del flete y de los impuestos y subsidios locales. Pero estos argumentos no se aplican para todas las cosas. El hecho de que un corte de pelo en Delhi o una cena en Bangkok fuera una espléndida ganga en Nueva York no tiene ningún atractivo para un comerciante, porque estos servicios están en Delhi y en Bangkok, no en Nueva York, y no es posible llevarlos de un lugar a otro. Dado que la gente es pobre en los países pobres, los servicios son baratos ahí, pero varios de estos servicios son inamovibles.

Si todas las personas fueran libres de emigrar de un país a otro, los salarios disminuirían en los países ricos y aumentarían en los pobres, y el mundo sería mucho más equitativo. Por supuesto, la oposición a salarios más bajos en los países ricos es precisamente la razón por la cual *no* se permite a las personas emigrar a voluntad, y es el motivo por el cual los alimentos y los cortes de pelo son tan baratos en los países pobres. El precio de la tierra, como el del trabajo, no puede ser arbitrado entre países ricos y pobres. La vivienda barata de la India o de África no puede aumentarse al nivel de los precios estadunidenses simplemente mediante el traslado de la tierra a través del océano. La presencia de tierra y trabajo baratos en los países pobres explica que los niveles de precios en éstos sean mucho más bajos que en los países ricos. El mercado fija el tipo de cambio para igualar los precios del acero, la gasolina, los automóviles y las computadoras —todo lo que puede ser y

el Banco Mundial; véase http://siteresources.worldbank.org/ICPEXT/Resources/ICP_2011.html.

es parte del comercio internacional—, pero el nivel de precios depende de los bienes y servicios que no pueden comerciarse. Debido a que éstos son más baratos en los lugares pobres, cuanto más pobre es el país, menores serán los precios promedio.

Debido a que los precios son más bajos en los países más pobres, nos equivocaremos si utilizamos los tipos de cambio del mercado para hacer conversiones de los costos de vida. Los reportes de los periódicos casi siempre incurren en este error, y en ocasiones aun los economistas lo olvidan. En la primavera de 2011, el gobierno de la India (torpe y egoístamente) argumentó ante la Suprema Corte de la India que 26 rupias diarias eran suficientes para evitar la pobreza, al menos para quienes vivían fuera de las ciudades. En el estruendoso clamor que siguió, los medios de comunicación de la India (e internacionales) hicieron notar que aun el Banco Mundial —visto por la mayoría de los indios como una institución no benevolente— utilizó una línea de pobreza de 1.25 dólares, la cual, al tipo de cambio de 53 rupias por dólar, era más que doblemente generosa en comparación con la línea del gobierno. Pero a la tasa PPP de 20 rupias por dólar, la línea del Banco Mundial es de 25 rupias, cercana a la línea que había sugerido el gobierno. Incluso *The Financial Times* utilizó el tipo de cambio de mercado para hacer la conversión de rupias a dólares y anotó que la línea del gobierno era sólo de 0.52 dólares, a diferencia de la línea del Banco Mundial de 1.25. Un dato más preciso habría sido 1.30 dólares: una pitanza miserable en realidad, pero igual a casi tres veces el dato equivocado.

El Programa de las Naciones Unidas para el Desarrollo cometió este error durante muchos años, exponiéndose a sí mismo a acusaciones de exagerar deliberadamente la pobreza en los países pobres. Cada vez que leemos sobre los estándares de vida en estas naciones —trátese de la tasa de salarios, lo que cuesta visitar a un doctor o el precio de los alimentos o el transporte— y hacemos la conversión obvia utilizando un tipo de cambio de mercado, los resultados serán muy pequeños por un factor de dos a tres veces. Sin duda, los salarios son bajos en los países pobres —lo que no es sino otra manera de decir que estos países son pobres—, pero nada se obtiene exagerando precisamente cuán pobres son en relación con los países ricos del mundo.

Cuando comparamos los estándares de vida de manera transversal en el mundo o calculamos la pobreza global o la desigualdad, los tipos de cambio PPP son siempre los correctos, los que se deben usar. La frase "transversalmente en el mundo" es importante aquí; cuando consideramos de manera transversal a las personas de un mismo país para calcular la desigualdad, como en el caso de los Estados Unidos en el capítulo V, razonablemente podríamos escoger *no* hacer ajustes por las diferencias en precios transversales de distintos lugares. Aunque sin duda es más barato vivir en Kansas o en Misisipi que en la ciudad de Nueva York, hay más placeres y entretenimientos en Nueva York. De hecho, si las personas son libres de escoger dónde vivir, es probable que los precios más altos en la gran ciudad sean una guía razonable para valorar esos placeres y diversiones. Si esto es así, podemos comparar ingresos de manera transversal sin hacer los ajustes de precios; las personas que reciben ingresos más altos en Manhattan, Nueva York, realmente están mejor que las personas que reciben ingresos más bajos en Manhattan, Kansas. Las cosas son diferentes cuando comparamos a los Estados Unidos con la India, o a Francia con Senegal, donde el libre movimiento de las personas no es posible. Aun si el vivir en los Estados Unidos trajera más goces que vivir en la India —no sé si esto es así—, no hay razón para suponer que la diferencia entre los niveles de precios estadunidense e indio refleje esas diferencias en placeres. Así que cuando comparamos los ingresos de la India y de los Estados Unidos para evaluar la desigualdad mundial, debemos hacer los ajustes de precios utilizando los tipos de cambio PPP.

Las comparaciones con base en PPP son mejores que las comparaciones con base en los tipos de cambio de mercado, pero están lejos de ser perfectas. Los niveles de precios se calculan recolectando los precios de artículos comparables en diferentes países, como un kilo de arroz o un corte de pelo en Hanói, Londres o São Paulo. Sin embargo, no es fácil conocer el precio de todos los artículos. ¿Cómo determinamos el precio de la vivienda que una familia pobre construyó por sí misma en una aldea, o de una casucha en una barriada urbana? Frecuentemente no existen mercados de arrendamientos para estas propiedades, de la misma manera que no existen mercados de arrendamientos para varios tipos de vivienda en los países más ricos. Igual que en los Estados Unidos, es difícil saber cómo valuar los servicios que el gobierno provee a las personas —como el Medicare— y es aún más difícil hacer esto de una manera uniforme para todos los países, asegurándonos de que estamos comparando cosas iguales. No existen precios de mercado para una parte sustancial de lo que las personas compran, y tenemos que hacer conjeturas que, aunque casi siempre son sensatas, pueden no ser exactas. Esto no significa que sea mejor usar los tipos de cambio regulares, los cuales sabemos que son erróneos; sólo significa que las PPP, que son los datos correctos, están sujetas a una incertidumbre inevitable.

Pensemos por un momento en la recolección de precios de artículos comparables en diferentes países. Digamos que estamos fijando el precio de las camisas de hombres. En los Estados Unidos, un producto estándar podría ser una camisa de vestir de una marca bien conocida, digamos una camisa de algodón Oxford de Brooks Brothers. Si comparamos este producto con una camisa para hombres en Bolivia, la República Democrática del Congo o Filipinas, nos encontramos en una disyuntiva entre dos alternativas igualmente insatisfactorias. Es probable que la camisa estándar en esos países sea mucho más barata y de menor calidad que la camisa Brooks Brothers, de modo que si le fijamos un precio no estaremos comparando cosas iguales y *subestimaremos* los precios en el país pobre respecto del país rico. La alternativa es realmente ir de cacería en pos de la camisa Brooks Brothers —quizá en la tienda más elegante de la ciudad capital—, pero esto conlleva el riesgo contrario: el riesgo de que encontremos la camisa, pero sólo en una tienda muy especializada y muy cara que visitan un puñado de clientes ricos. Si seguimos esta ruta, *sobreestimaremos* los precios en el país pobre, al menos para las personas normales. Existe una constante lucha a brazo partido entre los dos objetivos en conflicto: sólo recolectar precios de artículos que pueden compararse internacionalmente o sólo recolectar precios de artículos representativos de lo que la gente compra. En casos extremos, las comparaciones son efectivamente imposibles si algo que es importante y ampliamente utilizado en un país no existe en otro. El *teff* es el grano de alimentación básico en Etiopía y rara vez se utiliza en alguna otra parte; el *tofu* es importante en Indonesia pero no en la India; el alcohol no está disponible en varios países musulmanes.

Aun cuando todos los precios estén disponibles, la gente gasta su dinero en cosas diferentes y en proporciones disímiles en países diferentes. El siguiente ejemplo es conocido para cualquiera que —como yo— haya crecido en el Reino Unido y que ahora viva en otra parte. Una de las necesidades básicas de existencia para los británicos es un producto llamado *Marmite*. Es un extracto de levadura (muy) salada, residual de la fermentación, originalmente descubierto por Louis Pasteur, quien a su vez se lo facilitó en licencia a los productores de cerveza británicos. La Marmite es barata y se consume ampliamente en el Reino Unido; se presenta en grandes vasijas negras. En los Estados Unidos, donde vivo ahora, está disponible, pero es cara y se presenta en vasijas negras muy pequeñas. La Marmite es un artículo bien definido y comparable de manera precisa cuyo precio se puede determinar en los Estados Unidos y en el Reino Unido. Pero si comparamos los precios en los Estados Unidos y en el Reino Unido calculando los costos relativos en ambos países de los bienes que los británicos compran, incluyendo grandes cantidades de Marmite, encontraremos que los Estados Unidos son un lugar muy caro. Si analizamos los precios relativos utilizando los bienes que los estadunidenses compran —lo cual incluye productos como galletas de harina integral o bourbon, que son raros y caros en el Reino Unido—, encontraremos que el Reino Unido es el país caro.

Las comparaciones entre países ricos como el Reino Unido y los Estados Unidos no son, de hecho, muy sensibles a la disyuntiva de si usamos como base los bienes estadunidenses o los británicos, pero el ejemplo de la Marmite ilustra una cuestión básica que afecta todas las comparaciones internacionales de precios. Los países tienden a comprar muchas cosas que son relativamente baratas y pocas cosas que son relativamente caras en el mercado nacional, de modo que, si se compara el costo de la vida en el extranjero utilizando la canasta de consumo nacional, se tenderá a sobreestimar el costo de la vida en el extranjero. Si utilizamos la canasta de consumo del país extranjero, tenderemos a subestimar los costos relativos. En la práctica, los estadísticos tienden a dividir la diferencia y toman un promedio.

Dividir la diferencia es una solución sensata, pero no hace que el problema desaparezca, como se puede ver si pensamos en lo que pasó hace unos años cuando los estadísticos que calculan los precios compararon los del Reino Unido con los de Camerún, país de África Occidental. En Camerún, así como en gran parte de África, los viajes aéreos son muy caros y hay muy pocos; la gente común no vuela. En el Reino Unido los viajes aéreos son baratos y aun las personas relativamente pobres vuelan al extranjero en vacaciones. Fijarle precio a lo que hacen los británicos con base en los precios de Camerún hace que Camerún parezca un país muy caro. Elaborar promedios ayuda, pero, sin importar lo que hagamos, el precio de los viajes aéreos tiene un efecto sustancial en la paridad de poder adquisitivo (PPP) de Camerún —el nivel de precios de Camerún sería 2-3% más barato si ignoráramos los viajes aéreos—, aunque casi no hay viajes aéreos en este país. El hecho de que las comparaciones internacionales dependan de cosas como éstas que tienen poco sentido —al menos en algunos contextos, como la medición de la pobreza— es uno de los hechos infortunados de la vida. Una vez más, el problema aquí es que Camerún y el Reino Unido son muy distintos entre sí, a diferencia de los Estados Unidos y el Reino Unido.

La comparación entre Camerún y el Reino Unido no es un gran problema; lo que definitivamente es un gran problema es la comparación entre los Estados Unidos y China. De acuerdo con las estimaciones más recientes del Banco Mundial, el PIB per cápita en China era 5 445 dólares en 2011 comparado con 48 112 dólares en los Estados Unidos, de modo que el ingreso per cápita en los Estados Unidos es casi nueve veces el de China. Pero estos cálculos son a los tipos de cambio de mercado y no toman en cuenta el hecho de que el nivel de precios en China es aproximadamente dos tercios del de los Estados Unidos. Si convertimos a tipos de cambio PPP, el ingreso per cápita en China es 8 400 dólares, por lo que la razón de ingresos per cápita con base en PPP, un indicador mucho mejor de los estándares de vida relativos, es sólo 5.7 veces, no 8.8 veces. Para quienes están preocupados por el tamaño absoluto de las dos economías —las corporaciones militares o diplomáticas, para quienes la influencia de un país en el mundo depende de los recursos *totales*—, tenemos que multiplicar por 4.31, que es la razón entre la población china y la estadunidense. En total, pues, el tamaño de la economía china es tres cuartas partes del de la estadunidense. Dado que China está creciendo mucho más rápido que los Estados Unidos —discutiré esto más adelante—, podríamos esperar que China alcanzara a los Estados Unidos en el futuro no muy distante: en sólo seis años si la tasa de crecimiento de China es cinco puntos porcentuales más alta que la tasa de crecimiento de los Estados Unidos.

Los datos del párrafo anterior tratan la tasa de cambio PPP como si realmente la conociéramos en la manera en que conocemos el tipo de cambio de mercado. Pero una vez que reconocemos los problemas de la Marmite o los viajes aéreos en Camerún, así como las incertidumbres de hacer comparaciones a la vez representativas y comparables, deberíamos preguntarnos si el verdadero tipo de cambio PPP podría ser más bien mayor o más bien menor. En mi trabajo con Alan Heston calculamos que, una vez que se reconoce el problema de la Marmite —o, más precisamente, una vez admitido que podemos promediar los dos conjuntos de precios usando la canasta de bienes china o la estadunidense—, existe un margen de error de aproximadamente 25% en ambos lados de la PPP.[2] Así, sólo podemos decir que el ingreso per cápita chino en 2011, medido en dólares internacionales, se encontraba entre 13 y 22% del ingreso per cápita de los Estados Unidos. El tamaño relativo de la economía agregada china se encuentra entre 56% y 94% de la economía agregada estadunidense. Aunque es conveniente dividir la diferencia —así sea sólo porque no queremos trabajar con una vasta gama de posibilidades—, persiste el hecho de que hacer esto es una forma arbitraria de resolver un problema conceptual para el cual no existe una solución completamente satisfactoria.

En el caso muy especial de China existen muchos otros aspectos a los que no puedo hacerles justicia aquí. Quizás el más importante es el prolongado y aún pendiente debate sobre si la tasa de crecimiento oficial china es demasiado alta para ser creíble, como piensan varios académicos, y, si es así, en qué medida debería ajustarse a la baja.

[2] *Cf.* Angus Deaton y Alan Heston, "Understanding PPPS and PPP-Based National Accounts", *American Economic Journal: Macroeconomics* 2, núm. 4, 2010, pp. 1-35.

No quiero dar la impresión de que las comparaciones internacionales son imposibles, o que siempre están sujetas a márgenes de error muy grandes. En 1949 mi mentor en la Universidad de Cambridge, Richard Stone, preguntó: "¿Por qué queremos comparar a los Estados Unidos, digamos, con la India o China? ¿Qué posible interés existe en ello? Todo mundo sabe que un país es muy rico en términos económicos y otro es muy pobre; ¿acaso importa que el factor sea 30 o 50 o lo que sea?"[3] Tanto China como la India están mucho mejor ahora que en 1949, y los medios de comunicación, para no mencionar el Pentágono y el Departamento de Estado, están interesados permanentemente en saber si la economía china ha rebasado o no a la estadunidense. Desde que Stone escribió lo anterior hemos hecho un gran progreso en el acopio de datos y en las maneras de pensar, de modo que realmente tenemos alguna idea de lo que son los "factores". Pero la incertidumbre todavía está ahí, especialmente cuando comparamos países ricos con países pobres como China o la India o (más aún) con cualquier parte de África. Entre los países ricos, cuyas estructuras económicas son similares entre sí, la incertidumbre es mucho menor y se pueden hacer las comparaciones con alguna confianza. Los tipos de cambio de mercado están muy próximos a los tipos de cambio PPP en países como Canadá, los Estados Unidos o las naciones de Europa Occidental, y pisamos terreno firme cuando hacemos comparaciones entre ellos.

Crecimiento global

Desde el término de la segunda Guerra Mundial, que dejó a gran parte de Europa en desorden económico y social, los países más ricos del mundo han crecido rápidamente, primero reparando el daño y después avanzando hacia nuevos niveles de prosperidad. También han tendido a converger en su crecimiento, y las diferencias entre sí actualmente son pequeñas en comparación con las diferencias entre ellos y el resto del mundo. La gráfica VI.1 muestra lo que ha sucedido con los ingresos

[3] Milton Gilbert *et al.*, "The Measurement of National Wealth: Discussion", *Econometrica* 17, suplemento, Reporte de la Reunión de Washington, 1949, pp. 255-272; cita en la p. 261.

nacionales (ajustados por los niveles de precios) en 24 países ricos. Aunque la medición siempre es menos que perfecta, los datos son buenos y los tipos de cambio PPP para este grupo de países ricos generalmente son confiables. El diagrama de cajas y bigotes (o tubos de órgano) se interpreta de la misma manera que la gráfica IV.4; las partes superiores e inferiores de las cajas sombreadas muestran las posiciones de las cuartas partes superiores e inferiores del total de los países considerados, de modo que la mitad de los países se encuentra en las áreas sombreadas y la línea de en medio indica la mediana. Los bigotes dan una idea de la dispersión de los datos y los puntos indican casos extremos.

La gráfica VI.1 muestra que otros países ricos han compartido la disminución en crecimiento que ya hemos visto para el caso de los Estados Unidos. La década de los años sesenta fue la edad de oro de la posguerra, con una tasa de crecimiento promedio de más de 4% al año, tasa suficientemente alta para incrementar los ingresos en una mitad en 10 años. El crecimiento disminuyó a 2.5% anual en los años setenta, a 2.2% en los años ochenta y noventa, y a menos de 1% en la primera década del presente siglo. Exageran la magnitud de la disminución general, en un extremo, la nivelación o convergencia de crecimiento después de la guerra —que no esperaríamos que continuara una vez hechas las reparaciones— y, en el otro, la crisis financiera. Arreglar la devastación y la destrucción, aunque es suficientemente difícil, es más fácil que alcanzar niveles de ingreso que no se habían conseguido previamente; la gente recuerda cómo solían hacerse las cosas, y en este caso lo que se necesita es recrear la tecnología más que crearla a partir de cero. Una vez que ha concluido la reconstrucción, el nuevo crecimiento depende de la invención de nuevas formas de hacer las cosas y de ponerlas en práctica, y esto de trabajar en tierra virgen es más difícil que arar nuevamente en surcos viejos. Por supuesto, en un mundo interconectado la innovación se puede difundir con frecuencia de un país a otro —especialmente hacia países similares—, de manera que el peso de la invención se distribuye entre varios. Esta interconexión, por sí misma, tenderá a acelerar el crecimiento.

La globalización reduce los costos de transportar los bienes y la información de un lugar a otro. Permite que los bienes

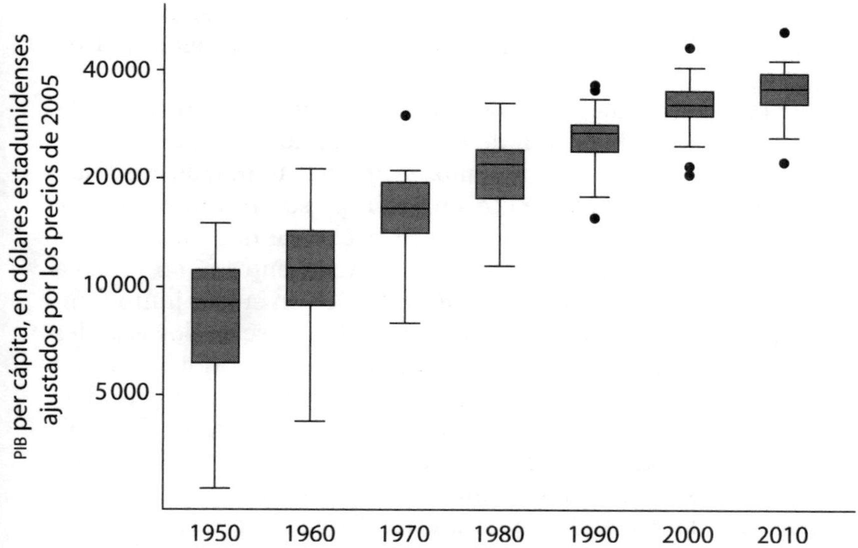

GRÁFICA VI.1. *PIB per cápita en 24 países ricos (Alemania, Australia, Austria, Bélgica, Canadá, Dinamarca, España, los Estados Unidos, Finlandia, Francia, Grecia, Holanda, Irlanda, Islandia, Italia, Japón, Luxemburgo, Noruega, Nueva Zelanda, Portugal, Reino Unido, Suecia, Suiza y Turquía).*

se produzcan y, de una manera creciente, que los servicios se lleven a cabo donde es más eficiente y barato realizarlos, y permite que los descubrimientos realizados en un lugar se adopten rápidamente en otras partes. Como sucedió con el nuevo conocimiento en materia de salud o los tratamientos —por ejemplo, el conocimiento de los efectos del tabaquismo en la salud o las medicinas salvavidas que reducen el colesterol y la presión arterial—, los descubrimientos que incrementaron los estándares de vida material se internacionalizaron rápidamente, haciendo que la salud y los ingresos convergieran en los países ricos. En el caso de estos países, donde las instituciones políticas, médicas y económicas adecuadas permitieron que se adoptaran los cambios, aunque a diferentes velocidades, observamos una convergencia extraordinaria de los ingresos promedio, aun si la tasa de progreso material se redujo recientemente. Para el caso de estos países, la nueva tecnología está *reduciendo* la desigualdad de ingreso de la misma manera que redujo la desigualdad en salud.

La convergencia de ingresos *promedio* entre estos países no nos dice nada acerca de lo que ha estado sucediendo *dentro* de ellos. En efecto, ya hemos visto que en un país, los Estados Unidos, el crecimiento en los ingresos promedio no ha sido compartido ampliamente. El hecho de que en términos de ingresos los países se estén acercando entre sí no implica que todos los ciudadanos del mundo rico en su conjunto también se estén acercando mutuamente. Piénsese en dos grandes grupos que antes estaban separados pero que ahora se están fusionando y mezclando. Si los miembros de cada grupo se están separando entre sí dentro de su propio grupo, la divergencia interna puede compensar y aun superar la fusión de los grupos. Visto en su conjunto e ignorando quién está en qué país, la dispersión podría estar aumentando. Regresaré a este tema cuando considere la desigualdad entre todas las personas a través del mundo.

Nos hemos acostumbrado a un mundo de crecimiento económico y de reducción en las diferencias entre países, al menos si vivimos en el mundo rico y si nacimos después de 1945. Los estándares de vida altos son normales y esperamos confiadamente más crecimiento económico. Las diferencias en ingresos y en salud entre países se han reducido; viajar es ahora más rápido, más barato y más fácil, y la información está disponible en todas partes y de manera instantánea.

El resto del mundo no se parece a nada de esto. La gráfica VI.2 es la misma que la VI.1, pero incluye a *todos* los países del mundo, ricos y pobres. Naturalmente, cuando incluimos a los países pobres la variedad de ingresos promedio es mucho más grande; las cajas son más grandes, y los bigotes y los puntos más extendidos. Los datos no son igual de confiables y es probable que los errores de medición hagan que la dispersión de ingresos aparezca más amplia de lo que realmente es. Más interesante aún y menos obvio es el hecho de que cuando analizamos a todos los países transversalmente, la dispersión de ingresos promedio —la desigualdad de ingreso país por país a nivel internacional— *no* disminuye a través del tiempo. Debemos ignorar por el momento las cajas del año 1950; no hay

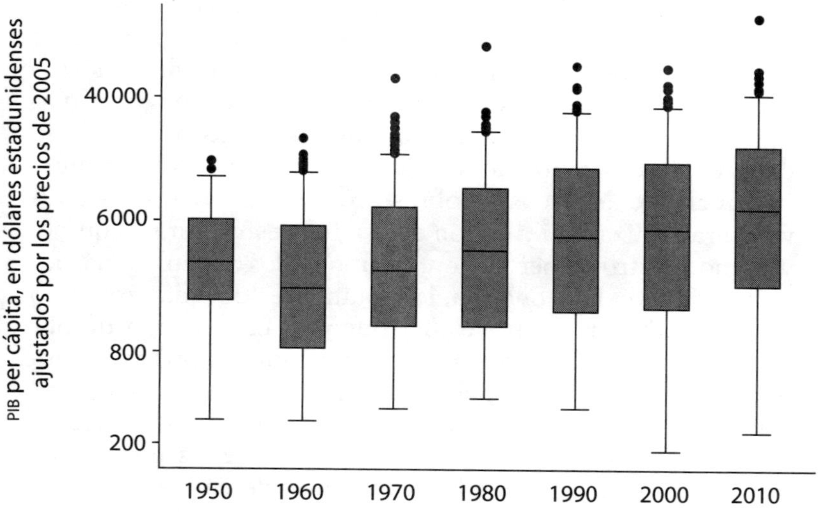

GRÁFICA VI.2. *PIB per cápita en todos los países del mundo.*

datos para muchos países, y varios de los países omitidos eran muy pobres, por lo que en la gráfica la caja aparece muy alta y muy corta. Después de 1950, la diferencia entre el país que se encuentra a un cuarto del camino de abajo hacia arriba y el país que se encuentra a un cuarto del camino de arriba hacia abajo —la distancia entre la parte superior e inferior de cada caja— ha permanecido más o menos igual, y si observamos los bigotes de la parte inferior vemos que la dispersión en realidad ha aumentado, especialmente entre los países más pobres del mundo.

Cuando el crecimiento es impulsado por nuevas ideas y por nuevas formas de hacer las cosas, y si las nuevas ideas se difunden rápidamente en el mundo, lo que esperaríamos justamente es la convergencia de ingresos promedio ente los países ricos. Lo que es más enigmático es el fracaso de los países pobres para cerrar la brecha, lo cual hace que la gráfica VI.2 luzca tan diferente de la VI.1. Después de todo, las técnicas y el conocimiento que son la base de los estándares de vida altos en los países ricos también están disponibles para los países pobres. Por supuesto, la posesión del conocimiento común no implica que todos los países deban tener los mismos estándares de vida. Para poder usar los métodos de producción de los países ricos se requiere una infraestructura de país rico —caminos, vías férreas, telecomunicaciones, fábricas y máquinas—, por no mencionar los niveles educativos, todo lo cual requiere tiempo y dinero para conseguirse. No obstante, las brechas entre ricos y pobres proveen de muchos incentivos para realizar la inversión en esa infraestructura y equipo, y, como mostró Robert Solow en uno de los artículos más famosos de toda la economía, los estándares de vida promedio deberían nivelarse a través del tiempo.[4] La cuestión de por qué no ha ocurrido esto es una interrogante central en economía. Quizá la mejor respuesta es que los países pobres carecen de las *instituciones* —capacidad de gobierno, un sistema de impuestos y un sistema legal que funcionen, seguridad de los derechos de propiedad y tradiciones de confianza— que son un antecedente necesario para que el crecimiento tenga lugar.

Las tasas de crecimiento en los países pobres no han sido más bajas que las de los países ricos, y en ocasiones han sido más altas, pero mientras algunos países han crecido rápidamente y están en el camino para alcanzar a los ricos, otros se han retrasado más y más. La *diversidad* de la experiencia de crecimiento ha sido mucho mayor en los países más pobres. Algunos países han sido capaces de aprovechar las oportunidades para cerrar la brecha con respecto a los países ricos. Un grupo de países asiáticos —China, Hong Kong, Malasia, Singapur, Corea del Sur, Taiwán y Tailandia—, así como un país africano, Botsuana, crecieron a más de 4% al año de 1960 a 2010 —un incremento de más de *siete veces* el ingreso promedio durante cinco décadas—. Al mismo tiempo, la República de África Central, la República Democrática del Congo (RDC), Guinea, Haití, Madagascar, Nicaragua y Níger en realidad eran *más pobres* en 2010 que hace medio siglo, y hay otros países que casi seguramente son parte de este grupo, pero para los cuales los datos no existen. (Probablemente Afganistán, Yibuti, Liberia, Sierra Leona y Somalia son candidatos para inte-

[4] Véase Robert M. Solow, "A Contribution to the Theory of Economic Growth", *Quarterly Journal of Economics* 70, núm. 1, febrero de 1956, pp. 65-94.

grar este grupo, así como varios de los países que en 1960 eran parte de lo que entonces se llamaba el Bloque del Este.) El rápido crecimiento de los países exitosos por sí mismo habría reducido las brechas de ingresos entre países, pero hubo suficientes fracasos para impedir que la desigualdad de ingresos entre países disminuyera.

Dos de las naciones de más rápido crecimiento son China y Singapur, pero la primera tiene una población que es más de 300 veces la de la segunda. La India, el otro gigante, no se expandió tan pronto ni tan rápidamente como China, pero ha crecido a una tasa mayor que el doble del promedio mundial desde 1990. Aunque China y la India sólo son dos países, su rápido crecimiento a fines del siglo significó que alrededor del 40% de la población mundial vivía en países que estaban desarrollándose muy velozmente. En contraste, en el extremo "malo" de la distribución del crecimiento, los países que han estado retrocediendo son pequeños en muchos casos (aunque hay excepciones, como la RDC, que es grande y es un fracaso espectacular).

Al analizar las tasas de crecimiento —no en términos de cuántos *países* han tenido crecimiento elevado, sino en términos de cuántas personas han experimentado el crecimiento elevado—, el crecimiento global asume una apariencia más color de rosa. El *país* promedio creció 1.5% al año durante el medio siglo posterior a 1960, pero la *persona* promedio vivió en un país que crecía 3% al año. China y la India, donde vive mucha gente, han crecido mucho más velozmente que el país típico.

Una manera de ver lo que ha estado pasando es imaginar una enorme muchedumbre, la población total del mundo, cada uno de cuyos miembros porta la bandera de su país, como una apertura de una gigantesca ceremonia de los Juegos Olímpicos. Piénsese en esta muchedumbre como si marchara hacia adelante a velocidades proporcionales a las tasas a las cuales crecen sus ingresos: los indios y los chinos corren hacia adelante y algunos, incluyendo a los congoleses y a los haitianos, caminan hacia atrás. Conforme observamos esta muchedumbre, dos quintas partes de las banderas que pertenecen a China y la India se mueven constantemente hacia adelante a través de la multitud, empezando casi desde atrás (ambos países eran muy pobres en 1960) y sin alcanzar aún el frente (China y la India se encuentran todavía muy atrás de las banderas de Europa y los Estados Unidos), pero avanzando gradualmente hacia el medio. Por supuesto, no todas las personas en esos países se están moviendo a la misma velocidad y, como veremos, algunos indios se están alejando de otros indios y algunos chinos de otros chinos. No obstante, el rápido crecimiento promedio de ambos países ha sacado a cientos de millones de la pobreza. Y aunque no todos los países se están acercando entre sí, el rápido progreso de los indios y los chinos hacia el punto intermedio al menos ha hecho posible que la muchedumbre total —la población mundial— tienda a converger en su ingreso.

Cuando se trata de un gran tema como la desigualdad de ingreso entre la población mundial, la voz *posible* es una gigantesca evasiva o negativa a resolver el problema. ¿En verdad podemos mejorar? El problema, una vez más, es la incertidumbre sobre algunas medidas clave. La tasa de crecimiento de China es una gran interrogante; existe una gran literatura especializada que trata de resolver los misterios impenetrables de las cuentas nacionales chinas. Muchos escritores están de acuerdo con que las tasas oficiales son demasiado altas, pero no sabemos exactamente cuánto.[5] Tampoco tenemos muy buenas estimaciones del tipo de cambio PPP de China; las PPP chinas (y otras) están sujetas a una gran incertidumbre, y el gobierno de China no ha participado en todos los ejercicios de recopilación de precios. Si la desigualdad mundial se estuviera expandiendo o contrayendo realmente muy rápido, la incertidumbre de la medición podría no importar. Tal como están las cosas, la verdad es que no sabemos.

Los dos países más grandes del mundo han estado entre los más exitosos, al menos durante el pasado cuarto de siglo. ¿Esto es *debido* a que son países grandes o es simplemente que los dos que crecieron de manera rápida casualmente son los más grandes? Otros países grandes también han superado el promedio mundial, al menos durante algunos periodos, aunque ninguno ha igualado el desempeño de China. Algunos

[5] *Cf.* Angus Maddison y Harry X. Wu, "Measuring China's Economic Performance", *World Economics* 9, núm. 2, 2008, pp. 13-44.

ejemplos son Brasil, Indonesia, Japón, Rusia y los Estados Unidos. Los países que forman el grupo BRIC (Brasil, Rusia, India y China) sin duda obtienen algunas ventajas de su tamaño. No se puede tener un cuerpo diplomático, una burocracia competente, algunos líderes bien entrenados y el personal académico de una universidad de clase mundial si existe sólo un puñado de gente buena para llenar *todas* estas posiciones; pero los países más grandes tienen recursos más grandes de donde escoger. Si el descubrimiento científico —o, más relevante para los países más pobres, la indagación en torno a cómo adaptar el conocimiento viejo a nuevas condiciones— depende del número absoluto de científicos o investigadores y no del porcentaje de habitantes que son científicos o investigadores, entonces esto también les otorga una ventaja a los países más grandes.

Un distinguido médico me preguntó una vez en qué estaba trabajando, y en respuesta le dije que en la medición de la pobreza global. "Interesante —replicó —: ¿cuáles países?" "La India", dije, y en ese punto me dijo que yo estaba diciendo un sinsentido: la India era uno de los países más avanzados del mundo. El médico estaría en lo correcto si uno contara el número total de científicos y no el ingreso per cápita o el número de personas pobres, y si el trabajo científico tuviera derramas que beneficiaran a todos en el país, en cuyo caso los países grandes estarían bendecidos. Si estas ventajas de escala son suficientes para aumentar las tasas de crecimiento o si los países más grandes tienden a crecer más aceleradamente por otras razones, son cuestiones no resueltas aún.

La razón de que algunos países crezcan más rápidamente y otros más lentamente todavía tiene mucho de misterio. De hecho, ni siquiera es cierto que haya países que crecen rápida o lentamente de manera perenne. Al menos durante el pasado medio siglo, los países que crecieron velozmente en una década tendieron a no repetir esa experiencia en la siguiente o en las subsiguientes décadas. Japón solía ser el país que tenía crecimiento alto de manera perpetua, hasta que dejó de tenerlo. La India, uno de los países de más rápido crecimiento ahora, sólo parecía capaz de crecer lentamente durante gran parte de su existencia, sin hablar del medio siglo que precedió a su independencia, cuando no hubo crecimiento en lo absoluto.[6] China es la actual superestrella de largo plazo, pero de acuerdo con los estándares históricos la longevidad del vigor de su crecimiento es extremadamente inusual. Los economistas, las organizaciones internacionales y otros comentaristas son aficionados a tomar a algunos países de rápido crecimiento y buscar alguna característica o política común, a la que entonces se le considera como la "clave del crecimiento"... al menos hasta que este elemento común no consigue facilitar la comprensión del crecimiento en alguna otra parte.[7] Lo mismo vale para los intentos de analizar a los países que se han desempeñado mal (los "mil millones de abajo") y adivinar las causas de su fracaso.[8] Estos experimentos se parecen mucho a los intentos de determinar las características comunes de las personas que apuestan al número cero justo antes de que éste aparezca en la ruleta: no hacen sino disfrazar nuestra ignorancia fundamental.

La insensatez de estos procedimientos me recuerda la búsqueda de las claves del éxito en la Escocia de mi juventud. En Escocia con frecuencia el clima es frío, húmedo y ventoso, y cuando yo era niño sabíamos poco del crecimiento económico, y nos importaba todavía menos, pero todo el tiempo estábamos preocupados por el clima. Los muy calurosos veranos de 1955 y 1959 fueron interminables, con días dorados al aire libre en los bosques y en los ríos. ¿Cuáles fueron las claves de esos éxitos? A menudo he pensado en ello y por un tiempo llegué a la conclusión de que ésos fueron veranos en los que yo estaba en la escuela primaria, y que la educación primaria era quizá la clave mágica. Pero mi primo David, quien es unos pocos años mayor que yo, me recuerda que él estaba en la secundaria en esos años, así que abandonamos la hipótesis de la educación primaria. Pero recordamos que ésos fueron dos años en los que el Partido Conservador estaba en el poder. En-

[6] *Cf.* William Easterly, *et al.*, "Good Policy or Good Luck? Country Growth Performance and Temporary Shocks", *Journal of Monetary Economics* 32, núm. 3, 1993, pp. 459-483.

[7] Véase Commission on Growth and Development, *The Growth Report: Strategies for Sustained Growth and Inclusive Development*, World Bank, Washington, D.C., 2008.

[8] Véase Paul Collier, *The Bottom Billion: Why the Poorest Countries Are Failing and What Can Be Done about It*, Oxford University Press, Londres y Nueva York, 2008.

tonces quizá la clave del éxito no era la educación primaria, sino la política. Todo esto es una insensatez, pero también lo son los intentos de analizar unos pocos éxitos y fracasos y hacer generalizaciones fatuas basadas en la coincidencia. Los adivinos etruscos y romanos hacían lo mismo con las entrañas de los animales.

Crecimiento, salud y explosión demográfica

En las seis décadas transcurridas desde el fin de la segunda Guerra Mundial ha habido reducciones sin precedentes en las tasas de mortalidad e incrementos sin precedentes en la esperanza de vida (descritos en el capítulo IV), además del crecimiento rápido en los ingresos promedio descritos anteriormente. No obstante, este milagro estuvo lejos de pronosticarse de manera universal en esa época; de hecho, se pronosticó lo contrario.

Cuando el conocimiento de la teoría microbiana de las enfermedades llevó al mundo pobre el control de las plagas, el agua limpia, las vacunas y los antibióticos, salvó millones de vidas, especialmente las de los niños. La salvación de esos niños trajo consigo incrementos rápidos en la esperanza de vida y acercó las probabilidades de vida de los países pobres a las de los ricos. Millones de niños que habrían muerto lograron vivir. Junto con los universalmente bienvenidos aumentos en la esperanza de vida vinieron millones de personas adicionales: un incremento en la población global que estuvo lejos de ser bienvenido universalmente. Para que la población mundial llegara a 1 000 millones de personas, tomó la mayor parte de la historia humana, hasta principios del siglo XIX. La marca de 2 000 millones se alcanzó alrededor de 1935, sólo un siglo y un cuarto más tarde, y los 3 000 millones se alcanzaron en 1960, sólo 25 años después. En lugar de que en ese punto se redujera, la población mundial en 1960 estaba creciendo 2.2% al año, la tasa más alta en la historia y suficiente para hacer que la población se duplicara cada 32 años. El argumento de la explosión demográfica no era una exageración.

La explosión demográfica causó alarma general en los años sesenta entre el público general —al menos en los países ricos— y también entre los políticos, los académicos, las fundaciones y las organizaciones internacionales. Gran parte de la preocupación era humanitaria; muchos países pobres ya parecían tener dificultades para alimentar a sus ciudadanos, por lo que añadir otros millones seguramente empeoraría aún más las cosas. Era como si una familia pobre, habiendo batallado y encontrado justo lo suficiente para un alimento magro, encontrara a la puerta de la casa a una docena de familiares hambrientos. El hambre masiva acechaba. Quienes visitaban la India se horrorizaban en particular por la obvia —para ellos— sobrepoblación y se quedaban anonadados ante la expectativa de que a esa masa se le agregaran cientos de millones de seres más. De hecho, es fácil que los occidentales que visitan la India por primera vez se horroricen por la pobreza y la enfermedad en los barrios desfavorecidos de Nueva Delhi o Calcuta; por los mendigos, los leprosos y los niños discapacitados; por las personas que defecan en la calle, y simplemente por la enorme cantidad de seres humanos. ¿Cómo podía ser posible que la adición de todavía más personas no empeorara todo aún más?

La seguridad nacional también era una preocupación. Sin duda, la creciente pobreza suministraría un terreno fértil para los comunistas —como ya había sucedido en China—, y los Estados Unidos y sus aliados necesitaban hacer lo que pudieran para impedir el efecto dominó. Seguramente otros motivos menos atractivos también contribuyeron a ello. Las preocupaciones acerca de la "calidad" de la población habían sido un foco de atención del movimiento eugenésico desde hacía tiempo. Aun cuando las ideas eugenésicas eran menos populares y respetables después de la derrota de la Alemania nazi, la posibilidad de que las personas pobres no educadas se multiplicaran mucho más rápidamente que las personas ricas y educadas parecía representar una amenaza para el futuro de la humanidad. En el extremo, el entusiasmo por controlar la población de África y Asia se debía mucho al color de piel de aquellos cuya población tenía que ponerse bajo control. Así, "ayudar" a los pobres del mundo a controlar sus poblaciones mediante la disminución del número de hijos se convirtió en un asunto de política —de política exterior de los países, de política de préstamos de las organizaciones internacionales y de donaciones por parte de las fundaciones—. No se le dio gran importancia a lo que los pobres del mundo —quienes en realidad estaban teniendo todos estos hijos— pensaban acerca de esto.

¿Por qué se debía pensar de manera tan universal que más personas significaba personas más pobres? Puede parecer obvio que si los alimentos del mundo y otros bienes se comparten entre más personas habrá menos para cada quien. Los economistas gustan de llamar a esto la falacia de cantidad: la noción de que existe una "cantidad" de "cosas" fija, de suerte que el empobrecimiento que proviene de añadir números es simplemente una cuestión de aritmética, precisamente como en el caso de la familia pobre que tiene visitantes inesperados para la cena. Por supuesto, incluso esta analogía se invalida si los visitantes inesperados traen alimentos consigo, de modo que la cena comunitaria bien puede ser mejor (nutricional y socialmente) que la cena originalmente prevista. La cuestión del empobrecimiento por números no es una cuestión de aritmética; es una cuestión de lo que las nuevas personas añaden, no sólo de lo que cuestan. Quizás el argumento más sencillo es que cada boca viene con un par de manos; sin duda demasiado simple, pero es una mejor aproximación a la verdad que la historia de la cantidad en la cual cada nueva persona viene sin nada.

También es necesario reconocer que los niños africanos y asiáticos que estaban causando la explosión demográfica eran, en la gran mayoría de los casos, niños cuyos padres los querían traer al mundo. En aquellos momentos, en ocasiones, incluso esta conclusión fue motivo de disputa; se veía a las personas como esclavas de sus pasiones sexuales y los niños eran la consecuencia desafortunada pero inevitable. Seguramente, no todas las personas en todas partes tienen acceso a la conveniente anticoncepción moderna de bajo costo, pero existe una evidencia abrumadora —si es que en verdad se requiere evidencia— de que, en promedio, si no familia por familia, las personas quieren a los niños que tienen, y cuentan con sus propias razones para tenerlos. La historia de la pasión desatada proveía un argumento conveniente para lo que "nosotros" queríamos hacer, es decir, "ayudar" a las personas pobres a tener un número menor de los hijos que "ellas" querían pero "nosotros" no. Nadie presentó evidencia de que las personas quisieran semejante ayuda o de que tener menos hijos fuese a mejorar sus vidas. Muy al contrario.

El hecho de que los padres quieran tener más hijos no significa necesariamente que la existencia de más niños sea algo bueno para la sociedad; puede haber consecuencias que los padres no conocen, o que conocen pero prefieren ignorar. Los hijos podrían significar costos para otras familias. Cuando los costos son sufragados por la familia misma, podemos confiar en que es probable que los padres calculen los costos y los beneficios y tengan hijos cuando tiene sentido para ellos. Esos niños podrían reducir los recursos disponibles para otros miembros de la familia; y de hecho, pocos niños *nacen* listos para llevar su peso económico. Pero tomando en cuenta todos los aspectos, incluyendo el futuro económico de los padres y de sus hijos así como las alegrías de la paternidad, podemos suponer con certeza que los hijos adicionales aumentan el bienestar de la familia. Podría preocuparnos que algunos padres sólo tengan hijos para explotarlos o abusar de ellos de alguna otra manera, pero aun esto no justifica la idea de que otras personas tomarán mejores decisiones a nombre de esos padres. El argumento más sólido proviene de la situación en que los costos recaen en otras personas: escuelas o clínicas más saturadas; menos tierra común, leña del bosque o agua limpia; o bien un aumento del calentamiento global. Este argumento, con frecuencia descrito como la "tragedia de los comunes", implica que las personas tendrán demasiados hijos, y ha sido por mucho tiempo el fundamento clave en favor del control de la natalidad.

Hay varias maneras de sortear la tragedia de los comunes. Los economistas gustan de utilizar los precios para resolver esos problemas, y en ocasiones será posible utilizar un impuesto para hacer que la gente preste atención a un costo social que de otra manera ignoraría. Un ejemplo clásico es un impuesto global al carbono, el cual haría mucho bien para combatir el calentamiento global. Pero esa estrategia también ilustra el problema, que consiste en que la introducción de ese impuesto requeriría un grado de acuerdo político difícil de alcanzar. Los problemas locales —el acceso a la leña del bosque, el uso de los recursos comunes, quién tiene derecho al agua— pueden tratarse mediante un acuerdo político local. Aunque nunca hay garantía de que la necesidad de una acción política en realidad será satisfecha mediante la creación de instituciones adecuadas, las discusiones políticas locales con frecuencia resuelven estos desacuerdos e impiden que la gente haga cosas que infligen costos en otras personas. La oferta de clínicas y escuelas también puede tratarse mediante la política local o nacional. Las instituciones políticas apropiadas pueden incluir alguna suerte de incentivos económicos o sociales para limitar el tamaño de la familia, y este tipo de control de población —si se logra en una forma democrática— es una solución apropiada a la tragedia de los comunes y a otras dificultades relacionadas. Lo que estos argumentos *no* apoyan es el control de la natalidad por parte de extraños tales como los gobiernos extranjeros, las instituciones internacionales o las fundaciones, especialmente cuando esas organizaciones tienen sus propios intereses y, a menudo, una comprensión muy limitada de las vidas de las personas a quienes nominalmente están tratando de ayudar.

Cuando se han presentado esos escenarios, se ha hecho mucho daño —y cosas peores— en nombre del control de la natalidad. Algunos de los peores abusos se cometieron en la India, donde la esterilización voluntaria estuvo muchas veces lejos de ser voluntaria. Aunque fueron los políticos y funcionarios indios quienes realizaron los abusos, la Agencia de los Estados Unidos para el Desarrollo Internacional y el Banco Mundial tienen mucha responsabilidad por el estímulo y el apoyo intelectual y financiero.[9] La política de un solo hijo de China, impuesta por un gobierno no democrático e inspirada en la preocupación occidental por la sobrepoblación, continúa vigente hoy en día, y es uno de los más graves crímenes perpetrados por un gobierno moderno en contra de su pueblo. Ni siquiera está claro que la política haya sido eficaz: la fertilidad ha disminuido mucho más en Taiwán, exactamente en la misma cantidad en Tailandia y casi a la misma velocidad en el sur de la India, y en ninguno de esos países los gobiernos coaccionaron a su pueblo o violaron sus más profundas y personales opciones de vida.

[9] Véase Matthew Connelly, *Fatal Misconceptions: The Struggle to Control World Population*, Harvard University Press/Belknap, Cambridge, 2008.

A pesar de las profecías fatídicas, la explosión demográfica no hundió al mundo en la hambruna y las privaciones. Por el contrario, durante el pasado medio siglo no sólo vimos disminuir la mortalidad que la explosión demográfica causó, sino también un escape masivo de la pobreza y de las privaciones que la explosión poblacional supuestamente causaría. ¿Qué pasó y cómo es que todos nos equivocamos tanto?

No todo mundo *estuvo* en lo incorrecto. El economista y demógrafo Julian Simon, utilizando argumentos que hoy son mucho más ampliamente aceptados que en su tiempo, desafió consistentemente a los profetas agoreros haciendo predicciones insólitamente correctas sobre la abundancia futura. En su libro *The Ultimate Resource* [El recurso más importante], argumentó que la verdadera fuente de la prosperidad no es la tierra ni los recursos naturales que un día podrían extinguirse, sino las personas.[10] Cada nueva boca trae consigo no sólo un futuro nuevo trabajador, lo que en el largo plazo independizaría a los ingresos promedio respecto del tamaño de la población, sino también un cerebro creativo. Las nuevas ideas que surgen de algunos de estos nuevos cerebros son buenas no sólo para sus propietarios, sino también para toda la humanidad. Si la duplicación de las bocas y de las manos deja a todos con lo mismo que antes, las mentes adicionales pueden columbrar nuevas formas que faculten a *todas* las manos para hacer más. Por supuesto, no todos los nuevos niños que nazcan serán un Einstein, un Edison o un Henry Ford, ni cada idea nueva será útil para todos. Pero puesto que las ideas se pueden compartir, no todo mundo tiene que ser un genio, y las ideas que se pueden aplicar en cualquier parte benefician a todos los que las usan, no sólo a su inventor. Una mayor cantidad de niños puede significar más costos para otros —todas esas escuelas y clínicas—, pero también significa beneficios en términos de nuevas ideas y nuevas formas de hacer las cosas que, finalmente, son la base del crecimiento económico, los instrumentos del Gran Escape. Y esos beneficios fácilmente pueden ser superiores a los costos. Si es así, los progresos en la salud de los años cincuenta y sesenta bendijeron al mundo

[10] Véase Julian L. Simon, *The Ultimate Resource,* Princeton University Press, Princeton, 1983.

dos veces: una vez debido al incremento en la esperanza de vida y otra a causa de la explosión de conocimiento global y creatividad que emergió con la explosión demográfica.

El economista y demógrafo David Lam, en su conferencia magistral dada en ocasión de su discurso presidencial de 2011 a la Asociación de la Población de los Estados Unidos, identificó las claves de la prosperidad global en presencia de tasas récord de crecimiento de la población.[11] Una clave fue la disminución de la fertilidad: ante disminuciones sin precedente en la mortalidad infantil, el número de hijos en las familias se redujo. Los padres no se preocuparon por el número de hijos que *nacieron*, sino por el número de los que *sobrevivieron*. Los hijos destinados a morir, en tiempos pasados, ya no "necesitaban" nacer, lo cual evitaba a las madres la fatiga y los peligros del embarazo y ahorraba a los padres la agonía de esas muertes. Tendemos a pensar que los primeros beneficiarios de la disminución de la mortalidad infantil son los millones de niños que, en otras circunstancias, habrían muerto, pero que ahora tienen la oportunidad de una buena vida. Es muy cierto, pero las vidas de los padres —particularmente las de las madres— también se han transformado; ahora tienen la libertad de realizar otras actividades, como educarse y trabajar fuera de casa. También pueden dedicar más recursos y tiempo al cuidado y desarrollo de cada hijo sobreviviente.

Cuando un número menor de niños muere, los padres pueden reducir el número de hijos que nacen al tiempo que tienen el mismo número de hijos grandes para mantener la familia, heredar sus activos y continuar las tradiciones, pero a un menor costo para ellos en términos de riesgo y esfuerzo. La reducción de la fertilidad no ocurrió de inmediato —de lo contrario no habría habido explosión demográfica—, pero es visible en los datos recogidos dentro del lapso de una década aproximadamente. Como resultado, la explosión demográfica fue un fenómeno temporal —aunque prolongado—. El mundo pasó de una situación en la cual los nacimientos y las muertes se encontraban más o menos en equilibrio a otra en la cual los nacimientos excedieron en gran medida a las muertes; y lue-

[11] *Cf.* David Lam, "How the World Survived the Population Bomb: Lessons from 50 years of Extraordinary Demographic History", *Demography* 48, núm. 4, 2011, pp. 1231-1262.

go, después de un tiempo, el mundo retornó a un equilibrio, pero ahora con un número menor de nacimientos y muertes que en 1950. La tasa anual de crecimiento de la población mundial, que alcanzó 2.2% en 1960, fue sólo la mitad de eso en 2011. Las personas que nacieron entre la disminución en la mortalidad y la reducción de la fertilidad representaron un enorme suplemento a la población mundial, primero como niños, cuando sus necesidades eran mayores de lo que ellos mismos podían proveer, luego como adultos, etapa en la que eran productivos y creativos, y, finalmente, como personas de edad provecta, muchas de las cuales ya están retiradas.

Lam destaca también el éxito de la economía mundial para responder al desafío del crecimiento de la población. Éste es uno de nuestros temas recurrentes: que la sociedad tiende a adaptarse a los nuevos problemas, en parte proponiendo nuevas formas de hacer las cosas —en el caso de la explosión demográfica, acogida a la ayuda de esos cerebros adicionales— y en parte creando incentivos para hacer las cosas de manera diferente. La Revolución verde y otras innovaciones incrementaron la productividad de la agricultura y la producción de alimentos creció más rápido que la población. La globalización también ayudó a acelerar el crecimiento global porque permitió que la producción se trasladara a esos países y lugares donde se podía llevar a cabo más eficientemente. Así, los recursos limitados se conservaron o fueron sustituidos. El sistema de precios tiene un papel central en la creación de incentivos; si los recursos no renovables se vuelven incómodamente escasos sus precios aumentarán, y la gente los usará de manera más eficiente, hará sustituciones o dirigirá el cambio técnico para encontrar formas de hacer las cosas sin tocar siquiera esos recursos particulares.

A los economistas se les acusa con frecuencia de confiar en el sistema de precios muy ciegamente, y eso es cierto en ocasiones. No obstante, tanto los economistas como sus críticos están de acuerdo en que existen grandes peligros cuando los recursos importantes no tienen precio, de suerte que, a pesar de su valor, están disponibles para los usuarios sin ningún costo. Sin precios no hay incentivos para economizar en esos bienes. El ejemplo más significativo de nuestros días es el calentamiento global, el cual, si no se combate de alguna manera, constituirá una de las más grandes amenazas a la continuidad del crecimiento de la prosperidad global.

El diagnóstico equivocado de la explosión demográfica por parte de la gran mayoría de los científicos sociales y de los responsables de las políticas públicas, así como el grave daño que la equivocada política resultante impuso a varios millones de personas, formaron parte de los más grandes fracasos intelectuales y éticos de un siglo en el que hubo muchos.

La anticoncepción en sí misma no era el problema. Los anticonceptivos permitieron a las parejas controlar su fertilidad para beneficiarse a sí mismas y a sus hijos, y la capacidad de regular la fertilidad de modo barato y eficaz ha conferido mejores vidas a las mujeres en todo el mundo. Como sucede con la mayoría de las innovaciones, los primeros beneficiados fueron los habitantes de los países ricos, y esta situación generó una desigualdad global. Poner estos nuevos métodos a la disposición de todo el mundo fue visto, correctamente, como una prioridad y tenía el potencial de hacer tanto bien como el que hicieron los antibióticos y las vacunas. Lo que *fue* profundamente equivocado fue la coerción y la pérdida de libertad de millones de personas. Los países ricos, enarbolando la causa de ayudar a los pobres, fueron cómplices de la coerción. En lugar de ayudar a eliminar la desigualdad global la aumentaron, creando una mayor injusticia global. Alguna parte del daño fue consecuencia del simple error por inadvertencia: muchos políticos y científicos creían que sus diagnósticos y prescripciones podían auxiliar a la gente pobre. No obstante, es más probable que los errores se cometieran por servir a los intereses de los países ricos mismos, que estaban embargados de miedo al imaginarse cómo sería la vida para ellos en un mundo con más gente pobre y al sospechar que la explosión demográfica fortalecería al comunismo global.

Pobreza global

Ya hemos visto que el crecimiento de la prosperidad nacional hizo poco para reducir la pobreza en los Estados Unidos, al menos después de 1975. El mundo en su conjunto fue más afortunado, y el rápido crecimiento de los ingresos promedio, especialmente en China y la India, y *particularmente después de 1975*, hizo mucho para reducir la pobreza extrema en el mundo. En China más que en cualquier otra parte, pero también en la India, el escape de cientos de millones de una pobreza tradicional y largamente establecida califica como el Escape más Grande de todos.

Si bien la historia es clara a grandes rasgos, y su conclusión no está sujeta a serios cuestionamientos, quiero contarla con cierto cuidado, aunque sólo sea porque está lejos de ser obvio cuál es la manera de medir la pobreza global y lo que queremos decir al hablar acerca del número de personas que viven con menos de 1.00 o 1.25 dólares diarios.

La decisión de quién es pobre, y quién no, es algo fácil para las comunidades locales. Los practicantes profesionales del desarrollo realizan frecuentemente "evaluaciones rurales participativas" en las que los habitantes de los pueblos se reúnen en una plaza central —quizá debajo del baniano— y le informan al recolector de datos sobre el pueblo, sus cosechas, sus principales ocupaciones y actividades, el suministro de agua, sus medios de transporte y su gente. Las personas consideradas pobres frecuentemente son los discapacitados o los viejos que no tienen una familia que los apoye. En los países ricos también las personas ofrecen con gusto respuestas sensatas a preguntas acerca de cuánto necesita una familia "nada más para irla pasando" en su comunidad. Es más difícil establecer una línea de pobreza nacional, aunque sólo sea porque a menudo viene conjuntamente con un derecho a un tratamiento especial, como los subsidios que no están disponibles para otros. No obstante, como vimos en el caso de los Estados Unidos, las líneas de pobreza nacionales se resuelven de alguna manera y pueden revisarse o actualizarse en debates políticos posteriores. En la India sucedió lo mismo en gran medida: las líneas originales, propuestas primero por académicos que miden los estándares de vida, fueron adoptadas por el gobierno más tarde —en la India, la Comisión de Planeación es el guardián de la línea de pobreza— y revisadas después de tiempo en tiempo —utilizando un dispositivo favorito en la India: el "comité de expertos"—, siempre que las líneas existentes parecían obsoletas o habían dejado de atraer un apoyo amplio.

En la India y en los Estados Unidos las líneas de pobreza

nacionales han sido producidas y discutidas dentro de un sistema democrático, con debate en la prensa y entre las partes interesadas. Esto les da la gran virtud de legitimidad interna. No obstante, varias líneas de pobreza nacionales, incluso quizá la mayoría, no pueden considerarse de igual manera. En los casos de los muchos gobiernos para los que la reducción de la pobreza tiene un significado puramente retórico, la medición de la pobreza se hace por instigación del Banco Mundial, de alguna otra agencia internacional o de alguna organización no gubernamental (ONG). Sus líneas de pobreza frecuentemente provienen no del debate interno, sino de las directrices que como gesto de ayuda provee el Banco Mundial.

Las líneas de pobreza que elabora el Banco Mundial o las que se hacen utilizando sus métodos son por lo común suficientemente sensatas, o al menos así lo perciben expertos externos. En efecto, muy frecuentemente se calculan como la cantidad de ingreso a la que una familia típica de ese nivel de ingreso de hecho adquiere una dieta mínimamente aceptable. El error de estas líneas no es su falta de *plausibilidad*, sino su falta de *legitimidad*; no hay garantía de que alguna persona del país en cuestión, por no decir una persona pobre de esa nación, considere esa línea de pobreza como un punto limítrofe razonable que separa a un pobre de un no pobre. En efecto, estas líneas son esencialmente conveniencias administrativas de las agencias internacionales que necesitan medir la pobreza para sus propios propósitos.

La línea de pobreza global original de un dólar por día del Banco Mundial, y su reciente actualización de 1.25 dólares, resultó de promediar las líneas de pobreza nacionales de una selección de los países más pobres del mundo. Estas líneas de pobreza locales se expresan en moneda local, así que tienen que convertirse a una unidad común antes de que puedan promediarse, y esto se hace utilizando las tasas de cambio PPP que ya discutí. Cuando el Banco Mundial hizo este cálculo por primera vez hace 20 años, el promedio era cercano a un dólar (dólares de 1985) por persona por día, o 1 460 dólares al año para una familia de cuatro miembros; el promedio más reciente —para un grupo diferente de países— es 1.25 dólares (dólares de 2005), o 1 825 dólares al año para una familia de cuatro personas. En la fase final esta línea de pobreza global, reconvertida a las monedas locales, se utiliza en cada uno de los países pobres del mundo —los ricos quedan excluidos del cálculo— para contar el número de personas que viven con base en el equivalente local de la línea global. El cálculo arroja el número de pobres "globales" en cada país del mundo, y estos números se suman para obtener los totales por región y para el mundo en su conjunto.

Este cálculo se ha hecho de una manera más o menos consistente desde 1990, y el Banco Mundial ahora publica datos sobre la pobreza global de 1980 a 2008. Éstos son los datos que presenté en el capítulo I; la gráfica I.6 muestra que el número de personas que viven en el mundo con menos de un dólar (de 2005) por día disminuyó de cerca de 1 500 millones en 1981 a 805 millones en 2008. Esto ocurrió a pesar de que en los países incluidos la población aumentó en casi 2 000 millones, de suerte que la fracción de la población en situación de pobreza disminuyó mucho más rápido que el número total, de 42 a 14%. La disminución en estos números se debe casi en su totalidad al milagro del crecimiento de China; si se excluye a China, 785 millones de personas vivían con menos de un dólar por día en 1981 en comparación con 708 millones en 2008. Esto es un poco menos impresionante, pero aun así, como porcentaje de la población mundial no china, los pobres disminuyeron de 29 a 16 por ciento.

En la India, el otro milagro de crecimiento moderno gigante, el número de personas que viven con menos de un dólar por día disminuyó de 296 millones a 247 millones, y la fracción de la población en situación de pobreza cayó de 42 a 21%. China y la India son las historias de éxito; el crecimiento rápido en países grandes es una máquina que puede hacer una sangría colosal en la pobreza mundial. El gran fracaso de la reducción de la pobreza ha acontecido en el África subsahariana. La fracción de la población que vivía con menos de un dólar por día en 2008 era 37%, en comparación con 43% en 1981, y, debido a que la tasa de fertilidad de África no ha disminuido como en Asia, el número de personas pobres casi se ha duplicado, de 169 millones a 303 millones.

África tiene un área territorial inmensa y luce enorme en cualquier mapa, pero está menos densamente poblada que Asia del Sur o que Asia del Este, por lo que el fracaso relativo de la reducción de la pobreza en África ha tenido menos efecto en la contabilidad de la pobreza global que los éxitos de Asia. Aun así, no debemos cometer el error frecuente de descontar de alguna manera el éxito de China. Los pesimistas de la pobreza, quizás especialmente en la industria de la ayuda, frecuentemente afirman que, con la sola excepción de China, la globalización y el crecimiento económico han hecho poco para reducir la pobreza global. Pero ésta es exactamente la manera errónea de concebir la pobreza global. China no es una entidad solitaria, sino un país de 1 300 millones de personas, y descontar su escape de la pobreza es argumentar que el pueblo chino cuenta menos que los pueblos de Etiopía, Kenia o Senegal. Todos los países son dignos de estudio y medición por derecho propio, pero cuando estamos analizando y tratando de medir el bienestar en el mundo una persona tiene que contar lo mismo, no importa dónde viva. No existe ningún premio por vivir en un país pequeño ni existe una penalización por vivir en uno grande. La pobreza global es una idea cosmopolita y su medición debe realizarse sobre una base cosmopolita.

¿Qué tan creíbles son los datos sobre la pobreza? La estrategia de medición del Banco Mundial que he esbozado es sensata —al menos exceptuando su falta de *input* o información original con una base democrática local—, pero hay varias dificultades a lo largo del camino; quienes hemos estado involucrados en la elaboración y la crítica de estos datos, igual que muchos otros productores de datos, nos mostramos mucho más escépticos y vacilantes respecto a su uso que la mayoría de las personas. Aun así, pienso que podemos tener confianza en los patrones generales de reducción de la pobreza global. El rápido crecimiento de China y la India es suficientemente real, y las posibles exageraciones sobre el crecimiento del ingreso nacional en cualquiera de los dos países no afectan la dirección de las tendencias de la pobreza, especialmente no en el caso de China. Los datos de África frecuentemente son de mala calidad, y en este caso existe mucha más incertidumbre, pero el estancamiento de la pobreza es consistente con otras cosas que sabemos del continente, como el crecimiento relativamente lento de su ingreso nacional y la lenta disminución de la fertilidad. Más allá de esas tendencias generales, el resto del panorama de la pobreza global es bastante más oscuro.

Una debilidad de las estimaciones de la pobreza global es su dependencia de las tasas de cambio PPP, por lo cual son vulnerables a la crítica que se hace a esas tasas y a la incertidumbre de las mismas —el problema de la Marmite y otras cosas—. Una debilidad más consiste en el cálculo del número de personas que se encuentran debajo de la línea de pobreza en cada país. También está el problema de si estas líneas de pobreza tienen algún sentido.

Las tasas PPP no se calculan todos los años, sino sólo de manera irregular; los últimos tres cálculos son de 1985, 1993 y 2005, y los resultados del cálculo para 2011 estaban en preparación en el momento en que yo escribía este libro. En estos cálculos no todos los países participan todos los años; China, cuyo tamaño garantiza que tiene un gran efecto en cualesquiera resultados, no participó antes de 2005, de manera que las estimaciones anteriores a ese año se basaron en información parcial... lo cual es mejor que las conjeturas, pero está lejos de asentarse sobre bases sólidas. Por estas razones, o simplemente por las dificultades de medición (no lo sabemos con certeza), los datos de pobreza global tienen una alarmante tendencia a cambiar siempre que se revisan las tasas PPP. Estos cambios han afectado los datos de pobreza, no sólo para el caso de países individuales, lo cual sería suficientemente malo, sino también para el de continentes enteros. La revisión de 1993 repentinamente hizo que África pareciera mucho más pobre y América Latina mucho menos pobre. Estas revisiones no estuvieron exentas de consecuencias; la pobreza en el África subsahariana pasó de 39 a 49 por ciento.

En 2005, una vez más con base en nuevos datos, el Banco Mundial revisó al alza sus estimaciones de pobreza aproximadamente en un tercio; de los clasificados como pobres, una mayor porción se encontraba en Asia que en África. La mayor parte de este aumento se debió a que el Banco Mundial modificó su línea de pobreza, pero este cambio ilustra la desconfianza general que inspiran los datos, por no mencionar lo indeseable que resulta permitir que el Banco Mundial sea la única fuente de datos sobre cuya base se juzgan sus propios esfuerzos contra la pobreza. Por supuesto, todos estos cambios son *estadísticos*, no reales; en el mundo nadie es más pobre o más rico porque los cálculos hayan cambiado. Pero esos cambios pueden tener efectos reales si las organizaciones internacionales o las ONG reorientan sus esfuerzos (y su retórica) hacia donde ellas "ven" las más altas tasas de pobreza. Ésta es una de las varias razones por las que la medición es importante. Gran parte de la reciente atención focalizada en la pobreza de África es posterior a la revisión de 1993, y se puede argumentar que fue influenciada por ésta. Dirigir la ayuda o la atención hacia los lugares más pobres del mundo puede ser como perseguir una quimera, porque —para considerar un animal metafórico diferente— el mapa de la pobreza global cambia de colores como el camaleón.

Las tendencias de la pobreza global suelen no cambiar mucho cuando se revisan los datos subyacentes. Aun así, es posible que las tasas de disminución de la pobreza de China y de la India hayan sido subestimadas y que en realidad la pobreza esté disminuyendo ahí más rápido de lo que muestran los datos oficiales. Este problema, aún no resuelto, es un asunto a la vez técnico y profundamente político.

Es sorprendentemente difícil indagar cuántas personas son pobres en cada país, aun después de que se ha definido la línea de pobreza. Los cálculos se basan en una encuesta de *hogares* que pregunta a una muestra aleatoria de familias cuánto ganan y gastan, y luego cuenta el número de personas que viven en familias situadas debajo de la línea de pobreza. Existe una verificación cruzada de estas encuestas con las cuentas de ingreso nacional, que proveen estimaciones independientes de gasto e ingreso totales para cada país en su conjunto. Pero esta verificación cruzada falla en varios países; con frecuencia el total de las familias es mucho menor que el que los estadísticos piensan que debe ser, y, peor aún, los dos totales se separan cada vez más. Dicho de otra manera, si nos dirigimos a los hogares y les formulamos preguntas a sus miembros, responden que sus estándares de vida no están mejorando tan rápidamente como esperaríamos con base en la tasa de crecimiento nacional. En cierto sentido esto es similar a lo que ha estado pasando en los Estados Unidos: el ingreso nacional está creciendo, pero vemos poco o ningún crecimiento para la familia típica. Casi seguramente, la principal razón de que ocurra esto en los Estados Unidos —la desigualdad está creciendo— es *parte* de la razón de lo acontecido en la India y en otros lugares. Pero en la India —y en menor medida en los Estados Unidos— los datos de las familias simplemente son *inconsistentes* con los datos agregados. Esta infortunada brecha en las estadísticas no es exclusiva de la India, sino que aparece en varios países.[12]

La incongruencia estadística en la India ha dado lugar a un debate frecuentemente cáustico. De una parte —en general la derecha política—, están los que creen en los datos agregados y argumentan que las mediciones de pobreza de las encuestas —utilizadas por el Banco Mundial y por el gobierno de la India— subestiman la disminución de la pobreza. Cuentan historias de encuestadores que mienten, quienes, sentados bajo los árboles o en las tiendas de té, inventan los datos en lugar de pasar los trabajos de encuestar a la gente. La otra parte —más a la izquierda— prefiere los datos de las muestras de las encuestas, argumentando que si no vemos la reducción de la pobreza según se refleja al interrogar a las personas, entonces no tenemos bases para sostener que es real. En apoyo de este bando se pueden considerar las muchas deficiencias de las cuentas nacionales de la India, así como la falta de evidencia de encuestadores sentados en las tiendas de té. No hay duda de que ambas partes tienen algo de verdad en sus argumentos; no obstante, el debate nos recuerda que las discusiones sobre la pobreza en ocasiones se basan en hechos que están lejos de ser sólidos; son terreno fértil para las personas que escogen su versión preferida de la verdad de acuerdo con su visión política. Subyace a todo esto el hecho de que la retórica del gobierno de la India se ha vuelto mucho más pronegocios y mucho menos propobres.[13] Así, mucho depende de la demostración de que el crecimiento de la India está beneficiando a todos y no sólo a la floreciente y próspera clase media que vive en algunas áreas de algunas ciudades. Negar la validez de las encuestas estadísticas permite a los que están prosperando no "ver" a los pobres.

[12] Véase Angus Deaton, "Measuring Poverty in a Growing World, or Measuring Growth in a Poor World", *Review of Economics and Statistics* 87, núm. 1, febrero de 2005, pp. 1-19.

[13] Véase Atul Kohli, *Poverty amid Plenty in the New India,* Cambridge University Press, Cambridge, 2012.

Uno de mis ejemplos indios favoritos ilustra cómo cambios pequeños pueden tener enormes efectos. El gran economista y estadístico P. C. Mahalanobis, del Instituto de Estadísticas de la India en Calcuta, hizo varias contribuciones importantes a la teoría y la práctica del diseño de encuestas, particularmente a las encuestas de hogares que preguntan a las personas sobre su consumo. Después de alguna experimentación, decidió preguntar a las personas cuánto habían consumido —de arroz o trigo, por ejemplo— durante los últimos 30 días. Las Muestras de Encuestas Nacionales de la India continuaron utilizando la regla de 30 días de Mahalanobis en los años noventa, aunque muchos otros países utilizaron entonces un periodo más corto de siete días porque se pensó que los encuestados no podían recordar con ninguna precisión hechos anteriores. Esto, arguyeron algunos, fue la razón de que se omitiese tanta información y se sobrestimase la pobreza. Este argumento ganó y se hizo el cambio a un periodo de reporte de siete días, y, como se esperaba, los gastos diarios promedio aumentaron. Este cambio estadístico técnico y oscuro *redujo la tasa de pobreza nacional de la India a la mitad*: 175 millones dejaron de ser pobres. La extensión del periodo de reporte de la información seguramente es algo que sólo puede emocionar a los estadísticos; en lenguaje común, se empantana en los detalles más nimios tanto como es posible. No obstante, un pequeño asunto técnico como éste puede cambiar completamente la medición y la percepción de la pobreza. Es mucho más fácil lograr la reducción de la pobreza por medios estadísticos que haciendo que la gente prospere realmente.

Como apostilla: el cambio indio no se sostuvo. Después de que se rehicieron los experimentos de Mahalanobis, se hizo patente que el periodo de 30 días no era tan terriblemente impreciso y con frecuencia era mejor que el de siete días; el periodo de 30 días fue reinstaurado en las encuestas, para gran deleite de los izquierdistas. Un punto más general y más importante es que en la India, como en cualquier país donde una fracción sustancial de la población es pobre, hay millones de personas que están cerca de la pobreza, o justo arriba o justo abajo de la línea de pobreza. Hay millones de personas que son pobres, pero que no lo serían si la línea de pobreza estuviera sólo un poco más abajo, y millones más que, sin ser pobres, caerían en la pobreza si la línea estuviera justo un poco más arriba. Como resultado, cambios muy pequeños en la línea de pobreza, o en la manera en que se miden los recursos, pueden tener efectos muy grandes en el número de personas clasificadas como pobres. Semejante hipersensibilidad socava todo el ejercicio de la medición de la pobreza. No sabemos en realidad dónde debería estar la línea de pobreza; sin embargo, su posición precisa hace una enorme diferencia. Para decirlo de una manera más brutal, la verdad es que tenemos poca idea de lo que estamos haciendo y seguramente es un error permitir que cualquier cuestión trascendental dependa de esos números.

En la novela *David Copperfield,* de Charles Dickens, el personaje Mr. Micawber tiene su propia opinión sobre la línea de pobreza. Mr. Micawber observa: "Ingreso anual, veinte libras; gasto anual, diecinueve libras, diecinueve [chelines] y seis [peniques]; como resultado, la felicidad. Ingreso anual, veinte libras; gasto anual, veinte libras y debe seis; como resultado, la miseria". Una razón de que esta cita sea tan memorable se debe a que es muy ridícula. ¿Por qué tanto depende de una diferencia tan pequeña? ¿Y por qué a alguien que está justo debajo de la línea de pobreza se le clasifica como pobre, y es sujeto de asistencia especial o de la atención del Banco Mundial, mientras que a alguien que está justo arriba no se le juzga necesitado de ayuda y se le puede dejar a su propia suerte? Cuando no tenemos mucha idea de lo que debería ser la línea de pobreza y tenemos grandes dificultades para medir el ingreso, hacer juicios semejantes a los de Micawber es doblemente absurdo. Tiene sentido preocuparse por la gente entre más pobre sea, pero no tiene sentido hacer distinciones drásticas en cualquier punto limítrofe crítico.

Una nota final acerca de la línea global. Para la mayoría de las personas, es obviamente imposible vivir en los Estados Unidos o en Europa con un dólar por día. Aunque nadie espera vivir con eso, y aunque los Estados Unidos y Europa no están incluidos en el cálculo global, esta imposibilidad socava la validez de la línea de pobreza, aun en otros países. Después de todo, millones de personas en la India viven con menos de un dólar por día, convertido a la tasa de cambio PPP en cerca de 22 rupias por dólar, y el punto central de estas tasas de cambio es igualar el poder de compra transversalmente entre países. De modo que si la gente puede vivir en la India con 22 rupias al día —y mantenerse alejados de los que están peor—, ¿por qué la gente no puede vivir en los Estados Unidos con un dólar al día?

No estoy seguro de que haya una respuesta totalmente convincente a este interrogante. La línea de pobreza en la India excluye (la mayoría de las) tres cosas que son importantes y caras en los Estados Unidos: vivienda, salud y educación. Más allá de eso, en un país caluroso como la India hay poca necesidad de calefacción y se tiene que gastar mucho menos en ropa. Las personas que trabajan cerca de su casa no necesitan gastar casi nada en transporte. Si se excluyen estos artículos, quizá una familia estadunidense "fuera de lo normal" de cuatro miembros podría comprar suficientes alimentos baratos —como arroz a granel, harina de avena y unas cuantas verduras— para sobrevivir con 1 460 dólares al año; un artículo reciente calculó el precio de un paquete "escueto" de bienes de consumo para los Estados Unidos en cerca de 1.25 dólares por persona al día, o 1 825 dólares al año para una familia de cuatro miembros.[14] Los que abogan por la validez de la línea de pobreza pueden asimismo observar, correctamente, que 22 rupias al día también pueden sufragar una vida miserable en la India, y que en la India las personas pobres y sus hijos, si no están hambrientos diariamente, se encuentran entre los más desnutridos del mundo.

Desigualdad de ingreso global

Se argumenta con frecuencia que la globalización ha vuelto más desigual al mundo, que mientras a los ricos se les han deparado nuevas oportunidades para enriquecerse aún más, a los pobres del mundo no se les ha permitido ganar sino poco. Estos argumentos tienen algo de veracidad. Quienes tenemos la fortuna de vivir en Europa o en Norteamérica tenemos todos los beneficios del nuevo mundo interconectado. Al mismo

[14] Véase Allen, Murphy y Schneider, "The Colonial Origins of the Divergence in the Americas: A labor Market Approach", *Journal of Economic History* 72, núm. 4, diciembre de 2012, pp. 863-894.

tiempo, es difícil ver qué bien les aporta la globalización a los ciudadanos de un país sin litoral con una población poco educada y sin salud.

Hay argumentos en sentido opuesto. La globalización les permite a los trabajadores de Asia un mejor acceso que el de antes a los mercados de los países ricos, y pueden realizar muchos de los trabajos que solían realizarse en esos países, aunque no puedan emigrar. Si sucede esto a una gran escala, los salarios de Asia aumentarán y los de los Estados Unidos y Europa disminuirán, reduciendo así la desigualdad de ingresos en el mundo en su conjunto. Los propietarios del capital también tienen nuevas oportunidades de inversión con la globalización. Si el capital es relativamente abundante en los países ricos y relativamente escaso en los pobres, la apertura del mundo permitirá que los capitalistas de los países ricos se vuelvan más ricos mientras que los capitalistas de los países pobres se volverán más pobres. Al volverse más ricos los capitalistas y más pobres los trabajadores, la desigualdad de ingreso aumentará en los países ricos y se contraerá en los países pobres. (Por supuesto, la desigualdad de ingreso no se refiere sólo a la división entre trabajadores y capitalistas.)

Al inicio de este capítulo presenté datos que muestran que los ingresos promedio de los países se están separando o, en el mejor de los casos, no han mostrado una tendencia a aproximarse entre sí. No obstante, algunos de los países gigantes del mundo están creciendo muy rápidamente, de modo que miles de millones de personas ahora viven en países cuyos ingresos promedio se aproximan más a la clase media que al empobrecimiento, y esto ha sido una fuerza importante para la igualación de ingresos en el mundo. Sin embargo, no podemos evaluar la magnitud de la desigualdad entre todos los ciudadanos a través del mundo —lo que podríamos llamar la desigualdad cosmopolita— utilizando sólo los promedios al tiempo que ignoramos lo que ha estado pasando con la desigualdad dentro de los países. El hecho de que los *promedios* chino e indio estén creciendo muy rápidamente no garantiza que la marea creciente de prosperidad esté levantando todos los botes en China y la India. O, para volver a mi metáfora de las banderas de los Juegos Olímpicos, el hecho de que las banderas china e india "promedio" estén avanzando en el desfile al desplazarse de atrás hacia posiciones intermedias, no implica que todas las banderas chinas e indias *individuales* estén haciendo lo mismo. Los grandes magnates de las ciudades indias de alta tecnología podrían ya haber alcanzado la vanguardia del desfile desde hace tiempo, dejando atrás a los trabajadores agrícolas pobres, en el lugar donde siempre han estado. La expansión de la desigualdad dentro de los países, si es suficientemente intensa, podría anular el avance de los países gigantes hacia la posición intermedia, y la desigualdad de ingreso cosmopolita podría ensancharse.

El capítulo v documentó el aumento reciente de la desigualdad estadunidense. Aunque los Estados Unidos son sólo un país, algunos de los factores que fueron importantes ahí —nuevas tecnologías y globalización— deben aparecer en otros lugares, o al menos en otros países ricos. Entre los países pobres también hay evidencia de que no todos se han beneficiado de las nuevas oportunidades que la globalización trajo consigo. A la vez que no creo que haya una afirmación sobre la desigualdad de ingresos que sea cierta en todos los países del mundo —excepto la de que es difícil de medir—, es claro que la tendencia general ha sido hacia una mayor desigualdad de ingresos, especialmente en años recientes. Los Estados Unidos son excepcionales, tanto en su nivel de desigualdad como en el tamaño de la reciente explosión, particularmente en los niveles de ingreso más altos, pero seguramente no son el único país donde la desigualdad de ingreso está creciendo actualmente. En varios de los países ricos la desigualdad de ingresos medida por la participación del 1% más rico disminuyó hasta bien avanzados los años ochenta, igual que había disminuido durante la mayor parte del siglo, de suerte que el reciente repunte no sólo fue menor que el de los Estados Unidos sino que también ocurrió más tarde.

El crecimiento económico de China ha sido desigual en el plano geográfico, y las ciudades han progresado más que el campo. Estas desigualdades entre la gente rural y la urbana crean incentivos para que las personas emigren, lo cual operaría en contra de los enormes diferenciales de ingresos, pero la migración está muy limitada en China, y más de 100 millones de trabajadores migrantes pueden acceder a buenos empleos sólo si se separan de sus familias. En la India, la evidencia de la expansión de la desigualdad es menos clara, aunque, otra vez, algunas áreas han progresado más que otras, especialmente las del sur y el oeste del país. Algunos estudios de los registros de impuestos al ingreso de China y la India, que forman parte de un proyecto de investigación multinacional sobre ingresos altos, encontraron que la participación del 1% más rico se ha estado expandiendo muy rápido en ambos países, aunque representa sólo la mitad (India) o un tercio (China) del tamaño de la participación de que se apropia el 1% más rico en los Estados Unidos.[15] Sólo para complicar el cuadro, existe alguna evidencia de que la desigualdad está disminuyendo en otros países grandes, incluyendo a dos países tradicionalmente de alta desigualdad, Argentina y Brasil.

Varios países ricos también han visto incrementos en la desigualdad de ingresos en años recientes. La mayoría de los países experimentaron una reducción de los ingresos de los más ricos en la primera mitad del siglo xx, debido a que las guerras, la inflación y los impuestos erosionaron las fortunas más cuantiosas. Durante las recientes décadas pasadas los países ricos angloparlantes, como los Estados Unidos, experimentaron un sustancial aumento en la participación del 1% más rico, pero no sucedió lo mismo en el resto de Europa (excepto en Noruega) o en Japón. Cuando el 1% se separa visiblemente del resto, el 99% de abajo prospera menos que el promedio nacional. El éxito del 1% ha sido diferente de un país a otro, lo que significa que las clasificaciones de la prosperidad de los países en ocasiones son diferentes para el 99% que para el país en su conjunto.

Una comparación interesante es la de Francia y los Estados Unidos. Francia ha crecido un poco menos rápido que los Estados Unidos en años recientes, pero el 99% más bajo de la población en Francia vio un crecimiento más rápido en los ingresos promedio que el 99% de la población de los Estados Unidos.[16] O, expresado a la inversa, todos excepto el 1% más rico de la población francesa prosperaron más que todos excepto el 1% más rico de la población estadunidense.

[15] *Cf.* Anthony B. Atkinson, Thomas Piketty y Emmanuel Sáez, "Top Incomes in the Long Run of History", *Journal of Economic Literature* 49, núm. 1, marzo de 2011, pp. 3-71.

[16] *Ibid.*

Si los gerentes angloparlantes de más alto nivel pueden vender sus servicios en un mercado mundial regido por la explosión de los salarios más altos en los Estados Unidos pero que no está abierto de la misma manera a los gerentes franceses, alemanes o japoneses, lo que se podría esperar sería la división entre angloparlantes y no angloparlantes. Una interpretación más benigna es que la globalización ha generado un enorme y rico mercado para los más altos gerentes angloparlantes, quienes, como los cantantes de ópera o las estrellas del deporte, ahora viven en un club cosmopolita e integrado por los directores generales. En esta versión de la historia, los salarios superelevados en los Estados Unidos y en otros países angloparlantes son los rendimientos de un talento supergrande en el nuevo mercado global, no el resultado de que los directores generales estadunidenses se autoasignen ingresos excesivos y obliguen al resto del mundo angloparlante a hacer lo mismo.

Todos los países ricos enfrentan cambios en la tecnología, así como competencia de países de salarios más bajos. No todos han mostrado el mismo incremento en la desigualdad de ingresos que ha ocurrido en los Estados Unidos, y algunos de los que originalmente parecían resistirse a la tendencia están mostrando, más recientemente, una expansión en la desigualdad —una mayor dispersión del abanico de ingresos—, especialmente por arriba de la *mediana.* La polarización de los empleos y de los ingresos —varios empleos de ingreso medio han sido remplazados por máquinas o por contrataciones externas *(outsourcing),* mientras que los empleos de servicio de salarios más bajos están relativamente bien— parece ser amplia en los países ricos.[17] La polarización, que es novedosa, está limitando la expansión de la desigualdad en los niveles bajos de la distribución del ingreso. Otras tendencias —incluyendo un creciente predominio de familias de un solo padre en los niveles bajos y de parejas investidas de poder en los niveles altos— también están muy generalizadas. Los sistemas tributarios y de redistribución —más integrales en Europa que en los Estados Unidos y más enfocados en limitar la desigualdad— no parecen

[17] Véase Maarten Goos, Alan Manning y Anna Salomons, "Job Polarization in Europe", *American Economic Review* 99, núm. 2, 2009, pp. 58-63.

haber sido capaces de impedir el reciente incremento en la desigualdad.

¿Qué nos dicen estas experiencias de los países acerca de la desigualdad en el mundo en su conjunto? ¿Son las expansiones de la desigualdad en un país suficientes para anular el movimiento de los gigantes hacia arriba en la distribución mundial? Si los ingresos promedio de los países se están separando entre sí y si el país promedio se está volviendo más desigual, ¿no *implica* eso que el mundo se está volviendo más desigual?

Sólo la última pregunta tiene una respuesta clara, que es no. Los países son de tamaño muy diferente y, al menos en años recientes, los gigantes han crecido muy rápidamente, mucho más que el promedio. Cuando analizamos país por país, contamos a los países pequeños —Guinea-Bissau con un millón y medio de habitantes— como si fueran iguales que los gigantes —la India con más de 1 000 millones—. El hecho de que Guinea-Bissau y muchos otros países africanos pequeños no se estén desempeñando muy bien es el motivo por el que los *países* se están separando, pero no nos dice nada acerca de qué está pasando cuando analizamos si acaso las *personas* se están separando.

¿Qué puede decirse de la contribución de la desigualdad dentro del país a la desigualdad mundial? Es importante —particularmente al nivel más alto de la distribución del ingreso mundial— pero no decisiva para la gran mayoría de las personas, aunque sea sólo porque la mayor parte de la desigualdad en el mundo proviene de diferencias entre países, no de diferencias dentro de ellos. Así, estamos de regreso con los gigantes —particularmente China y la India— y con la cuestión de qué tan rápido están creciendo respecto al resto del mundo. El crecimiento suficientemente rápido —incluso con creciente desigualdad interna, particularmente en China— debería barrer con todo lo que tiene delante de sí, y el mundo en su conjunto debería volverse más igual, al menos en la medida en que China siga siendo más pobre que el promedio. Poniendo toda la evidencia junta, estimaciones cuidadosas sugieren que, de hecho, éste es el caso y que, a pesar de que los países se están separando, y a pesar del crecimiento en la desigualdad interna, la desigualdad global es estable o está disminuyendo lentamente.[18] Esto bien puede ser correcto, aunque no estoy convencido de que lo sepamos sin margen de dudas. La gran incertidumbre son las verdaderas tasas de crecimiento de China y la India —si acaso son tan grandes como se afirma oficialmente—, y esa incertidumbre se magnifica por las dificultades de hacer comparaciones internacionales entre estos y otros países.

Finalmente, necesitamos preguntarnos si deberíamos preocuparnos por la desigualdad mundial, y si es así, por qué. Dentro de un país, la desigualdad nos dice algo acerca de la justicia: si todos los ciudadanos de un país —quienes, les guste o no, tienen que pagar impuestos y obedecer las leyes y las políticas del país— están obteniendo recompensas razonables en concordancia con sus obligaciones. El filósofo Ronald Dworkin ha escrito: "Una comunidad política que ejerce dominio sobre sus ciudadanos, y demanda de ellos lealtad y obediencia a sus leyes, debe tomar una actitud imparcial, objetiva hacia todos ellos".[19] Cierto, distintas personas adoptan puntos de vista diferentes acerca de lo que la justicia requiere de la distribución del ingreso, y sobre si la elevada y creciente desigualdad de los Estados Unidos es en sí misma injusta, pero ésta es una parte clave de las discusiones nacionales sobre la desigualdad de ingreso, sobre si se debe hacer algo acerca de ello, y, en caso positivo, qué es lo que se debe hacer.

La situación internacional es diferente. No existe un gobierno mundial al cual la gente deba lealtad o que tenga la capacidad de afrontar las desigualdades internacionales que, podría argumentarse, son injustas. La medición de la desigualdad internacional no es parte del apoyo estadístico a la política internacional en la misma forma en que lo es para la política nacional. De hecho, no existen estadísticas oficiales sobre la desigualdad de ingreso global entre individuos, y quizá este

[18] Véase Branko Milanovic, *Worlds Apart: Measuring International and Global Inequality,* Princeton University Press, Princeton, 2007. Una actualización importante es Branko Milanovic, "Global Income Inequality", 2010, http://siteresources.worldbank.org/INTPOVRES/Resources/477227-1173108574667/global_inequality_presentation_milanovic_imf_2010.pdf.

[19] Ronald Dworkin, *Sovereign Virtue: The Theory and Practice of Equality,* Harvard University Press, Cambridge, 2000, p. 6. Citado en Thomas Nagel, "The Problem of Global Justice", *Philosophy and Public Affairs* 33, núm. 2, 2005, pp. 113-147; p. 120.

tema es uno de los que tendría que dejarse a la curiosidad de los académicos en específico. Hay mucho de verdad en esto, pero también hay contraargumentos. Puede ser que no haya un gobierno mundial, pero existen instituciones globales —por ejemplo, la Organización Mundial de Comercio o el Banco Mundial— cuyas políticas afectan a los ingresos de las personas en varios países y cuyas actividades quizá son suficientemente similares a las del Estado como para apoyar reclamos basados en la justicia de quienes son afectados. Ninguna de estas organizaciones tiene la autoridad o la capacidad para implementar un impuesto global y un sistema de redistribución; sin embargo, su potencial para hacer bien o mal seguramente permite manifestarse a favor de que al menos puedan monitorear la distribución del ingreso. Puede ser que el mundo no esté unificado, pero tampoco es un conjunto de Estados aislados que no interactúan entre sí.

Tercera Parte

AYUDA

VII. CÓMO AYUDAR A LOS QUE SE QUEDARON ATRÁS

Casi 1 000 millones de personas aún viven en la indigencia material, millones de niños todavía mueren por el accidente de haber nacido en un país pobre, y la debilidad y el retraso en el crecimiento aún desfiguran los cuerpos de casi 50% de los niños de la India. Estas personas se encuentran entre los muchos que el Gran Escape ha dejado atrás. Igual que en el pasado, la propia magnitud de la desigualdad apunta hacia formas de eliminarla. Los avances científicos y tecnológicos que apoyan el escape están disponibles para todos, y no necesito reiterar los beneficios de escapar o los horrores de quedarse atrás. Algunos países en el Asia del Sur y Asia del Este han aprovechado la oportunidad para empezar a cerrar la brecha de desarrollo, y han sacado a millones de personas de la pobreza y salvado a millones de morir a temprana edad. No obstante, aún persisten grandes desigualdades.

Desde la segunda Guerra Mundial, los países ricos han tratado de ayudar a cerrar estas brechas con ayuda exterior, que consiste en flujos de recursos de los países ricos hacia los pobres con el propósito de mejorar la vida de las personas pobres. En tiempos pasados los recursos fluían en dirección opuesta, de los países pobres a los países ricos —el botín de las conquistas militares y la explotación colonial—. Después, los inversionistas de los países ricos enviaron fondos a los países pobres en busca de ganancias, no para mejorar la vida de los habitantes de esas ex colonias. El comercio llevó materias primas a los países ricos a cambio de bienes manufacturados, pero pocos países pobres han logrado enriquecerse exportando materias primas. Muchos se han quedado con un legado de propiedad extranjera y desigualdad interna. Frente a esta historia, la ayuda exterior, diseñada explícitamente para beneficiar a los recipiendarios, es algo completamente diferente.

En el pasado, lo mejor que podían esperar los que se quedaron atrás era aprender de quienes ya habían escapado, y eran muy afortunados si quienes los precedieron no habían bloqueado los túneles detrás de su fuga. El hecho de que los nuevos afortunados regresen para ayudar es algo nuevo. Este capítulo trata de discernir si la ayuda exterior en realidad aceleró el Gran Escape o si —a través de motivos mixtos, la política o la ley de las consecuencias no deseadas— hizo lo opuesto.

Ayuda material y pobreza global

Un hecho impresionante acerca de la pobreza global es cuán poco se requeriría para resolverla, al menos si pudiéramos transferir dinero mágicamente a las cuentas bancarias de los pobres del mundo. En 2008 había cerca de 800 millones de personas en el mundo que vivían con menos de un dólar al día. En promedio, cada una de estas personas tiene un "déficit" de aproximadamente 28 centavos de dólar al día; su gasto promedio diario es 72 centavos de dólar en lugar de la cantidad de un dólar que se requeriría para sacarlas de la pobreza.[1] Podríamos sufragar ese déficit con menos de una cuarta parte de 1 000 millones de dólares al día; 0.28 por 800 millones es igual a 224 millones de dólares. Si los Estados Unidos intentaran resolver esto por cuenta propia cada hombre, mujer y niño estadunidense tendría que pagar 0.75 cada día, o un dólar por día si excluyéramos a los niños. Podríamos reducir esto a 50 centavos de dólar diarios por persona si los adultos del Reino Unido, Francia, Alemania y Japón se sumaran a esta iniciativa. Incluso esto es más de lo que en realidad necesitaríamos. Casi todos los pobres del mundo viven en países donde los alimentos, la vivienda y otras cosas esenciales son más baratos que en los países ricos; un dólar gastado en la India adquiere cerca de 2.50 del valor de poder de compra de las cosas que las personas pobres adquieren.[2] Tomando en cuenta esto, tenemos la extraordinaria conclusión de que la pobreza del mundo podría ser eliminada si cada adulto esta-

[1] Estos datos y estimaciones provienen del sitio web del Banco Mundial para cálculos de pobreza, http://iresearch.worldbank.org/PovcalNet/index.htm?3.

[2] Véase Angus Deaton y Olivier Dupriez, "Purchasing Power Parity Exchange Rates for the Global Poor", *American Economic Journal: Applied Economics* 3, núm. 2, abril de 2011, pp. 137-166.

dunidense donara 30 centavos de dólar al día; o si pudiéramos construir una coalición de los adultos dispuestos entre todos los del Reino Unido, Francia, Alemania y Japón, cada uno necesitaría donar sólo 15 centavos de dólar al día.

Es difícil creer que la pobreza global pueda existir simplemente debido a que no se haya logrado donar tan pequeñas sumas. Comprender por qué este cálculo no nos dice *nada* acerca del modo de eliminar la pobreza es uno de los principales temas de este capítulo. Como veremos, el problema *no* es que los 15 centavos de dólar sean muy poco. Incrementarlo a 30 centavos o incluso a 1.50 dólares no haría que la pobreza se convirtiera en historia.

Mi cálculo cubre sólo el costo de que las personas tengan un mínimo escueto de un dólar al día. No aborda las cuestiones aún más importantes de mejorar la salud o salvar las vidas. Muchos sitios web hacen recomendaciones acerca de qué organismos de beneficiencia son particularmente eficaces en este último aspecto. El sitio web givingwhatwecan.org, dirigido por el filósofo Toby Ord, dice que si una persona que gana £15 000 al año dona un diezmo de £1 500, "esto significa salvar 1.5 vidas por año, o dar tratamiento médico contra enfermedades tropicales no atendidas a casi 5 000 niños por año".[3] Más adelante cuestionaré el fundamento de estos números, aunque son estimaciones sólidas calculadas cuidadosamente y, comparadas con los beneficios, son pequeñas. Defensores menos meticulosos de estas causas frecuentemente presentan cantidades mucho más pequeñas: el actor Richard Attenborough, a quien ya encontramos en la introducción, afirmó en un artículo periodístico en el año 2000 que la UNICEF podría salvar la vida de un niño en Mozambique con sólo 17 peniques, aproximadamente 27 centavos de dólar.[4]

Estos cálculos, incluyendo aquel con el cual empecé, son ejemplos de lo que llamo la *ilusión de la ayuda*, la creencia errónea de que la pobreza global podría ser eliminada si tan sólo la gente rica o los países ricos donaran más dinero a la gente pobre o a los países pobres. Argumentaré que, lejos de

[3] http://www.givingwhatwecan.org/.

[4] *Cf.* Richard Attenborough, "17p to Save a Child's Life", *The Observer*, 4 de marzo de 2000, http://www.guardian.co.uk/world/2000/mar/05/mozambique.theobserver.

ser una receta para eliminar la pobreza, la ilusión de la ayuda es en realidad un obstáculo para mejorar la vida de los pobres.

¿Qué pensar del cálculo que dice que podemos eliminar la pobreza del mundo con 15 centavos de dólar diarios? ¿Cómo es posible que aún exista cuando cuesta tan poco eliminarla? He aquí cuatro posibles razones:

- indiferencia moral: a las personas ricas no les importa;
- falta de comprensión: a la gente sí le importa, pero no se da cuenta de cuán fácil es hacer algo contra la pobreza;
- la ayuda podría ser de utilidad, pero está siendo mal orientada y actualmente no es eficaz, y
- generalmente la ayuda no es eficaz e incluso puede hacer daño, al menos en algunas circunstancias.

Discutiré estos argumentos más adelante, pero un buen punto de partida son las cuestiones de la indiferencia moral y de si es fácil resolver la pobreza.

¿Podría ser cierto que los ricos son a tal punto insensibles que rehúsan hacer pequeños sacrificios para sacar a 1 000 millones de personas de la indigencia total? Puede ser que las personas no sean insensibles cuando se trata de sus amigos y de sus familias, pero quizá sienten poca responsabilidad de ayudar a individuos que son muy diferentes de ellas mismas y que viven a miles de kilómetros de distancia.

Adam Smith pensaba que no. En un famoso pasaje en el cual imagina un enorme terremoto en China, se pregunta si alguien que no vive en China rehusaría perder su dedo pequeño para salvar las vidas de 100 millones de chinos, a ninguno de los cuales ha visto jamás. Concluye: "El mundo, en su mayor depravación y corrupción, nunca produjo a semejante villano que fuera capaz de negarse".[5] David Hume, contemporáneo de Smith, propuso que la globalización (del siglo XVIII) debía hacer más compasivas a las personas y más deseosas de ayudar a quienes estaban distantes geográficamente, argumen-

[5] Smith, *The Theory of Moral Sentiments*, 3ª ed., impreso para A. Millar, A. Kincaid y J. Bell en Edimburgo y vendido por T. Cadell en la *Strand*, 1767, IV, p. 123.

to que seguramente se aplica con mayor fuerza a la globalización de nuestros días.[6]

El filósofo Peter Singer refutó hace algún tiempo la idea de que la distancia significa alguna diferencia, comparando el rechazo de alguien a ayudar a un niño en África con el rechazo de un transeúnte a ayudar a un pequeño que se está ahogando en una laguna de poca profundidad, aun cuando el costo de esta acción es trivial, es decir, un daño menor a las ropas del rescatista. El hecho de que el niño de África esté muy lejos no implica ninguna diferencia para el imperativo moral de otorgar ayuda, porque existen organizaciones internacionales de caridad, como Oxfam, que, a nuestro nombre, pueden salvar la distancia.

Si aceptamos que Oxfam y otras agencias de ayuda son eficaces, el rechazo a donar es moralmente equivalente al rechazo a ayudar al niño que se está ahogando. En 1971, durante la guerra que finalmente separó a Bangladesh de Paquistán, Singer escribió acerca del sufrimiento ocurrido ahí y concluyó: “Ni, pienso, se puede cuestionar seriamente el hecho de que podemos hacer algo al respecto, sea a través de medidas ortodoxas de alivio de la hambruna o mediante el control de población, o ambas cosas”.[7] Los escritos más recientes de Singer mantienen los argumentos de eficacia,[8] y muchos sitios web, por ejemplo givingwhatwecan.org y givewell.org, aspiran a ayudar a donantes potenciales (pero quizás escépticos o cautelosos) mediante el escrutinio crítico de las organizaciones internacionales de caridad y recomendando aquellas que son particularmente eficaces en reducir la pobreza y mejorar la salud. Seguramente, los argumentos éticos a favor del deber de ayudar son contundentes; la cuestión no es moral sino práctica: si acaso “nosotros” (es decir, los no pobres del mundo) tenemos la capacidad para ayudarles a “ellos” (los pobres globales).

Quizá es obvio que el argumento del párrafo inicial de esta

[6] Véase David Hume, *An Enquiry Concerning the Principles of Morals*, edición del Proyecto Gutenberg, parte I, 1912 [1777] (originalmente publicado en 1751).

[7] Peter Singer, “Famine, Affluence, and Morality”, *Philosophy and Public Affairs* 1, núm. 3, primavera de 1972, pp. 229-243; cita en p. 242.

[8] Véase Peter Singer, *The Life You Can Save: Acting Now to End World Poverty*, Random House, Nueva York, 2009.

sección —que con 15 centavos de dólar al día que aporte cada quién podemos eliminar la pobreza de un dólar diario— es, en el mejor de los casos, incompleto: las cosas no son tan simples. De hecho, la primera reacción de muchas personas ante este cálculo es que reconocen que posiblemente 15 centavos de dólar no sea suficiente —que sin duda hay pérdidas y costos administrativos a lo largo del camino—, por lo que quizá se requieran 50 centavos al día, o incluso un dólar o dos. El imperativo moral no depende de que el costo sea tan bajo como 15 centavos, sino de que es bajo en relación con lo que "nosotros" tenemos. Sin embargo, existe un imperativo moral aún más fuerte: el de no hacer daño, especialmente a las personas que ya están en una gran dificultad. Todos los argumentos a favor de dar dinero —cualquiera que sea la cantidad— dependen de la proposición de que más dinero hará que mejoren las cosas. Aunque pueda parecer paradójico a primera vista, argumentaré que dar *más* ayuda de la que actualmente damos —al menos si se diera en la forma en que se da ahora— haría que las cosas empeoraran, no que mejoraran.

Los Estados Unidos donan una menor parte de su ingreso nacional como ayuda exterior que lo que donan varios países ricos, pero aun así dan sustancialmente más que 15 centavos de dólar por persona. La cantidad total de ayuda exterior oficial de los países ricos en 2011 era 133 500 millones de dólares,[9] que equivale a 37 centavos al día por cada persona pobre en el mundo, o un poco menos de un dólar diario con base en el poder de compra de un país pobre. Esto no toma en cuenta las muy grandes sumas (30 000 millones de dólares o algo así) que recaudan las organizaciones privadas de caridad y las ONG internacionales. Los flujos de ayuda son más que suficientes para eliminar la pobreza global de un dólar al día, al menos si el dinero se transfiriera de las personas y los gobiernos de los países ricos directamente a quienes viven con menos de lo que establece la línea de pobreza global. No podemos decir nada sensato acerca de la ayuda a menos que entendamos por qué esto no sucede.

[9] En este capítulo, a menos que se haga notar explícitamente otra fuente, los datos sobre ayuda provienen del Development Assistance Committee, OCDE, http://www.oecd.org/dac/stats/, o del Banco Mundial, World Development Indicators, http://databank.worldbank.org/data/home.aspx.

El cálculo inicial es un ejemplo del enfoque "hidráulico" de la ayuda exterior: si se bombea agua en un extremo, el agua debe salir en el otro.[10] Resolver la pobreza del mundo y salvar las vidas de los niños que mueren se concibe como un problema de ingeniería, como la reparación de la plomería o de un automóvil descompuesto. Necesitamos una nueva transmisión que cuesta tanto, y dos nuevos neumáticos que cuestan tanto cada uno, más la mano de obra. Las vidas de los niños se salvan suministrando mosquiteros tratados con insecticidas (protección contra la malaria) que cuestan unos pocos dólares cada uno, o mediante terapia de rehidratación oral a 25 centavos de dolar la dosis, o administrando vacunas a pocos dólares cada una. La inversión en proyectos, programas y maquinaria puede avivar el crecimiento económico, y el crecimiento es el mejor remedio contra la pobreza. El análisis estadístico muestra una correlación robusta entre el crecimiento económico y la fracción del ingreso nacional que se invierte, así que se puede calcular directamente cuánto capital adicional "necesita" un país para crecer con más celeridad y eliminar la pobreza más pronto.

Se ha argumentado por mucho tiempo que estos cálculos están equivocados, aunque para muchos esto no elimina su poder seductor aún hoy en día. Peter Bauer formuló un punto crucial en 1971: "Si todas las condiciones para el desarrollo, excepto el capital, están presentes, pronto se generará el capital de manera local, o desde el exterior se pondrá a disposición del gobierno o de los negocios privados en términos comerciales, una vez que el capital se ha reunido con base en una recaudación de impuestos mayor o a partir de las ganancias de las empresas. Si, no obstante, las condiciones para el desarrollo no están presentes, entonces la ayuda —que en estas circunstancias será la única fuente de capital externo— será necesariamente improductiva y, por tanto, ineficaz".[11] En nuestros días, la disposición y magnitud de los flujos de

[10] El término viene de Jonathan R. W. Temple, "Aid and Conditionality", en Dani Rodrik y Mark Rosenzweig (eds.), *Handbook of Development Economics*, Elsevier, Ámsterdam y Nueva York, 2010, pp. 4415-4523; cap. 67, p. 4420.

[11] Peter Bauer, *Dissent on Development: Studies and Debates in Development Economics*, Weidenfeld & Nicolson, Londres, 1971, citado en Temple, "Aid and Conditionality", art. cit., p. 4436.

capital privado internacional minimizan cualquier cosa que Bauer pudo haber soñado; si el argumento era correcto en 1971, es todavía más fuerte hoy en día.

Éste es un dilema central de la ayuda exterior. Cuando las "condiciones para el desarrollo" están presentes, no se requiere la ayuda. Cuando las condiciones locales son hostiles para el desarrollo, la ayuda no es útil, y si perpetúa esas condiciones hará daño. Veremos muchos ejemplos de lo que pasa cuando se ignora este dilema. Las agencias del desarrollo reiteradamente se encuentran empaladas en sus propios cuernos; la ayuda es eficaz sólo cuando se necesita menos, pero los donantes finales insisten en la ayuda efectiva para quienes más la necesitan. Aunque el argumento de Bauer se refiere al capital para la inversión y el crecimiento, se aplica más ampliamente. Si la pobreza no es el resultado de la ausencia de recursos o de oportunidades, sino de instituciones pobres, un gobierno pobre y una política tóxica, es probable que dar dinero a los países pobres —particularmente donar dinero a los *gobiernos* de los países pobres— perpetúe y prolongue la pobreza, en lugar de eliminarla. El enfoque hidráulico de la ayuda está equivocado, y resolver la pobreza no se parece en absoluto a reparar un automóvil descompuesto o sacar de una laguna no profunda a un niño que se está ahogando.

Hechos acerca de la ayuda

Una razón por la cual la ayuda actual no elimina la pobreza global es que rara vez tiene ese propósito. El Banco Mundial navega bajo la bandera de la eliminación de la pobreza, pero la mayoría de los flujos de ayuda no provienen de organizaciones multilaterales como el Banco Mundial, sino que se generan como ayuda "bilateral", de un país a otro, y cada país usa la ayuda para diferentes propósitos. En años recientes algunos países donantes han destacado la ayuda para aliviar la pobreza; el Departamento para el Desarrollo Internacional del Reino Unido (DFID por sus siglas en inglés) es uno de los líderes. Pero en la mayoría de los casos la ayuda se guía menos por las necesidades de los recipiendarios que por los intereses nacionales e internacionales del país donador. Esto no es sorprendente, pues los gobiernos donantes son democráticos y gastan el dinero de los contribuyentes. Aunque existe un fuerte grupo de votantes nacionales a favor de la reducción de la pobreza global en varios países —el Reino Unido es un buen ejemplo—, los donantes deben sopesar varias consideraciones, incluyendo las alianzas políticas y el mantenimiento de buenas relaciones con las ex colonias donde frecuentemente los donantes tienen importantes intereses. Los intereses de los donantes nacionales incluyen no sólo a los ciudadanos con preocupaciones humanitarias, sino también intereses comerciales que ven tanto oportunidades (venta de sus productos) como amenazas (competencia de los países en desarrollo) provenientes de la ayuda exterior. Aun así, varios países, incluyendo Japón y los Estados Unidos, citan objetivos generales como la creación de un mundo próspero y democrático, y estos objetivos, claramente, son congruentes con la reducción de la pobreza global.[12]

El propósito *declarado* de la ayuda puede ser menos importante de lo que podría parecer. Típicamente, la ayuda es intercambiable entre diferentes usos, de suerte que es concebible que la ayuda militar libere fondos para escuelas o clínicas, si el gobierno en otras circunstancias hubiera comprado tanques y aeroplanos. La desviación de los recursos en la dirección contraria es característicamente una mayor preocupación. Uno de los pioneros del desarrollo económico, Paul Rosenstein-Rodan, afirmó en los años cuarenta que uno podría pensar que está construyendo una estación eléctrica cuando en realidad está financiando un burdel.[13] Si los Estados Unidos donan a un aliado para cimentar su apoyo político, no hay nada que impida que el aliado gaste los fondos en la reducción de la pobreza, la salud o la educación. Así, puede ser que no tenga mucho sentido clasificar la ayuda con base en su propósito.

El componente más grande de la ayuda exterior es lo que se conoce como asistencia oficial para el desarrollo (AOD); el

[12] La fuente de varios hechos mencionados en esta sección es Roger C. Riddell, *Does Foreign Aid Really Work?*, Oxford University Press, Londres y Nueva York, 2007.

[13] Citado en Devesh Kapur, John P. Lewis y Richard C. Webb (eds.), *The World Bank: Its First Half Century*, vol. 1: *History*, Brookings Institution Press, Washington, D.C., 1997, p. 128.

término abarca fondos donados por el gobierno de países donantes ricos para el bienestar y el desarrollo de países recipiendarios pobres. De acuerdo con el Comité de Asistencia para el Desarrollo (CAD) de la OCDE, que lleva los registros, la AOD total en 2011 fue 133 500 millones de dólares. Existen 23 países del CAD que contribuyen entre 0.1% de su ingreso nacional (Grecia y Corea del Sur) y 1% del ingreso nacional (Noruega y Suecia); el promedio de 2011 fue un poco menos de 0.5% del ingreso nacional. La AOD aumentó rápidamente durante los años sesenta y setenta y duplicó su valor real entre 1960 y 1980. El fin de la Guerra Fría trajo consigo reducciones sustanciales —en sí mismo, esto es un indicador de las intenciones del donador— y el total de 1997 fue inferior al valor de 1980. Desde entonces, la AOD ha aumentado en más de 50%. La cantidad acumulada de ayuda desde 1960 es aproximadamente cinco billones (a precios de 2009).

Los Estados Unidos son el proveedor de AOD más grande en el presente, seguidos de Alemania, el Reino Unido y Francia, quedando Japón un poco más atrás. En términos de porcentajes del ingreso nacional —una medida del compromiso del donador, pero obviamente no una medida de la satisfacción de las necesidades de la gente pobre—, los Estados Unidos, con menos de 0.2% de su ingreso nacional, son uno de los donadores más bajos, mientras que los países escandinavos, Holanda y Luxemburgo, se encuentran en la cima de la tabla.

El énfasis en la ayuda como un porcentaje del ingreso del donador es desconcertante. ¿Por qué la ONU ha urgido repetidamente a los países a donar 0.7% de su ingreso? Si realmente vamos a rescatar a un niño de la laguna, el ingreso del rescatista es irrelevante. Existe una explicación hidráulica: que las metas a alcanzar, como las Metas de Desarrollo del Milenio, costarán 0.7% del PIB del país rico —un cálculo próximo al dato con el que empecé este capítulo e igualmente sin sentido—. También es posible que la ONU piense que más ayuda es mejor —lo cual es cierto para varios de sus Estados miembros, si no para su gente— y que es probable que 0.7% sea lo máximo que se dará. Una explicación más importante es que los gobiernos que aceptan la meta son aquellos con grupos nacionales fuertes a favor de la ayuda a los pobres, y esos grupos sólo pueden supervisar la cantidad gastada, no los resultados. En esos casos, la ayuda consiste más en satisfacer nuestra propia necesidad de ayudar y menos en mejorar la suerte de los pobres.

La asistencia exterior es más que sólo la ayuda *oficial*. Varios miles de organizaciones caritativas y ONG están involucradas en el trabajo humanitario y para el desarrollo global, y las más grandes de ellas son en verdad enormes y tienen presupuestos anuales que exceden los 500 millones de dólares. Actúan de manera independiente, pero también como oficiales de agencias nacionales e internacionales. Se cree que entre ellas añaden otro 25 o 30% a las transferencias totales de los países ricos a los países pobres. Estas organizaciones varían mucho en su transparencia y eficacia. Hay también otros donantes no tradicionales, como Brasil, China y Arabia Saudita, que no reportan datos a los CAD y que no están incluidos en las estadísticas de los CAD.

Cerca de 80% de la AOD es bilateral; el resto se dona mediante organizaciones multilaterales como el Banco Mundial, el Programa de las Naciones Unidas para el Desarrollo (PNUD) o el Fondo Global para Combatir el Sida, la Tuberculosis y la Malaria, por nombrar sólo tres. En ocasiones se argumenta que la ayuda multilateral está menos sujeta a consideraciones políticas internas y que es más transparente y eficiente que la ayuda bilateral; empero, el Banco Mundial no puede fácilmente ir en contra de los deseos de sus donantes mayores, y el PNUD ha sido clasificado como uno de los donantes menos transparentes y más ineficientes.[14] La multiplicidad de donantes y agencias —en ocasiones, incluso dentro de un país la ayuda oficial se encamina a través de una serie de diferentes agencias del gobierno que trabajan independientemente (50 en los Estados Unidos)— no sólo dificulta seguirles la pista a los totales, sino que también interpone enormes problemas para cualquier clase de coordinación o incluso para impedir que las agencias boicoteen recíprocamente sus políticas.

La ayuda se difunde entre muchos países; algunos donantes proveen fondos a más de 150 diferentes países recipiendarios. Parece que los donantes quieren dar ayuda a *países* en

[14] *Cf.* William Easterly y Claudia R. Williamson, "Rhetoric v. Reality: The Best and Worst of Aid Agency Practices", *World Development* 39, núm. 11, 2011, pp. 1930-1949.

lugar de a las *personas,* y preferirían donar al mayor número posible de países, prestando poca atención a los lugares donde vive la gente pobre. Como resultado, los países pequeños reciben más ayuda que los grandes, ya sea que se mida por persona o como proporción de sus ingresos. No obstante, la mayoría de los pobres del mundo viven en los países *grandes,* de suerte que la *fragmentación de la ayuda* por parte de los donantes es otra razón de que la ayuda no esté orientada efectivamente a los pobres del mundo.

De acuerdo con datos del Banco Mundial, en 2010 los mayores beneficiarios de la ayuda en términos per cápita fueron Samoa (802 dólares), Tonga (677 dólares) y Cabo Verde (664 dólares), mientras que para los dos gigantes las cantidades *más altas* jamás recibidas por persona fueron 3.10 dólares para la India (en 1991) y 2.90 para China (en 1995). Como ya hemos visto, cerca de la mitad (48% en 2008) de los pobres del mundo vive en la India o en China; sin embargo, en 2010 China y la India en conjunto recibieron sólo 3 500 millones de dólares en AOD, o sólo 2.6% de la ayuda total. El hecho de que la mitad de los pobres del mundo recibieran sólo una cuadragésima parte de la ayuda oficial para el desarrollo mundial seguramente es una de las medidas de desigualdad más extrañas en el planeta.

Por supuesto, puede ser que China y la India, que han estado creciendo muy rápidamente, sean vistos como países capaces de eliminar la pobreza por sí mismos y tengan poca necesidad de AOD; sin duda, ambos reciben flujos de inversión privada que equivalen a seis veces la AOD en el caso de la India y a 57 veces en el de China. De modo que uno podría esperar que la ayuda simplemente se esté dirigiendo a donde puede producir el mayor beneficio. No obstante, no está claro por qué Samoa y Tonga necesitan *tanto.* Sus tasas de crecimiento tampoco han sido particularmente impresionantes. Estos hechos son difíciles de conciliar con la visión hidráulica de un mundo de donantes que dirigen sus fondos para sacar a la gente de la pobreza a razón de tanto por persona, o con una visión en la cual la ayuda reduce la pobreza mediante el estímulo del crecimiento económico.

La distribución de la ayuda refleja las diferentes políticas de los distintos países donantes. La ayuda de Francia se enfoca fuertemente en las ex colonias francesas. La ayuda de los Estados Unidos siempre ha reflejado la política exterior estadunidense, al apoyar a los aliados contra el comunismo durante la Guerra Fría, respaldar a Egipto e Israel después de los acuerdos de Camp David, o centrarse en los fondos para la reconstrucción en Irak y Afganistán. Algunos países "vinculan" su ayuda, requiriendo que los fondos se gasten en bienes del donante (incluyendo la ayuda alimenticia) o que los bienes del donante sean transportados en barcos propiedad del donante. De acuerdo con algunas estimaciones, 70% de la ayuda de los Estados Unidos nunca llega a los países recipiendarios, al menos no en dinero líquido. La vinculación contribuye a construir un grupo de personas que apoyan la ayuda en el país donante, pero casi seguramente reduce la utilidad de la ayuda para el recipiendario. En años recientes, la vinculación se ha reducido mucho —por ejemplo en el Reino Unido, donde ahora es ilegal—, pero aún está muy difundida. Una estimación reciente encuentra que, entre 1987 y 2007, la fracción de la AOD que estuvo vinculada, junto con la fracción correspondiente a ayuda alimenticia o asistencia técnica (ambas típicamente son de bajo valor para el recipiendario), disminuyó de 80 a 25 por ciento.[15]

En contradicción directa con cualquier supuesto mandato de combate a la pobreza, gran parte de la AOD ni siquiera va a los países de bajo ingreso, ya no digamos a aquellos países donde viven los pobres. Una vez más, ha habido un marcado incremento en establecer metas, pero desde una base extraordinariamente baja. La fracción de la AOD que va a los que la OCDE llama países menos desarrollados ha aumentado de un poco más de 10% en 1960 a cerca de un tercio hoy en día. Aun en el presente, más de la mitad de la AOD va a los países de ingreso medio. Esto no es necesariamente tan malo como suena. Debido a su reciente crecimiento, el Banco Mundial ahora clasifica a China como un país de ingreso medio alto y a la India como un país de ingreso medio bajo; ambos pueden hacer frente a su propia pobreza. En el mundo de hoy la definición de metas respecto a las personas pobres es una cosa muy diferente de la correspondiente a países pobres.

[15] *Cf. ibid.*, así como para los siguientes dos párrafos.

La ayuda, incluyendo la oficial y la humanitaria de las ONG, se otorga frecuentemente a regímenes que tienen poco interés o un escaso récord de prestar auxilio a sus propias poblaciones. Los donantes pueden hacer esto para satisfacer propósitos políticos, como el prolongado apoyo de los Estados Unidos a Mobutu Sese Seko en Zaire, su más reciente apoyo a Egipto y Etiopía, y el apoyo de Francia a sus ex colonias, de las cuales varias tienen gobiernos autocráticos y corruptos. Casi la mitad de la AOD se otorga a regímenes autocráticos (aunque existe evidencia de que los países que se vuelven democráticos reciben un aumento en la ayuda).[16]

Para citar sólo un ejemplo, en 2010 el Zimbabue de Robert Mugabe recibió AOD por un valor mayor al 10% de su ingreso nacional, o casi 60 dólares por persona. En estos casos, los donantes enfrentan una versión aguda del dilema de Bauer. Si la ayuda tuviera como meta lugares donde la gente tiene grandes necesidades, países como Togo o Zimbabue serían buenos candidatos. Pero, debido a la manera en que están gobernados estos países, es improbable que la ayuda haga mucho bien, y en realidad puede auxiliar a los autócratas a permanecer en el poder o a enriquecerse, o ambas cosas. La ayuda puede dirigirse a través de ONG independientes del gobierno, pero en el mejor de los casos éste es un remedio imperfecto. La ayuda es intercambiable —por lo que las escuelas y clínicas operadas por las ONG pueden liberar fondos para el gobierno— y los gobiernos encuentran formas de gravar (o simplemente desviar) los recursos de las ONG. Pueden (y lo hacen) cargar impuestos a los bienes y equipos importados por las ONG, o requerir licencias de operación costosas. Sucede la misma cosa en las emergencias humanitarias, especialmente en tiempos de guerra, cuando los jefes militares tienen que ser recompensados por permitir el acceso humanitario a su propia gente. En casos extremos, esto ha conducido a que las ONG internacionales envíen armas junto con alimentos, a que se utilicen imágenes de niños hambrientos para recaudar fondos que a fin de cuentas se emplearán en parte para prolongar la guerra, y a que campos financiados por las ONG sean utilizados

[16] *Cf.* Alberto Alesina y David Dollar, "Who Gives Foreign Aid to Whom and Why", *Journal of Economic Growth* 5, núm. 1, marzo de 2000, pp. 33-63.

como bases para entrenar milicias empeñadas en el genocidio.[17] Existe siempre una tensión entre dirigir la ayuda a países bien gobernados, donde puede hacer algún bien pero donde se necesita con menor urgencia, y dirigirla a países donde hay una gran zozobra pero donde puede hacer poco bien y aun corre el riesgo de hacer daño.

Esta breve descripción de los flujos de ayuda no toma en cuenta las varias otras maneras en que los países ricos afectan a los países pobres para bien o para mal; de hecho, la ayuda es uno de los vínculos *menos* importantes. Los países ricos proveen capital en forma de inversión privada, lo que sucede frecuentemente de manera más presta y con menos alboroto burocrático que las gestiones del Banco Mundial. Como resultado, existe menos demanda de ayuda del Banco Mundial que antes, especialmente entre los países de ingreso medio. Las remesas privadas de los países ricos hacia los pobres, por ejemplo de los migrantes a sus familias en sus lugares de origen, son dos veces más grandes que la AOD. La ciencia básica —descubrimientos de nuevas clases de medicinas, de vacunas o de mecanismos propios de las enfermedades— casi siempre ha surgido en los países ricos, pero también ha traído beneficios a los países pobres, del mismo modo que inventos como los teléfonos celulares o internet. Al mismo tiempo, las restricciones de comercio o el cumplimiento de las patentes pueden restringir el acceso de los países pobres a los mercados ricos o a los tratamientos trascendentales. Estos vínculos que no tienen que ver con la ayuda frecuentemente son mucho más importantes —para bien o para mal— que la ayuda exterior; regresaré a este tema al final del capítulo. Por supuesto, esto no significa negar que la ayuda sea importante en aquellos países en particular donde la asistencia es el aporte más significativo.

[17] Véase Michael Maren, *The Road to Hell: The Ravaging Effects of Foreign Aid and International Charity*, Free Press, Nueva York, 2002; Alex de Waal, *Famine Crimes: Politics and the Disaster Relief Industry in Africa*, Indiana University Press, Bloomington, 2009; y Linda Polman, *The Crisis Caravan: What's Wrong with Humanitarian Aid?*, Picador, Nueva York, 2011.

¿Qué tan eficaz es la ayuda?

Cuando empecé a estudiar el tema de la ayuda y el desarrollo económico, parecía fácil indagar qué tan bien funcionaban. Igual que la mayoría de las personas, empecé por suponer que la ayuda debía funcionar. Después de todo, si yo soy pobre y tú eres rico y me das dinero —o mejor aún, un flujo continuo de dinero año tras año—, seré menos pobre. La creencia de que esta intuición se ha de aplicar al caso de la ayuda —lo que ahora considero como la ilusión de la ayuda— es tan poderosa que mucha gente se rehúsa incluso a considerar la posibilidad de que podría ser incorrecta. La intuición es esencialmente la explicación hidráulica de la ayuda, que, como hemos visto, simplemente es falsa.

La ayuda no es de persona a persona; la mayor parte de ella es de gobierno a gobierno, y en gran parte no está diseñada para sacar a la gente de la pobreza. Mi breve boceto del verdadero funcionamiento del sistema de ayuda nos dice eso, pero no nos dice si la ayuda ha favorecido u obstaculizado el crecimiento económico y la reducción de la pobreza durante los pasados 50 años. Existe una gran cantidad de datos sobre ayuda, del CAD y de otras fuentes, así como información sobre el crecimiento económico y la pobreza. Los distintos países son tratados de manera diferente; algunos obtienen más ayuda que otros, y la cantidad de ayuda ha cambiado de un año a otro. ¿Cabrían dudas de que podemos usar esos datos para averiguar qué es lo que hace la ayuda? O más precisamente, ¿son los países que reciben más ayuda —por persona o en relación con su ingreso nacional— los que crecen más rápidamente? Por supuesto, la reducción de la pobreza y el crecimiento son cosas diferentes, pero tanto la teoría como la experiencia sugieren que el crecimiento económico es la solución más segura y duradera al problema de la pobreza.

La descripción presentada en la sección previa debería esclarecer que no existe una respuesta fácil, o al menos no una respuesta *positiva* fácil. China y la India, que recibieron poca ayuda en proporción al tamaño de sus economías, son los dos casos de éxito más grandes, mientras que los países mucho más pequeños de África, que recibieron una gran cantidad de ayuda en proporción a sus tamaños, tienen récords de crecimiento económico mucho menos impresionantes. Dado que las agencias tienden a diseminar su ayuda y a cada quien le toca algo, los países más pequeños obtienen más asistencia que los más grandes, de modo que si la ayuda es importante para el crecimiento, los países más pequeños crecerían más rápidamente. Con base en esta prueba únicamente, la ayuda ha sido un rotundo fracaso. Por supuesto, ésta es una conclusión demasiado precipitada. Puede haber otras razones —que no tengan nada que ver con la ayuda— de que las economías más grandes crezcan más rápido; en el capítulo VI vimos algo de esto. Aun así, difícilmente puede considerarse que esto es un hallazgo positivo para la idea de que la ayuda hace que los países crezcan más rápidamente.

Otra manera de estudiar la eficacia de la ayuda es analizar los países particularmente favorecidos en el proceso de asistencia: los que tenían fuertes vínculos coloniales (particularmente las ex colonias de Francia), o los que obtuvieron ayuda extraordinaria por razones políticas (como Egipto, debido a los acuerdos de Camp David), o incluso los que fueron vistos como baluartes contra el comunismo durante la Guerra Fría (países como Zaire bajo el gobierno de Mobutu). No hace falta decirlo: esos países tuvieron unos de los peores récords de reducción de pobreza, y es suficientemente claro por qué. En Egipto, Togo y Zaire la ayuda no se utilizó para el desarrollo económico, sino para mantener en el poder a un régimen favorito en el exterior, aun cuando ello *lesionara* a la población.

Alguien podría argumentar que la ayuda a regímenes corruptos y opresivos no es de lo que estamos hablando, y que nunca debió haberse contabilizado como ayuda para el desarrollo. Pero la excusa es demasiado fácil. La mayor parte de esta ayuda tomó la forma de flujos irrestrictos a regímenes que pudieron haberla utilizado para el desarrollo si así lo hubieran decidido; gran parte de ella también se dio a países donde había mucha gente necesitada. Así, aunque estos ejemplos no prueban que una ayuda mejor diseñada, o que la ayuda a una selección diferente de países, habría dejado de tener mejores resultados, sí muestran de manera suficientemente clara que dar ayuda incondicional a países cuya población está necesitada generalmente no es una buena idea. Argumentaré que los factores que operan en estos casos singularmente malos son un problema aun bajo condiciones más favorables.

Dirigir la vista a lo que ha pasado con la ayuda en el África subsahariana es particularmente instructivo. Aunque algunos de los países más pobres del mundo no están en África, la mayoría sí pertenecen a ese continente. Afganistán, Bangladesh, Camboya, Haití, Nepal y Timor Oriental son los (únicos) países no africanos entre los 40 más pobres del mundo. África es la casa del país pobre, aun si no es la casa de la persona pobre. Los países africanos han recibido grandes cantidades de ayuda... suficiente para marcar una diferencia en sus tasas de crecimiento si ésta se hubiera utilizado para ese propósito.

La gráfica VII.1 muestra cómo han crecido los países africanos desde 1960, en intervalos de cinco años; en el periodo más reciente se incorporó el año 2010. El Banco Mundial enumera 49 países en el África subsahariana. Son muy diferentes en tamaño e importancia —de las Islas Comoras y Mayotte a Etiopía, Nigeria y Sudáfrica—, por lo que no es una buena idea tomar un promedio simple. En lugar de ello, trabajo con la *mediana* de la tasa de crecimiento en cada periodo, alrededor de la cual la mitad de los países crecen menos y la otra mitad crecen más.

En los años sesenta y principios de los setenta, la típica tasa de crecimiento del ingreso per cápita era entre 1 y 2% anual; éstas no son tasas espectaculares bajo ningunos estándares, pero, en general, los africanos estaban progresando. En los años ochenta y principios de los noventa, la típica tasa de crecimiento africana fue *negativa*. Los africanos perdieron terreno, no sólo en relación con los más exitosos países asiáticos, sino también en términos absolutos, respecto a lo que ellos mismos habían tenido antes. Comparados con los estándares nefastos de los años ochenta y noventa, los años de crecimiento lento anteriores a la independencia fueron una época dorada. Fue durante los años ochenta y noventa que África se ganó la reputación de ser una causa perdida. En 1960, Corea del Sur era tres veces más rica que Ghana; en 1995 era 19 veces más rica. En 1960, el ingreso per cápita de la India era sólo 40% del de Kenia; para 1995 era 40% más grande que el de Kenia.

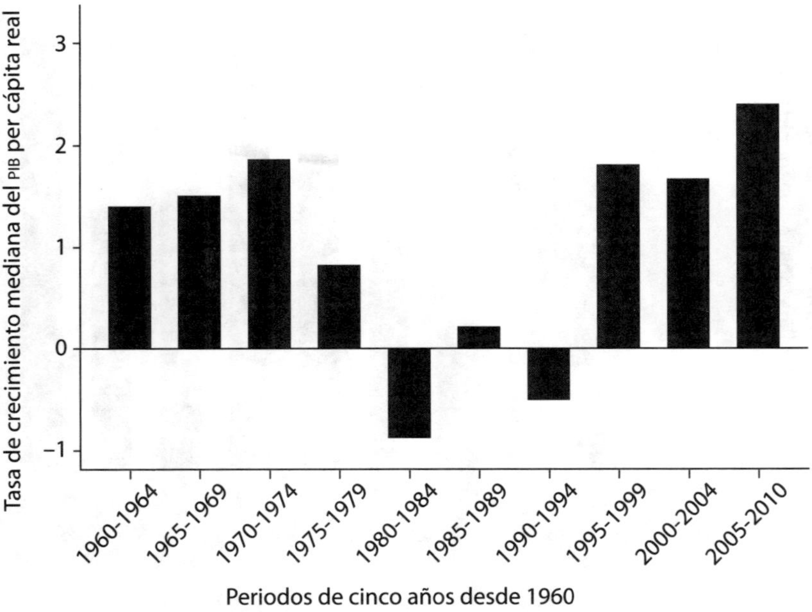

GRÁFICA VII.1. *Tasa de crecimiento mediana del* PIB *per cápita (*PPP *real) en África.*

Desde 1995 ha habido un giro completo. Las tasas de crecimiento han retornado al territorio positivo, y desde 2005 hasta 2010 han visto el mejor desempeño de crecimiento de África.

¿Cuánto de este patrón de ascenso, descenso y nuevo ascenso puede atribuirse a las fluctuaciones de la ayuda del exterior? La gráfica VII.2 muestra los datos de la ayuda; nuevamente utilizo las medianas y están expresadas en dólares por persona; es necesario multiplicar estos dólares por un factor de aproximadamente dos para tomar en cuenta los niveles de precio más bajos de África. Estos datos no están ajustados por la inflación de precios; los datos ajustados tienen una forma similar pero muestran un crecimiento menos rápido. En años recientes, un habitante del país mediano del África subsahariana ha estado recibiendo cerca de 100 dólares al año en ayuda en términos de poder de compra, suma que equivale a cerca de 20% del ingreso nacional del país mediano.

¿Qué nos dicen estas dos gráficas acerca de la ayuda y el

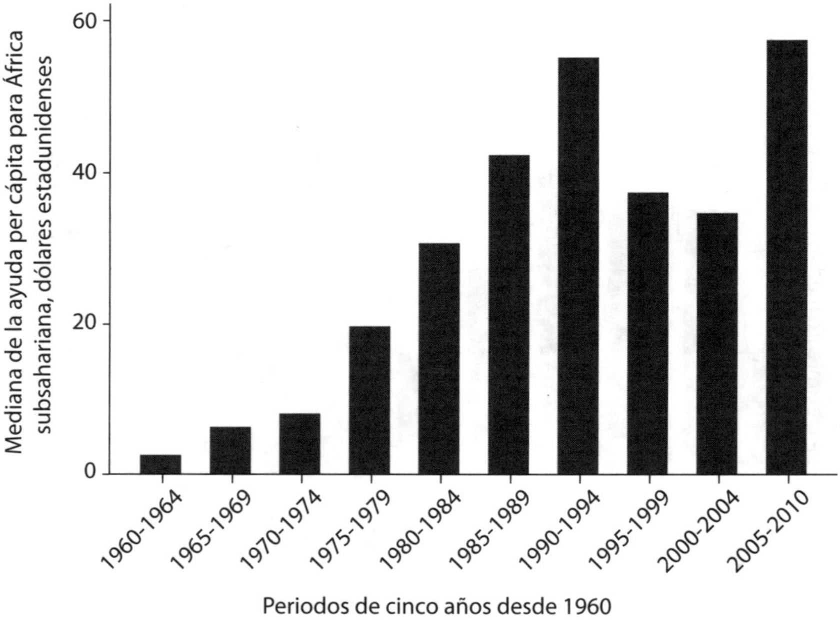

GRÁFICA VII.2. *Mediana de la ayuda per cápita para África subsahariana en intervalos de cinco años.*

crecimiento en África? Obviamente, han estado pasando otras cosas, pero hay mucho que decir en favor de empezar desde un punto de vista simple y, una vez más, las cosas lucen mal para la ayuda. El crecimiento *disminuyó* constantemente mientras que la ayuda *aumentó* constantemente. Cuando la ayuda decayó, después del fin de la Guerra Fría, el crecimiento repuntó; el final de la Guerra Fría eliminó una de las principales justificaciones de la ayuda para África, y el crecimiento africano volvió a despegar. Existe una broma amarga al efecto de que "la Guerra Fría terminó, y África perdió". Pero la gráfica sugiere que una frase final más precisa de la broma sería "la Guerra Fría terminó, y África ganó", porque Occidente redujo la ayuda. Aunque esto tiene sentido para Mobutu y Zaire, es claro que como proposición general resulta demasiado fuerte.

Los que son optimistas acerca de la ayuda observan el final del periodo y destacan que la ayuda reciente ha sido para el desarrollo, no para apuntalar dictadores anticomunistas;

hacen notar que, en este periodo de ayuda más ilustrada, la mayor ayuda ha traído más crecimiento. Quizás es así. En realidad Mobutu se ha ido, pero el gobierno de Meles Zenawi Asres en Etiopía recibió más de 3 000 millones de dólares de ayuda en 2010, proveniente de los Estados Unidos, el Reino Unido y el Banco Mundial, entre otros. Meles, quien murió en 2012, era uno de los dictadores más represivos y autocráticos de África.[18] Etiopía tiene casi 40 millones de personas que viven con menos de 1.25 dólares al día (veinte millones viven con menos de un dólar), lo que hace a este país un favorito de quienes creen en la ayuda para aliviar la pobreza; Meles fue un acérrimo oponente del fundamentalismo musulmán, lo que lo hizo un favorito de los Estados Unidos. Por supuesto, los Estados Unidos tienen derecho a escoger a sus aliados internacionales. Pero si su ayuda es motivada por una combinación de preocupaciones de seguridad nacional y de grupos de votantes nacionales que ven el acto de donar como algo más importante que lo que la donación logra, entonces estamos dando ayuda dirigida a "nosotros", no a "ellos".

Una clave del crecimiento africano es lo que pasa con el precio de las *commodities* (materias primas o bienes de consumo generales). Varios países africanos han dependido por mucho tiempo y aún dependen de las exportaciones de mercancías "primarias", principalmente minerales no procesados o cosechas agrícolas. Botsuana exporta diamantes; Sudáfrica, oro y diamantes; Nigeria y Angola, petróleo; Níger, uranio; Kenia, café; Costa de Marfil y Ghana, cacao; Senegal, cacahuate; y así sucesivamente. Los precios mundiales de las mercancías primarias son notablemente volátiles, por lo que ocurren enormes incrementos de precios en respuesta a pérdidas de cosechas o aumentos en la demanda mundial e igualmente colapsos dramáticos de precios, ninguno de los cuales es fácilmente pronosticable. Muchos gobiernos africanos son propietarios de las minas, los pozos y las plantaciones, y otros gravan con impuestos las exportaciones de bienes de consumo como cacao y café, de suerte que los auges y caídas en los precios de las mercancías causan fluctuaciones drásticas en

[18] *Cf.* Helen Epstein, "Cruel Ethiopia", *The New York Review of Books*, 13 de mayo de 2010.

los ingresos del gobierno, las cuales son difíciles de manejar. Más adelante en este capítulo trazaré una comparación entre los ingresos de la venta de *commodities* y la ayuda exterior, pero por el momento sólo necesito destacar que los precios de las *commodities* generalmente aumentaron en los años sesenta y a principios de los setenta, disminuyeron constantemente desde 1975 y, para algunas *commodities* como el petróleo y el cobre, repuntaron en la década pasada. El ingreso derivado de estos precios altos es parte del ingreso nacional, de modo que es casi imposible que una economía cuyas exportaciones de *commodities* están en auge no crezca, al menos por un tiempo. Hay evidencia más formal que confirma que los ingresos africanos crecen en respuesta a los auges de los precios de los bienes de consumo.[19]

Quienes viven a lo grande tienen una tendencia a desplomarse, y eso fue lo que ocurrió con la crisis de las *commodities* después de 1975. Los prestamistas privados extranjeros —así como la deficiente asesoría del Banco Mundial— instigaron la mala administración de los gobiernos africanos, de suerte que cuando vino el colapso fue mucho peor de lo necesario.[20] Ésta es una de las causas más importantes de los patrones de crecimiento en la gráfica VII.1. Otro factor, más contencioso pero de todos modos creíble, es que ahora los países africanos tienen políticas fiscales y monetarias mucho mejores que en el pasado. Esto es parte del legado de las políticas de ajuste estructural de los ochenta, pero ahora también hay ministros de finanzas africanos y banqueros centrales mejor preparados. Si vamos a evaluar los efectos de la ayuda, necesitamos considerar estos otros factores, incluyendo los auges y caídas de las *commodities*.

La ayuda aumentó muy rápidamente durante los "malos" años posteriores a las caídas de las *commodities*. Esto podría decirnos que la ayuda no hizo mucho bien, pero también podría decirnos algo más positivo: que la ayuda a África vino en respuesta a la desgracia. En efecto, al menos alguna parte de

[19] Véase Angus Deaton y Ronald I. Miller, *International Commodity Prices, Macroeconomic Performance, and Politics in Sub-Saharan Africa*, Princeton Studies in International Finance 79, Princeton University Press, Princeton, 1995.

[20] *Cf.* Angus Deaton, "Commodity Prices and Growth in Africa", *Journal of Economic Perspectives* 13, núm. 3, verano de 1999, pp. 23-40.

la nueva ayuda se prestó para hacer que los países "repagaran" viejas deudas que de otro modo no habrían pagado. Cuando la ayuda sigue a los malos resultados económicos —la ayuda humanitaria es el ejemplo obvio—, ¡lo que esperaríamos ver es exactamente una relación negativa entre crecimiento y ayuda! El hecho de que la ayuda vaya hacia los países de bajo crecimiento no es una señal de fracaso de la ayuda, sino de su éxito: la ayuda se envía a donde se necesita. Cuando la tripulación del bote salvavidas rescata a los marineros que se están ahogando, y los marineros aún están mojados y afligidos por su casi fatal experiencia, difícilmente culparíamos a los rescatistas por el hecho de que los marineros estén peor que antes de la tormenta.

Los investigadores de la ayuda han gastado una enorme cantidad de ingenio —y aún más de necedad— tratando de desentrañar los efectos de la ayuda en el crecimiento, tomando en cuenta otras cosas que suceden al mismo tiempo y tratando de considerar la retroalimentación que la desgracia le brinda a la ayuda. Tomar en cuenta otras cosas es relativamente fácil. La correlación entre la ayuda (como porcentaje del ingreso nacional) y el crecimiento continúa siendo *negativa* aun cuando se hayan tomado en cuenta otras causas importantes del crecimiento. Este hecho no es decisivo, porque ignora la retroalimentación de la desgracia hacia la ayuda; sin embargo es importante. Cuando estudios similares analizan el efecto de la inversión —gastos en maquinaria, fábricas, computadoras e infraestructura, las cosas que sustentan la prosperidad futura—, es muy fácil ver el efecto en el crecimiento.[21] Evidentemente, la ayuda no funciona como la inversión; no obstante, la vieja teoría hidráulica de la ayuda supuso exactamente esto: que los países pobres, porque son pobres, no podían permitirse el lujo de invertir para el futuro, y esa ayuda colmaría la brecha. Una vez más, sea lo que sea que hace la ayuda, no es esto.

¿Qué se puede decir de la retroalimentación de la desgracia hacia la ayuda? Quizá realmente existe un efecto de la ayuda en el crecimiento, pero es anulado por episodios en los cua-

[21] *Cf.* Raghuram Rajan y Arvind Subramanian, "Aid and Growth: What Does the Cross-Country Evidence Really Show?", *Review of Economics and Statistics* 90, núm. 4, 2008, pp. 643-665.

les la ayuda responde al desastre. Desentrañar esto es como el problema clásico del huevo y la gallina, y casi igual de difícil de resolver. Aunque varios estudios lo han intentado, realmente ninguno es convincente. De hecho, ya hemos visto la manera típica en que se estudia esta cuestión. Si podemos encontrar países donde la ayuda *no* se da en respuesta a un pobre desempeño, podemos estudiar sus efectos sin que se puedan confundir con los efectos de la desgracia y obtener así una lectura nítida de cómo la ayuda afecta al crecimiento. ¿Qué ejemplos tenemos? El hecho de que los grandes países obtengan menos ayuda que los pequeños es uno de esos ejemplos. Y el hecho de que los aliados o las ex colonias políticamente favorecidos consigan más ayuda es otro. Como hemos visto, ninguno de estos experimentos mentales o planteamientos hipotéticos arroja una lectura positiva de la ayuda, pero ambos enfoques pueden ser cuestionados fácilmente.

¿En qué punto nos deja esto? Distintos académicos trazan el balance de diferentes maneras. Una posición es que el análisis estadístico es tan nebuloso que no se puede encontrar ninguna respuesta; analizar la ayuda y el desempeño a lo largo del tiempo y de forma transversal entre países simplemente no puede responder la pregunta. Mi propio punto de vista es un poco más positivo en relación con la bibliografía y mucho más negativo respecto de la ayuda. Muchos donantes todavía se aferran a la idea hidráulica de que la ayuda provee capital a los países pobres, que de otra manera no pueden adquirir, y de que les ofrece un mejor futuro. Pero esto lo refutan los datos, porque la ayuda no funciona como la inversión y, en realidad, la idea en su conjunto no tiene sentido, dado el acceso que tienen varios países pobres a los mercados de capital privado internacionales. El hecho de que ni los países más pequeños ni los políticamente favorecidos crezcan más rápido también es evidencia contra la ayuda, y esta demostración ciertamente no es decisiva —puede haber otras razones por las que los países grandes crecen más rápidamente, o por las que los políticamente favorecidos se desempeñan mal—, pero aún resulta muy sugerente. Que los gobiernos de varios países políticamente favorecidos sean corruptos no es una excusa, a menos que podamos mostrar que donar ayuda irrestricta a "mejores" gobiernos es diferente, tema al que volveré.

La eficacia de los proyectos de desarrollo

Muchas personas —legos y profesionales del desarrollo por igual— no se preocupan de evaluar la ayuda analizando sus efectos en el crecimiento económico. Para ellos, la ayuda es un asunto de *proyectos*: el financiamiento de una escuela o de una clínica, o la prestación de ayuda a una organización que provee mosquiteros tratados con insecticida, que ofrece información sobre cómo evitar el VIH/sida o que organiza grupos de microfinanzas. Se trata de rutas que cambiaron la vida en una comunidad o la represa que creó medios de vida para miles. Cada una de las organizaciones que trabajan en el desarrollo internacional —las ONG, el PNUD y el Banco Mundial— tiene sus historias de éxito. Quienes han estado involucrados en esto frecuentemente tienen experiencia de primera mano y no abrigan dudas sobre la efectividad de lo que han hecho. Ellos admitirán errores, pero los cuentan como el costo de la realización del negocio, negocio que en su conjunto es un gran éxito. ¿Cómo podemos reconciliar esta percepción con las ambiguas o incluso negativas evaluaciones realizadas con base en la evidencia estadística?

Una posibilidad es que las evaluaciones llevadas a cabo por las ONG o el Banco Mundial son demasiado color de rosa. Los críticos señalan el hecho de que las ONG tienen fuertes incentivos para no reportar los errores y exagerar el éxito; después de todo, las ONG están en el negocio de recabar fondos tanto como en el de asignarlos. También señalan los errores metodológicos de las evaluaciones, especialmente el hecho de que es difícil conocer qué habría pasado con los recipiendarios de la ayuda si no la hubieran recibido. El Banco Mundial y las agencias de la ONU tienen incentivos similares para evaluar su trabajo en términos positivos. Las evaluaciones del Banco Mundial a menudo se realizan antes de que el proyecto haya tenido tiempo de desarrollarse completamente, y hay presión constante para suministrar las evaluaciones rápidamente. Dado que los miembros de su junta directiva cambian con regularidad y que su personal rota entre posiciones, los incentivos del personal del Banco Mundial son asignar y sacar el dinero fuera de la institución, no mostrar que sus proyectos terminados hace ya tiempo funcionaron bien. La carrera exitosa es independiente de si los proyectos han sido exitosos o no, así que no existe presión para elaborar una evaluación consistente.

Estos argumentos han conducido a un movimiento hacia una evaluación más cuidadosa, frecuentemente con énfasis en pruebas controladas al azar como la mejor manera de indagar si un proyecto dado funcionó y, más allá de eso, de averiguar "qué es lo que funciona" en general. (En las pruebas controladas aleatoriamente, se analizan algunas "unidades" —personas o escuelas o comunidades— y otras —las unidades de control— no, en tanto las unidades se asignan a uno de los dos grupos al azar.) De acuerdo con este punto de vista, la ayuda ha sido mucho menos efectiva de lo que habría sido si los proyectos se hubiesen evaluado seriamente. Si el Banco Mundial hubiese sometido todos sus proyectos a una evaluación rigurosa, se argumenta, a estas alturas sabríamos qué funciona y qué no funciona, y la pobreza global habría desaparecido hace mucho tiempo. Quienes están a favor de las pruebas controladas aleatoriamente —los *aleatoristas*— tienden a ser muy escépticos ante las autoevaluaciones típicas de las ONG, y han trabajado con las ONG que cooperan para ayudar a fortalecer sus procedimientos de evaluación. Ellos también han persuadido al Banco Mundial para que utilice pruebas controladas aleatoriamente en algunos de sus trabajos.

Investigar si un proyecto dado fue exitoso o no es importante en sí mismo, pero es improbable que revele algo muy útil acerca de qué funciona y qué no funciona en *general.* Los grupos experimentales y de control frecuentemente son muy pequeños (los experimentos pueden ser caros), lo que hace que los resultados no sean confiables. Más delicadamente aún, no hay razón para suponer que lo que funciona en un lugar funcionará en otra parte. Aun si un proyecto financiado con ayuda es la causa de que la gente esté bien —y aun si estuviéramos absolutamente seguros de ese hecho—, usualmente las causas no operan solas; necesitan varios otros factores que las ayuden a funcionar. La harina "causa" los pasteles, en el sentido de que los pasteles hechos sin harina son peores que los hechos con harina —y podemos hacer cualquier cantidad de experimentos para demostrarlo—, pero la harina no funciona sin levadura, huevos y mantequilla, esto es, los factores de complemento necesarios para que la harina "cause" al pastel.[22]

Igualmente, las innovaciones en la enseñanza pueden funcionar en un experimento en un lugar y fracasar, o al menos no funcionar tan bien, en otra comunidad o en otro país. El éxito de un esquema de microfinanzas puede depender de cómo se organizan las mujeres y de lo que los hombres les permiten hacer. Los servicios de educación agrícola pueden funcionar bien en lugares donde los agricultores viven cerca unos de otros y hablan con regularidad, y puede ser un fracaso en un área de granjas aisladas. Sin la comprensión de estos mecanismos —lo que se necesita para hornear un pastel—, no es posible pasar de "este proyecto funcionó" a "lo que funciona"; de hecho, la idea no matizada de "lo que funciona" es inútil. La réplica que no es guiada por una búsqueda explícita de estos mecanismos no resuelve el problema: existen demasiadas configuraciones posibles de factores complementarios. De modo que aunque el mundo podría ser mejor si las agencias de ayuda demostraran que sus proyectos fueron exitosos en sus propios términos, esas demostraciones por sí mismas no nos van a dar los secretos para la erradicación de la pobreza global.

También es posible que los *proyectos* financiados con ayuda funcionen muy bien y que la *ayuda* fracase. Aun si una agencia de ayuda "ideal" financiara sólo los proyectos que han pasado un conjunto riguroso de evaluaciones, su ayuda todavía podría fallar. Para empezar, existe el irritante pero frecuente problema de que los proyectos funcionan mucho mejor como experimentos que cuando se despliegan en el plano de la realidad. Los prototipos no son lo mismo que la producción. Esto podría pasar debido a que las políticas implementadas por burócratas de la vida real no son llevadas a cabo tan bien como las políticas implementadas por académicos o por personal del Banco Mundial. También puede haber derramas que no son explicadas en la evaluación. Un ejemplo importante es la situación en la cual el suministro privado de un servicio —financiado por la ayuda— socava el suministro del go-

[22] Véase Nancy Cartwright y Jeremy Hardie, *Evidence-Based Policy: A Practical Guide to Doing It Better,* Oxford University Press, Londres y Nueva York, 2012.

bierno de ese mismo servicio. Aun si el sistema de clínicas prenatales del gobierno no es muy bueno y las enfermeras y los doctores se ausentan frecuentemente, las clínicas administradas por las ONG tienen que conseguir enfermeras y médicos de alguna parte, y los salarios más altos que pagan pueden vaciar el sistema público. El beneficio neto de la ayuda, entonces, es menor que el que parece en cualquier evaluación que no toma en cuenta este efecto de desviación. Otro ejemplo que ha sido muy discutido es la evaluación de las represas, aunque sólo sea porque es difícil identificar a todas las personas afectadas directa e indirectamente.

La utilización de proyectos piloto para evaluar nuevas ideas frecuentemente será informativa, pero cuando el proyecto se realiza a escala ampliada los resultados típicamente serán diferentes. Un proyecto de educación podría ayudar a que las personas se gradúen de la secundaria o de la universidad y obtengan buenos empleos en el gobierno, que en varios países pobres se encuentran entre los empleos más deseables. No obstante, si el esquema se extiende para todos y el gobierno no se expande, no habrá ningún beneficio neto, al menos en términos de empleos del gobierno. Los proyectos agrícolas pueden tener un problema similar. Puede ser que un agricultor incremente su productividad, pero si la incrementan todos, los precios de las cosechas disminuirán, y lo que es rentable para uno puede no serlo para todos. Casi todos los proyectos que involucran la producción de agricultores, empresas o comerciantes afectarán los precios de los bienes y servicios cuando se traduzcan a una escala más amplia, pero no cuando se sometan a una prueba aislada. De modo que, una vez más, un proyecto puede ser exitoso en sus propios términos, pero puede ser un fracaso cuando se realiza a una escala de nivel nacional. La evaluación de un proyecto perfecto puede coexistir con el fracaso de la ayuda para un país en su conjunto.

Las agencias de ayuda con frecuencia ponen una carga administrativa pesada en los gobiernos locales de por sí sujetos a exigencias abrumadoras. Las dependencias de gobierno tienen que aprobar proyectos, supervisar las actividades de las ONG y asistir a reuniones con docenas, si no cientos, de agencias extranjeras que están trabajando en sus países. La capacidad del Estado y la habilidad regulatoria son escasas en muchos países pobres y esto, en sí mismo, limita el desarrollo y la reducción de la pobreza. Es irónico que la ayuda, en su intento de auxiliar, distraiga a los funcionarios de gobierno de tareas más importantes y mine la capacidad del Estado que es central para el desarrollo exitoso. Como veremos, éste es sólo un ejemplo de cómo la ayuda desvía al gobierno de sus propios ciudadanos a favor de las agencias de ayuda mismas. Estas desviaciones tienen consecuencias más serias cuanto más pequeño es el país, menos competente su gobierno y mayor el volumen de ayuda.

Hay mucho que decir a favor de la evaluación cuidadosa de los proyectos, de la indagación sobre el grado en que un proyecto satisfizo sus metas o no y del intento de aprender lecciones que son útiles en otros lugares. Una evaluación exitosa y convincente puede identificar lugares donde el dinero puede ayudar a mejorar las vidas, incluso si los ejemplos son locales y no fácilmente generalizables. Pero la evaluación de proyectos no puede, por sí misma, decirnos qué funciona y qué no funciona en general. La evaluación exitosa de proyectos tampoco puede garantizar la efectividad de la ayuda, que finalmente es una cuestión de la economía en su conjunto, no de proyectos específicos o de la tarea de distinguir los proyectos buenos de los malos. La evaluación de proyectos no es un escape a la necesidad de pensar la ayuda como un todo con sus consecuencias *nacionales*.

Ayuda y política

Para comprender cómo funciona la ayuda necesitamos estudiar la relación entre la ayuda y la política. Las instituciones políticas y legales juegan un papel central en el establecimiento del ambiente que puede nutrir la prosperidad y el crecimiento económico. La ayuda exterior, especialmente cuando es mucha, afecta el funcionamiento de las instituciones y la manera en que éstas cambian. La política frecuentemente frena el crecimiento económico, e incluso en el mundo que precedió a la ayuda había sistemas políticos buenos y malos. Pero los grandes flujos de ayuda exterior motivan que la política local empeore y socavan las instituciones necesarias para el fortalecimiento del crecimiento de largo plazo. La ayuda también quebranta la democracia y la participación cívica, una pérdida directa más allá de las pérdidas que provienen del socavamiento del desarrollo económico. Estos perjuicios de la ayuda deben sopesarse contra el bien que la ayuda misma propicia, sea la educación de los niños que de otro modo no habrían ido a la escuela o la salvación de las vidas de quienes habrían muerto.

Desde sus inicios, después de la segunda Guerra Mundial, la economía del desarrollo concibió al crecimiento y a la reducción de la pobreza como problemas *técnicos*. Los economistas proveían el conocimiento que les faltaba a los gobernantes recién independizados para saber cómo llevar la prosperidad a su pueblo. Si los economistas del desarrollo acaso pensaban en la política, veían a los políticos como guardianes de su pueblo, motivados por la promoción del bienestar social. La política como un fin en sí misma, como un medio de participación cívica o como una manera de administrar el conflicto no era parte de su manual de operaciones. Los expertos del desarrollo tampoco se preocupaban tanto por el hecho de que, en muchos casos, los gobiernos con los que trabajaban tenían sus propios intereses que los hacían socios improbables de un esfuerzo de desarrollo amplio. A lo largo de los años ha habido voces de disenso, pero sólo en fecha relativamente reciente la economía del desarrollo de la corriente principal se ha enfocado en la importancia de las instituciones, incluyendo las instituciones políticas, y en la política misma.

El desarrollo económico no puede tener lugar sin alguna suerte de contrato entre los que gobiernan y los gobernados. El gobierno necesita recursos para realizar sus funciones —preservar la integridad territorial y mantener el monopolio de la violencia, como mínimo, y más allá de eso proveer un sistema legal, seguridad pública, defensa nacional y otros bienes públicos—, y los recursos que requieren estas funciones deben obtenerse de los impuestos de los gobernados. Es esta necesidad de recaudar impuestos, y la dificultad de hacerlo sin la participación de quienes los pagan, lo que pone restricciones en el gobierno y en cierta medida protege los intereses de los contribuyentes. En una democracia la retroalimentación directa del electorado evalúa el desempeño del gobierno, lo cual es en efecto una suerte de evaluación de proyecto de los programas que se desarrollan usando el dinero de los contribuyentes. Aunque esta suerte de retroalimentación funciona mejor en una democracia, la necesidad de recaudar fondos existe dondequiera, y frecuentemente orillará al gobernante a poner atención en las demandas de al menos una parte de la población. Uno de los argumentos más fuertes en contra de los grandes flujos de ayuda es que socavan estas restricciones, eliminando la necesidad de recaudar dinero con consentimiento y, en el caso límite, convirtiendo lo que debían ser instituciones políticas beneficiosas en tóxicas.[23]

Sin una capacidad adecuada para cobrar impuestos, el Estado niega a sus ciudadanos varias de las protecciones que se dan por supuestas en el mundo rico. Puede suceder que carezcan de la protección de la ley, porque los juzgados no funcionan o son corruptos, y puede ser que la policía moleste o explote a las personas pobres en lugar de protegerlas. Es posible que las personas no puedan iniciar un negocio, ya que no se pagan las deudas y los contratos no se cumplen o porque los "servidores" públicos exigen sobornos. Es posible que enfrenten amenazas de violencia por parte de bandas o de los jefes militares, o que carezcan de agua limpia o de las facilidades de sanidad mínimas. Puede ser que haya plagas endémicas locales que las amenacen, especialmente a sus hijos, con enfermedades que se pueden prevenir pero que son potencialmente fatales. Puede ser que carezcan de acceso a la electricidad, a escuelas funcionales o a servicios de salud decentes. Todos estos riesgos son parte de lo que significa ser pobre en gran parte del mundo, todas son causas de pobreza y son atribuibles a la falta de capacidad del Estado. Cualquier cosa que amenace esa capacidad es inconsistente con la voluntad de mejorar las vidas de la gente pobre.

[23] *Cf.* Nicolas van de Walle, *Overcoming Stagnation in Aid-Dependent Countries,* Center for Global Development, Londres y Washington, D.C., 2005; Todd Moss, Gunilla Petterson y Nicolas van de Walle, "An Aid-Institutions Paradox? A Review Essay on Aid Dependency and State Building in Sub-Saharan Africa", en William Easterly (ed.), *Reinventing Foreign Aid,* MIT Press, Cambridge, 2008, pp. 255-281; y Timothy Besley y Torsten Persson, *Pillars of Prosperity: The Political Economics of Development Clusters,* Princeton University Press, Princeton, 2011.

El argumento de que la ayuda amenaza a las instituciones depende de que se otorgue en una cantidad grande. En China, la India o Sudáfrica, donde la AOD ha sido menos del 0.5% del ingreso nacional en años recientes, y sólo ocasionalmente más de 1% del total de los gastos del gobierno, la ayuda no afecta de modo importante la conducta del gobierno o el desarrollo de las instituciones. La situación es muy diferente en gran parte de África. Treinta y seis (de 49) países en el África subsahariana han recibido al menos 10% de su ingreso nacional como AOD durante tres décadas o más.[24]

Dado que la AOD va a los gobiernos, la ayuda como porcentaje del gasto del gobierno es aún mayor. Benín, Burkina Faso, la RDC, Etiopía, Madagascar, Mali, Níger, Sierra Leona, Togo y Uganda están entre los países donde la ayuda ha excedido el 75% del gasto del gobierno en años recientes. En Kenia y Zambia la AOD corresponde al 25 y 50% del gasto del gobierno, respectivamente. Puesto que gran parte del gasto está comprometido previamente y es casi imposible hacer cambios en un corto plazo, para estos países (y otros para los que no existen datos) los gastos discrecionales por parte de los gobiernos dependen casi enteramente de los fondos de los donantes externos. Como veremos, esto no significa que los donantes dicten lo que los gobiernos gastan; lejos de ello. Sin embargo, la conducta de los donantes y de los recipiendarios es afectada de manera fundamental por la existencia y magnitud de estos flujos de ayuda.

La ayuda no es la única forma en la que los gobernantes pueden gobernar sin consenso. Un auge del precio de las *commodities* es otra de esas formas. Un ejemplo famoso proviene de Egipto a mediados del siglo XIX. Entonces, en el cenit de la Revolución industrial, con la insaciable demanda de algodón, las dos fuentes principales eran los Estados Unidos y Egipto; las ventas de algodón de Egipto representaban la mayor parte de su comercio con el mundo exterior. El gobernante de Egipto, Muhamad Alí, frecuentemente descrito como el fundador del Egipto moderno, le pagaba sólo una fracción del precio mundial al *fellaheen* que producía el algodón, y él y su

[24] Véase Moss, Petterson y Van de Walle, "An Aid-Institutions Paradox?...", art. cit.

corte se hicieron fabulosamente ricos con las ganancias. La Guerra Civil estadunidense triplicó el precio en sólo tres años y, bajo el gobierno del cuarto sucesor de Alí, Ismail Pasha, esto condujo a lo que un reporte británico describió más tarde como "dispendio fantástico", mientras que "se gastaron inmensas sumas en obras públicas a la manera del Este, y en obras productivas realizadas de manera incorrecta o demasiado pronto", incluyendo el Canal de Suez.[25] La escala de gastos era tan grande que no se podía sostener ni siquiera con los precios del algodón del tiempo de guerra, e Ismail pidió prestado en los mercados de capital internacionales. Cuando el precio del algodón se colapsó después de la guerra, hubo disturbios, intervención armada y, finalmente, ocupación extranjera por parte del Reino Unido.

Los precios del algodón aumentaron de nueve dólares por unos 50 kilos en 1853 a 14 en 1860, alcanzaron un pico de 33.25 en 1865 y cayeron a 15.75 en 1870. Uno podría imaginarse que los prestamistas extranjeros —si no Ismail— habrían entendido el problema que acechaba más adelante, pero entonces, como ahora, los prestamistas podían confiar en otro gobierno —el Reino Unido— para proteger y recuperar sus inversiones. No obstante, esta historia de catástrofe no deja de tener su lado brillante: el Canal de Suez, después de todo, fue una inversión útil cuyos beneficios es necesario tomar en cuenta.

Existen varios paralelos entre los auges de los precios de las *commodities* y la ayuda exterior.[26] Uno es que los flujos de liquidez vienen y van en una forma que está divorciada de las necesidades nacionales y de la política interna. En el caso del auge del algodón, la causa fue la Guerra Civil en los Estados Unidos; en el caso de la ayuda, son las condiciones económicas y políticas de los países donantes o eventos internacionales como la Guerra Fría, o la guerra contra el terrorismo. Que la ayuda estimula el gasto del gobierno es algo que ha sido documentado repetidas veces, y, como en el caso egipcio, el gobierno queda liberado de la necesidad de consultar o de ganar la

[25] Citado en Deaton, "Commodity Prices and Growth in Africa", *art. cit.*, p. 23.

[26] *Cf.* Raghuram Rajan y Arvind Subramanian, "Aid, Dutch Disease, and Manufacturing Growth", *Journal of Development Economics* 94, núm. 1, enero de 2011, pp. 106-118.

aprobación de su pueblo. Cuando las minas son propiedad del Estado, o cuando existe un alto precio mundial, una oferta ilimitada de trabajadores pobres o un ejército bien financiado, un gobernante puede permanecer en el poder sin el consenso de su pueblo. Con suficiente ayuda exterior, el gobernante puede incluso prescindir de las minas, como sucedió finalmente en Zaire bajo el gobierno de Mobutu. La ayuda del exterior mantuvo al régimen en el poder, y la mayor parte de ella se destinó a ese propósito, de suerte que cuando a la larga el régimen cayó, quedaba poco dinero en las cuentas bancarias suizas o en cualquier otra parte.[27] Por supuesto, en el caso de la ayuda el gobierno tiene responsabilidad con los donantes y, a diferencia del caso de Mobutu, que fue alentado por la geopolítica de la Guerra Fría, uno podría esperar que los donantes tengan en mente los intereses de la gente. Pero, como veremos, existen buenas razones para que esto no funcione en la práctica; la motivación de los donantes contribuye mucho menos de lo que uno podría pensar.

La ayuda, igual que los auges en los precios de las *commodities*, puede tener otros efectos indeseables en las instituciones locales. Sin la captación de flujos irrestrictos, los gobiernos no sólo necesitan impuestos, sino que también necesitan ser capaces de recolectarlos. Las enormes rentas petroleras del Medio Oriente en parte son responsables de las débiles instituciones democráticas en los países productores de petróleo. En África, donde los sistemas presidenciales son comunes, un presidente con financiamiento externo puede gobernar a través del mecenazgo o la represión militar. Los parlamentos tienen un poder limitado, rara vez son consultados por el presidente y ni ellos ni los poderes judiciales tienen poder para frenar a la presidencia.[28] No hay controles ni equilibrios. En casos extremos, los grandes flujos externos, derivados de la ayuda o de la venta de *commodities*, pueden aumentar el riesgo de guerra civil porque los gobernantes tienen los medios para evitar compartir el poder y porque el valor de estos flujos ofrece a las partes involucradas un premio por el que vale la pena pelear.[29]

[27] Véase Michela Wrong, *In the Footsteps of Mr. Kurz: Living on the Brink of Disaster in Mobutu's Congo*, Harper, Nueva York, 2001.

[28] *Cf.* Van de Walle, *Overcoming Stagnation, op. cit.*

[29] *Cf.* Besley y Persson, *Pillars of Prosperity, op. cit.;* véase también Timothy

¿Por qué la rendición de cuentas a los donantes no remplaza a la rendición de cuentas a la población local? ¿Por qué los donantes no retienen la ayuda si el presidente se rehúsa a consultar al parlamento, si declina reformar a una fuerza policiaca corrupta o si usa los flujos de ayuda para fortalecer su propia posición política? Un problema es que los gobiernos donantes y sus grupos de electores —los donantes en última instancia— no pueden realizar las llamadas de atención correctas porque no experimentan los efectos de la ayuda en el lugar de destino de ésta. Aun cuando sobreviene la crisis, y los donantes ven lo que está sucediendo, raras veces redunda en el interés de los países donantes la retención de la ayuda, incluso a la luz de flagrantes violaciones de los acuerdos, sin importar cuánto hayan deseado hacerlo anticipadamente.

Es el pueblo local, no los donantes, quien tiene la experiencia directa de los proyectos en los que se gasta la ayuda y quien está en la posición de formarse un juicio. Esos juicios no siempre estarán bien informados, y siempre habrá un debate interno sobre la causa y el efecto y sobre el valor específico de las actividades del gobierno; pero el proceso político puede mediar estas divergencias normales de puntos de vista. Para los donantes externos o sus grupos de votantes —que no viven en los países recipiendarios— no existe esa retroalimentación. No tienen la información directa de los resultados; deben confiar en los reportes de las agencias que desembolsan la ayuda y, así, tienden a enfocarse en el *volumen* de la ayuda, no en su *eficacia*. Las agencias de ayuda, a su vez, rinden cuentas a sus donantes finales, y no hay ningún mecanismo que las haga responsables si las cosas salen mal para los recipiendarios. En una ocasión le pregunté a una funcionaria de una de las agencias de ayuda no gubernamental más prominentes en cuál parte del mundo pasaba la mayor parte de su tiempo. Me dijo ella: "La Costa Oeste" —que resultó no ser la de África sino la de los Estados Unidos, que es donde viven varios de los donantes más grandes de la agencia—. Como ya hemos visto, cuando llega el momento de que los efectos de su obra se hacen visibles, hace ya mucho tiempo que los funcionarios del

Besley y Torsten Persson, "Fragile States and Development Policy", *Journal of the European Economic Association* 9, núm. 3, 2011, pp. 371-398.

Banco Mundial se han desplazado a otras actividades. No hay ninguna responsabilidad de los donantes con los recipiendarios de la ayuda.[30]

En ocasiones, las agencias *saben* que la ayuda está funcionando mal y se alarman por lo que ven, pero no pueden hacer nada al respecto. El director de una agencia de ayuda nacional me contó una historia espeluznante de cómo los fondos de ayuda habían ido a parar a bandas de asesinos —personas que ya habían realizado una masacre y se estaban entrenando y armando para regresar a finiquitar su obra—. Le pregunté por qué continuaba proveyéndoles ayuda. "Porque —replicó— los ciudadanos de este país creen que es su deber donar y no aceptarán ningún argumento de que la ayuda está perjudicando a la gente." Lo mejor que podía hacer era tratar de limitar el daño.

Aun cuando los donantes *saben* qué condiciones deben imponerse, frecuentemente se rehusarán a penalizar a los gobiernos que se mofan de ellos. Los donantes pueden amenazar con castigos para inducir una buena conducta, pero cuando ésta no ocurre es posible que sean renuentes a tomar acción si los castigos les provocan daño a ellos o a sus grupos de votantes. Difícilmente esto se podría aplicar al caso de la provisión de armas a los asesinos, pero puede ser un problema en casos menores. En efecto, la condicionalidad de la ayuda es "inconsistente en el tiempo", un término favorito de los economistas: lo que uno quiere hacer anticipadamente no favorece el interés propio después de consumado el hecho. Los gobiernos que reciben ayuda entienden esto muy bien; mientras lo retan a cumplir sus amenazas, pueden llamar fanfarrón al donante e ignorar impunemente las condiciones.

¿Por qué la renuencia a hacer cumplir la condicionalidad?

El economista Ravi Kanbur era el representante del Banco Mundial en Ghana en 1992. Se le pidió que hiciera cumplir la condicionalidad reteniendo un tramo de un crédito previamente acordado en virtud de que el gobierno había violado el acuerdo al otorgar un incremento de 80% al pago a los traba-

[30] *Cf.* Jakob Svensson, "Why Conditional Aid Does Not Work and What Can Be Done about It?", *Journal of Development Economics* 70, núm. 2, 2003, pp. 381-402, y "The Institutional Economics of Foreign Aid", *Swedish Economic Policy Review* 13, núm. 2, 2006, pp. 115-137.

jadores del sector público. El tramo era grande, casi una octava parte de la factura anual de importaciones de Ghana. La oposición a esta acción provino de varias fuentes, no sólo del gobierno de Ghana. Se perjudicaría a mucha gente, tanto ghaneses como contratistas extranjeros a quienes probablemente no se les pagaría. De manera más fundamental, las relaciones entre los donantes y el gobierno, característicamente buenas y normales, se interrumpirían, amenazando no sólo al gobierno sino también a las operaciones de la industria de ayuda misma: "Los donantes controlan tanto, en la forma de fondos financieros, que frenarlos, en cualquier caso frenarlos drásticamente, causaría un gran caos en la economía". En efecto, el trabajo de la industria de la ayuda es desembolsar fondos, y sus operadores reciben un pago por hacer esto y mantener buenas relaciones con los países clientes. Finalmente, se logró un compromiso para salvar las reputaciones y se reanudó el crédito.[31]

Kenia representa otro ejemplo de la danza entre los donantes, el presidente y el parlamento. Periódicamente, los donadores se exasperan por la corrupción del presidente y sus amigotes y cierran el flujo de la ayuda. El parlamento se reúne y comienza a discutir cómo obtener los ingresos requeridos para que el gobierno satisfaga sus obligaciones. Los donantes exhalan un enorme suspiro de alivio —ellos también están bajo amenaza si la ayuda cesa de fluir— y abren de nuevo la llave de los flujos; el parlamento se cierra hasta la próxima vez.[32] Los ministros del gobierno también suspiran con alivio y ordenan el modelo más reciente de Mercedes de Alemania; los locales se refieren a estos acaudalados beneficiarios como los "WaBenzi".

El premio por la suma creatividad podría otorgársele a Maaouya Ould Sid'Ahmed Taya, presidente de Mauritania desde 1984 hasta 2005. Taya adoptó una postura prooccidental y en 1991 abandonó su apoyo previo al régimen de Sadam Husein en Irak. Aun así, a principios de los años noventa la re-

[31] Ravi Kanbur, "Aid, Conditionality, and Debt in Africa", en Finn Tarp (ed.), *Foreign Aid and Development: Lessons Learnt and Directions for the Future,* Routledge, Londres, 2000, pp. 318-328; cita en p. 323.

[32] *Cf.* Robert H. Bates, "Banerjee's Approach Might Teach Us More about Impact but at the Expense of Larger Matters", *Boston Review,* septiembre de 2006, pp. 67-72.

presión que ejerció en su país fue demasiada para los donantes y se le retiró la ayuda. Se iniciaron auténticas reformas políticas... al menos hasta que el presidente tuvo la brillante idea de convertirse en uno de los pocos países árabes en reconocer a Israel. Las llaves de la ayuda se reabrieron y las reformas fueron rescindidas.

Las políticas internas en los países *donantes* también pueden hacer difícil la cancelación de la ayuda. Las agencias de ayuda del gobierno se encuentran bajo presión por parte de sus votantes connacionales para "hacer algo" acerca de la pobreza global —presión que es atizada por una población nacional bienintencionada pero necesariamente mal informada—, y esto hace difícil que las agencias del gobierno retiren la ayuda aun cuando sus representantes en los países de destino de ésta saben que está haciendo daño. Tanto en los países donantes como en los recipiendarios, los políticos comprenden este proceso. Los gobiernos recipiendarios pueden usar a su propia gente pobre como "rehén para extraer ayuda de los donantes".[33] En uno de los peores de estos casos, los funcionarios de gobierno de Sierra Leona tuvieron una fiesta para celebrar el hecho de que el PNUD una vez más había clasificado a su país como el peor en el mundo y así se garantizaba otro año de ayuda.[34]

Por otra parte, los políticos donantes pueden dar ayuda para comprar credibilidad política en casa cuando son profundamente impopulares por razones distintas; ellos también se opondrán a la cancelación de la ayuda aun cuando sea claro que se está utilizando mal. Cuando pasa esto —como ocurrió con la ayuda británica durante las elecciones en Kenia en 2001, cuando la ayuda fue usada para subvertir las elecciones y preservar el poder de una élite corrupta—, los africanos deben sufrir en aras de bruñir la empañada reputación de los políticos occidentales.[35] Lyndon Johnson contribuyó a promover exageradamente una hambruna en gran medida inexistente en la India para distraer la atención de la guerra de Vietnam, ello sin mencionar la obtención del apoyo de los granjeros

[33] William Easterly, *The Elusive Quest for Growth: Economists' Adventures and Misadventures in the Tropics*, MIT Press, Cambridge, 2002; cita en p. 116.

[34] Véase Polman, *The Crisis Caravan...*, *op. cit.*

[35] Véase Michela Wrong, *It's Our Turn to Eat: The Story of a Kenyan Whistleblower*, Harper, Nueva York, 2009.

estadunidenses mediante la compra de sus cosechas.[36] Los dadores y los receptores de ayuda, los gobiernos de ambos países, son aliados en contra de sus propios pueblos. Todo lo que ha cambiado desde los tiempos coloniales es la naturaleza de lo que se está extrayendo.

También existen razones prácticas que restringen la capacidad de los donadores para hacer cumplir la condicionalidad. La ayuda es intercambiable; un recipiendario puede prometer gastar la ayuda en el cuidado de la salud y hace esto con proyectos que se habrían llevado a cabo de todas maneras, liberando fondos para propósitos no aprobados. Frecuentemente es difícil que los donadores detecten semejantes desviaciones. La industria de la ayuda es competitiva, y si un país rehúsa otorgar fondos otro tomará su lugar, con un conjunto diferente de prioridades y condiciones. El donador que intenta hacer cumplir las condiciones entonces es silenciado y puede perder influencia política u oportunidades comerciales, sin ganancias compensatorias.

Las agencias de ayuda han intentado alejarse de la condicionalidad recientemente y su lenguaje se ha desplazado hacia el énfasis en la colaboración. El recipiendario propone un plan de acuerdo con sus necesidades y el donante decide qué financiar. Por supuesto, nada de esto elimina la realidad de que los donantes son responsables ante su grupo de votantes en el país rico, mientras los recipiendarios, sabiendo esto, diseñarán planes que imitan justo lo que ellos piensan que los donantes habrían propuesto por cuenta propia —proceso que ha sido descrito de manera apta como "ventriloquía"—.[37] No está claro qué tipo de colaboración es sostenible cuando una de las partes tiene todo el dinero.

La política y los políticos, al hacer lo que regularmente hacen, socavan la efectividad de la ayuda, pero esto también funciona al revés: los flujos de ayuda socavan la efectividad de la política. Los donantes deciden los asuntos que deberían ser decididos por los recipiendarios; aun la política democrática en los países donantes no tiene por qué decidir si se debe priorizar el VIH/sida sobre el cuidado prenatal en África. La con-

[36] Véase Nick Cullather, *The Hungry World: America's Cold War Battle against Poverty in Asia*, Harvard University Press, Cambridge, 2010.

[37] Véase Van de Walle, *Overcoming Stagnation…*, *op. cit.*

dicionalidad viola la soberanía nacional. Imaginemos a una agencia de ayuda sueca con muchos fondos que acude a Washington, D. C., y promete pagar la deuda nacional y financiar el Medicare por 50 años. Las condiciones son que los Estados Unidos deroguen la pena capital y legalicen completamente el matrimonio de homosexuales. Quizás algunos gobiernos son tan disfuncionales que semejantes violaciones tienen un costo pequeño para sus poblaciones. Pero colocar a un país en la situación de recipiendario de ayuda extranjera no es un buen punto de partida para construir la clase de contrato entre gobierno y gobernados que podría apoyar el crecimiento económico en el largo plazo. No es posible desarrollar al país ajeno desde afuera.

Ya hemos visto que es difícil ofrecer evidencia convincente de los efectos de la ayuda en el crecimiento económico, y lo mismo se aplica cuando analizamos los efectos de la ayuda en la democracia o en otras instituciones. No obstante, una vez más, tenemos el hecho de que los países pequeños que obtienen mucha ayuda también tienden a ser menos democráticos; el África subsahariana es el área menos democrática del mundo y la que recibe la mayor ayuda. Los países que reciben ayuda de sus ex metrópolis no son los más democráticos. Quizá lo más interesante es un contrapunto a las gráficas VII.1 y VII.2: en África ha habido un progreso no sólo en el crecimiento, sino también en la democracia desde el recorte de la ayuda que siguió al fin de la Guerra Fría. Como siempre, hay otras explicaciones posibles de estos hechos, pero son las explicaciones que esperaríamos si la ayuda exterior socavara la democracia.

Los aspectos antidemocráticos de la ayuda exterior han sido exacerbados por la creencia (de larga data) de los donantes de que la ayuda —y el desarrollo económico mismo— es un asunto técnico, no político. En la teoría hidráulica (recuérdese, sólo estamos reparando la plomería) no puede haber una disputa legítima sobre lo que es necesario hacer. Esta creencia ha conducido a los donantes y a los asesores a ignorar la política local o a ser impacientes con ella. Peor aún, los donantes frecuentemente entendieron muy mal lo que la gente necesitaba o quería. El peor caso es el control demográfico; para los donadores era obvio que si había menos gente cada persona estaría mejor, mientras que para los recipiendarios lo contrario era obviamente (y acertadamente) lo cierto. El control demográfico dirigido por Occidente, a menudo con la asistencia de gobiernos recipiendarios no democráticos o bien recompensados, es el ejemplo más notable de la ayuda antidemocrática y opresiva. La democracia eficaz es el antídoto contra la tiranía de las buenas intenciones extranjeras.[38]

En *The Anti-Politics Machine* [La máquina antipolítica], uno de los mejores libros sobre ayuda y desarrollo económico, el antropólogo James Ferguson describe un gran proyecto de desarrollo financiado por Canadá en Lesotho en los años ochenta, el cual se basó en un profundo malentendido sobre la manera en que funcionaba la economía; lo que en realidad era una reserva de trabajo para las minas sudafricanas fue repensado como una economía de subsistencia agrícola de libro de texto. Los proyectos de inversión agrícola diseñados para esta economía imaginaria tenían la misma probabilidad de ser exitosos que un proyecto de cultivar flores en la luna. Los administradores del proyecto —muy ocupados reparando la plomería— nunca se enteraron de que el partido gobernante manipulaba el proyecto para sus propios intereses políticos y en contra de sus opositores. Al final no hubo desarrollo o reducción de la pobreza, sino sólo una extensión del monopolio que tenía el Estado del control político, una máquina antipolítica que hizo a una élite extractiva aún menos receptiva a su pueblo.[39]

El punto de vista técnico, antipolítico, de la asistencia del desarrollo ha sobrevivido al hecho inconveniente de que las soluciones técnicas aparentemente claras han estado cambiando —desde la industrialización, la planeación y la construcción de infraestructura hasta el ajuste estructural macroeconómico, a la salud y a la educación y, más recientemente, de nuevo a la infraestructura—. El cambio incesante de las ideas no hizo nada para imbuir de humildad o incertidumbre a los desarrolladores, ni la sensibilidad a las modas de la política del Primer Mundo pareció haber cercenado la certidumbre téc-

[38] *Cf.* Connelly, *Fatal Misconceptions: The Struggle to Control World Population,* Harvard University Press/Belknap, Cambridge, 2008.

[39] Véase James Ferguson, *The Anti-Politics Machine: "Development," Depoliticization, and Bureaucratic Power in Lesotho,* University of Minnesota Press, Mineápolis, 1994.

nica de la industria de la ayuda. A la retórica antipobreza del Banco Mundial de la época en que Lyndon Johnson era presidente de los Estados Unidos la remplazó la retórica de "obtener los precios correctos" de la época en que Ronald Reagan lo era. "Nuestra" política parece ser una parte legítima del pensamiento del desarrollo, mientras que "su" política no lo es.

La ayuda y los proyectos financiados con ayuda sin duda han hecho mucho bien; las carreteras, las represas y las clínicas existen y no habrían existido de otra manera. Pero las fuerzas negativas siempre están presentes; aun en los ambientes buenos la ayuda compromete a las instituciones, contamina la política local y socava a la democracia. Si la pobreza y el subdesarrollo son principalmente consecuencias de instituciones pobres, entonces al debilitar esas instituciones o atrofiar su desarrollo los grandes flujos de ayuda hacen exactamente lo opuesto de lo que intentan hacer. Entonces, no es sorprendente que si bien los efectos directos de la ayuda frecuentemente son positivos, el historial de esa ayuda no muestra evidencia de ningún efecto global benéfico.

Los argumentos sobre la ayuda exterior y la reducción de la pobreza son muy diferentes de los argumentos sobre la ayuda *interna* a los pobres. Quienes se oponen a los beneficios de bienestar a menudo argumentan que la ayuda a los pobres crea incentivos para una conducta deficiente que contribuye a perpetuar la pobreza. Aquí no proponemos estos argumentos. La preocupación con respecto a la ayuda exterior no es acerca de lo que propicia en la *gente* pobre en el mundo —de hecho, muy rara vez roza sus dedos—, sino sobre el efecto que provoca en los *gobiernos* de los países pobres. El argumento de que la ayuda exterior puede empeorar la pobreza va en el sentido de que la ayuda exterior hace que los gobiernos respondan menos a las necesidades de los pobres, y de este modo los perjudica.

El daño de la ayuda —aun en presencia de algún bien— plantea difíciles problemas éticos. El filósofo Leif Wenar, al criticar la visión de Peter Singer con la cual empecé este capítulo, hace notar que "la pobreza no es una laguna"; la analogía de Singer no es útil.[40] Quienes abogan por más ayuda tie-

[40] *Cf.* Leif Wenar, "Poverty Is No Pond: Challenges for the Affluent", en

nen que explicar cómo puede otorgarse en una forma que sepa enfrentarse a las restricciones políticas. También tienen que reflexionar mucho sobre los paralelos con el colonialismo que ocurrió antes de la era de la ayuda. Ahora pensamos en el colonialismo como algo malo, que daña a otros para beneficiarnos a nosotros mismos, y en la ayuda como algo bueno, que nos hace daño (así sea muy moderadamente) para auxiliar a otros. Pero ese punto de vista es demasiado simple, demasiado ignorante de la historia y demasiado autocomplaciente. La retórica del colonialismo también hablaba sin parar de ayudar a la gente, aunque se refería a llevar la civilización y la ilustración a gente cuya humanidad estaba lejos de ser reconocida completamente.[41] Esto pudo haber sido poco más que un ardid para el robo y la explotación. El preámbulo de la carta de la ONU, con su retórica resonante e inspiradora, fue escrito por Jan Smuts, primer ministro de Sudáfrica, quien concibió a la ONU como la mejor esperanza para preservar el Imperio británico y la dominación de la "civilización" blanca.[42] No obstante, en sus peores instancias, la descolonización instaló líderes que diferían poco de los que les precedieron, excepto por el lugar donde nacieron y por el color de su piel.

Incluso hoy en día, cuando la retórica humanitaria actúa como un artilugio para que nuestros políticos consigan ostentar virtud y cuando la ayuda es la manera de satisfacer nuestras obligaciones morales para lidiar con la pobreza global, necesitamos asegurarnos de que *no* estamos provocando daño. Si lo estamos haciendo, es porque estamos pensando en el beneficio de *nosotros*, no en el de *ellos*.[43]

Patricia Illingworth, Thomas Pogge y Leif Wenar (eds.), *Giving Well: The Ethics of Philanthropy,* Oxford University Press, Londres y Nueva York, 2011, pp. 104-132.

[41] Véase William Easterly, *The White Man's Burden: Why the West's Efforts to Aid the Rest Have Done So Much Ill and So Little Good,* Penguin, Londres y Nueva York, 2006.

[42] Véase Mark Mazower, *No Enchanted Palace: The End of Empire and the Ideological Origins of the United Nations,* Princeton University Press, Princeton, 2009.

[43] Véase Michela Wrong, *I Didn't Do It For You: How the World Betrayed a Small African Nation,* Harper, Nueva York, 2006.

¿Es diferente la ayuda en salud?

La ayuda exterior ha salvado millones de vidas en los países pobres. La UNICEF y otras agencias llevaron antibióticos y vacunas a millones de niños, reduciendo con ello la mortalidad infantil. El control y la eliminación de plagas portadoras de enfermedades han vuelto más seguras regiones del mundo que alguna vez fueron peligrosas. Un esfuerzo internacional eliminó la viruela y otro esfuerzo actual está cerca de eliminar la polio. Las agencias de ayuda han hecho que la terapia de rehidratación oral esté disponible para millones de niños y han suministrado mosquiteros tratados con insecticida para proteger contra la malaria, enfermedad que aún mata a un millón de niños africanos cada año. Entre 1974 y 2002 un esfuerzo conjunto del Banco Mundial, la Organización Mundial de la Salud, el PNUD y la Organización de las Naciones Unidas para la Alimentación y la Agricultura (FAO, por sus siglas en inglés) casi eliminó la oncocercosis como un problema de salud pública en África.[44]

Más recientemente, se han donado miles de millones de dólares para el tratamiento del VIH/sida, una vez más en su mayor parte en África. A fines de 2010, el número de personas que recibían tratamiento antirretroviral —que no es una cura pero mantiene viva a la gente— había alcanzado 10 millones, en comparación con menos de un millón en 2003.[45] Los donantes más importantes son el Fondo Global para Combatir el Sida, la Tuberculosis y la Malaria, cuyo principal financiador son los Estados Unidos, y el Plan de Emergencia del Presidente para el Alivio del Sida (PEPFAR, por sus siglas en inglés); el primero opera multilateralmente para financiar planes a nivel país, mientras que el último opera bilateralmente financiando aquellos proyectos que los Estados Unidos consideran de máxima prioridad. Estas agencias también han ayudado a impul-

[44] *Cf.* Ruth Levine, What Works Working Group y Molly Kinder, *Millions Saved: Proven Successes in Global Health,* Center for Global Development, Londres y Washington, D.C., 2004.

[45] *Cf.* Anthony S. Fauci y Gregory K. Folkers, "The World Must Build on Three Decades of Scientific Advances to Enable a New Generation to Live Free of HIV/AIDS", *Health Affairs* 31, núm. 7, julio de 2012, pp. 1529-1536.

sar investigación sobre prevención y cura —como medicinas antirretrovirales para prevenir la transmisión e incluso la infección—, así como sobre el valor protector de la circuncisión masculina voluntaria. Aún está lejana una vacuna eficaz, pero se está en busca de ella. Los cínicos se preguntan si el compromiso de los Estados Unidos con la investigación y el tratamiento del sida habría sido tan fuerte en el supuesto caso de que ningún estadunidense hubiera sufrido esta enfermedad, pero el cuestionamiento de la motivación difícilmente socava los logros.

Si esto fuera todo, la historia de la salud y la ayuda sería una historia de éxito limpio. Cuando las personas se están muriendo y cuando tenemos los medios para ayudarles a un bajo costo para nosotros, el imperativo moral es particularmente fuerte. Hacer esto no es menos de lo que se tendría que esperar de personas civilizadas. Nosotros escapamos de este tipo de mortalidad hace mucho tiempo, y estamos extendiendo ese escape al resto de la humanidad.

Por supuesto, comprendemos que muchas personas, la mayoría de ellas niños, aún están muriendo por condiciones —infecciones respiratorias, diarrea, nutrición inadecuada— de las cuales no morirían si no hubieran nacido en los lugares "equivocados". Pero, presumiblemente, éste es un argumento a favor de más ayuda. ¿Y quizá la salud es la historia de la ayuda en su conjunto? Salvar una vida es un objetivo más claro y más fácil de contabilizar que los más turbios beneficios de las carreteras, las represas o los puentes, por no mencionar los programas de ajuste estructural para "obtener los precios correctos" o para reparar las finanzas del gobierno. Pero quizá la ayuda para esas cosas contribuye tanto como la ayuda para la salud, sólo que de manera menos transparente, y quizá el problema que se discutió en la sección previa —que la ayuda corrompe a la política— se ha exagerado o al menos es un precio razonable que hay que pagar por los beneficios.

No obstante, no todo está bien en el jardín de la salud. No está para nada claro que la ayuda pueda hacer mucho más de lo que ya está haciendo. Ni tampoco los éxitos obtenidos hasta ahora han venido sin costos... aunque todavía puede ser cierto que valía la pena pagar esos costos.

La mayoría de las iniciativas exitosas —las que han sido las responsables de la mayor parte del incremento en la esperanza de vida en el mundo— son las que se conocen como programas de salud verticales. El término se refiere a programas dirigidos desde arriba por una agencia como la UNICEF, aunque con la cooperación de autoridades de salud locales y el reclutamiento de trabajadores de salud locales. Es claro que el término se aplica a algunos de los primeros programas de vacunación, así como a los programas para eliminar las plagas —por ejemplo, el control del mosquito de la malaria— o a alguna enfermedad como la viruela o la polio. El término se aplica menos adecuadamente a los programas de sida, en los que la entrega de medicinas antirretrovirales requiere la participación a gran escala de clínicas y de personal de salud local (aunque, incluso en este caso, frecuentemente se han construido clínicas especiales únicamente para las medicinas del sida).

Las expresiones "programa de una sola enfermedad" y "programa basado en la enfermedad" se traslapan con el "programa vertical" y se refieren no sólo a programas para eliminar una enfermedad, sino también a programas como el PEPFAR o el Fondo Global que están destinados a enfermedades específicas como el sida, la tuberculosis o la malaria. Estos programas verticales o basados en enfermedades se contrastan típicamente con los "horizontales" o sistemas locales de cuidado de la salud. Los últimos incluyen no sólo médicos, clínicas y hospitales que proveen atención médica de rutina, sino también medidas de salud pública, como agua limpia y sanidad, medicinas esenciales, nutrición adecuada para la salud y el control de enfermedades endémicas locales. El éxito de los programas verticales con frecuencia se contrasta con el fracaso de los programas horizontales y, particularmente, con los fracasos para construir sistemas de salud primaria adecuados. En 1978 la famosa Declaración de Alma Ata (ahora Almaty en Kazajistán) destacó la importancia de la "salud para todos" y del cuidado de la salud primaria como el medio para alcanzarla. Los gobiernos, las agencias internacionales y los grupos de ayuda fueron requeridos para incrementar el apoyo financiero y técnico para el cuidado de la salud primaria en los países pobres. La declaración ha permanecido como un grito de guerra para quienes piden un tipo de ayuda diferente para la salud.

El suministro de la salud primaria requiere la capacidad del Estado en una forma diferente a la de los programas verticales; los programas verticales se pueden realizar "mediante helicópteros", pero no la provisión de salud primaria. De hecho, en ocasiones los programas verticales incluso minan la provisión del cuidado de la salud local, por ejemplo distrayendo a enfermeras y paramédicos de sus tareas rutinarias de cuidado prenatal o de vacunación y enviándolos a seguirles la pista a los brotes de polio en comunidades remotas. Los sistemas de atención médica de rutina son complejos de establecer y mantener, no sólo en los países pobres sino también en los ricos, y, como vimos en el capítulo III, requieren un cierto grado de capacidad del Estado, cuya oferta es escasa en los países más pobres. Esto nos recuerda que la ayuda y el desarrollo de la capacidad local frecuentemente están en conflicto. Sin embargo, es claramente cierto que si la ayuda ha de contribuir a atacar los problemas de salud existentes en los países pobres y a detener el escándalo de niños que mueren porque nacieron en el lugar equivocado, tendrá que ir más allá de lidiar con enfermedades "nominadas". La cuestión, como siempre, es saber si esto se puede lograr con fondos externos.

Muchos gobiernos del mundo gastan poco en el cuidado de la salud primaria, pero, en lugar de ello, para citar a los economistas del Banco Mundial Deon Filmer, Jeffrey Hammer y Lant Pritchett, "el presupuesto público para la salud lo absorben principalmente hospitales públicos equipados con doctores entrenados costosamente a expensas del erario, quienes utilizan tecnología médica gravosa para tratar las condiciones de salud de una élite urbana, mientras que en esos mismos países los niños mueren de enfermedades que pudieron haberse tratado con unos cuantos centavos o que, de plano, pudieron haberse evitado con prácticas de higiene básicas". Los funcionarios corruptos frecuentemente desvían el dinero dedicado a la salud y rara vez hay una protesta pública. Los mismos autores cuentan la historia de un periódico que acusó a un ministro de salud de malversar 50 millones de dólares de fondos externos; el ministro de salud protestó vigorosamente contra el periódico porque no había dejado en claro que la malversación había ocurrido durante varios años, no sólo en uno.[46] Helen Epstein dice que, de acuerdo con una broma local de Uganda, hay dos tipos de sida, "el sida gordo" y "el sida flaco". Los que padecen el "sida flaco" adelgazan y adelgazan y adelgazan hasta que finalmente desaparecen. El "sida gordo" aflige a los burócratas de las agencias de desarrollo, a los consultores extranjeros y a los médicos expertos que asisten a conferencias lujosas y talleres en lugares exóticos, ganan grandes salarios y engordan y engordan.[47] La falta de dinero para la salud primaria y la corrupción en el gasto en salud son lugares comunes en los países pobres.

En muchos países, el gasto público en salud es demasiado pequeño para satisfacer las necesidades de salud de la población, lo que implica que frecuentemente se requiera la ayuda exterior para colmar la brecha. A menudo es cierto que se gasta muy poco, pero nada se gana con expandir los sistemas de salud tal como existen ahora; porque simplemente habría más clínicas que están abiertas sólo de manera irregular, más funcionarios que desvían los fondos y más trabajadores de la salud que reciben un pago por no hacer su trabajo.

Aun si es cierto que los programas verticales hacen poco para promover la "salud para todos" y aun si los grandes flujos asociados con ellos traen consigo toda suerte de efectos colaterales negativos no deseados —como ocurre con otros tipos de ayuda—, es posible que todavía deseemos mantenerlos si las vidas salvadas justifican los costos. En relación con la provisión de asistencia médica de alta calidad, sea a través del sector público o de un sector privado bien regulado, debe reconocerse que es difícil realizarla para Estados con mucha más capacidad que la que existe en la mayoría de países de ingreso bajo. En cualquier caso, la salud de alta calidad no se puede proveer desde afuera a través de la ayuda exterior. Esto no significa que no haya medidas de cuidado de la salud que puedan suministrarse de manera útil en escenarios de baja ca-

[46] Deon Filmer, Jeffrey S. Hammer y Lant Pritchett, "Weak Links in the Chain: A Diagnosis of Health Policy in Poor Countries", *World Bank Research Observer* 15, núm. 2, 2000, pp. 199-224; cita en p. 199.

[47] *Cf.* Helen Epstein, "The Lost Children of AIDS", *New York Review of Books*, 3 de noviembre de 2005.

pacidad. Ejemplos de esto son los clásicos bienes públicos de la provisión de salud pública, como agua limpia, sanidad básica y control de plagas. Ninguno de ellos es fácil de lograr, pero hay muy buenas razones para intentarlo, al menos por el motivo de que el sector privado no puede proveerlos y porque quizá sean más fáciles de alcanzar que la construcción de un sistema de salud individual.

¿Qué debemos hacer?

El esfuerzo de la ayuda se inspira en la pregunta sobre qué debemos hacer o en su versión imperativa de que debemos hacer *algo*. No obstante, ésta puede ser precisamente la pregunta equivocada, y formularla puede ser parte del problema, no el comienzo de una solución. ¿Por qué somos *nosotros* quienes tenemos que hacer algo? ¿Quién *nos* dio esa responsabilidad?[48] Como he argumentado a lo largo de este capítulo, *nosotros* frecuentemente tenemos tan pobre comprensión de lo que *ellos* necesitan o quieren, o de cómo funcionan *sus* sociedades, que nuestros torpes intentos de ayudar en *nuestros* términos hacen más daño que bien. Las historias de la ayuda agrícola en Lesotho, de la decisión de "ayudar" a los pobres del mundo a controlar *su* población y de los horrores de la ayuda humanitaria en tiempos de guerra son ejemplos notables. Cuando *nosotros* intentamos ayudar, las consecuencias negativas no intencionadas están garantizadas. Y cuando fracasamos, insistimos porque *nuestros* intereses ahora están en juego —es *nuestra* industria de ayuda, atendida en gran medida por *nuestros* profesionales, y que genera fama y votos para *nuestros* políticos—, y porque, después de todo, *nosotros* debemos hacer algo.

Lo que seguramente debería ocurrir es lo que pasó en el mundo rico de ahora, donde los países se desarrollaron en su estilo propio, en su propio momento, bajo sus propias estructuras políticas y económicas. Nadie les dio ayuda o trató de sobornarlos para que adoptaran políticas para su propio be-

[48] Una interrogante favorita (y eficaz) formulada por William Easterly; véase, por ejemplo, "How I Would Not Lead the World Bank: Do Not, under Any Circumstances, Pick Me", *Foreign Policy,* 5 de marzo de 2012.

neficio. Lo que necesitamos hacer ahora es asegurarnos de que no obstruimos el camino para que los países pobres hagan lo que nosotros ya hicimos. Necesitamos permitir que los pobres se ayuden a sí mismos y quitarnos del camino —o, de manera más positiva, dejar de hacer cosas que los están obstruyendo—. La generación anterior de los que escaparon ya ha hecho su parte mostrando que el escape es posible y desarrollando métodos de escape, algunos de los cuales (si no todos) aún son útiles en diferentes circunstancias.

Paradójicamente, la ayuda es una de las varias cosas que estamos haciendo que obstruye el camino, especialmente en el África subsahariana y en algunos otros países donde la ayuda es tan grande que quebranta a las instituciones locales y frustra la prosperidad de largo plazo. La ayuda que sostiene a los políticos o a sistemas políticos extractivos para crear alianzas contra el comunismo o el terrorismo es ayuda que empobrece a los ciudadanos comunes de los países pobres para *nuestro* beneficio. El hecho de que pretendamos que la ayuda los beneficia simplemente añade el insulto al daño. Un océano de ayuda exterior puede corromper incluso a líderes y sistemas políticos potencialmente buenos.

Así que una cosa que debemos hacer es dejar de preguntar qué es lo que debemos hacer. También necesitamos ayudar a los ciudadanos del mundo rico a entender que la ayuda puede ser tan dañina como útil, y que es un sinsentido establecer metas como donar 1% o 0.75% de *nuestro* PIB independientemente de si el dinero les ayuda a *ellos* o les perjudica. Semejante ceguera a la hora de poner metas es lo que conduce a embajadores y a administradores de la ayuda a abogar por un cese al fuego y a lamentarse de que las carreras que ellos dedicaron a ayudar a otros se hayan convertido en carreras para mitigar el daño.

La ayuda está lejos de ser el único obstáculo que los países ricos han puesto para el escape de la pobreza. Los países pobres y ricos son interdependientes económica y políticamente —a través del comercio, de los tratados, de instituciones como la Organización Mundial de Comercio, el Fondo Monetario Internacional y el Banco Mundial, la OMS y la ONU—. Estas instituciones y las reglas de compromiso internacional han tenido profundos efectos en las oportunidades para que los países pobres se desarrollen como países ricos; más adelante en este capítulo consideraré estos aspectos.

Los defensores de la ayuda con frecuencia conceden al menos algunos de los argumentos en contra, pero después de ello proceden a argumentar que aunque en el pasado la ayuda no ha sido eficaz y en ocasiones ha hecho daño, podemos (y debemos) hacerlo mejor en el futuro. Creen que la ayuda puede ser más eficaz y orientarse mejor, y que puede otorgarse de una manera que evite las trampas. El hecho de que hayamos escuchado este tipo de argumentos varias veces en el pasado —mi próximo trago seguramente será el último— no excluye por sí mismo la posibilidad de que existan reglas mejores, o un programa de 12 pasos que obre maravillas.

Otra razón para pensar en la ayuda más inteligente es que, aun si creemos que el mundo sería mejor sin el Banco Mundial o un DFID, o si sostenemos que la única ayuda buena es la no ayuda, el hecho es que la ayuda no va a desaparecer pronto. No existe una autoridad global que, una vez persuadida, pudiera cancelar las agencias internacionales y nacionales de ayuda ni a las cientos de miles de ONG. Así, ¿cómo mejorar la ayuda?

De manera congruente y persistente, el economista y consejero de la ONU Jeffrey Sachs argumenta que el problema no es que exista demasiada ayuda, sino demasiado poca.[49] Al abogar por lo que he llamado el enfoque hidráulico de la ayuda, Sachs observa una larga lista de problemas que necesitan reparación —en la agricultura, la infraestructura, la educación y la salud— y entonces calcula el costo de cada apartado y suma la cuenta total. El total asciende a tantas veces lo que actualmente se dona. Si es cierto, como él argumenta, que para hacer que algo funcione es necesario reparar todo de una vez, por medio de lo que hace varias décadas se llamaba un Gran Impulso, entonces se debería incrementar la ayuda. No obstante, la historia no sugiere que los países ricos de ahora hayan necesitado ninguna suerte de Gran Impulso, y seguramente no un Gran Impulso de parte de alguien más. Además, no hay

[49] Véase World Health Organization, *Macroeconomics and Health: Investing in Health for Economic Development*, http://www.cid.harvard.edu/archive/cmh/cmhreport.pdf, y Jeffrey Sachs, *The End of Poverty: Economic Possibilities for Our Time*, Penguin, Londres y Nueva York, 2006.

evidencia de que los Pueblos del Desarrollo del Milenio —puesto en práctica por la ONU para implementar las ideas de Sachs— estén prosperando más que otros pueblos en los mismos países. El enfoque hidráulico de la ayuda ignora lo que yo he argumentado como el problema central, es decir, que las grandes cantidades de ayuda corrompen la política local de una forma que hace más difícil el desarrollo. Uno no puede desarrollar desde el exterior a los países de otros pueblos con una lista de supermercado para Home Depot, no importa cuánto gaste.

Los principios de una mejor ayuda fueron consagrados en un documento llamado la Declaración de París, firmado por 111 países y 26 organizaciones multilaterales en 2005.[50] La declaración es una lista de propósitos de año nuevo que pide muchas cosas buenas, incluyendo la colaboración, los derechos de propiedad del recipiendario sobre su país, la evaluación de alta calidad, la rendición de cuentas y la predictibilidad. La declaración parece haber sido tan eficaz como la mayoría de los propósitos de año nuevo. O, para cambiar de metáforas, es como si una paciente hiciera una lista de lo que es una buena salud, en lugar de diagnosticar *por qué* está enferma y de indagar y procurarse un tratamiento. Como hemos visto en este capítulo, los fracasos de la colaboración, de la rendición de cuentas, de la propiedad del país y de la evaluación tienen explicaciones que están enraizadas en la realidad de la ayuda. Es imposible tener colaboración real cuando uno de los "colaboradores" tiene todo el dinero, y es imposible asegurar la propiedad del país por el recipiendario cuando la rendición de cuentas se les brinda a extranjeros mal informados (aunque bienintencionados). Es fácil suscribir las declaraciones de que la virtud es buena, pero las buenas intenciones contrarias a las realidades políticas de la ayuda harán poco para mejorar su funcionamiento.

Quizá la ayuda podría funcionar mejor si viniera junto con condiciones para asegurar su éxito. Esto no es un asunto fácil. La historia de Kanbur de la época en que era representante del Banco Mundial en Ghana ilustra que es difícil o imposible que los donantes detengan el flujo de liquidez cuando

[50] http://www.oecd.org/dac/aideffectiveness/parisdeclarationandaccraagendaforaction.htm#Paris.

los recipiendarios no cumplen sus promesas, y si un donante interrumpe la ayuda, existe otro donante en espera que tiene un punto de vista diferente de lo que es una buena política o piensa que no es asunto suyo interferir en los arreglos políticos internos. Aun así, en último término la industria de la ayuda tiene que rendir cuentas a sus donantes en los países ricos, por lo que seguramente necesitan *alguna* clase de condicionalidad. La cuestión es si hay alguna forma efectiva de hacer que se cumpla.

Una idea es que los gobiernos recipiendarios demuestren un compromiso con las buenas políticas que benefician a su gente *antes* de que sean candidatos a la ayuda. A esto se le ha llamado *selectividad,* y puede concebirse como una forma de condicionalidad; la Corporación del Desafío del Milenio de los Estados Unidos funciona de esta manera. Los países demuestran su virtud primero, y sólo entonces los donantes ofrecen una colaboración para trabajar por sus metas comunes. La selectividad impide que la ayuda se utilice para mantener regímenes opresivos en el poder, aunque si un régimen se aleja del camino de lo correcto —algo que la ayuda misma podría en realidad estimular—, estamos de regreso con las dificultades de la desconexión.

El talón de Aquiles de la selectividad es que excluye de la ayuda a muchos de los que más la necesitan —aquellos que viven en países donde el régimen no tiene ningún interés en el bienestar de la gente—. Éstas son también las personas para quienes el imperativo moral de proveer asistencia es más apremiante. En los países ricos cuyos ciudadanos tienen un fuerte compromiso para ayudar —que no es el caso de los Estados Unidos—, la presión de los ciudadanos preocupados hace casi imposible que las agencias de ayuda ignoren a quienes viven en países que han reprobado la prueba de la "buena política". Éste es un problema fundamental de toda la ayuda en un mundo de Estados-nación. En los Estados "buenos" existe una probabilidad razonable de que la pobreza se pueda atacar localmente y hay relativamente poca necesidad de ayuda exterior. En los Estados "malos" es probable que la ayuda exterior empeore las cosas. Donar a través de las ONG no es una solución, porque el régimen puede aprovecharse de ellas tanto como de su gente.

Otra idea proviene del Centro de Desarrollo Global (CGD, por sus siglas en inglés), un grupo de expertos de Washington que es una mina de oro de información sobre el desarrollo económico y una fuente de nuevas ideas sobre cómo mejorar la ayuda. Nancy Birdsall, presidente de CGD, y William Savedoff, economista de la salud, desarrollaron una propuesta de ayuda a la que llaman "dinero en efectivo condicionado a resultados".[51] Consiste en que los donantes y los países elaboran un conjunto de objetivos mutuamente deseables —vacunar al 80% de los niños del país en una fecha determinada, reducir la tasa de mortalidad infantil a 20 muertes por cada 1 000 en cinco años o proveer agua limpia—, y la ayuda se paga sólo cuando se satisface el objetivo. Como Birdsall y Savedoff saben, la ayuda en la forma de dinero en efectivo condicionado a los resultados estresaría a los ya de por sí débiles sistemas de medición de los países pobres y recompensaría (y alentaría) la simulación de datos. Muchos objetivos no están bajo el control completo del gobierno recipiendario: el mal clima puede distorsionar los resultados o una epidemia puede aumentar la mortalidad infantil. Si de todos modos se realiza el pago, se debilitan los incentivos, mientras que si los donantes adoptan una posición inflexible, puede ser que los gobiernos recipiendarios no estén preparados para tomar el riesgo de llevar a cabo un programa caro para el cual no tienen fondos y que no podrían reembolsarse.

La ayuda de dinero en efectivo condicionado a resultados no resuelve el ahora conocido dilema de regímenes buenos y regímenes malos. No hay necesidad de que *nosotros* incentivemos a los países básicamente decentes para que *ellos* lleven a cabo proyectos que de otra manera no desearían realizar. Si nuestras prioridades están alineadas de manera natural, la ayuda no es necesaria. Si no lo están, no es ético que nosotros intentemos imponerles nuestras prioridades; recordemos otra vez mi ejemplo invertido de la agencia de ayuda sueca que les paga a los Estados Unidos para abolir la pena capital y legalizar el matrimonio de homosexuales. La extorsión podría funcionar para los regímenes extractivos y opresivos; ellos están igualmente felices de extraer recursos de nosotros o de su pro-

[51] Véase Nancy Birdsall y William D. Savedoff, *Cash on Delivery: A New Approach to Foreign Aid,* Center for Global Development, Londres y Washington, D. C., 2010.

pia gente, y dado que su propia gente no les preocupa, les da lo mismo que se ayude o se perjudique a su pueblo, siempre que ellos obtengan ganancias. Supongo que se puede elaborar un argumento para esta suerte de trato con el diablo. Pero estamos de regreso en el mundo en que las agencias de ayuda suministran armas como un *quid pro quo* para que se les permita entregar asistencia humanitaria, o para armar bandas de asesinos pasados y futuros con el propósito de que se les permita ayudar a sus familias, como sucedió en Goma después del genocidio en Ruanda.

La ayuda a gran escala no funciona porque no puede funcionar, y los intentos de reformarla encallan en los mismos problemas fundamentales una y otra vez. Se construyen puentes, se abren escuelas y mediante las medicinas y las vacunas se salvan vidas, pero los efectos perniciosos siempre están ahí.

El caso más apremiante para reducir el financiamiento es el de los países (africanos en su mayor parte) en los que la ayuda exterior representa un gran porcentaje del ingreso nacional y corresponde a casi todo el gasto del gobierno. También es importante que las personas en los países donantes comprendan mejor los problemas de la ayuda y capten que el argumento "obvio" de que donar dinero reducirá la pobreza de hecho es obviamente falso. Una de las razones por las que se ha hecho tanto daño es que la "ilusión de la ayuda" y la presión política en los países donantes hacen que la reforma sea mucho más difícil de lo que debería ser. El hecho de que personas dedicadas y éticas estén haciendo daño a personas que ya son presa de semejante angustia no es la menor de las tragedias de la ayuda.

También puede haber casos en que la ayuda esté haciendo bien, al menos en términos netos. Ya he discutido este caso en relación con la ayuda dirigida a la salud. Es probable que se encuentren otros casos entre los países con gobiernos decentes donde la ayuda es una parte relativamente pequeña de la economía y donde, contra las expectativas, los proveedores locales efectivos no han sido cooptados o deformados por los donantes y usan la ayuda para propósitos locales legítimos.

Con frecuencia se me pregunta cuánto es demasiado, dónde tendría que estar la línea de corte y cómo sabemos dónde detenernos. Ésta no es una pregunta útil, porque no hay ningunos "nosotros", en el sentido de una autoridad supranacional que sea capaz de poner los frenos. Por ahora, la tarea más urgente es deshacer el trabajo que se ha hecho por parte de los que quieren más ayuda y persuadir a los ciudadanos del mundo rico de que mucha ayuda es dañina, de que más ayuda sería todavía más perjudicial y de que la mejor manera en que pueden ayudar a los pobres del mundo es no donándoles ayuda en gran escala. Si tuviéramos éxito en esto y donáramos menos ayuda, ¿entonces qué podríamos hacer para descargar nuestra obligación de prestar asistencia?

Hacer menos daño sería un buen punto de partida. Más allá de recortar la ayuda, hay varias otras cosas malas que podríamos dejar de hacer y varias otras cosas buenas que deberíamos pensar en hacer.

Varias dificultades respecto a la ayuda provienen de sus consecuencias no deseadas dentro de los países recipiendarios. Si podemos actuar a distancia, permaneciendo fuera de los países, quizá se puedan evitar esas consecuencias. Como ha argumentado el economista Jagdish Bhagwati, "es difícil pensar que incrementos sustanciales en la ayuda se gasten efectivamente *en* África. Pero no es difícil pensar en que más ayuda se gaste productivamente en otra parte *para* África".[52] Ya vimos varios ejemplos. El conocimiento básico —de la teoría microbiana de las enfermedades, de la variedad de semillas de alto rendimiento, de las vacunas, del hecho de que el VIH/sida se transmite sexualmente y de las terapias antirretrovirales— ha sido de enorme valor para el resto del mundo y no ha tenido ninguno de los funestos efectos colaterales de la ayuda exterior gastada en el país recipiendario.

No necesitamos esperar a que esos descubrimientos salgan a la luz espontáneamente o en respuesta a las necesidades del mundo rico. Las enfermedades que no amenazan a los países ricos —la malaria es un ejemplo importante— podrían ser áreas de inversión como forma de ayuda exterior. Ahora mismo las compañías farmacéuticas recuperan sus inversiones en investigación y desarrollo vendiendo medicinas, típicamente a altos precios bajo protección de patentes temporales, a

[52] Abhijit Vinayak Banerjee, *Making Aid Work*, MIT Press, Cambridge, 2007, pp. 91-97; cita en pp. 95-96.

personas —o a las aseguradoras o a los gobiernos— de los países ricos. Los pacientes de los países pobres posiblemente no pueden pagar las nuevas medicinas mientras éstas se encuentran bajo patente, y los gobiernos de los países ricos —bajo la presión de los intereses comerciales— han negociado reglas internacionales que hacen difícil o imposible que los países pobres puedan sortear las patentes. Estas reglas se cobijan bajo el nombre de TRIPS, que significa en español "aspectos de derechos de propiedad intelectual relacionados con el comercio", y aunque la aceptación de estas reglas no es del interés de los países pobres, la adhesión a ellas viene aparejada a otras cosas —incluida la membresía de la Organización Mundial de Comercio— que los países pobres *sí* quieren. Las compañías farmacéuticas argumentan que ellas deberían tener protección mundial de su propiedad intelectual y que están menos preocupadas por mantener precios altos en los países pobres que por el temor de que sus medicinas sean copiadas en los países pobres por productores que no pagaron por el desarrollo de esas medicinas, y que luego esos calcos sean exportados a los países ricos.

Los TRIPS y los precios altos de las medicinas han sido muy discutidos en el contexto de las medicinas antirretrovirales para el VIH/sida, especialmente hace aproximadamente una década, cuando estas medicinas no estaban disponibles esencialmente fuera de los países ricos. Pero, como hemos visto, ese problema, aunque no se ha resuelto, está siendo atacado seriamente y el número de personas que reciben terapia es mayor a 10 millones y sigue aumentando. Para enfermedades distintas al VIH/sida, como las responsables de las muertes enumeradas en el cuadro III.1, las medicinas esenciales están fuera de patente en su mayor parte y se encuentran disponibles a un precio bajo. Aparte del VIH/sida, las medicinas caras no son el problema principal.

La inexistencia de vacunas y medicinas es otro asunto. Para el caso de enfermedades como la malaria o la tuberculosis, que son raras o desconocidas en los países ricos, no hay incentivos para que las compañías farmacéuticas desarrollen nuevas medicinas porque los compradores potenciales son pobres. Hay necesidad de estas medicinas y existe la posibilidad de desarrollarlas, pero el eslabón que las une está ausente.

Debido a la ausencia de incentivos, la nueva tecnología no es dirigida en la ruta correcta. Si la ayuda puede proveer los incentivos y los donantes pueden compensar el poder de compra faltante de los pobres, quizá las nuevas medicinas puedan desarrollarse.

El filósofo Thomas Pogge ha argumentado a favor de lo que llama un Fondo de Impacto de Salud, que compensaría a las compañías farmacéuticas en proporción a los beneficios de salud que generen.[53] Este fondo resolvería los problemas de altos precios de las medicinas y la ausencia de incentivos para proveer nuevos fármacos, al tiempo que daría acceso a medicinas nuevas y viejas a bajos precios para quienes las necesiten en todo el mundo. El fondo les pagaría a las compañías farmacéuticas. Éste es un esquema inmensamente ambicioso y tendría la gran ventaja de permitir a las compañías elegir la enfermedad que quieran tomar como objetivo en una forma que maximizaría los beneficios de la salud global. El problema —que ya hemos visto varias veces en este libro— es que es imposible atribuir mejoras de salud incluso a toda una clase de innovaciones, ya no digamos a una nueva medicina específica. Los historiadores médicos aún están discutiendo sobre el papel de las vacunas y las medicinas nuevas en la reducción de la mortalidad durante los pasados dos siglos, mucho después de que todos los datos estuvieran disponibles. No tenemos buenos datos de mortalidad o morbilidad para gran parte del mundo hoy en día, y aun con mejores datos no podríamos decir cuál fue la causa de que la salud mejorara o declinara. Sin estos datos no habría una manera aceptable de decidir cuánto debería pagarse a cada compañía.

Los compromisos anticipados de mercado —en los que el gobierno y las agencias internacionales, reunidos en un consorcio, acuerdan comprar medicinas no existentes en la actualidad con propiedades preespecificadas a un precio preespecificado— son menos ambiciosos, pero más específicos y más prácticos.[54] El compromiso anticipado les otorga a las compa-

[53] *Cf.* Thomas Pogge, "The Health Impact Fund: Enhancing Justice and Efficiency in Global Health", *Journal of Human Development and Capabilities* 13, núm. 4, 2012, pp. 537-559, DOI: 10.1080/19452829.2012.703172.

[54] Véase Ruth Levine, Michael Kremer y Alice Albright, *Making Markets for Vaccines: Ideas to Action,* Report of the Advance Market Commitment

ñías farmacéuticas los incentivos ausentes en la actualidad. Un compromiso anticipado de mercado de esta naturaleza ya ha sido exitoso; los niños de 10 países están siendo inmunizados contra el neumococo, que actualmente mata medio millón de niños al año. Los principales donantes son Canadá, Italia, el Reino Unido y, con menores cantidades, Noruega, Rusia y la Fundación Gates. El proyecto es dirigido por la Alianza Global para las Vacunas y la Inmunización (GAVI, por sus siglas en inglés), cuyo sitio web ofrece detalles de los productores así como de las reglas del proyecto para productores y donadores.[55]

La ayuda también puede utilizarse no para otorgar créditos sino para dar asesoría. La estructura actual del Banco Mundial hace difícil proveer asistencia técnica sustancial, excepto la que se asocia con los créditos —los cuales terminan pagando por la asistencia—. No obstante, existe más apetito de conocimiento técnico del que el Banco Mundial puede satisfacer. La idea de que los proyectos del Banco Mundial deban proveer un fondo valioso de conocimiento basado en la experiencia es sensata, aunque los ensayos controlados aleatorios no son la manera adecuada para generar la comprensión de *por qué las cosas funcionaron* de modo que haría ese conocimiento transferible de un lugar a otro. Un gobierno que lleva a cabo un programa de construcción de una represa o que contempla la privatización del suministro de agua desea conocer qué les sucedió a otros gobiernos que cursaron una experiencia similar: no sólo el resultado promedio, sino los posibles errores, quién se benefició y quién perdió, y qué es lo que hay que buscar. Por supuesto, el conocimiento del Banco Mundial y de otras agencias donantes no es infalible, y hay muchos ejemplos de ignorancia y arrogancia.

Las organizaciones internacionales también pueden complementar la capacidad de un país en las negociaciones internacionales, particularmente en los acuerdos de comercio. Los Estados Unidos y otros países ricos negocian tratados de comercio bilaterales con otros países, y cuando esos países tienen pocos abogados o expertos que los representen, estas ne-

Working Group, Center for Global Development, Londres y Washington, D. C., 2005.

[55] http://www.gavialliance.org/funding/pneumococcal-amc/about/.

gociaciones no se conducen en igualdad de condiciones. El Banco Mundial podría ayudar a proveer la mano experta faltante. Por supuesto, es probable que esto sea difícil. Si el Banco Mundial proveyera asesoría que de manera efectiva bloqueara una iniciativa favorecida por la industria farmacéutica estadunidense, por ejemplo, los Estados Unidos casi seguramente presionarían a través de su director ejecutivo en la junta del Banco Mundial. Sería fácil concluir que su accionista más grande sólo tolera al Banco Mundial en la medida en que no haga nada que *realmente* ayude a los pobres. Si bien esa conclusión es demasiado cínica, apunta a las restricciones que impiden la eliminación de *algunas* prácticas que mantienen la pobreza global.

La ayuda no es el único obstáculo al desarrollo. El mundo rico está demasiado contento de suministrar armas casi a cualquiera que pague por ellas. También somos muy rápidos para reconocer, comerciar con y prestar dinero a regímenes que claramente no están interesados en alentar el bienestar de su gente. Asimismo, existen varias propuestas en esta área. Los economistas Michael Kremer y Seema Jayachandran han argumentado a favor del uso de sanciones de crédito internacional en contra de regímenes "odiosos"; una vez que se declarara a un régimen como tal, los prestamistas internacionales no podrían utilizar a las cortes internacionales para recuperar deudas de regímenes sucesores.[56] Estas reglas cortarían los créditos a los regímenes odiosos, o al menos los harían más difíciles y mucho más caros. La comunidad internacional podría también ser más renuente a comprar petróleo y otras mercancías de esos regímenes, o al menos ser más transparente al hacer estas compras y especificar bajo qué términos.[57] La reciente reforma financiera de los Estados Unidos requiere que las compañías de petróleo, gas y minería enlistadas por ese país publiquen todos los pagos a los gobiernos.[58] Por supuesto, necesitamos una coordinación completa; los países que no

[56] *Cf.* Seema Jayachandran y Michael Kremer, "Odious Debt", *American Economic Review* 96, núm. 1, 2006, pp. 82-92.

[57] The Extractive Industries Transparency Initiative, www.eitc.org.

[58] *Cf.* Kofi Annan, "Momentum Rises to Lift Africa's Resource Curse", *New York Times,* 14 de septiembre de 2012, http://www.nytimes.com/2012/09/14/opinion/koffi-annan-momentum-rises-to-lift-africas-resource-curse.html?_r=0.

son signatarios de un acuerdo aún pueden comprar las mercancías y usarlas o reexportarlas (lo que eufemísticamente se llama mercancías “turistas”).

Las restricciones de comercio de los países ricos frecuentemente perjudican a los agricultores de los países pobres. La agricultura representa casi tres cuartas partes del empleo de África, y los países ricos gastan cientos de miles de millones de dólares cada año para apoyar a sus propios agricultores. En el caso del azúcar y el algodón, por ejemplo, los subsidios a los productores de los países ricos reducen los precios mundiales y restringen las oportunidades para los agricultores pobres. También perjudican a los consumidores en los países ricos, y su existencia es un testimonio del poder político de minorías bien organizadas contra la mayoría. Para el caso de los productos agrícolas cuyos importadores netos son los países pobres, como sucede con varios alimentos, los subsidios de los países ricos pueden en realidad ayudar a los consumidores pobres reduciendo los precios mundiales. Los subsidios al biocombustible estadunidense hacen lo opuesto. La acción colectiva internacional para limitar o eliminar los apoyos dañinos ayudaría a reducir la pobreza en el mundo.

Los efectos de la migración sobre la reducción de la pobreza hacen palidecer a los efectos del libre comercio. Los migrantes que logran desplazarse de los países pobres a los ricos progresan en comparación con su situación previa, y las remesas ayudan a sus familias a progresar en su lugar de origen. Las remesas tienen efectos muy diferentes a los de la ayuda y pueden empoderar a los recipiendarios para demandar más de su gobierno, mejorando así la calidad del gobierno en lugar de rebajarla. Por supuesto, la política de migración es aún más dura que la política de libre comercio, incluso en los países donde la necesidad de ayudar está desarrollada de la manera más fuerte. Un tipo de migración temporal útil es proveer becas para estudiantes de licenciatura y de posgrado, especialmente africanos, que vayan a estudiar a Occidente. Con suerte, estos estudiantes se desarrollarán de una manera independiente a las agencias de ayuda o a los regímenes de sus países. Incluso si no regresan a su país, al menos de inmediato, la diáspora africana será una fuente fértil (e interna) de proyectos de desarrollo en África.

Todas estas estrategias van dirigidas a reducir la pobreza global en una forma no atendida por los arreglos actuales de ayuda, y en algunos casos tienen un costo modesto o nulo para los países ricos. Es probable que algunas sean políticamente más viables que otras, y otras más —como los compromisos anticipados de mercado— ya están operando a una escala pequeña. Ninguna de ellas implica la entrega de ayuda a los países pobres con todos los problemas concomitantes. Cuando los estudiantes de Princeton vienen a hablar conmigo, trayendo consigo sus profundos compromisos morales para ayudar a mejorar al mundo, para enriquecerlo, me gusta discutir estas ideas, alejándolos de los planes de donar parte de sus ingresos futuros y conminándolos a que no usen sus frecuentemente formidables talentos de persuasión para incrementar las cantidades de ayuda exterior. Les aconsejo que trabajen investigando a sus propios gobiernos y se incorporen a éstos, a los que deben persuadir de que detengan las políticas que perjudican a la gente pobre y apoyen las políticas internacionales que hacen que la globalización trabaje para las personas pobres, no en contra de ellas. Éstas son nuestras mejores oportunidades para promover el Gran Escape entre quienes todavía tienen que liberarse.

Post scriptum
¿QUÉ SIGUE?

Mi historia del Gran Escape es positiva, de millones de personas que se salvaron de la muerte y la indigencia y de un mundo que, a pesar de sus desigualdades y los millones que todavía se han quedado atrás, es mejor que el de cualquier época de la historia. Sin embargo, la película que he usado como una metáfora recurrente no tuvo un final feliz. Casi todos los que escaparon fueron recapturados y 50 de ellos fueron ejecutados. ¿Podemos confiar en que nuestro Gran Escape será diferente? Probablemente no, pero es razonable tener esperanza.

Nuestros hijos y nuestros nietos posiblemente no pueden esperar que se les brinde una excepción única de las fuerzas que provocaron la caída de civilizaciones previas. En Europa y en los Estados Unidos hemos crecido con la creencia de que las cosas siempre serán mejores. Los últimos 250 años han visto un progreso sin precedentes, pero 250 años no es una gran extensión de tiempo comparada con las civilizaciones de larga duración del pasado que sin duda pensaron que *ellas* estaban destinadas a durar para siempre.

Muchas amenazas podrían provocar nuestra caída. El cambio climático es la más obvia, y no hay una solución clara que sea políticamente factible. Que el interés privado puede triunfar sobre la necesidad pública lo expresa de una manera inolvidable la meditación de Jared Diamond acerca de lo que podría haber estado pasando por la cabeza de la persona que cortó el último árbol de la Isla de Pascua.[1]

Las guerras no han cesado. La política peligrosa está por doquier. Imaginemos la convulsión que podría consumir a los líderes chinos cuando el crecimiento económico de su país se detenga, como sugiere la historia que ocurrirá. Una invasión

[1] Véase Jared Diamond, *Collapse: How Societies Choose to Fail or Succeed*, Viking, Nueva York, 2004.

de Taiwán no es una respuesta inverosímil, y podría ser una desventura fatal. El mundo ha cambiado mucho en los últimos 50 años, pero la naturaleza del liderazgo chino ha cambiado mucho menos, y no deberíamos excluir otro desastre tan malo como la Gran Hambruna de Mao Tse-Tung. Es confortable imaginar que semejante hambruna no podría ocurrir hoy en día, dado que el mundo lo sabría. ¿Pero qué, exactamente, podría hacer el mundo?

La Revolución científica y la Ilustración nos trajeron progresos sostenidos en el bienestar material y en la salud. Sin embargo, la ciencia está bajo el ataque de los fundamentalistas religiosos en varias partes del mundo, incluyendo los Estados Unidos. Muchos de esos fundamentalistas son poderosos políticamente y cuentan con el apoyo de quienes sienten que sus intereses están amenazados por el conocimiento científico.

La ciencia no puede traer inmunidad de las enfermedades. En cualquier momento pueden aparecer nuevas enfermedades infecciosas. Las más terribles matarán a algunas personas, se agotarán y se escabullirán de regreso hacia los animales que las hospedaron. Pero la pandemia del VIH/sida nos alerta de lo que puede pasar, y de ninguna manera es la peor posibilidad. Aunque han muerto 35 millones de personas —haciendo de esa pandemia una de las más grandes catástrofes de los tiempos modernos—, el virus fue identificado rápidamente y se desarrollaron terapias; otra enfermedad podría ser más difícil de descifrar y de tratar. De modo más mundano, los sistemas de salud global dependen de antibióticos cuya eficacia está bajo amenaza, en gran medida por su uso incontrolado en la agricultura y la evolución de la resistencia resultante. No hemos ganado la victoria contra los gérmenes de manera definitiva; es más como una batalla en curso en la cual las mareas van hacia un lado y hacia el otro. Podemos estar ahora en la fase ascendente, pero podría ser sólo una fase de la batalla, no el preludio de su final. La evolución no es independiente de la actividad humana; los bichos contraatacan.

El crecimiento económico es el motor del escape de la pobreza y de la carencia material. Sin embargo, el crecimiento en el mundo rico se tambalea. En cada década reciente el crecimiento ha sido menor que en la previa. Casi en todas partes la vacilación del crecimiento se ha acompañado de expansiones de la desigualdad. En el caso de los Estados Unidos, los extremos actuales del ingreso y la riqueza no se han visto por más de 100 años. Las grandes concentraciones de la riqueza pueden socavar la democracia y el crecimiento, sofocando la destrucción creativa que hace posible el progreso. Semejante desigualdad estimula a los escapistas previos a bloquear las rutas de escape detrás de ellos.

Mancur Olson pronosticó que los países ricos declinarían de esta manera, quebrantados por la búsqueda de rentas de un número constantemente creciente de grupos de interés focalizados que persiguen su propio interés a expensas de una mayoría no coordinada.[2] El crecimiento más lento hace inevitable el conflicto distributivo, porque la única forma para que uno avance es a expensas del otro. Es fácil imaginar un mundo con poco crecimiento pero con conflicto distributivo sin fin entre ricos y pobres, entre viejos y jóvenes, entre Wall Street y Main Street, entre los proveedores médicos y sus pacientes y entre los partidos políticos que los representan.

Aun así, soy cautelosamente optimista. El deseo de escapar está profundamente arraigado y no será frustrado fácilmente. Los medios de escape son acumulativos: los futuros escapistas pueden pararse en los hombros de gigantes. Las personas que escaparon pueden bloquear los túneles detrás de ellos, pero no pueden bloquear el conocimiento de cómo se cavaron los túneles.

Es probable que la desaceleración del crecimiento se haya exagerado, porque los estadísticos soslayan un alud de progresos en la calidad, especialmente en los servicios, que representan una parte creciente del producto nacional. La revolución de la información y sus instrumentos asociados hace más por el bienestar de lo que podemos medir. El hecho de que estos motivos de satisfacción apenas sean considerados en las estadísticas de crecimiento nos dice algo acerca de lo inadecuado de las estadísticas, no de lo inadecuado de la tecnología o de los disfrutes que trae consigo.

La mayor parte de la población mundial no vive en los países ricos, y para esta gente no ha habido desaceleración en

[2] *Cf.* Olson, *The Rise and Decline of Nations: Economic Growth, Stagflation, and Social Rigidities,* Yale University Press, New Haven, 1982.

el crecimiento. De hecho, los más de 2 500 millones de personas que viven en China y la India recientemente han visto tasas de crecimiento sin paralelo en cualquier país o periodo. Aun si estas tasas de crecimiento disminuyeran, las "ventajas del atraso" les permitirían tasas de crecimiento mejores que el promedio para cerrar la brecha de desarrollo durante los años futuros.

Existen posibilidades infinitas para África, algunas de las cuales están siendo vistas ahora que las mejoras de la administración económica evitan algunos de los desastres autoinfligidos del pasado. Y si el Occidente se puede curar a sí mismo de su adicción a la ayuda y deja de socavar la política africana, hay esperanza real para el desarrollo impulsado localmente. Necesitamos dejar de estrangular la manifestación de los talentos ilimitados de los africanos.

Aunque la tasa de progreso de la esperanza de vida está disminuyendo, eso es una buena cosa, no una cosa mala; la muerte está envejeciendo, y salvar vidas a edades avanzadas tiene un efecto menor en la esperanza de vida que salvar vidas de niños. Una vez más, el problema es la medida, no la sustancia. La esperanza de vida no es siempre la medida correcta de cómo se está desempeñando una sociedad, y no hay nada que diga que salvar las vidas de personas de edad madura y provecta es inherentemente menos valioso que salvar la vida de los niños.

Si existen amenazas contra la salud, también hay grandes progresos por venir, y se observan signos de progreso real contra el cáncer que, con suerte, emularán los progresos contra las enfermedades cardiovasculares de los últimos 40 años.

La razón última para afirmar que la salud continuará mejorando es que las personas quieren que mejore y están preparadas para pagar por la ciencia básica, la investigación conductual, las medicinas, los procedimientos y los instrumentos que la apoyen. Las innovaciones no se pueden comprar en la tienda, ni surgen siempre en el momento en que se las necesita, pero no hay duda de que las necesidades bien financiadas traen resultados.

Aun la pandemia del VIH/sida, a pesar de su horrendo costo humano, contiene una historia de éxito, pues muestra cómo el nuevo conocimiento básico y los nuevos tratamientos pueden responder a las necesidades, y lo pueden hacer en una escala de tiempo que, aunque demasiado corta para quienes murieron, es veloz de acuerdo con los estándares de otras epidemias históricas. La ciencia funciona realmente.

Hay varias otras mejoras en curso que no he discutido en este libro. La violencia ha disminuido; hoy en día hay mucho menos probabilidad de que las personas sean asesinadas en comparación con el pasado.[3] La democracia está más difundida en el mundo que hace 50 años. La opresión de un grupo social por otro es menos común y cada vez es más inusual. La gente tiene más oportunidades de participar en la sociedad que nunca antes.

Cada vez más en todo el mundo las personas alcanzan una estatura más elevada, y probablemente son también más inteligentes.

La educación está al alza en la mayor parte del mundo. Cuatro quintas partes de la población mundial están alfabetizadas, en comparación con sólo la mitad de la población en 1950.[4] Hay áreas de la India rural donde casi ninguna mujer adulta fue jamás a la escuela, y donde casi todas sus hijas ahora acuden a ella.

No se puede esperar que ninguna de estas cosas mejore en todas partes o que progrese ininterrumpidamente. Las cosas malas suceden y los nuevos escapes, igual que los viejos, traerán nuevas desigualdades. Sin embargo, yo espero que esos retrocesos sean superados en el futuro, como lo fueron en el pasado.

[3] Véase Steven Pinker, *The Better Angels of Our Nature: Why Violence Has Declined*, Viking, Nueva York, 2011.

[4] *Cf.* Kenny, *Getting Better…*, *op. cit.*

BIBLIOHEMEROGRAFÍA

Aaron, Henry J., y William B. Schwartz, *The Painful Prescription: Rationing Hospital Care*, Brookings Institution, Washington, D. C., 1984.

Acemoglu, Daron, "Technical Change, Inequality, and the Labor Market", *Journal of Economic Literature* 40, núm. 1, marzo de 2002, pp. 7-72.

———, Simon Johnson y James Robinson, "Reversal of Fortune: Geography and Institutions in the Making of the Modern World Income Distribution", *Quarterly Journal of Economics* 117, núm. 4, noviembre de 2002, pp. 1231-1294.

———, y James Robinson, *Why Nations Fail: The Origins of Power, Prosperity, and Poverty*, Crown, Nueva York, 2012. [Edición en español: *Por qué fracasan los países. Los orígenes del poder, la prosperidad y la pobreza*, Deusto, Barcelona, 2012.]

Alesina, Alberto, y David Dollar, "Who Gives Foreign Aid to Whom and Why", *Journal of Economic Growth* 5, núm. 1, marzo de 2000, pp. 33-63.

Allen, Robert, *Global Economic History: A Very Short Introduction*, Oxford University Press, Londres y Nueva York, 2011.

———, Tommy E. Murphy y Eric B. Schneider, "The Colonial Origins of the Divergence in the Americas: A Labor Market Approach", *Journal of Economic History* 72, núm. 4, diciembre de 2012, pp. 863-894.

Altman, Stuart H., y David I. Shactman (eds.), *Policies for an Aging Society*, Johns Hopkins University Press, Baltimore, 2002.

Annan, Kofi, "Momentum Rises to Lift Africa's Resource Curse", *New York Times*, 14 de septiembre de 2012, http://www.nytimes.com/2012/09/14/opinion/koffi-annan-momentum-rises-to-lift-africas-resource-curse.html?_r=0.

Atkinson, Anthony B., *The Changing Distribution of Earnings in OECD Countries*, Oxford University Press, Londres y Nueva York, 2008.

———, Thomas Piketty y Emmanuel Sáez, "Top Incomes in

the Long Run of History", *Journal of Economic Literature* 49, núm. 1, marzo de 2011, pp. 3-71.

Attenborough, Richard, "17p to Save a Child's Life", *The Observer*, 4 de marzo de 2000, http://www.guardian.co.uk/world/2000/mar/05/mozambique.theobserver.

Autor, David H., Lawrence F. Katz y Melissa S. Kearney, "The Polarization of the U.S. Labor Market", *American Economic Review* 96, núm. 2, enero de 2006, pp. 189-194.

Autor, David H., y David Dorn, "The Growth of Low-Skill Service Jobs and the Polarization of the U.S. Labor Market", *American Economic Review* 103, núm. 5, 2013, pp. 1553-1597, http://economics.mit.edu/files/1474.

Baicker, Katherine, y Amitabh Chandra, "Medicare Spending, the Physician Workforce, and Beneficiaries' Quality of Care", *Health Affairs,* abril de 2004, *Health Affairs Web Exclusive* W4: 184-197, 10.1377/hlthaff.W4.184.

———, "The Labor Market Effects of Rising Health Insurance Premiums", *Journal of Labor Economics* 24, núm. 3, julio de 2006, pp. 609-634.

Bailar III, John C., y Elaine M. Smith, "Progress against Cancer?", *New England Journal of Medicine* 314, núm. 19, mayo de 1986, pp. 1226-1232.

———, y Heather L. Gornik, "Cancer Undefeated", *New England Journal of Medicine* 336, núm. 22, mayo de 1997, pp. 1569-1574.

Banco Mundial, The International Comparison Program, http://siteresources.worldbank.org/ICPEXT/Resources/ICP_2011.html.

———, PovcalNet, http://iresearch.worldbank.org/PovcalNet/index.htm?3.

———, World Development Indicators, http://databank.worldbank.org/data/home.aspx.

Banerjee, Abhijit Vinayak, *Making Aid Work,* MIT Press, Cambridge, 2007.

Barker, Graeme, *The Agricultural Revolution in Prehistory: Why Did Foragers Become Farmers?,* Oxford University Press, Londres y Nueva York, 2006.

Bartels, Larry M., *Unequal Democracy: The Political Economy of the New Gilded Age,* Princeton University Press, Princeton, 2010.

Bates, Robert H., "Banerjee's Approach Might Teach Us More about Impact but at the Expense of Larger Matters", *Boston Review,* septiembre de 2006, pp. 67-72.

Bauer, Peter, *Dissent on Development: Studies and Debates in Development Economics,* Weidenfeld & Nicolson, Londres, 1971. [Edición en español: *Crítica de la teoría del desarrollo,* "Biblioteca de Economía", Ediciones Orbis, Barcelona, 1983.]

Bertrand, Marianne, y Sendhil Mullainathan, "Are CEOs Rewarded for Luck? The Ones without Principals Are", *Quarterly Journal of Economics* 116, núm. 3, agosto de 2001, pp. 901-932.

Besley, Timothy, y Torsten Persson, *Pillars of Prosperity: The Political Economics of Development Clusters,* Princeton University Press, Princeton, 2011.

———, y Torsten Persson, "Fragile States and Development Policy", *Journal of the European Economic Association* 9, núm. 3, 2011, pp. 371-398.

Bhagwati, Jagdish N., "Directly Unproductive Profit-Seeking (DUP) Activities", *Journal of Political Economy* 90, núm. 5, 1982, pp. 988-1002.

Bhattacharya, Jay, Christina Gathmann y Grant Miller, "The Gorbachev Anti-Alcohol Campaign and Russia's Mortality Crisis", *American Economic Journal: Applied Economics* 5, núm. 2, abril de 2013, pp. 232-260.

Birdsall, Nancy, y William D. Savedoff, *Cash on Delivery: A New Approach to Foreign Aid,* Center for Global Development, Londres y Washington, D.C., 2010.

Bleyer, Archie, y H. Gilbert Welch, "Effects of Three Decades of Screening Mammography on Breast-Cancer Incidence", *New England Journal of Medicine* 367, núm. 21, noviembre de 2012, pp. 1998-2005.

Bloom, David E., "7 Billion and Counting", *Science* 333, núm. 6042, julio de 2011, pp. 562-569.

Booth, Philip, ed., *...And the Pursuit of Happiness: Well-Being and the Role of Government,* Institute for Economic Affairs, Londres, 2012.

Boserup, Esther, *The Conditions of Agricultural Growth,* Transaction, New Brunswick, 2005 [1965]. [Edición en español: *Las condiciones del desarrollo en la agricultura. La eco-*

nomía del cambio agrario bajo la presión demográfica, prol. Nicholas Kaldor, Tecnos, Madrid, 1967.]

Bourguignon, François, y Christian Morrisson, "Inequality among World Citizens: 1820-1992", *American Economic Review* 92, núm. 4, septiembre de 2002, pp. 727-744.

Brainerd, Elizabeth, y David M. Cutler, "Autopsy on an Empire: Understanding Mortality in Russia and the Former Soviet Union", *Journal of Economic Perspectives* 19, núm. 1, 2005, pp. 107-130.

Broome, John, *Weighing Lives*, Oxford University Press, Londres y Nueva York, 2006.

Browne, E. Janet: *Charles Darwin*, volumen 2: *The Power of Place*, Jonathan Cape, Londres, 2002.

Buchanan, James M., "A Commentary on the Minimum Wage", *Wall Street Journal*, 25 de abril de 1996, p. A20.

Card, David, y Alan B. Krueger, "Minimum Wages and Employment: A Case Study of the Fast Food Industry in New Jersey and Pennsylvania", *American Economic Review* 84, núm. 4, septiembre de 1994, pp. 772-793.

———, *Myth and Measurement: The New Economics of the Minimum Wage*, Princeton University Press, Princeton, 1995.

Cartwright, Nancy, y Jeremy Hardie, *Evidence-Based Policy: A Practical Guide to Doing It Better*, Oxford University Press, Londres y Nueva York, 2012.

Case, Anne C., y Christina H. Paxson, "Stature and Status: Height, Ability, and Labor Market Outcomes", *Journal of Political Economy* 116, núm. 3, 2008, pp. 499-532.

Chaudhury, Nazmul, Jeffrey Hammer, Michael Kremer, Karthik Muralidharan y F. Halsey Rogers, "Missing in Action: Teacher and Health Worker Absence in Developing Countries", *Journal of Economic Perspectives* 20, núm. 1, invierno de 2006, pp. 91-116.

Chen, Shaohua, y Martin Ravallion, "The Developing World Is Poorer Than We Thought, But No Less Successful in the Fight against Poverty", *Quarterly Journal of Economics* 125, núm. 4, noviembre de 2010, pp. 1577-1625. Actualizado a 2008: "An Update of the World Bank's Estimates of Consumption Poverty in the Developing World", http://siteresources.worldbank.org/INTPOVCALNET/Resources/Global_Poverty_Update_2012_02-29-12.pdf.

Citro, Connie F., y Robert T. Michael, *Measuring Poverty: A New Approach,* National Academy Press, Washington, D. C., 1995.

Coale, Ansley J., *Rapid Population Change in China, 1952-1982,* National Academy Press, Washington, D. C., 1984.

Cohen, Mark Nathan, *Health and the Rise of Civilization,* Yale University Press, New Haven, 1991.

Cole, T. J., "The Secular Trend in Human Physical Growth: A Biological View", *Economics and Human Biology* 1, núm. 2, 2003, pp. 161-168.

Collier, Paul, *The Bottom Billion: Why the Poorest Countries Are Failing and What Can Be Done about It,* Oxford University Press, Londres y Nueva York, 2008. [Edición en español: *El club de la miseria. Qué falta en los países más pobres del mundo,* trad. Víctor V. Úbeda, Turner, Madrid, 2007.]

Commission on Growth and Development, *The Growth Report: Strategies for Sustained Growth and Inclusive Development,* Banco Mundial, Washington, D. C., 2008.

Congressional Budget Office, *Trends in the Distribution of Household Income between 1979 and 2007,* Washington, D.C, octubre de 2011, http://cbo.gov/sites/default/files/10-25-HouseholdIncome_0.pdf.

Connelly, Matthew, *Fatal Misconceptions: The Struggle to Control World Population,* Harvard University Press / Belknap, Cambridge, 2008.

Corak, Miles, "Inequality from Generation to Generation: The United States in Comparison", University of Ottawa, http://milescorak.files.wordpress.com/2012/01/inequality-from-generation-to-generation-the-united-states-in-comparison-v3.pdf.

Couzin-Frankel, Jennifer, "A Pitched Battle over Life Span", *Science* 333, 29 de julio de 2011, pp. 549-550.

Crimmins, Eileen M., Samuel H. Preston y Barney Cohen, *Explaining Divergent Levels of Longevity in High-Income Countries,* National Academy Press, Washington, D. C., 2011.

Crosby, Alfred W., *The Columbian Exchange: Biological and Cultural Consequences of 1492,* Praeger, Westport, 2003 [1973]. [Edición en español: *El intercambio transoceánico. Consecuencias biológicas y culturales a partir de 1492,* trad. Cristina Carbó, UNAM-IIH, México, 1991.]

Cullather, Nick, *The Hungry World: America's Cold War Battle against Poverty in Asia,* Harvard University Press, Cambridge, 2010.

Culyer, Anthony J., y Joseph P. Newhouse (eds.), *Handbook of Health Economics,* vol. 1, Elsevier, Ámsterdam y Nueva York, 2000.

Cutler, David, *Your Money or Your Life: Strong Medicine for America's Health Care System*, Oxford University Press, Londres y Nueva York, 2005.

———, "Are We Finally Winning the War on Cancer?", *Journal of Economic Perspectives* 22, núm. 4, otoño de 2008, pp. 3-26.

Cutler, David, Angus S. Deaton y Adriana Lleras-Muney, "The Determinants of Mortality", *Journal of Economic Perspectives* 20, núm. 3, verano de 2006, pp. 97-120.

Dartmouth Atlas of Health Care, http://www.dartmouthatlas.org/.

David, Paul A., y Melvin W. Reder (eds.), *Nations and Households in Economic Growth: Essays in Honor of Moses Abramowitz,* Academic Press, Nueva York y Londres, 1974.

Deaton, Angus, "Commodity Prices and Growth in Africa", *Journal of Economic Perspectives* 13, núm. 3, verano de 1999, pp. 23-40.

———, "Measuring Poverty in a Growing World, or Measuring Growth in a Poor World", *Review of Economics and Statistics* 87, núm. 1, febrero de 2005, pp. 1-19.

———, "Letter from America: Trying to Be a Good Hip Op Consumer", http://www.princeton.edu/~deaton/downloads/letterfromamerica_apr2006_hip-op.pdf.

———, "Height, Health, and Inequality: The Distribution of Adult Heights in India", *American Economic Review* 98, núm. 2, 2008, pp. 468-474.

———, "Income, Health, and Well-Being around the World: Evidence from the Gallup World Poll", *Journal of Economic Perspectives* 22, núm. 2, primavera de 2008, pp. 53-72.

———, y Olivier Dupriez, "Purchasing Power Parity Exchange Rates for the Global Poor", *American Economic Journal: Applied Economics* 3, núm. 2, abril de 2011, pp. 137-166.

———, y Alan Heston, "Understanding PPPS and PPP-Based National Accounts", *American Economic Journal: Macroeconomics* 2, núm. 4, 2010, pp. 1-35.

Deaton, Angus, y Ronald I. Miller, *International Commodity Prices, Macroeconomic Performance, and Politics in Sub-Saharan Africa,* Princeton Studies in International Finance 79, Princeton University Press, Princeton, 1995.

Diamond, Jared, *Collapse: How Societies Choose to Fail or Succeed,* Viking, Nueva York, 2004. [Edición en español: *Colapso. Por qué unas sociedades perduran y otras desaparecen,* trad. Ricardo García Pérez, Random House Mondadori, México, 2007.]

———, *Guns, Germs, and Steel: The Fates of Human Societies*, Norton, Nueva York, 2005. [Edición en español: *Armas, gérmenes y acero. Breve historia de la humanidad en los últimos trece mil años,* trad. Fabian Chueca, 6ª ed., Debate, Barcelona, 2012.]

Diener, Ed, y Eunkook M. Suh (eds.), *Culture and Subjective Well-Being,* MIT Press, Cambridge, 2000.

Doblhammer, Gabriele, y James W. Vaupel, "Lifespan Depends on Month of Birth", *Proceedings of the National Academy of Sciences* 98, núm. 5, febrero de 2001, pp. 2934-2939.

Drèze, Jean, y Amartya Sen, *India: Development and Participation,* Oxford University Press, Nueva York y Londres, 2002.

Dworkin, Ronald, *Sovereign Virtue: The Theory and Practice of Equality,* Harvard University Press, Cambridge, 2000. [Edición en español: *Virtud soberana. La teoría y la práctica de la igualdad,* trad. de Fernando Aguilar y María Julia Bertomeu, Paidós, Barcelona, 2013.]

Easterlin, Richard A., "Does Economic Growth Improve the Human Lot? Some Empirical Evidence", en Paul A. David y Melvin W. Reder (eds.), *Nations and Households in Economic Growth: Essays in Honor of Moses Abramowitz,* Academic Press, Nueva York y Londres, 1974, pp. 89-125.

———, "Will Raising the Incomes of All Increase the Happiness of All?", *Journal of Economic Behavior and Organization* 27, núm. 1, junio de 1995, pp. 35-47.

———, "How Beneficent Is the Market? A Look at the Modern History of Mortality", *European Review of Economic History* 3, núm. 3, 1999, pp. 257-294.

Easterly, William, *The Elusive Quest for Growth: Economists'*

Adventures and Misadventures in the Tropics, MIT Press, Cambridge, 2002. [Edición en español: *En busca del crecimiento. Andanzas y tribulaciones de los economistas del desarrollo,* Antoni Bosch, editor, Barcelona, 2003.]

Easterly, William, *The White Man's Burden: Why the West's Efforts to Aid the Rest Have Done So Much Ill and So Little Good,* Penguin, Londres y Nueva York, 2006.

———, "How I Would Not Lead the World Bank: Do Not, under Any Circumstances, Pick Me", *Foreign Policy,* 5 de marzo de 2012.

——— (ed.), *Reinventing Foreign Aid,* MIT Press, Cambridge, 2008.

———, Michael Kremer, Lant Pritchett y Lawrence H. Summers, "Good Policy or Good Luck? Country Growth Performance and Temporary Shocks", *Journal of Monetary Economics* 32, núm. 3, 1993, pp. 459-483.

———, y Claudia R. Williamson, "Rhetoric v. Reality: The Best and Worst of Aid Agency Practices", *World Development* 39, núm. 11, 2011, pp. 1930-1949.

Emanuel, Ezekiel J., y Victor R. Fuchs, "Who Really Pays for Health Care? The Myth of 'Shared Responsibility'", *Journal of the American Medical Association* 299, núm. 9, abril de 2008, pp. 1057-1059.

Engerman, Stanley L., y Kenneth L. Sokoloff, *Economic Development in the Americas since 1500: Endowments and Institutions,* Cambridge University Press, Cambridge, 2011.

Epstein, Helen, "The Lost Children of AIDS", *New York Review of Books,* 3 de noviembre de 2005.

———, "Cruel Ethiopia", *New York Review of Books,* 13 de mayo de 2010.

Erdal, David, y Andrew Whiten, "Egalitarianism and Machiavellian Intelligence in Human Evolution", en Paul Mellars y Kathleen Gibson (eds.), *Modelling the Early Human Mind,* McDonald Institute Monographs, Cambridge, 1996, pp. 139-150.

Eveleth, Phyllis B., y James M. Tanner, *Worldwide Variation in Human Growth,* Cambridge University Press, Cambridge, 1990.

Fauci, Anthony S., y Gregory K. Folkers, "The World Must

Build on Three Decades of Scientific Advances to Enable a New Generation to Live Free of HIV/AIDS", *Health Affairs* 31, núm. 7, julio de 2012, pp. 1529-1536.

Feldstein, Martin S., "Income Inequality and Poverty", National Bureau of Economic Research Working Paper 6770, Cambridge, octubre de 1998; cita del resumen.

Ferguson, James, *The Anti-Politics Machine: "Development", Depoliticization, and Bureaucratic Power in Lesotho*, University of Minnesota Press, Mineápolis, 1994.

Filmer, Deon, Jeffrey S. Hammer y Lant Pritchett, "Weak Links in the Chain: A Diagnosis of Health Policy in Poor Countries", *World Bank Research Observer* 15, núm. 2, 2000, pp. 199-224.

Fischer, Stanley, "Globalization and Its Challenges", *American Economic Review* 93, núm. 2, mayo de 2003, pp. 1-30.

Fisher, Gordon M., "The Development and History of the Poverty Thresholds", *Social Security Bulletin* 55, núm. 4, 1992, http://www.ssa.gov/history/fisheronpoverty.html.

Flegal, Katherine M., Barry I. Graubard, David F. Williamson y Mitchell H. Gail, "Excess Deaths Associated with Underweight, Overweight, and Obesity", *Journal of the American Medical Association* 293, núm. 1, abril de 2005, pp. 1861-1867.

Floud, Roderick, Kenneth Wachter y Annabel Gregory, *Height, Health, and History: Nutritional Status in the United Kingdom, 1750-1980*, Cambridge University Press, Cambridge, 2006.

Fogel, Robert W., "Economic Growth, Population Theory, and Physiology: The Bearing of Long-Term Processes on the Making of Economic Policy", *American Economic Review* 84, núm. 3, 1994, pp. 369-395.

———, "New Findings on Secular Trends in Nutrition and Mortality: Some Implications for Population Theory", en Mark R. Rosenzweig y Oded Stark (eds.), *Handbook of Population and Family Economics,* Elsevier, Ámsterdam y Nueva York, 1997, pp. 433-481.

———, *The Escape from Hunger and Premature Death, 1700 to 2100: Europe, America, and the Third World,* Cambridge University Press, Cambridge, 2004. [Edición en español: *Escapar del hambre y la muerte prematura 1700-2100: Eu-*

ropa, América y el Tercer Mundo, trad. Sandra Chaparro, Alianza, Madrid, 2009.]

Fogel, Robert W., y Dora L. Costa, "A Theory of Technophysio Evolution, with Some Implications for Forecasting Population, Healthcare Costs, and Pension Costs", *Demography* 34, núm. 1, 1997, pp. 49-66.

Ford, Earl S., Umed A. Ajani, Janet B. Croft, Julia A. Critchley, Darwin R. Labarthe, Thomas E. Kottke, Wayne H. Giles y Simon Capwell, "Explaining the Decrease in U.S. Deaths from Coronary Disease, 1980-2000", *New England Journal of Medicine* 356, núm. 23, 2007, pp. 2388-2398.

Frank, Robert, *Richistan: A Journey through the American Wealth Boom and the Lives of the New Rich,* Crown, Nueva York, 2007.

Freedman, David A., "Statistical Models and Shoe Leather", *Sociological Methodology* 21, 1991, pp. 291-313.

Fuchs, Victor R., "The Financial Problems of the Elderly: A Holistic View", en Stuart H. Altman y David I. Shactman (eds.), *Policies for an Aging Society,* Johns Hopkins University Press, Baltimore, 2002, pp. 378-390.

Gavi Alliance, http://www.gavialliance.org/funding/pneumococcal-amc/about/.

Gilbert, Milton, Colin Clark, J. R. N. Stone, Francois Perroux, D. K. Lieu, Evelpides, François Divisia, Tinbergen, Kuznets, Smithies, Shirras y MacGregor, "The Measurement of National Wealth: Discussion", *Econometrica* 17, suplemento, Reporte de la Reunión de Washington, 1949, pp. 255-272.

Gilens, Martin, *Affluence and Influence: Economic Inequality and Political Power in America,* Princeton University Press, Princeton, 2012.

Goldin, Claudia, y Lawrence F. Katz, *The Race between Education and Technology,* Belknap Press, Cambridge, 2010.

Goldstone, Jack, *Why Europe? The Rise of the West in World History, 1500-1850,* McGraw-Hill, Nueva York, 2009.

Goos, Maarten, Alan Manning y Anna Salomons, "Job Polarization in Europe", *American Economic Review* 99, núm. 2, pp. 58-63.

Gráda, Cormac Ó, *Famine: A Short History,* Princeton University Press, Princeton, 2009.

Gregg, Edward W., Yiling J. Chen, Betsy L. Caldwell, Giuseppina Imperatore, Desmond E. Williams, Katherine M. Flegal, K. M. Venkat Narayan y David F. Williamson, "Secular Trends in Cardiovascular Disease Risk Factors According to Body Mass Index in U.S. Adults", *Journal of the American Medical Association* 293, núm. 15, abril de 2005, pp. 1868-1874.

Gruber, Jonathan, "Health Insurance and the Labor Market", en Anthony J. Culyer y Joseph P. Newhouse (eds.), *Handbook of Health Economics,* vol. 1, Elsevier, Ámsterdam y Nueva York, 2000, pp. 645-706.

Gwatkin, Davidson R., "Indications of Change in Developing Country Mortality Trends: The End of an Era?", *Population and Development Review* 6, núm. 4, 1980, pp. 615-644.

Hacker, Jacob S., y Paul Pierson, *Winner-Take-All Politics: How Washington Made the Rich Richer—and Turned Its Back on the Middle Class,* Simon and Schuster, Nueva York, 2011.

Haidt, Jonathan, *The Righteous Mind: Why Good People Are Divided by Politics and Religion,* Pantheon, Nueva York, 2012.

Harris, Bernard, "Public Health, Nutrition, and the Decline of Mortality: The McKeown Thesis Revisited", *Social History of Medicine* 17, núm. 3, 2004, pp. 379-407.

Harrison, Mark, *Disease and the Modern World: 1500 to the Present Day,* Polity Press, Cambridge, 2004.

Hatton, Timothy J., "How Have Europeans Grown So Tall?", CEPR Discussion Paper DP8490, 2011, SSRN: http://ssrn.com/abstract=1897996.

———, y Bernice E. Bray, "Long Run Trends in the Heights of European Men, 19th-20th Centuries", *Economics and Human Biology* 8, núm. 3, 2010, pp. 405-413.

Hollingsworth, Thomas, "The Demography of the British Peerage", *Population Studies* 18, núm. 2, suplemento, 1964, pp. 52-70.

Horn, Joshua S., *Away with All Pests: An English Surgeon in the People's Republic of China, 1954-1969,* Monthly Review Press, Nueva York, 1970.

Human Mortality Database, http://www.mortality.org/.

Hume, David, *An Enquiry Concerning the Principles of Morals,* edición del Proyecto Gutenberg, parte I, 1912 [1777] (originalmente publicado en 1751). [Edición en español: *Investigación sobre los principios de la moral,* Alianza Editorial, Madrid, 2006.]

Huppert, Felicia, Nick Baylis y Barry Keverne (eds.), *The Science of Well-Being,* Oxford University Press, Londres y Nueva York, 2005.

Illingworth, Patricia, Thomas Pogge y Leif Wenar (eds.), *Giving Well: The Ethics of Philanthropy,* Oxford University Press, Londres y Nueva York, 2011.

Inglehart, Ronald, y Hans-Dieter Klingemann, "Genes, Culture, Democracy and Happiness", en Ed Diener y Eunkook M. Suh (eds.), *Culture and Subjective Well-Being,* MIT Press, Cambridge, 2000, pp. 165-183.

Jayachandran, Seema, y Michael Kremer, "Odious Debt", *American Economic Review* 96, núm. 1, 2006, pp. 82-92.

Jisheng, Yang, *Tombstone: The Great Chinese Famine, 1958-1962,* Farrar, Straus and Giroux, Nueva York, 2012.

Johnson, David S., y Timothy M. Smeeding, "A Consumer's Guide to Interpreting Various U.S. Poverty Measures", *Fast Focus* 14, Institute for Research on Poverty, University of Wisconsin at Madison, 2012.

Johnson, Steven, *The Ghost Map: The Story of London's Most Terrifying Epidemic and How It Changed Science, Cities, and the Modern World,* Riverhead, Nueva York, 2007. [Edición en español: *El mapa fantasma. La historia real de la epidemia más terrorífica vivida en Londres,* trad. Cristina Mbarichi Lumu, Kantolla, España, 2008.]

Jones, Eric L., *The European Miracle: Environments, Economies, and Geopolitics in the History of Europe and Asia,* Cambridge University Press, Cambridge, 1981. [Edición en español: *El milagro europeo. Entorno, economía y geopolítica en la historia de Europa y Asia,* trad. Manuel Pascal Morales, Alianza, Madrid, 1990.]

———, *Growth Recurring: Economic Change in World History,* University of Michigan Press, Ann Arbor, 2000. [Edición en español: *Crecimiento recurrente. El cambio económico en la historia mundial,* trad. Esther Rabasco y Luis Toharia, Alianza, Madrid, 1997.]

Kahneman, Daniel, y Jason Riis, "Living, and Thinking about It: Two Perspectives on Life", en Felicia Huppert, Nick Baylis y Barry Keverne (eds.), *The Science of Well-Being,* Oxford University Press, Nueva York, 2005, pp. 285-304.

Kahneman, Daniel, y Angus Deaton, "High Income Improves Evaluation of Life But Not Emotional Well-Being", *Proceedings of the National Academy of Sciences* 107, núm. 38, septiembre de 2010, pp. 16489-16493.

Kanbur, Ravi, "Aid, Conditionality, and Debt in Africa", en Finn Tarp (ed.), *Foreign Aid and Development: Lessons Learnt and Directions for the Future,* Routledge, Londres, 2000, pp. 318-328.

Kapur, Devesh, John P. Lewis y Richard C. Webb (eds.), *The World Bank: Its First Half Century,* vol. 1: *History,* Brookings Institution Press, Washington, D. C., 1997.

Kenny, Charles, *Getting Better: Why Global Development Is Succeeding—And How We Can Improve the World Even More,* Basic Books, Nueva York, 2011.

Kohli, Atul, *Poverty amid Plenty in the New India,* Cambridge University Press, Cambridge, 2012.

Kozel, Valerie, y Barbara Parker, "Health Situation Assessment Report: Chitrakot District", Banco Mundial, s. f., inédito.

Krueger, Anne O., "The Political Economy of the Rent-Seeking Society", *American Economic Review* 64, núm. 3, 1974, pp. 291-303.

Kuznets, Simon, *Shares of Upper Income Groups in Income and Saving,* National Bureau of Economic Research, Cambridge, 1953.

Lam, David, "How the World Survived the Population Bomb: Lessons from 50 years of Extraordinary Demographic History", *Demography* 48 núm. 4, 2011, pp. 1231-1262.

Layard, Richard, *Happiness: Lessons from a New Science,* Penguin, Londres y Nueva York, 2005. [Edición en español: *La felicidad. Lecciones de una nueva ciencia,* trad. Victoria E. Gordo y Moisés Ramírez, Taurus, Madrid, 2005.]

Lee, David S., "Wage Inequality in the United States During the 1980s: Rising Dispersion or Falling Minimum Wage?", *Quarterly Journal of Economics* 114, núm. 3, agosto de 1999, pp. 977-1023.

Levine, Ruth, What Works Working Group y Molly Kinder, *Millions Saved: Proven Successes in Global Health,* Center for Global Development, Londres y Washington, D. C., 2004.

Levine, Ruth, Michael Kremer y Alice Albright, *Making Markets for Vaccines: Ideas to Action,* Report of the Advance Market Commitment Working Group, Center for Global Development, Londres y Washington, D. C., 2005.

Livi-Bacci, Massimo, *Population and Nutrition: An Essay on European Demographic History,* Cambridge University Press, Cambridge, 1991.

———, *A Concise History of World Population,* 3ª ed., Blackwell, Londres y Boston, 2001. [Edición en español: *Historia mínima de la población mundial,* trad. Pau Baizan Muñoz, Ariel Barcelona, 1990.]

Maddison, Angus, y Harry X. Wu, "Measuring China's Economic Performance", *World Economics* 9, núm. 2, 2008, pp. 13-44.

Mann, Charles C., *1493: Uncovering the New World that Columbus Created,* Knopf, Nueva York, 2011. [Edición en español: *1493. Una nueva historia del mundo después de Colón,* trad. Stella Mastrongello, 2ª ed., Katz editories, Buenos Aires, 2013.]

Maren, Michael, *The Road to Hell: The Ravaging Effects of Foreign Aid and International Charity,* Free Press, Nueva York, 1997.

Markel, Howard, *When Germs Travel: Six Major Epidemics That Have Invaded America and the Fears They Have Unleashed,* Vintage, Nueva York, 2005.

Mayo Clinic, http://www.mayoclinic.com/health/diuretics/HI00030.

Mazower, Mark, *No Enchanted Palace: The End of Empire and the Ideological Origins of the United Nations,* Princeton University Press, Princeton, 2009.

McKeown, Thomas, *The Modern Rise of Population,* Arnold, Londres, 1976. [Edición en español: *El crecimiento moderno de la población,* trad. Soler Illusa, A. Bose, Barcelona, 1978.]

———, *The Role of Medicine: Dream, Mirage, or Nemesis?,* Princeton University Press, Princeton, 1980. [Edición en español: *El papel de la medicina: ¿sueño, espejismo o némesis?,* trad. Pedro Larios, Siglo XXI, México, 1982.]

McKeown, Thomas, *The Origins of Human Disease,* Wiley-Blackwell, Boston, 1991. [Edición en español: *Los orígenes de las enfermedades humanas,* Triacastela, Madrid, 2006.]

Mehta, Neil K., y Virginia W. Chang, "Secular Declines in the Association between Obesity and Mortality in the United States", *Population and Development Review* 37, núm. 3, 2011, pp. 435-451.

Mellars, Paul, y Kathleen Gibson (eds.), *Modelling the Early Human Mind,* McDonald Institute Monographs, Cambridge, 1996.

Memorial Sloan-Kettering Cancer Center, http://www.mskcc.org/cancer-care/adult/lung/prediction-tools.

Meyer, Bruce D., y James X. Sullivan, "Winning the War: Poverty from the Great Society to the Great Recession", *Brookings Papers on Economic Activity* 45, núm. 2, otoño de 2012, pp. 133-200.

Milanovic, Branko, *Worlds Apart: Measuring International and Global Inequality,* Princeton University Press, Princeton, 2007.

———, "Global Income Inequality", 2010, http://siteresources.worldbank.org/INTPOVRES/Resources/477227-1173108574667/global_inequality_presentation_milanovic_imf_2010.pdf.

Mokyr, Joel, *The Gifts of Athena: Historical Origins of the Knowledge Economy,* Princeton University Press, Princeton, 2004. [Edición en español: *Los dones de Atenea. Los orígenes históricos de la economía del conocimiento,* trad. José Miguel Parra Ortiz, Marcial Pons Historia, Madrid, 2008.]

———, *The Enlightened Economy: An Economic History of Britain, 1700-1850,* Yale University Press, New Haven, 2009.

Morabia, Alfredo, "Epidemiologic Interactions, Complexity, and the Lonesome Death of Max von Pettenkofer", *American Journal of Epidemiology* 166, núm. 11, 2007, pp. 1233-1238.

Morgenson, Gretchen, y Joshua Rosner, *Reckless Endangerment: How Outsized Ambition, Greed, and Corruption Created the Worst Financial Crisis of Our Time,* St. Martin's Griffin, Nueva York, 2011.

Morris, Ian, *Why the West Rules—for Now: The Patterns of History, and What They Reveal about the Future,* Farrar, Straus and Giroux, Nueva York, 2010.

Moss, Todd, Gunilla Petterson y Nicolas van de Walle, "An Aid-Institutions Paradox? A Review Essay on Aid Dependency and State Building in Sub-Saharan Africa", en William Easterly (ed.), *Reinventing Foreign Aid*, MIT Press, Cambridge, 2008, pp. 255-281.

Mukherjee, Siddhartha, *The Emperor of All Maladies*, Scribner, Nueva York, 2010. [Edición en español: *El emperador de todos los males. Una biografía del cáncer,* trad. Horacio Pons, Taurus, Barcelona, 2011.]

Nagel, Thomas, "The Problem of Global Justice", *Philosophy and Public Affairs* 33 núm. 2, 2005, pp. 113-147.

National Institutes of Health, "Smallpox: A Great and Terrible Scourge. Variolation", U.S. National Library of Medicine, 2013, http://www.nlm.nih.gov/exhibition/smallpox/sp_variolation.html.

Nordhaus, William D., y James Tobin, "Is Growth Obsolete?", en *Economic Research: Retrospect and prospect,* vol. 5: *Economic Growth,* National Bureau of Economic Research, Cambridge, 1972, pp. 1-80.

Nussbaum, Martha C., "Who Is the Happy Warrior? Philosophy Poses Questions to Psychology", *Journal of Legal Studies* 37, núm. S2, junio de 2008, pp. S81-S113.

OCDE, Development Assistance Committee, Aid Statistics, http://www.oecd.org/dac/stats/.

———, The Paris Declaration on Aid Effectiveness and the Accra Agenda for Action, http://www.oecd.org/dac/aideffectiveness/parisdeclarationandaccraagendaforaction.htm#Paris.

Oeppen, Jim, y James W. Vaupel, "Broken Limits to Life Expectancy", *Science* 296, 10 de mayo, 2002, pp. 1029-1031.

Olshansky, S. Jay, Douglas J. Passaro, Ronald C. Hershow, Jennifer Layden, Bruce A. Carnes, Jacob Brody, Leonard Hayflick, Robert N. Butler, David B. Allison y David S. Ludwig, "A Potential Decline in Life Expectancy in the United States in the 21st Century", *New England Journal of Medicine* 352, núm. 12, marzo de 2005, pp. 1138-1145.

Olson, Mancur, *The Rise and Decline of Nations: Economic Growth, Stagflation, and Social Rigidities*, Yale University Press, New Haven, 1982. [Edición en español: *Auge y deca-*

dencia de las naciones, trad. Juan Andrés Iglesias, Ariel, Barcelona, 1986.]

Ord, Toby, Giving What We Can, http://www.givingwhatwecan.org/.

Organización Mundial de la Salud, Mortality Database, http://www.who.int/healthinfo/ morttables/en/.

———, Macroeconomics and Health: Investing in Health for Economic Development, http://www.cid.harvard.edu/archive/cmh/cmhreport.pdf.

Philippon, Thomas, y Ariell Reshef, "Wages and Human Capital in the U.S. Finance Industry: 1909-2006", *Quarterly Journal of Economics* 127, núm. 4, noviembre de 2012, pp. 1551-1609.

Piketty, Thomas, y Emmanuel Sáez, "Income Inequality in the United States 1913-1998", *Quarterly Journal of Economics* 118, núm. 1, febrero de 2003, pp. 1-41.

Piketty, Thomas, Emmanuel Sáez y Stefanie Stantcheva, "Optimal Taxation of Top Labor Incomes: A Tale of Three Elasticities", National Bureau of Economic Research Working Paper 17616, Cambridge, noviembre de 2011.

Pinker, Steven, *The Better Angels of Our Nature: Why Violence Has Declined,* Viking, Nueva York, 2011. [Edición en español: *Los ángeles que llevamos dentro. El declive de la violencia y sus implicaciones,* trad. Joan Soler, Paidós, Barcelona, 2012.]

P. N. Lee Statistics and Computing Ltd., IMASS, International Mortality and Smoking Statistics, http://www.pnlee.co.uk/imass.htm.

Pogge, Thomas, "The Health Impact Fund: Enhancing Justice and Efficiency in Global Health", *Journal of Human Development and Capabilities* 13, núm. 4, 2012, pp. 537-559, DOI: 10.1080/19452829.2012.703172.

Polman, Linda, *The Crisis Caravan: What's Wrong with Humanitarian Aid?,* Picador, Nueva York, 2011.

Pomeranz, Kenneth, *The Great Divergence: China, Europe, and the Making of the World Economy,* Princeton University Press, Princeton, 2000.

Porter, Roy, *The Creation of the Modern World: The Untold Story of the British Enlightenment*, Norton, Nueva York, 2000.

Preston, Samuel, "The Changing Relation between Mortality

and Level of Economic Development", *Population Studies* 29, núm. 2, 1975, pp. 231-248.

Preston, Samuel, "American Longevity: Past, Present, and Future", Center for Policy Research, Maxwell School, Syracuse University, Paper 36, 1996, http://surface.syr.edu/cpr/36.

———, y Michael Haines, *Fatal Years: Child Mortality in Late Nineteenth Century America,* Princeton University Press, Princeton, 1991.

Pritchett, Lant, "Divergence, Big Time", *Journal of Economic Perspectives* 11, núm. 3, 1997, pp. 3-11.

Rajan, Raghuram, y Arvind Subramanian, "Aid and Growth: What Does the Cross-Country Evidence Really Show?", *Review of Economics and Statistics* 90, núm. 4, 2008, pp. 643-665.

———, "Aid, Dutch Disease, and Manufacturing Growth", *Journal of Development Economics* 94, núm. 1, enero de 2011, pp. 106-118.

Razzell, Peter, *The Conquest of Smallpox,* Caliban, Sussex, 1977.

Riddell, Roger C., *Does Foreign Aid Really Work?,* Oxford University Press, Londres y Nueva York, 2007.

Riley, James C., *Rising Life Expectancy: A Global History,* Cambridge University Press, Cambridge, 2001.

Rodrik, Dani, y Mark Rosenzweig (eds.), *Handbook of Development Economics,* Elsevier, Ámsterdam y Nueva York, 2010.

Rosen, George, *A History of Public Health,* Johns Hopkins University Press, Baltimore, 1993.

Rosenzweig, Mark R., y Oded Stark (eds.), *Handbook of Population and Family Economics,* Elsevier, Ámsterdam y Nueva York, 1997.

Ryan Johansson, Sheila, "Medics, Monarchs, and Mortality, 1600-1800: Origins of the Knowledge-Driven Health Transition in Europe", 2010, copia electrónica disponible en http://ssrn.com/abstract=1661453.

Sachs, Jeffrey, *The End of Poverty: Economic Possibilities for Our Time,* Penguin, Londres y Nueva York, 2006. [Edición en español: *El fin de la pobreza. Cómo conseguirlo en nuestro tiempo,* trad. Ricardo García Pérez, Debate, Barcelona, 2005.]

Sacks, Daniel W., Betsey Stevenson y Justin Wolfers, "Subjective Well-Being, Income, Economic Development and Growth", en Philip Booth (ed.), *...And the Pursuit of Happiness: Well-Being and the Role of Government,* Institute for Economic Affairs, Londres, 2012, pp. 59-97.

Sahlins, Marshall, *Stone Age Economics*, Transaction, New Brunswick, 1972. [Edición en español: *Economía de la Edad de Piedra,* 2ª ed., Akal, Madrid, 1987.]

Scott, James C., *Seeing Like a State: How Certain Schemes to Improve the Human Condition Have Failed,* Yale University Press, New Haven, 1999.

Sen, Amartya, "Poor, Relatively Speaking", *Oxford Economic Papers* 35, núm. 2, 1983, pp. 153-169.

———, *Commodities and Capabilities,* Elsevier, Ámsterdam y Nueva York, 1985.

———, *On Ethics and Economics,* Blackwell, Londres y Boston, 1987. [Edición en español: *Sobre ética y economía,* Alianza, Madrid, 2008.]

———, *Inequality Re-examined,* Harvard University Press, Cambridge, 1992. [Edición en español: *Nuevo examen de la desigualdad,* trad. Ana María Bravo, Alianza, Madrid, 1995.]

———, *Development as Freedom,* Knopf, Nueva York, 1999. [Edición en español: *Desarrollo y libertad,* trad. Esther Rabasco y Luis Toharia, ed. Planeta, México, 2000.]

———, *The Idea of Justice,* Harvard University Press/Belknap Press, Cambridge, 2009. [Edición en español: *La idea de la justicia,* trad. Hernando Valencia, Taurus, Madrid, 2010.]

Simon, Julian L., *The Ultimate Resource,* Princeton University Press, Princeton, 1983. [Edición en español: *El último recurso,* trad. José Manuel Casas, Dossat, Madrid, 1986.]

Singer, Peter, "Famine, Affluence, and Morality", *Philosophy and Public Affairs* 1, núm. 3, primavera de 1972, pp. 229-243.

———, *The Life You Can Save: Acting Now to End World Poverty,* Random House, Nueva York, 2009. [Edición en español: *Salvar una vida. Cómo terminar con la pobreza,* trad. Ricardo García Pérez, Katz editores, Madrid, 2012.]

Smith, Adam, *The Theory of Moral Sentiments,* 3ª ed., impreso para A. Millar, A. Kincaid y J. Bell en Edimburgo y vendido por T. Cadell en la *Strand*, 1767, IV, pp. 123, 272, 271 y 273. [Edición en español: *Teoría de los sentimientos morales,* selec. e introd. de Eduardo Nicol, trad. de Edmundo O'Gorman, 3ª ed., FCE, México, 2004.]

Snow, John, *On the Mode of Communication of Cholera,* John Churchill, Londres, 1855. [Edición en español: *Sobre el modo de transmisión del cólera,* Instituto Nacional de Salud Pública, vol. 33, núm. 2, marzo-abril, 1991, pp. 196-201.]

Solow, Robert M., "A Contribution to the Theory of Economic Growth", *Quarterly Journal of Economics* 70, núm. 1, febrero de 1956, pp. 65-94.

Spears, Dean, "How Much International Variation in Child Height Can Sanitation Explain?", 2012, http://www.princeton.edu/rpds/papers/Spears_Height_and_Sanitation.pdf.

Spenser Larsen, Clark, "Biological Changes in Human Populations with Agriculture", *Annual Review of Anthropology* 24, octubre de 1995, pp. 185-213.

Stevenson, Betsey, y Justin Wolfers, "Economic Growth and Subjective Well-Being: Reassessing the Easterlin Paradox", *Brookings Papers on Economic Activity,* primavera de 2008, pp. 1-86.

Stiglitz, Joseph E., *The Price of Inequality: How Today's Divided Society Endangers Our Future,* Norton, Nueva York, 2012. [Edición en español: *El precio de la desigualdad. Cómo un sistema político y económico injusto ha creado una sociedad dividida,* Tauros, Madrid, 2012.]

———, Amartya K. Sen y Jean-Paul Fitoussi, "Report by the Commission on the Measurement of Economic Performance and Social Progress", http://www.stiglitz-sen-fitoussi.fr/en/index.htm, 2009.

Subramanian, S. V., Emre Özaltin y Jocelyn E. Finlay, "Height of Nations: A Socioeconomic Analysis of Cohort Differences and Patterns among Women in 54 Low- to Middle-Income Countries", *PLoS ONE* 6, núm. 4, 2011, e18962.

Svensson, Jakob, "Why Conditional Aid Does Not Work and What Can Be Done about It?", *Journal of Development Economics* 70, núm. 2, 2003, pp. 381-402.

Svensson, Jakob, "The Institutional Economics of Foreign

Aid", *Swedish Economic Policy Review* 13, núm. 2, 2006, pp. 115-137.

Szreter, Simon, "The Importance of Social Intervention in Britain's Mortality Decline *c.* 1850-1914: A Reinterpretation of the Role of Public Health", *Social History of Medicine* 1, núm. 1, 1988, pp. 1-36.

Tarp, Finn (ed.), *Foreign Aid and Development: Lessons Learnt and Directions for the Future,* Routledge, Londres, 2000.

Temple, Jonathan R. W., "Aid and Conditionality", en Dani Rodrik y Mark Rosenzweig (eds.), *Handbook of Development Economics,* Elsevier, Ámsterdam y Nueva York, 2010, pp. 4415-4523.

The Extractive Industries Transparency Initiative, www.eitc.org.

Thomas, Keith, *The Ends of Life: Roads to Fulfillment in Early Modern England,* Oxford University Press, Londres y Nueva York, 2009.

Timmins, Nicholas, "The NICE Way of Influencing Health Spending: A conversation with Sir Michael Rawlins", *Health Affairs* 28, núm. 5, septiembre-octubre de 2009, pp. 1360-1365.

Tinbergen, Jan, "Substitution of Graduate by Other Labour", *Kyklos* 27, núm. 2, 1974, pp. 217-226.

Tomes, Nancy, *The Gospel of Germs: Men, Women and the Microbe in American Life,* Harvard University Press, Cambridge, 1999.

University of Pennsylvania, Center for International Comparisons, The International Comparison of Prices Program, https://pwt.sas.upenn.edu/icp.html.

U.S. Bureau of Economic Analysis, http://www.bea.gov/iTable/iTable.cfm?ReqID=9&step=1#reqid=9&step=3&isuri=1&903=264.

U.S. Census Bureau, http://www.census.gov/hhes/povmeas/.

Vaupel, James, y John M. Owen, "Anna's Life Expectancy", *Journal of Policy Analysis and Management* 5, núm. 2, 1986, pp. 383-389.

Veterans Administration Cooperative Study Group, "Effects of Treatment on Morbidity in Hypertension. II. Results in Patients with Diastolic Blood Pressure Averaging 90 through 114 mm Hg", *Journal of the American Medical Association* 213, núm. 7, agosto de 1970, pp. 1143-1152.

Waal, Alex de, *Famine Crimes: Politics and the Disaster Relief Industry in Africa,* Indiana University Press, Bloomington, 2009.

Walle, Nicolas van de, *Overcoming Stagnation in Aid-Dependent Countries,* Center for Global Development, Londres y Washington, D. C., 2005.

"Water with Sugar and Salt", *The Lancet* 312, 5 de agosto de 1978, pp. 300-301.

Welch, H. Gilbert, Lisa Schwartz y Steve Woloshin, *Overdiagnosed: Making People Sick in the Pursuit of Health,* Beacon Press, Boston, 2011.

Wenar, Leif, "Poverty Is No Pond: Challenges for the Affluent", en Patricia Illingworth, Thomas Pogge y Leif Wenar (eds.), *Giving Well: The Ethics of Philanthropy,* Oxford University Press, Londres y Nueva York, 2011, pp. 104-132.

Wennberg, John E., y Megan M. Cooper (eds.), *The Quality of Medical Care in the United States: A Report on the Medicare Program. The Dartmouth Atlas of Healthcare,* Dartmouth Medical School, Hanover, N. H., 1999.

Wennberg, John E., Elliott S. Fisher y Jonathan S. Skinner, "Geography and the Debate over Medicare Reform", *Health Affairs,* febrero de 2002, pp. 96-114, 10.1377/hlthaff.w2.96.

Wierzbicka, Anna, "'Happiness' in Cross-Linguistic and Cross-Cultural Perspective", *Daedalus* 133, núm. 2, primavera de 2004, pp. 34-43.

Wilkinson, Richard, "The Epidemiological Transition: From Material Scarcity to Social Disadvantage", *Daedalus* 123, núm. 4, otoño de 1994, pp. 61-77.

———, y Kate Pickett, *The Spirit Level: Why Greater Equality Makes Societies Stronger,* Bloomsbury, Londres y Nueva York, 2009. [Edición en español: *Desigualdad. Un análisis de la (in)felicidad colectiva,* trad. Laura Vidal, Turner, Madrid, 2009.]

Wrigley, E. A., y R. S. Schofield, *The Population History of England, 1541-1871,* Harvard University Press, Cambridge, 1981.

Wrigley, E. A., R. S. Davies, J. E. Oeppen, y R. S. Schofield, *English Population History from Family Reconstitution 1580-1837,* Cambridge University Press, Cambridge, 1997.

Wrong, Michela, *In the Footsteps of Mr. Kurz: Living on the*

Brink of Disaster in Mobutu's Congo, Harper, Nueva York, 2001. [Edición en español: *Tras los pasos del señor Kurz. El Congo al borde del colapso,* trad. Francesc Pont y Sara Ogun Koya, Intermón Oxfam, Barcelona, 2005.]

Wrong, Michela, *I Didn't Do It For You: How the World Betrayed a Small African Nation,* Harper, Nueva York, 2006. [Edición en español: *No lo hice por ti. Cómo el mundo traicionó a una pequeña nación africana,* Intermón Oxfam, Barcelona, 2006.]

———, *It's Our Turn to Eat: The Story of a Kenyan Whistleblower,* Harper, Nueva York, 2009. [Edición en español: *Ahora comemos nosotros. La historia de un luchador contra la corrupción en Kenia,* Intermón Oxfam, Barcelona, 2011.]

ÍNDICE ANALÍTICO

Los números de las páginas correspondientes a las entradas que remiten a las gráficas son seguidos por la letra *g*, y los correspondientes a las que remiten a los cuadros, por la letra *c*.

El Gran Escape. Salud, riqueza y los orígenes de la desigualdad, de Angus Deaton,
se terminó de imprimir en noviembre de 2015
en Altuna Impresores S.R.L., Doblas 1968,
Ciudad Autónoma de Buenos Aires, Argentina.
La tirada fue de 3.000 ejemplares.